© 2005 Giulio Einaudi editore s.p.a., Torino

www.einaudi.it

ISBN 88-06-14375-1

Rossana Rossanda

La ragazza del secolo scorso

Einaudi

La ragazza del secolo scorso

All'Orso

Toda luna. Todo año
todo día, todo viento, camina y pasa también.
También toda sangre llega
al lugar de su quietud.

Dal *Chilán Balán*.

Questo non è un libro di storia. È quel che mi rimanda la memoria quando colgo lo sguardo dubbioso di chi mi è attorno: perché sei stata comunista? perché dici di esserlo? che intendi? senza un partito, senza cariche, accanto a un giornale che non è piú tuo? è una illusione cui ti aggrappi, per ostinazione, per ossificazione? Ogni tanto qualcuno mi ferma con gentilezza: «Lei è stata un mito!» Ma chi vuol essere un mito? Non io. I miti sono una proiezione altrui, io non c'entro. Mi imbarazza. Non sono onorevolmente inchiodata in una lapide, fuori del mondo e del tempo. Resto alle prese con tutti e due. Ma la domanda mi interpella.

La vicenda del comunismo e dei comunisti del Novecento è finita cosí malamente che è impossibile non porsela. Che è stato essere un comunista in Italia dal 1943? Comunista come membro di un partito, non solo come un momento di coscienza interiore con il quale si può sempre cavarsela: «In questo o in quello non c'entro». Comincio dall'interrogare me. Senza consultare né libri né documenti ma non senza dubbi.

Dopo oltre mezzo secolo attraversato correndo, inciampando, ricominciando a correre con qualche livido in piú, la memoria è reumatica. Non l'ho coltivata, ne conosco l'indulgenza e le trappole. Anche quelle di darle una forma. Ma memoria e forma sono anch'esse un fatto tra i fatti. Né meno né piú.

Queste pagine non sarebbero giunte alla pubblicazione senza la pazienza di Doriana Ricci e Tiziana Antonelli che ne hanno conosciuto e segnalato e sopportato i troppi andirivieni.

Nutro per esse cosí mitigati sentimenti che sarebbero rimaste nel computer senza l'occhio affettuoso di Severino Cesari. Anche perché a lungo mi ha inquietata *Tu che mi guardi, tu che mi racconti* di Adriana Cavarero, pensatrice e donna incantevole, sulla legitittimità di scriver di sé. Ma di quel poco di sé che si può sapere, chi sarà il meno sciagurato testimone, se l'altro o l'altra – senza i quali non potremmo vivere – non può vederti che con la sua altrettanto infida lente?

A queste amiche e a Severino va la mia gratitudine.

Capitolo primo

Non ho trovato il comunismo in casa, questo è certo. E neanche la politica. E poi dell'infanzia non ricordo quasi niente, e poco dei primi sette anni nei quali – secondo Marina Cvetaeva – tutto sarebbe già compiuto. Non ho nostalgie di un'età felice né risentimenti per lacrime versate nella notte. Dev'essere stata un'infanzia comune, affettuosa, un'anticamera, una crisalide dalla quale avevo fretta di uscire per svolazzare a mo' di farfalla. Tutti mi sembravano farfalle salvo i bambini.

Sono nata negli anni venti a Pola con sconcerto delle anagrafi: nata a Pola (Italia), a Pola (Iugoslavia), a Pola (Croazia). Allora era Italia. Sulla punta dell'Istria, tra il verde e gli scogli bianchi scavati dai datteri di mare. Poco oltre le isole del Carnaro e frammenti di isole, come la Fenera e Scoglio Cielo che erano di mia madre. Non so come si chiamino adesso, non sono mai tornata. Erano abitate dai conigli selvatici, vi approdavamo dal bragozzo, i narcisi erano alti come me e profumavano forte. Mamma mi insegnava a cogliere gli asparagi selvatici affondando le dita nel muschio. Qualche fotografia di uomini col fucile e signore dalla vita lunga e calottine fino agli occhi fissano anche me, ridente e stupidella. Ma mi è rimasto in mente il serpente nero che traversò la tovaglia stesa sull'erba con le uova sode e il salame, e tutti balzarono su, e mi sentii dimenticata. Quell'ondulata creatura sparí velocemente. Poi cadeva un tramonto rosso e scendendo verso il bragozzo le figure diventavano nere contro luce, come nella fotografia di mia madre, le braccia cariche di narcisi, di profilo vicino al barcone dalla vela latina. Contro ogni probabilità sono certa di esser nata quella notte.

L'alto Adriatico era uscito dall'impero austroungarico da una decina di anni e i miei misuravano il tempo in «prima della guerra» o «dopo la guerra». La guerra stava alle spalle, nell'album trovo minuscole foto di aeroplani azzoppati, case sbreccate, una cupola bizantina china da un lato, forse in Serbia, forse in Ungheria. Ungherese è la dedica di una piccola raccolta di foto di mia madre, «Anitanak 1917», e si apre con lei sedicenne, il viso al vento, una gran gonna a pieghe, il giaccone marinaro, davanti al timone d'una nave da guerra. Mamma non lo me lo fece vedere mai, quell'album forse di un innamorato, lo trovai fra le sue carte dopo che morí, apparteneva alle cose prima di me che mi erano irrimediabilmente tolte. Da piccoli duole di essere privati del passato come da vecchi del futuro. La guerra era un segnatempo e tale sarebbe rimasta finché la privata sciagura del 1929 non ne avesse imposto un altro. Del passato papà e mamma non tradivano nostalgie, erano stati irredentisti, la sciamannata Italia li aveva delusi, a Trieste nessun impero guardava piú come al suo sbocco al mare né i Mann o i Mahler scendevano piú ad Abbazia. Restò una terra di frontiera ma slittò a margine, pezzo d'Italia tra due guerre. Se i miei nutrivano rimpianti se li tennero dentro. A distanza credo che ne fosse venuto loro un certo scetticismo, ma non erano della stirpe degli imprecatori. Intanto loro erano il misterioso prima mentre io soltanto l'adesso, il che mi amareggiava assai. Il prima risuonava di nomi fascinosi – non Franz Joseph che non so perché si nominava sorridendo, né Zita, Ferdinando, Sarajevo dei quali ai bambini si taceva – ma quelli che aveva lasciato in giro la risacca della Mitteleuropa, Hunyadi, Esterházy, Karageorgevič, Kupelwieser. Papà e mamma parlavano fra loro in tedesco. Mai con noi, forse volevano fare delle figlie due persone normali invece che gente di due luoghi, due origini e tre lingue. Papà non aveva voluto sostenere in tedesco la tesi a Vienna, e quel tollerante impero gli aveva permesso di discuterla in latino: era una tesi di diritto, ma la facoltà si chiamava ancora di Teologia. Nessuno fu meno fanatico dei miei, meno incline a leggere il presente sul passato. O forse è una qualità della gente di frontiera. Cesare Battisti e Nazario Sauro hanno frequentato i miei primi anni con discrezione. Nel corpo a corpo per lavarci i capelli, mamma canticchiava: «Nell'Italia, e dei Rossetti, no se parla no se parla che italian». Chissà perché «e dei Rossetti», dei quali facevo vagamente tutt'uno con nude signore dalla capigliatura fluente tra fronde di alloro nelle xilografie di De Carolis appese alle pareti, accanto a Beethoven e all'inquietante Isola dei morti. Pola era città di miscele, per casa giravano il giovane dottor Peschle, del quale ero follemente innamorata, e il vecchio dottor Ughi, i Dejak e i Rocca, ci si muoveva fra via Marianna e via Kandler, in cucina c'erano lo Sparhert e il tamiso, in tavola la jota o la pastina in brodo, il Kaiserfleisch o il salame e i Kipferln convivevano con i biscotti. In giardino c'erano le rose sul viale davanti e le Fenstrosen su quello dietro, e per la mia festa fiorivano i Flieder. Dalla soffitta a nord sciamavamo a sera i Fliegermause mentre il cane era il cane e il gatto era il gatto. Da dove venivamo? Istriani cioè triestini, si diceva. La nonna vestiva di nero con un bel fiocco di seta al collo, perché era vedova d'un ufficiale della Marina austriaca che l'aveva lasciata con una modesta pensione e quattro ragazze: il tenente De Simon era affondato nel tempo, non ne ho mai saputo il nome. Nonna aveva accasato tre figlie nei dintorni della Marina; tutte e quattro avevano fatto le scuole austriache, scrivevano negli eleganti corsivi gotici e le due maggiori si erano fidanzate ancora nelle lunghe gonne e immensi cappelli di velluto nero, giusto prima che Chanel scorciasse abiti e chiome. Mamma e la sorella piú giovane si vestirono già come nel grande Gatsby, la testina breve con la sfumatura sulla nuca. Papà, notaio, era balzato nella classe agiata da una famiglia contadina di Promontore. Era quello che avevano mandato a studiare a Graz, si era laureato a Vienna e aveva fatto la guerra sparando in alto o di fianco, e non solo perché niente gli avrebbe fatto puntare un soldato italiano ma perché un tolstojano non ammazza nessuno. Non venivano, né mamma né papà, dai velluti rossi e il lucido mogano e le grandi strade con le carrozze a cavalli che per me erano lo sfondo dei nomi austriaci e ungheresi. Nonna era stata povera, essere poveri non era una colpa ma neanche una virtú. Noi Rossanda non eravamo poveri. Fra le immagini che fluttuano da quell'ombra c'è mamma che porta il cutter molto inclinato ridendo della mia paura. Alcune fotografie ci fissano sullo sfondo degli steccati bianchi del polo e dei marmi della rotonda da ballo di Brioni. Non ricordo che i miei cavalcassero o ballassero, la rotonda è vuota e azzurrina nella sera. Ma sono appoggiata allo steccato del polo quando un cavaliere si sporge sulla palla, il cavallo inciampa, si rompe una zampa, lo trascinano proprio davanti a noi e, prima che la mano di mamma riesca a tirarmi via, fisso il suo grande occhio impotente mentre qualcuno gli spara sotto l'orecchio. È stata la prima morte, quel grande cavallo senza scampo. Dovevo avere tre anni, dicono le fotografie, le calzette bianche che neanche arrivano alla vestina, bianca, e un gran fiocco in testa, bianco. Del gioco del polo mi rimase un'immagine stupida e crudele. Noi perché c'eravamo? Non eravamo di quel mondo, ma adiacenti, di passaggio, onorevolmente di passaggio. Mi pare che il papà, detto il signore della signora del notaio, si occupasse anche dei Kupelwieser. Malgrado Tolstoj e Rousseau – il solo che mi è rimasto in una lunga fila di volumi marron – e financo Rudolf Steiner, deve essergli piaciuto essere un abbiente signore per come prese male la tempesta quando arrivò. Ma guardavo distrattamente i miei genitori, non tocca ai piccoli occuparsi dei grandi. Di quegli anni venti sul declino mi restano immagini, gli abiti di seta scivolati in vita della mamma, i corti capelli ondulati, l'odore delle Lucky Strike di zia Frida nelle ore del pomeriggio all'ammiragliato, le borsette di maglia d'argento, il cutter, il grande giardino d'una grande casa. Ma anche la cucina nera di fumo del fratello di papà a Promontore quando a novembre per i morti si andava al cimitero, le lucette nei globi di grosso vetro azzurro o cremisi fra le croci di ferro. Nonni paterni non ce n'erano, papà era molto piú anziano della mamma, non so dare nome al dagherrotipo d'una montenegrina imponente senza cappello in giacca e fucile a tracolla che ha galleggiato un secolo fra le mie carte. Non andavamo spesso a Promontore. Papà non ci intratteneva sui suoi, solo una volta raccontò che il prete, in odio al loro anticlericalismo, sosteneva d'aver trovato nei piú vecchi registri che i Rossanda intercettavano le barche dei pescatori per impadronirsi del pesce, per cui beccare un Rossanda e impiccarlo era tutt'uno. Papà dubitava della fondatezza, a me sembrava avventuroso e bello. A ogni modo noi non appartenevamo a Promontore né a Brioni, eravamo in un paesaggio nostro, senza origini da eternare e come in previsione d'una precarietà. Di una casa in via Marianna, a Pola, mi restano due sequenze, piú volte rivisitate, forse ricostruite. Nella prima sono ancora un niente, sul lettino, è una stanza in penombra, dalle tende entra una lama di sole dentro la quale danzano infiniti puntini luminosi che scompaiono appena ne cadono fuori. Non riesco ad afferrarli. Il primo ricordo è uno sfuggire. Nella seconda scendo le scale, la mamma mi tiene per mano, mi ha vestita tutta di nuovo con un cappottino di orsetto bianco. Ero pervasa del mio splendore e del suo orgoglio, andavamo fuori per farci vedere. Sta' attenta, disse, quando apparve sotto di noi una donna in ginocchio che lavava i gradini, un gran secchio di acqua sporca accanto. Grigia, i capelli alzati, tale e quale la stiratrice di Picasso, molti decenni dopo l'ho riconosciuta sussultando. Sta di fatto che quei gradini scivolosi e quella creatura curva mi attirarono nel secchio come una calamita. Non vi inciampai, ci andai dentro. Tumulto, mamma piangente di collera, colpa. L'orsetto si dovette tingere di giallo. Tutta in bianco non mi ricordo piú. Attrazione fatale per i guai, piú volte evocata dai grandi a prova d'una perversa inclinazione a non stare al mondo come dio comanda.

Di via Marianna non s'è sedimentato altro, in alcune fotografie sbiadite non riconosco nulla. Ma dovemmo cambiare casa quando nacque mia sorella, e ritrovo subito l'immensa villa chiara con il glicine sul portico e il parco. Si chiamava villa Starza, o qualcosa di simile, per via della contessa polacca che se ne era andata lasciando grandi stufe di maiolica, alte quasi fino al soffitto, dalle quali non mi aspettavo niente di buono. Neanche di quella casa ho i ricordi che sarebbe lecito attendersi dall'esservi rimasta fino a sette anni. Forse perché ci vivevamo come se fosse molto piú piccola. Non entravo mai dal portico coperto di rampicanti, a destra del quale c'era lo studiolo di papà, foderato di quercia e con una inquietante zampa di lepre sulla scrivania, che ogni tanto spunta nei sogni come mano di papà. Dopo veniva un salone credo mai usato. E fughe di stanze fra le quali non ritrovo la mia. Dove diavolo dormivo? Ma vedo la mamma che taglia con le forbici tante donnine eguali di carta e le appende come una ghirlanda alle sbarre d'ottone del mio lettino. Vaga stanza, luce, sono felicemente ammalata. So invece tutto del cortile sul retro, pieno di sole, e la gran cucina con i fornelli in mezzo e l'odore di mele cotogne lungo le pareti e la Fanni e la Serafina che mi raccontavano storie di terrore. Alle stanze e ai discorsi rispettabili dei miei genitori si affiancava un mondo dominato dai riccioli della Fanni e da morti che si levavano pallidi e furiosi dalle tombe ogni venerdí per correre su cavalli bianchi sotto la luna, tre giri e poi di nuovo sotterra. Sangue, veleno e tombe scoperchiate mi affascinano ancora. Dubito che i miei si rendessero conto di quella semina di arcaiche paure, di quanto circolassero quelle bande inquiete di defunti e perché a sera rientrassi di corsa. Di notte allo spegnersi della luce sarebbero usciti dagli angoli della mia stanza i botoli bitorzoluti e cornuti e maligni che alla luce si ritraevano in agguato. E se mi fosse venuta la doppia vista come ai settimini o nati con la camicia? Mamma non si stupí quando le chiesi se ero stata in pancia tutti e nove i mesi e se ero venuta fuori con o senza camicie attorno. A quel tempo i genitori non esageravano nel farsi domande, o se sospettavano paure infantili le attribuivano, penso, a un giusto timore per le cose del mondo e si limitavano a mandare segnali rassicuranti dalla loro ragionevole sfera. Tra visibile e invisibile gli anni si dividevano senza interferenze il giorno e la notte, la casa e il giardino. In casa erano diurni e laici la cucina, la camera da pranzo, la stanza di papà e mamma con le grandi finestre sul parco dove si era ammesse solo in caso di febbre, il boudoir della mamma con la grande vetrata e il telaio rotondo a piede dal quale pendevano le matassine di seta, come nella merlettaia di Vermeer (tutto è stato già scritto o dipinto). Da una pezza di seta blu stinta in cenerino, in fondo a un mio cassetto, affiora una dalia non finita, accanto al quadrante senza vetro dell'orologio di papà. Dopo Pola mamma non ricamò piú. La vicinanza del boudoir rendeva benevole la terrazza e la scalinata a nord sul giardino e la soffitta dei pipistrelli e i pipistrelli medesimi. Per non parlare dell'orto che si stendeva lontano dietro gli alberi, fino al muro assolato, e come ogni orto è diurno e affettuoso. E diurne erano le soffitte dove sprofondavo nel grano odoroso di sole e polvere mentre nel vano accanto covavano le galline larghe sulle uova. Stupide galline, non sapevano niente, mentre mamma e io spiavamo al tempo giusto un battito dentro l'uovo, portandolo tutto caldo all'orecchio. Poi il guscio si rompeva, la gallina entrava in allarme, usciva un pulcino tutto becco e piume incollate, bruttissimo, ma presto diventava una pallina di velluto giallo su gambe. Per i pulcini tritavamo uova sode col prezzemolo e inzuppavamo la mollica sbriciolata nel vino rosso, nelle Venezie si pensa che il vino fa crescere. Piú tardi la chioccia se ne sarebbe andata per il giardino con la sua prole, ignara che la mamma le aveva infilato nel cesto un uovo d'anatra, e avrebbe mandato grandi strida quando l'anatrino, adocchiato un filo d'acqua, vi si sarebbe buttato filando come un motoscafo. Questo era l'universo condiviso fra grandi e piccoli. Poi c'erano zone poco per le quali, come certe stanze chiuse, un bagno immenso e in penombra, il grottesco nel giardino sul davanti, dove ero certa che un frate ghignante mi guatava, sparendo appena mi voltavo. E se una volta non avesse fatto in tempo a sparire? Correvo lontano dai macigni coperti d'edera e capelvenere per arrivare al cortile dall'altra parte, dove avvenivano soltanto cose domestiche interessanti, papà aveva fatto collocare una altalena con gli anelli – modernità e ginnastica – e il grande nespolo pareva fatto per arrampicarsi. Dietro il muretto c'erano i fiori amichevoli della nonna, gerani e fucsie e violaciocche, e sul muretto mamma lavava col sapone di Marsiglia le teste mie e della Mimma, fra strepiti e tentativi di fuga che lasciavano grandi chiazze d'acqua saponata a terra. Sul cortile affacciava la lavanderia dove due volte al mese la gigantesca Gisella amministrava nei mastelli prima il bianco, che bolliva con la cenere e sciacquava in acqua azzurra, poi il colore, e il terzo giorno stirava tutto su un tavolo sterminato con due ferri pieni di braci. A mezza mattina le portavo una padellata di uova dall'occhio giallo e mi sedevo con lei nell'odore di biancheria calda di ferro. Buono quasi come quello del pane che faceva la nonna, accompagnando le forme che dovevano durare otto giorni con due uccellini inanellati per noi piccole. Avevamo diritto di mangiarli caldi che è tutt'altra cosa dal pane in tavola. E ai luoghi rassicuranti apparteneva il viale che saliva sotto il corbezzolo dalle fragole false e svoltava sotto i pini dove la mamma sferruzzava golfetti con le zie sulle larghe poltrone di paglia. Piú lontano il parco diventava scuro ed era guardato dal cane Turco dalla lunghissima catena e dalla scarsa confidenza. Meglio il viale a nord con le peonie e le piccole rose rosse. «Ma le rose rosse no, non le voglio veder» cantava la mamma proprio mentre ci metteva le mani, recidendo fiori e foglie appassite. Le canzoni erano sinistre, la capinera moriva, la piccolina senza balocchi anche, e la signorinetta aveva scordato il notaio. Mamma non era per niente sinistra, non ce le insegnava, non aveva l'aria di insegnarci niente fuorché a disegnare. Ma già di questo partecipava la Mimma. Sarà vero? Lo è nella memoria, nostro è il giardino, nostra l'altalena, nostro, anzi addirittura suo, il micio che mettevamo con una cuffia nella carrozzina, molto meglio d'una bambola, nostri i funerali degli uccelli in una scatola sotto un albero. Potrebbe essere cosí se avessimo lasciato Pola nel 1930? Deve essere stato un po' dopo. Né lei né io ci orientiamo, le date si divincolano dal tempo interno. Vi sono da qualche parte i documenti, ma sarebbe come cercare il proprio senso nel dizionario.

Fra il recinto nel quale mi muovevo e i fantasmi che temevo si era materializzato l'arrivo di mia sorella – avevo quasi quattro anni. Stava nella pancia della mamma e vi poggiavo contro la guancia nella speranza di percepire un movimento. Non c'era di che sorprendersi, i bambini arrivano, fratellino o sorellina non si sapeva e sarebbe stato lo stesso. Ma da dove sarebbe uscito? Lo porterà la cicogna, rispondevano. Ma perché la cicogna lo doveva portare se già c'era? E chi vedeva in giro cicogne? Ancora meno convincente il cavolo sotto le cui foglie mamma lo avrebbe trovato. Prima di tutto lei non ispezionava i cavoli, poi i cavoli sono da mangiare e quindi inadatti a grandi eventi. Dalla mamma sarebbe uscito quell'essere, era chiaro, ma lei non mi pareva provvista di aperture adeguate. Come tutti i piccoli sfidati nella logica e educati a considerare con sospetto le aperture inferiori, e perdipiú ignari che nelle bambine ce n'è una di piú, avevo concluso che sarebbe uscito dall'ombelico. Stava proprio là in mezzo. Ma non era piccolissimo? Non si sarebbe lacerata la pancia? Doveva far molto male e invece la mamma aveva un'aria piú allegra che mai – altra bugia, piú tardi mi confessò che i due parti erano stati insopportabili. In ogni caso non erano cose sulle quali insistere. Un onesto compromesso con la verità si impara presto. Forse negli ultimi mesi vagabondavo piú sola per il parco, piú lontano, dalla parte dei pini, dopo aver verificato che non ne scendessero le vellutate processionarie che mi davano i brividi. Infine successe. Era inverno, dicembre. Nella mente si è disegnata una notte di va e vieni da una camera tutta drappi di velluto e oscurità e bagliori, che non era affatto la camera della mamma e piú tardi trovai in qualche tela secentesca. Era nata la sorellina. La seconda di noi. Anche se avevo sentito la mamma dire che aveva perduto un primo bambino a quattro mesi cadendo da una scala due anni prima che nascessi. Perché non era stata piú attenta, mi aveva lasciata in parcheggio – non dubitavo di essere io che aspettavo di sgusciare al mondo. Io come anima. Non so chi mi avesse parlato di anime, i miei non erano praticanti, ma era impossibile che si preparasse un'anima e poi si buttasse perché una signora distratta inciampava dalla scala. A ogni modo mia sorella era approdata. Non ricordo che effetto mi fece quando me la mostrarono, un neonato è meno interessante di un gattino, per non parlare dei pulcini che in pochi minuti sono in giro a curiosare. Lei non faceva che dormire. Mimma – ma era stata chiamata Marina, fuori da ogni genealogia familiare come me, ma le invidiavo quel nome tanto piú bello – diventa una persona piú tardi, ha i capelli neri di seta mentre i miei erano verdastri e simili a spago. Si comincia dall'invidia, si apprende la gratitudine – a decifrare quel buio serve piú Melanie Klein che non i Freud padre e figlia. Appena fu in grado di strisciare sui pavimenti puntò dritto sull'angolo delle mie bambole e le fece a pezzi. Si sedette sopra un salottino in miniatura, e *crac*. E papà e mamma sorridevano. Raramente la mamma sloggiava la nuova venuta e mi tirava sulle sue ginocchia sussurrandomi su richiesta «Cocca». Ma capiva. I miei pensarono di cicatrizzare le mie gelosie spiegandomi che lei era piccola e io grande, io sapevo molto e lei niente, io ero abile e lei maldestra, io capace di decisioni, responsabilità e elevati sentimenti e lei ancora selvaggia. Ero salita di grado, ora c'era una piú piccola di me, di quali bambole andavo lamentandomi? Io le avrei mostrato, insegnato, l'avrei diretta dall'alto delle mie competenze e saperi. Me ne persuasi cosí bene che mia sorella non se n'è ancora rimessa. Ero sulla quarantina quando mi spiegò quanto fossi stata autoritaria, piena di me, disattenta al prossimo e a lei in particolare, insopportabile, ottusa. Mai che la ascoltassi, anzi vedessi. Mai che la includessi nei lunghi conversari con tale Adelma. Adelma e io procedevamo nel paesaggio obbligandola a trotterellarci dietro come una squaw, e cosí avrei fatto sempre. Rimasi fulminata. Se d'un rapporto perfetto ero sicura, era quello con mia sorella e invece avevo sbagliato tutto. Dei misfatti che lei mi elencò molti potei riconoscere. Ma Adelma no, nulla di lei affiora dal buio interno. Com'era quella bambina dal nome stravagante? Era a Pola? Impossibile, troppo presto. A Venezia? Ma le altre le ricordo. Ogni tanto Mimma mi aiuta a ripescare dalle acque oscure un gesto, un'immagine, delle parole. Un intero gatto del quale avevo negato l'esistenza, invece eccolo là, testimoniato da una fotografia, e dietro sono riemerse molte vicende compartite con quel micio. Ma Adelma no, non viene fuori, e se non fossi certa della memoria di Mimma piú che della mia penserei che è un suo malinconico fantasma. A me è rimasta la certezza d'una complicità che ci uní a lungo. Le esplorazioni del giardino, la frequentazione delle chiocce e le evoluzioni dei pulcini, le scivolate sui mucchi setosi di grano e ispidi di mais, gli infelici tentativi di far venir su qualcosa di nostro nell'orto, i diversi rapporti con le domestiche che ci trasmettevano le saghe dei morti. Mentre io ero deliziata dallo spavento, restò celebre l'illuministico rifiuto di Mimma a una di loro che si avvicinava carica di parole: «Va' via, Serafina, brutto pescecan!» Abbiamo in comune un sogno tremendo, chissà chi delle due l'ha raccontato all'altra che l'ha fatto suo – una vecchia che ghignando si taglia la testa con una mezzaluna. Da dove può venire quell'orrore, che non ha pretesto in cose viste o raccontate, da quali fantasmi ancestrali? E perché nell'infanzia? E chi osa parlare di questi temibili incontri fin che l'età tarda non ne ha disinnescato l'angoscia? Cercando nei miei primi anni – ed è un'infanzia privilegiata – trovo una sorprendente tonalità, la percezione del molto che ignoravo, dell'esser piccoli come di un mancare. Ma non so che cosa mancasse in quegli sfondi domestici quieti. Le giornate erano fatte di comuni ombre e soli, di comuni arrampicate e cadute dagli alberi, di comuni evoluzioni a candela e a ranocchia sugli anelli, di comune pasticciare la residua pasta di pane e del comune nascondere le macchie di terra o di bacche. Una cosa non avemmo in comune, Mimma si prese una lunga malattia intestinale che la trasformò in un'esile bimbetta a forza di riso in bianco e mela cotta. Ragion di piú perché in me, robusta come uno struzzo, prosperassero sensi di forza e grandezza.

Soprattutto eravamo in due dall'altra parte rispetto a quella dei grandi. Nessun piccolo dovrebbe essere privato della sorella o del fratello, relazione incomparabile. Perché i miei erano i miei, preziosi e amati, ma loro erano loro e io ero io, e con Mimma divenni noi. Non eravamo affatto la stessa cosa, noi e loro, li abbracciavamo ma non poi ogni minuto, avevamo diversi luoghi e tempi, loro sapevano molte cose e decidevano che cosa dirci. Quel loro parlare in tedesco ha fatto sí che ancora oggi una pagina in quella lingua mi pare a prima vista interdetta. Erano presenze immancabili, ma segrete e affettuose, vicine e un poco a parte. Papà era molto piú grande di mamma, lo ricordo come se avesse sempre cinquant'anni, un poco piú del vero, e mamma ne ha sempre ventotto, un poco meno del vero, prendendo per vero gli anni passati assieme, neanche venticinque con l'uno, quaranta con l'altra. Se ne sono andati giovani, d'improvviso, ghermiti da una stanchezza fulminante. Con mamma, mia sorella e io abbiamo razzolato fino ai vent'anni, rincorrendoci e cadendo l'una sull'altra. Si faceva rossa di collera o di piacere, si arrabbiava e dimenticava, rimase una ragazza allegra e coraggiosa e sentimentale. Papà era piú stabile e triste, e in lui stavano saggezza e sapienza, ma senza solennità, noi vi avremmo avuto accesso piú tardi. Non ci sentivamo sotto giudizio: niente frutta, niente dolce, va' su in camera sono battute che ho sentito al cinema, in casa non erano mai dette. Al piú, vuoi uno scappellotto, scimmietta? E non arrivava. Io dovevo essere davvero una scimmia, tentavo di fare e dire prodezze, prendevo malissimo l'altrui disappunto, non ho mai capito chi gradisce le critiche, volevo piacere. Non ci picchiarono mai. Quando volò uno schiaffo dalle mani di papà avevo già dodici o tredici anni, e restammo tutti e due tramortiti. I grandi sapevano molto e molto tacevano. Ai bambini si risparmiano le sofferenze e, per quel che ne so, i bambini ci contano. Loro avevano veduto la guerra, capivamo che era stata grande e piena di dolore, ma vagamente, e in ogni caso era passata, cosa della vita loro. Della quale noi eravamo parte, non al centro, al centro c'erano loro e i loro saperi, e di là arrivavano mani affettuose per stringerci contro di sé mentre sopra le nostre teste le loro voci continuavano a parlarsi. Noi dovevamo tenerne conto, aggiungere del nostro, non eravamo tenute a comunicarlo. Ma nella nostra zona di libertà dovevamo cavarcela. Non ci erano addosso, ci spingevano in giardino e al mare nell'acqua – da triestini al corrente delle moderne pedagogie. Non so se su di esse i miei si concertassero o dubitassero o le avessero già tro-

vate. Certo erano dissimili da quelle nelle quali seppi piú
tardi che erano state allevate le mie coetanee a Venezia. I
miei avevano preso sul serio lo svezzamento, farci andare
da sole. Posso salire sugli alberi? Va', ma se cadi non venir
a piangere. I miei primi anni sono tutti mani, gomiti e ginocchia sbucciati, nonché scoperta delle virtú della saliva
sulle sbucciature quando si precipitava. Mamma poi passava in rivista senza sottolineare, va' a lavarti e via. Entram-
be le parti stavano ai patti. Tenevano a certi riti e noi li proteggevamo. Fingevamo di non vedere quando la mamma avvolgeva di velina e riponeva in grandi scatole i globi d'oro
e d'argento e viola, i supporti delle candeline e gli stecchi
grigi che sprizzano scintille e la grande stella dell'albero di
Natale al momento di congedare l'enorme abete che si era
illuminato alle sette di sera del 24 dicembre. Distoglievamo
cortesemente lo sguardo se per caso ci imbattevamo negli
uomini che lo portavano via, i grandi vanno protetti nelle
loro smanie di segretezza. Piú ci smarrivamo sulle uova colorate che il sabato di Pasqua cercavamo nel pollaio, quando si scioglievano le campane e la nonna tirava fuori dal forno le pinze profumate. Come riuscivano a far produrre dalle galline quelle uova meravigliose? Che ci fosse l'intervento
materno era chiaro, venivamo su miscredenti. Ma ci guardammo dall'interrogare i grandi, visto che gli piaceva che
credessimo a quel prodigio. A lungo almanaccai su polverine colorate introdotte nei loro orribili mangiari – mai amam-
mo il pollaio, le bianche Leghorn, lo stoltissimo gallo colorato, le rumorose anatre, le calamitose oche che una volta
si ammalarono e dovettero ingoiare pastoni blu per cui tutto il recinto si tinse di deiezioni azzurre. Ammesso che le
galline mangiassero le polverine, com'è che qualche uovo
usciva color rosso o blu e altri a strisce d'oro o con due mar-
gherite su fondo verde? Mai mi venne in mente che l'astu-
ta mamma dipingesse le uova la sera prima per introdurle
nottetempo sulla paglia di quei volatili. Quando lo seppi, a
orto e pollaio scomparsi, fu deludente. Mi facevo, ci face-

vamo bizzarre razionalizzazioni. Se mentre Mimma stava nella pancia materna mi inquietava di dove potesse uscire, durante l'allattamento mi convinsi che da una delle pancioline, come chiamavo quelle morbidezze, mamma le desse il latte e dall'altra il caffè, come li propinavano a me riluttante alla mattina. Mimma non fece in tempo a porsi il quesito, non essendo seguita altra prole. Fummo invece pratiche di morti e funerali degli animaletti che non riuscivano a vivere e seppellivamo con solennità, e non mancammo di chiedere alla nonna perché non fosse ancora morta. I bambini sanno che le cose e gli esseri finiscono, quel che non conoscono è l'angoscia della fine, è semmai il ritorno dei morti che fa paura, come deve essere stato nell'infanzia dell'umanità e deve essere restato da quelle parti medioeuropee. Con l'adolescenza tutto muta perché si lacera il non saputo ma fantasticato e inconfessato. E si è esposti al dolore. Prima non c'è tempo, non c'è forza, il dolore è pericoloso, va evitato, si evita.

Della benevola invalicabilità degli adulti trassi vantaggio. Fra noi e loro papà e mamma mettevano una certa aria sorridente sulle cose; il mondo in generale apparteneva a loro, ce n'era un pezzetto in comune con noi, poi c'era il mondo nostro. Era una sistemazione molto conveniente. Il segreto che avvolgeva i grandi permetteva di non capirne niente, e nel non farsi domande su di loro i bambini sono specialisti. Io almeno lo ero. Anita e Luigi. Che ne sapevo? E che cosa ne so oggi? Una valigetta piena di carte, documenti e lettere, la bella grafia slanciata di mamma, il corsivo minuto di papà, sta nel mio studio. Mia sorella me l'ha portata come se mi spettasse. Non l'ho mai aperta, e non è per queste pagine che lo farò. Non so se sia stata conservata perché la leggessimo. Tutti e due morirono d'improvviso, fucilati in un'imboscata del corpo. Come sollevare la tenda che dolcemente, fermamente tennero abbassata? O forse ho paura della sofferenza che non ci dissero. Perché fu dura, per Anita e Luigi. Dovevo avere cinque anni e svolazzavo per il parco quando qualcosa successe nel 1929 e si gonfiò nel '30, un'ondata dalla quale papà e mamma furono travolti ma dalla quale ci protessero, assieme alla nostra, mia determinazione di non potere né voler sapere, egoismo primario, paura primaria. Cinque o sei anni sono pochi ma ero già fuori dalla prima infanzia e passavo per una bambina sveglia, eppure un giorno correndo incontro a papà e prendendogli di mano la borsa gridai: «Quanto pesano i debiti!» Capii d'aver detto qualcosa di tremendo dal silenzio che seguí. Non ci furono spiegazioni. Quella parola l'avevo sentita scartando la eco che doveva accompagnarla. Sentita e allontanata. Me ne andai mogia e meditabonda. Ma non poi tanto. Altri discorsi dovettero essere fatti senza penetrare la mia corazza. Assistei con mitigato stupore alla partenza delle domestiche, prima una poi l'altra, le mie distributrici di spaventi, un bacio e addio. Che Mimma fosse spedita dagli zii a Venezia e papà non si vedesse neanche a sera era insolito, ma l'insolito è affascinante, per cui non dovetti insistere per avere troppe spiegazioni, non oltre quelle tranquillizzanti che, suppongo, mi davano e mi uscivano dalla mente. In casa era rimasta la mamma ed era magnifico essere noi due sole. Un giorno – doveva essere maggio o giugno, ricordo una gran luce – vennero degli uomini in una specie di uniforme che applicarono, sotto la guida d'un capo, dei cartellini dall'orlo smerlettato su ogni mobile, vaso e tappeto. Li aiutai con zelo. Quando ebbero finito e se ne andarono, mamma tornava giusto dall'orto con un cestino di piselli, li sgranammo e lei preparò una frittata. Non so che cosa dissi di quella entusiasmante mattinata quando sedemmo a tavola, ma lei si portò le mani al viso e scoppiò in singhiozzi. Pianse disperatamente a lungo su tutto quel verde e giallo dell'omelette. Non l'avevo mai vista piangere. Era il disastro, era là da un pezzo, non potevo piú nascondermelo. Quel giorno finí l'infanzia.

Capitolo secondo

Finiva in una catastrofe innominata, tutto perduto, la casa, i mucchi di grano in soffitta, le isole dei narcisi, le cave di pietra d'Istria, la cooperativa di pescatori, lo studio del notaio. Erano andati per sempre fra inevitabilità e colpa, brandelli di discorsi che le mie orecchie ormai avvertite afferravano e sui quali ammutolivo. Finiva Pola, sarà stato il '30 o il '31, e non vi sarei mai tornata. Cominciava Venezia, anzi il Lido, un'altra città, un'altra casa dove mamma restò per qualche tempo e mio padre non mise mai piede. Cominciava la scuola, sarebbe arrivata l'adolescenza. A Venezia saremmo rimaste sei anni dagli zii, Mimma e io, vestite, lavate, nutrite, portate d'estate sulle Dolomiti. Non mancammo di nulla e non avemmo nulla di superfluo, come era giusto in una famiglia che non era la nostra e dove eravamo di passaggio per qualche disgrazia o mancanza dei nostri genitori. Nessuno ce lo disse, tutto lo faceva capire; si doveva provare gratitudine, sentimento che i bambini non conoscono. Nessuno ci disse che zia Luisa e zio Pierino si sopportavano a stento, sedemmo ogni giorno composte a una tavola sulla quale pesavano glaciali parole o glaciali silenzi. Fummo educate a non far danni, e irriducibili ad ammettere che di quel fatale e ormai da varie parti evocato '29 i nostri genitori potessero portare qualche responsabilità: è di allora la convinzione, nutrita in silenzio, che le cose cambiano al di là di noi, sono terremotate, trascinano via anche i grandi. E in piú papà doveva essere stato in quel rovinio come in guerra, uno che non sparava sul prossimo. Erano, papà e mamma, sfortunati, eroici e lontani, a loro andavano i nostri sentimenti e non ci chiedemmo fino in età matura che cosa se non affetto avesse indotto gli zii ad accoglierci, figlie transitorie sulle quali non avrebbero potuto contare. Eppure furono per noi le riserve del cuore che dal matrimonio infelice restavano alla zia e il bisogno dello zio di trasferire nella sola prole di cui per un poco disponeva il sapere di cui si sentiva portatore. Perché era sicurissimo di sé, lo zio capitano di corvetta e pilota del porto, che a ogni ora del giorno e della notte balzava sulla vedetta e saliva sulle navi alle bocche di san Nicolò per guidarle, solo signore a bordo dopo dio, sulle elusive acque e i bassi fondali della laguna, finché attraccavano in bacino o in Marittima. I piloti erano una corporazione ricca, e cosí lui appena in pensione poté perdere tutto quel che aveva risparmiato e messo sulla banca Giuffrè, la quale fallí con grande schiamazzo alimentando il suo rancore per il mondo, ma non toccò il vitalizio assicurato alle vedove quando finalmente una malattia, per lui e gli altri il piú fastidiosa possibile, lo portò all'altro mondo. Soltanto allora, ma eravamo negli anni sessanta, Mimma e io facemmo per zia Luisa qualcosa di buono, ribaltando la sua noiosissima vita in una piú avventurosa ultima età che la vide viaggiare, visitare città e musei mentre io facevo un comizio, esplorare Varese mentre Mimma, che ormai era medico, stava in sala operatoria, offrire il caffè in Balenciaga e diamanti a Ingrao e Foa, sorpresi e sorprendenti, di cui ascoltava le conversazioni discreta e senza dire una parola fuori posto. Era stata ben formata al riserbo, zia Luisa. Buttata, sprecata. Fu parte della mia educazione dei sentimenti la determinazione che non avrei mai vissuto come lei, come loro, gli zii. Nella loro casa avevamo una stanza che diversamente da quelle di Pola ricordo benissimo, e il bagno di servizio che raggiungevamo senza lasciar segni sul pavimento del salone tirato a cera. Eravamo addestrate a lavarci da capo a piedi e a rate in un lavandino e un bidet portatile, che piú tardi avrebbe accolto le prime tracce rosate del mio sangue mestruale. Gli zii erano pignolissimi in tema di ordine e pulizia, e pur non essendo affatto in stato di bisogno avevano un'idea severa dei consumi, come l'accendere la stufa dal grande cilindro di rame nel bagno bello. Avevamo diritto di incursione in cucina dove officiava la lunga Elda, della quale ci fu nascosto che aveva una figlia senza essere sposata e che non si vide mai, cosa che mettemmo a carico del perbenismo degli zii. Non sbagliavamo sul perbenismo. Vivevano un po' al di sotto dei loro mezzi, in regolarità e isolamento, lo zio coltivando pensieri iracondi verso un fratello nobilmente imparentato in Venezia, saga della quale arrivavano a tavola echi sinistri mentre maneggiavamo le forchette del pesce e tremavamo su come si afferrano gli asparagi. Su quel che andava e non andava fatto zia Luisa era piú categorica di mamma. Pola e i triestini erano meno prescrittivi di quella Venezia. Allo zio Pierino, la rassegnata zia Luisa mai avrebbe risposto come verso la fine dei giorni di Pola rispose al marito la giovane zia Frida: ancora la vedo mentre dà l'ultima occhiata alla gran tavola preparata all'ammiragliato – l'abito di seta scivolato sui fianchi e un'alta fascia dorata sui capelli – e lo zio si affaccia in alta uniforme. Fu questione d'un certo servizio di Boemia, lui chiedeva perché non era in tavola. Perché mancava un pezzo. Come, mancava? S'era rotto. Chi l'aveva rotto? Succede, eludeva nobilmente la zia, continuando l'ispezione. Tuoni e fulmini di lui, esasperato da quella calma. Finché lei, tranquilla, sollevò una brocca di cristallo, la tenne alta un attimo e la lasciò cadere sul pavimento. «Adesso, – aggiunse quella donna filosofica, – hai di che gridare». Scena ammirevole, mai scordata. Lo zio divenne blu e uscí, penso, per non compiere gesti irreparabili. Bene, zia Luisa non era quel tipo di amazzone. Mimma e io ne prendevamo atto, concludendo che gli uomini che non mettevano becco in casa erano meglio di quelli che se ne occupavano: lo zio Pierino era una pittima. Guardammo con occhi sempre piú freddi le stanze immacolate che ogni

mattina la zia rovesciava e arieggiava nella smania di pulizia che prende certe donne senza pace, i pasti inesorabili (ci
aveva pensato una volta per sempre, lunedí questo, martedí
quello). Non ci entusiasmava neppure la domenica, quando
in cappello e guantini percorrevamo su e giú piazza San Marco, sul liston, d'inverno al sole sotto le Procuratie vecchie,
d'estate all'ombra sotto le Procuratie nuove, mentre le signore si salutavano senza fermarsi («Hai visto la pelliccia
della Mavi?») A noi non restava che saltellare sulle lastre
bianche o nere, in attesa della messa delle dodici a San Zu-
lian, dove un prete velocissimo non perdeva tempo sul Van-
gelo e faceva scattare al ventunesimo minuto l'*ite missa est*.
Poi si andava dal Cilia fragrante di paste che sarebbero arrivate solo a fine del pranzo, ogni seduzione spenta. Colti-
vavo una calda immagine della disordinata villa Starza, dove non tutte le stanze si usavano ma erano accessibili al-
l'indagine, la cucina era sempre un po' per aria e mamma
addentava il pane appena uscito dal forno, magari col burro e le sardine dissalate che riposavano sott'olio nel grande
orcio bianco. E le mele erano in ogni angolo assieme alle co-
riacee cotogne. Al Lido mangiare fuori pasto era un delitto
e infatti lo zio ci offriva a volte un gelato per far dispetto
alla zia, il cui sguardo sagace snidava sempre il misfatto. Ma
c'era il dopopranzo, l'autorizzazione anzi l'incoraggiamen-
to – che doveva essere di tutte le famiglie – a toglierci dai
piedi fino al tramonto. Nella lunga striscia invernale, mare
da una parte e laguna dall'altra, c'era un unico taxi e le strade erano nostre. Un'orda selvaggia di pattini a rotelle e biciclette risparmiava a stento i pochi passanti, e deposti gli
uni e le altre si scendeva sulla spiaggia deserta dove i grandi alberghi avevano tirato a fine stagione i capanni fin sotto i grandi viali a mare. A noi si deve, penso con orgoglio,
che l'Excelsior li abbia sostituiti con un serpentone in mu-
ratura mentre il Des Bains aveva l'eleganza di farseli distruggere ogni anno, anzi d'inverno ci apriva il giardino.
Mimma e io non possedevamo né bicicletta né pattini, e te-

mevamo i ruzzoloni che non avremmo potuto spiegare. Ma
una volta che precipitai da una bici in prestito slogandomi
un polso, l'acuta zia Luisa, venuta a controllare se avessimo
spento la luce, mi scoprí malmessa e si rivelò sorprendentemente affettuosa e lenitrice. Lei, mentre noi svolazzavamo
nei pomeriggi rosati verso Malamocco e fra le villette liberty
o ci toglievamo calze e scarpe per andare – proibitissimo –
sulla risacca, maschi e femmine avvezzi a stare insieme nelle classi del Lido, lei, la signora del comandante, alle quattro cominciava a vestirsi, smettendo gli abiti da casa e le
pantofole friulane, e alle cinque meno un quarto usciva alta sulle scarpette del calzolaio di calle Vallaresso che serviva la duchessa di Windsor, una pelliccia sulle spalle e sulla
testina alla Watteau una toque di velluto della modista, sempre di calle Vallaresso che serviva la duchessa di Windsor,
al polso i guanti e il braccialetto che io porto ora. Dritta e
solitaria saliva sul vaporetto delle cinque, scendeva a San
Zaccaria e traversava piazza San Marco fino all'Ala napo-
leonica, in Frezzeria comprava dal sor Giovanni un etto di
emmenthal, risaliva da Campo San Luca passando davanti
a Tarantola e a Rosa Salva, comprando qualche raro libro e
ancora piú raro biscotto, e ogni due giorni un etto di caffè
da Hausbrandt. Poi ridiscendeva dalle Mercerie e prendeva il vaporetto delle sette meno venti per Lido. A casa dava un'occhiata a noi che finivamo i compiti, posava i pac-
chetti, svestiva le meravigliose piume e rimetteva i grigi panni domestici. Non vedeva nessuno, zia Luisa, non
l'attendeva a Venezia nessuna amica per prendere un tè e,
ne ho la dolorosa sicurezza, mai ebbe occasione né voglia di
mettere un corno a zio Pierino. Due volte all'anno apriva il
salotto per le amiche che lo zio sopportava con malumore.
Bellissima, alta, chiusa, zia Luisa non ebbe per sé che i suoi
pensieri impotenti, che non so se giungessero a essere desideri, e quella ora e mezza delle giornate.

A Mimma e me Venezia era interdetta, nostro era soltanto il Lido, ma che era quella Venezia ridotta a due per-

corsi giustificati da inutili acquisti? Scoprimmo da sole piú tardi, quando tornavamo per le vacanze estive finché la guerra lo permise, i sestieri dove non si metteva mai piede, per non parlare della laguna. Della quale prima conoscevamo soltanto il tragitto domenicale, guardando con allarme l'Isola di san Servolo quando la nebbia costringeva il vaporetto ad accostarvisi. Era il manicomio maschile, e se si fosse affacciato alla finestra urlando qualche matto? Le matte erano piú numerose ma lontane nell'enorme San Clemente. Un altro luogo inquietante erano le fondamenta dell'Ospedale di san Giovanni e Paolo, sotto l'odore acuto di formaldeide; una volta sulle acque nere del rio dei Mendicanti avevo veduto galleggiare una carogna scuoiata e rosea, e se fosse stato un incurabile sfuggito all'obitorio? Fluttuava lentamente verso le Fondamenta nuove dove si affaccia il cimitero di San Michele, mentre in fondo stava chiuso nel suo giardino il Casin dei Spiriti. I sogni spaventosi dell'infanzia erano finiti, l'angoscia prendeva gli odori di marcio e disinfettante che avevano inquietato il professor Aschenbach. È negli anni che Venezia è diventata la mia città, dove nulla cambia e mi acquieto. Da bambine rimase una Venezia minima. Nessuna aveva allora la paghetta. Se le compagne vi andavano piú spesso, era pur sempre con i parenti. Nessuna riceveva le altre in casa, nessuna mangiava e tantomeno dormiva dai genitori di un'altra, per noi avevamo soltanto e tutto il Lido ispezionato da San Nicoletto a Malamocco, undici chilometri col rombo del mare da una parte e la quiete della laguna dall'altra. Per le altre era diverso? Mimma e io sentivamo una singolarità e quando ci veniva in mente vi ricamavamo su. Non eravamo come l'eroe di *Senza famiglia*, uno dei libri funesti che allora si propinavano ai bambini, a parte il fatto trascurabile che lui aveva freddo e fame e noi no? Qualcosa ci induceva al sentimentalismo. Ho sussultato trovando fra le carte un tema che mi coprí di gloria: *Parla della tua famiglia*. È ripugnante. Vinse non so quale concorso e fu eternato a stampa. Gli zii avrebbero avuto ragio-

ne di digrignare i denti. Invece furono contenti di quel
trionfo. Nei piccolo borghesi c'era un certo aplomb.

Confusione. Appena fuori dall'infanzia, i ricordi s'in-
fittiscono senza un filo. Adolescenti si è tutto e niente, di-
stratte, ansiose. Leggo in altre biografie le avvisaglie di un
destino: a me non è andata cosí. E confusi sono i sentimenti.
Se a casa c'era un disagio, non c'era a scuola. La scuola era
il perimetro affacciato sul mondo. Non se ne vedeva molto ma infinitamente piú che dalle pareti domestiche. A Pola non mi avevano mandata a scuola, forse non era obbligatorio. Mamma mi insegnò a scrivere, a leggere mi aveva
insegnato papà mentre stavo sulle sue spalle e lui teneva
aperto il giornale. Non riuscii ad avere la scrittura elegante di mamma, né a usare come lei la matita (Faber numero
3) quando si metteva davanti una rosa o una peonia e la tra-
sferiva sulla carta rugosa (Fabriano). Disegnare le piaceva,
una volta dipinse mazzetti di roselline su una seta bianca e
frusciante, non so a che servisse, ricordo il suo profumo
mentre era china su quell'impresa in una camera che non
so quale sia né dove. Credo che sia nata avventurosa, la
mamma, preferiva portare la barca che far da mangiare, e
quando venne la rovina si mise a lavorare con le sue due lingue, imparando a battere a macchina e a stenografare con
begli svolazzi. La zia del Lido la vedeva arrivare con sguardo compassionevole: «Ma come ti vesti, Anita». Non era
perfetta, mamma, non aveva il suo gusto, e a volte si ammalava anche, cosa che zia Luisa non avrebbe fatto mai,
una signora non si lamenta di certe debolezze del corpo.
Che cosa mi aveva insegnato la mamma a Pola? Mah. Un
abecedario non lo ricordo. Credo che sfogliassimo le cose
attorno. Sapevo che Pola era stata Pietas Julia. Conoscevo
parole evocative, come i mari iperborei; doveva essere la
frequentazione della Marina. Le prime lettere compitate furono «C, o, erre, erre, i, e, erre, e» fino al trionfante tutto
insieme «Corriere della Sera», che tendevo a concludere an-

che dopo aver decifrato «Bi, a, erre, bi, i, e, erre, e». Ricordo che una visita alla scuola fu necessaria, e fui esaminata sotto l'occhio dei miei da un direttore che ci ricevette in una stanza con uno scheletro alle spalle. Era il primo che vedevo, e diversamente da quelli dei racconti della Fanni non teneva il cranio in mano per farsi luce dalle orbite fosforescenti, non perdeva tibie qua e là, stava su tutto intero e con aspetto per dir cosí normale. Fu un colpo, ma da allora gli scheletri disertarono i miei sogni, anche se quel loro ridere in giro per cornici e chiese mi ha sempre dato un po' freddo. «Bambina, – disse il direttore con fare insopportabile, – bambina, conosci Cristoforo Colombo?» La presi per una trappola. «No di certo, è morto da tanto tempo». Poi fui sottoposta al dettato, una signora emise come una mitragliatrice «Il grilletto scattò» con un mucchio di elle e di ti. Non sapevo che cosa fosse un grilletto nonostante il Flobert di mio padre, ma sbagliare era impossibile. Fummo senz'altro rispediti a casa, e mi rimase l'idea che la scuola era strana. Ma al Lido, ammessa in terza classe, nulla mi parve bizzarro nella signora maestra Oberti. Stavo bene, anche se anelavo a smettere il grembiule bianco col fiocco azzurro dei piccoli per passare a quello nero con fiocco rosso del ginnasio Marco Polo, che in quegli anni apriva una sezione al Lido. L'esame di ammissione si teneva a Venezia, piú solenne, la mamma venne apposta per accompagnarmi e mentre ricordo l'abito di seta a righine blu che ero molto contenta di indossare ho scordato le domande che mi fecero. Allora, come sempre prima di un esame, un comizio o una conferenza, ebbi un nodo allo stomaco che scomparve quando mi sedetti al tavolo, o la va o la spacca. Sono passata sempre agli esami e sempre con l'impressione di aver un po' – non tanto – imbrogliato i professori. In ginnasio ci fu la non meno amata signorina Rigobon. E trovai le prime vere amiche, Maria Teresa, la Emma, Maria, molte dal cognome noto. Una, Carla Vasio, poetessa, è ora a Roma, bella come allora, come il padre che la veniva a prendere e del quale ero innamorata. Ero sempre innamorata, salvo dei compagni che erano troppo giovani. Loro – Valletta, Mazzariol, Semenza, Ravà, Ferrante, come gli è andata? – erano gentili, si davano un po' di arie, filava qualche bigliettino, non ci mettevano le mani addosso. Mi pare, non so. È come se allora la quotidianità fosse asessuata, il sesso allontanato o nascosto, l'interdizione meno ossessiva della liberazione nel 1968. Le mani addosso me le mise a quindici anni un insospettabile parente, lasciandomi interdetta davanti al suo fare supplichevole e ansimante. Ma che fai? Si ritirò. Non ne parlai a nessuno. In questa esperienza che sospetto di gran parte delle ragazze – per strada ci sono soltanto dei tipi che aprono l'impermeabile o ti seguono mormorando che ti farebbero questo e quello – un adulto si rivela sotto la luce stupefacente che le adulte conoscono e non rivelano. Non so se per proteggere quella di loro alle cui spalle lui cerca la fanciulla in fiore, o in difesa della famiglia o della decenza. Mentre le davo la buonanotte quella sera zia Luisa completò il mio stupore dicendo: «Chiuditi a chiave». Non poteva aver visto la scena che era avvenuta sul greto del fiume, lontano. Oltre a quelle parole non ce ne furono, fra lei e me, altre. Fu un trauma? Se lo fu, andò a collocarsi dove non si vede. Fu un'iniziazione alla miseria sessuale dei maschi, a scuola non si era rivelata. Le donne erano diverse, non avrei saputo dire come.

Rimandai. C'è una spinta a crescere che vince su ogni altra cosa, si cresce tirando come un asparago, come i crochi a primavera, bevendo il mondo attorno, tastandone gli spessori, spostando, spostandosi. Che cosa sono? Come sarò? Il modello dentro il quale scivolare è molteplice, ambiguo. A ripensarci mi avvedo di non aver dovuto tener testa a un comando esplicito, piegarmi o infrangerlo. Forse le vicende che erano pesate sui nostri genitori li inducevano a dubbi e silenzi. Nell'ordine che pareva regnare in un paese povero e azzittito ci lasciavano crescere con molti orari, poche interdizioni enunciate e un magno senso delle responsabilità. Erano tempi lontani dalla droga, vizio raro e di lusso, i limiti del sesso rigidi, ognuna se la sarebbe vista da sola, e nel perimetro del Lido le ragazze erano lasciate circolare. Raramente mi ritrovo in altre storie, riconosco frammenti d'esperienza. Dai sette ai diciassette anni è un periodo denso e disunito. Non sono stata pressata a questo o quello. Le regole a Venezia erano quelle del contegno, come se gli zii esitassero a dare piú impegnative disposizioni a figlie non loro, o il loro modo di essere bastasse a insegnare quel che di elementare andava fatto: non mettere il naso in fatti altrui, badare al decoro, l'uomo guadagna, lei garantisce la casa, non si hanno amici, d'inverno si sta in città, d'estate si va in montagna, poi ricomincia la scuola, odore di quaderni, matite, inchiostro, le scarpe nuove, il cappotto allungato – quel che oggi le mie amiche chiamano il tempo ciclico. Nel quale a un certo punto ci sarebbe stato il matrimonio. Però nelle due case che abitai nessuno mi disse: «Quando ti sposerai» eccetera. Era il ministero a infliggerci le ore di puericultura, dove nell'impazienza delle infermiere ci venivano esibiti dei pargoli e insegnate le pappe. Non ci commuovevano per niente quei tubi digerenti con gli occhi spalancati e l'odore dolciastro di talco e latte. La maternità non è inscritta affatto in una dodicenne. Altre le domande, se ne parlava con le amiche, l'amica che ognuna scopriva. Fu per me Maria Teresa. Correvamo meno, sedevamo al bordo del canale di qualche strada cieca sulla laguna, le gambe penzolanti e lasciando filare lo sguardo sulle acque che trascoloravano sotto di noi, finché alle sei il suono della Marangona dilagava da San Marco ed era ora di lasciarci. Con Maria Teresa ci perdevamo in idee grandissime, spinose e vaghe, che parevano fluire da quelle acque e marmi, mosaici e silenzi d'una città che sapeva piú di quel che ci veniva detto. Agli adulti neanche domandavamo. Dubitavamo che la loro vita lasciasse voglia di interrogarsi, e temevamo che cosí sarebbe finita anche per noi. Forse ogni adolescente si sente solitario tra adulti opachi, forse il fascismo degli anni trenta era una società che non parlava se non per sottintesi, a metà, o quelli che parlavano sul serio parlavano soltanto tra loro. A noi nulla dicevano le adunate e i saggi di ginnastica dove i maschi dovevano correre e saltare e le ragazze ondulare ritmicamente le braccia, mentre i professori delle materie vere brontolavano sul tempo perduto. Il fascismo erano le massaie rurali e la festa degli alberi che al Lido non mi pare si facesse, di massaie rurali non ne vedemmo mai una. E l'Abissinia? Nessuno ci disse un brandello di verità né a casa né a scuola, colonialisti erano gli inglesi, noi civilizzatori. Al piú un borbottio: «Ci sono tanti poveri qui, perché prenderci anche quelli?» La nostra diffidenza non fu aguzzata da Faccetta nera, bella abissina, trovata accattivante, musichetta accattivante, una ragazzina come noi. Non aveva senso che aspettasse il nostro Duce e il nostro Re, neppure noi ne avevamo bisogno né bisogno di liberarcene. Forse era una difesa, certo un non interrogarsi. Al Lido eravamo di religioni o riti differenti, cattolici, cattolici di rito armeno, ebrei, e fra ragazzi non faceva alcuna differenza. E di neri chi ne vedeva? In un libro c'era: «Il figliol di Tipo Tip, re d'Ubanga e di Zibib, è piú buon del miel di canna e si chiama Tidna Danna». Aveva un osso fra i capelli e rapporti interessanti con tigri, elefanti e noci di cocco. Sí, c'era uno spesso tacere, un vivere cauto e chiuso, e dalle enunciazioni fasciste, che incontravano il silenzio un poco sprezzante dei professori e l'indifferenza di casa (la cultura vera era la nostra), arrivava un'eco antiborghese che mi intrigava. Ma non vi fermavo l'attenzione, ero chiusa anche io, intenta a me stessa.

Quando finalmente ci ricongiungemmo con mamma e papà a Milano, avevo tredici anni, né bambina né donna. La sorpresa fu la città, piú dura, meno suggestiva, una città da fare e non da vedere. I miei lavoravano da mattina a sera, mamma aveva un impiego, papà si arrabattava in con-

sulenze e in una piccola ditta di recupero fotografico, nonna faceva da mangiare ed era ovvio che Mimma e io stu-
diassimo per essere indipendenti. Una sola strada, studiare e uscir di casa. Non obbligo, via maestra. Eravamo state bruscamente svezzate e di familismo ce n'era meno di
ora. Ci sentivamo già un poco fuori e di là da quel che le
circostanze ci costringevano a essere. I miei lo suggerivano, non so se per pedagogia o per le molte cose perdute.
Che bisognasse essere pronte a qualsiasi evenienza, era evidente da quando eravamo state alluvionate dal '29. E che
si può tutto ma a patto di non scappare fu l'insegnamento sorprendente che mi venne da papà. «Si può fare quello che si vuole, ma bisogna pagarne il prezzo». Gli avevo
parlato del dilemma di un'amica ma non si ingannò, di me
si trattava. Non mi rincorse con domande, rispose quie-
tamente cosí. Non era cosí che viveva? Lui pagava il prezzo. Pensava di aver molto sbagliato, molto mancato. Non
capí come il passare dal bell'appartamento di Venezia in
tre stanze che davano su un garage dell'Alfa a Milano fosse liberatorio per me e Mimma, né come sua moglie lavo-
rasse con piú divertimento che se fosse rimasta a ricama-
re. Qualcosa del decoro asburgico gli era rimasto in forma
di interno rimprovero per esservi venuto meno. Invece
mamma e figlie eravamo simili. Non che mancassero fatica, e stenti. Ma non sarebbe stato cosí sempre, non contava granché. Noi saremmo andate all'università, era ovvio. Non ricordo ingerenze. E dunque un lavoro lo avremmo trovato, anche questo in quei tempi era ovvio, bastava
avere una laurea. E mia sorella scelse la piú lunga, medi-
cina, senza obiezioni. Mio padre non si perdonava la povertà di cui noi non ci accorgevamo, eravamo a casa nostra, ruzzavamo da tutte le parti, non avevamo né fame né
freddo, nessuno ci impediva di sbecchettare fuori pasto le
patatine fritte, gironzolavamo in bicicletta e la mamma im-
parò con noi. Andavamo dalle amiche e loro venivano da
noi. Il sabato c'era una gran cagnara, lavaggi, forse i pri-

mi shampoo, la stanza da bagno tutta appannata di vapore, correvamo rosse come aragoste e con le teste avvolte in asciugamani, c'era un odore buonissimo. La domenica si decideva se andare al centro a piedi o in tram: i soldi erano cosí pochi che nel primo caso avremmo preso una cioccolata con panna da Passerini, nel secondo no. E giú spedizioni cui papà non partecipava mai, e tanto meno alle puntate nei cinema di terza visione con sedie di legno o all'ultimissimo loggione della Scala. Un giorno mi pesò che mamma arrivasse a casa con degli abiti per noi, smessi ma non dalle zie: dalle figlie del principale. Mi ribellai, stupida che ero, mia madre diventò rossa, poi si voltò con le lagrime. Il bello è che quella volta arrivò il cappottino che avrei piú a lungo amato. Era stato uno scatto di orgoglio d'obbligo. Dei soldi non ci importava niente e neanche dell'avere e non avere. Non avevamo avuto mai, e nei primi anni la perdita di tutto dovette generare una sorta di anestesia alla proprietà, non si sa mai che si perda. Non so quante case ho cambiato, di corsa, senza altro che provare fastidio, quante città e luoghi mai davvero miei; di mio ho ben poco, molto è scordato o smarrito. Ma non è una rinuncia, sono splendidi i soli palazzi o oggetti che meritano di essere guardati, e va da sé che non mi appartengano. Avevamo un orgoglio luciferino, trasmesso da mio padre; eravamo intellettuali e frequentavamo i libri. Traversammo quegli anni senza invidiare le compagne che andavano a sciare, noi che su uno sci non mettemmo mai piede, sicure d'una superiorità che non nascondevamo. Papà ci portava con sé alla fiera degli «obei obei» o in certe librerie di seconda mano, a caccia di suoi autori sempre indietro nel tempo, Romain Rolland, Victor Hugo, Anatole France, Rudolf Steiner, cercava Umberto Cosmo senza trovarlo, s'era portato appresso dal diluvio certi libri di diritto, un completo Rousseau e poco altro. Non era di moda l'antiquariato, i libri costavano poco. C'erano anche un paio di grandi librai che conoscevamo, come il Branduardi di

Hoepli, dove si stava un'ora o due comprando un libro dopo ispezioni lunghe e saporose. Si leggeva. Leggevamo, tutti e tre in una stanza, Mimma e io a pancia in giú sul tappeto, lui sull'unica poltrona. Già avevamo letto a Venezia. La biblioteca degli zii non era granché, ma non era chiusa, mentre in altre case le letture erano sorvegliate e guai a farsi pescare. Divoravo di tutto senza sosta come i bachi le foglie di gelso. Quel poco che c'era, a parte l'Enciclopedia Britannica dello zio anglofilo, doveva essere della zia. Non so come vi si trovassero Ibsen e Victor Hugo accanto ai libri gialli di Wallace e S. S. Van Dine, e i romanzi di Delly, dove alla protagonista non si presentava mai la prova suprema, e quelli di Eleonora Glynn, dove la prova suprema ogni tanto si imponeva. Accanto c'erano Vicki Baum, con precisazioni incessanti sugli abiti delle eroine, e imperversavano gli ungheresi, Lajos Zilahy e un tal Körmendi, la cui copertina *Peccatori* mi colpí quanto l'indifferenza con la quale zia Luisa me lo vide in mano. E *La piccola signora della grande casa*, *La luce che si spense*, *Rosario* – storie con esiti funesti, lei muore o sposa un cieco o un tizio in altro modo distrutto. Charlotte Brontë non immaginava che scuola avrebbe fatto Jane Eyre. Sdegnavo i libri per bambini e i polpettoncini tipo Scala d'Oro, avevo avuto la mia dose dei sadici Grimm e del tenero Andersen, Giamburrasca e Hector Malot, e guardavo dall'alto in basso Jolanda, la figlia del Corsaro nero. Avanti dunque con i polpettoni dei grandi, dei quali due mi travolsero, *I miserabili* e *Via col vento*. Avevo, penso, dodici anni e ne fui rapita. Nei *Miserabili* ne succedevano di ogni colore, il criminale era mirabile, il poliziotto odioso. Parigi agli antipodi dell'immobile Lido. Gavroche e Cosetta. «E Fantina divenne meretrice»: meretrice? Ricorsi al Tommaseo: «Donna che fa copia di sé». E che voleva dire? La percezione del proibito è immediata, i suoi tratti nebbiosi. Invece Rossella mi era antipatica, propendevo per la sospirosa cugina. Il sentimentalismo mi tendeva agguati da tutte le parti. Poi per il mio tredicesimo compleanno venne a tro-

varmi mio padre, a Venezia ma non in casa degli zii, e mi
portò in regalo due volumi di Renato Serra. Da allora i libri furono altro. Decisi che sarei diventata bibliotecaria a
Cesena o un'altra città antica e silenziosa, le mura coperte
di fogliame, avrei letto e scritto sulla ballata di Paul Fort.
Sono rimasta stupefatta molti anni dopo trovando Cesena
nel frastuono e i capannoni della via Emilia. Ma nel 1937
fu come mettere un dito sul mappamondo e decidere: è là
che vado.

Quello almeno era sicuro. Avrei letto e scritto. Non insegnato. Scrivevo temi chilometrici, suscitando il disgusto
di Mimma che intendeva il tema come problema, ci pensava su e produceva alla fine una concisa risposta. Niente
altro era chiaro e il tempo era lento e lungo. Già era problematico essere donna. Femmina ti trovi: a Pola i bambini venivano mandati nudi nel mare e al sole, a Mimma
e me è sempre stato evidente che non eravamo come i maschi e nessuno ci sussurrò che sarebbe stato meglio esserlo. Non i miei, che parevano averci scelte. I maschi erano
impicciati da quel ciondolo fra le gambe e noi belle intere
come un ovetto. Non ricordo di aver invidiato la pipí in
piedi, e perché poi? Io mi accucciavo incontrando con gli
occhi un granchietto o un'erba, e subito su odorosa di mare o di giardino. Mamma e le zie erano piú morbide di papà
e degli zii, e avevano un buonissimo odore. Certo scalare
papà e torreggiare sulle sue spalle era una gran sensazione. Insomma che i sessi fossero due era ovvio come l'avere due gambe e mancare di coda. Ma essere donna è invece tutto un lavoro, una prescrizione e un dubbio. Ti av-
vertono, te lo comandano. Intanto mi sarei trasformata ed
ero ansiosa che succedesse. Mi andavo o no affusolando,
arrotondando, il maledetto seno spuntava o no? Elda stirava robusti fazzoletti di lino, orlati a macchina invece che
a mano e senza cifra. A che servono? Chiedilo alla mamma. Ah. Mamma è della scuola secondo la quale quando

una figlia fa la domanda, bisogna rispondere. Dunque, cosí e cosí, ovulo, una volta al mese, allora sarai proprio una donna. Ma sangue in giro non ne ho mai visto! Neanche il tuo si dovrà vedere. Bene, quando succederà? Scrutai a lungo le mutandine prima di trovare un deludente striscio rossastro. Poi andò meglio. Le mie compagne di classe spesso non erano informate, ne aiutai un paio a riprendersi quando uscivano verdi dal bagno. Ma che madri, mi dicevo con giudizio, non come la mia. E le indottrinavo. Tutto bene, su, coraggio e lavatevi, lavatevi. La vulgata era che in quei giorni l'acqua faceva male, mentre io avevo avuto la consegna opposta. Anzi, la nonna, scorgendo un'esile peluria, mi aveva detto che crescendo bisogna lavarsi di piú – cosa che mi rannuvolò, dunque non era tutto rose e fiori, e mi lasciò alquanto maniacale, lavarsi, lavarsi. Sta di fatto che le mie compagne restavano per giorni sulla spiaggia raggomitolate e infelici mentre io sguazzavo al piú presto fra le onde. Grande è la riconoscenza per il dopoguerra che ci fece andare sempre meno corazzate in quella fastidiosa ricorrenza, della quale non si parlava e che penso faccia tuttora spavento ai ragazzi. Il proprio corpo non si sente, se stai bene è come l'aria. Lo incontri nella malattia e poi nel sesso, prima sorprendente e oscuro poi misto al corpo altrui. Quello dell'altro è, differentemente dal proprio, un corpo vero, e ancora piú problematico. Alla figlia, una madre dice e non dice. Quando io feci poco dopo la fatale domanda – come fa il seme a entrare nell'ovulo – mamma gagliardamente rispose pane al pane e vino al vino, tale e quale un atlante di anatomia. Cioè tutto e niente. Riluttai nel riconoscere quel che confusamente sapevo. Che si trattasse di incrociarsi era ovvio. Ma che succedesse in prossimità, quasi promiscuità degli escrementi mi doleva. No, diceva mamma, non è proprio cosí, e quando sarai grande capirai. Avrei capito la sessualità, della quale lei non sapeva dire. Nessuna madre parla alla figlia del desiderio, del piacere e della dissimetria fra maschi e femmine. Per ognuna il sesso comincia con il proprio turbamento; l'approccio con l'altro, uomo o ragazzo, avviene dopo, fra incertezza e paura di non essere proprio normali. Di rado i ragazzi e uomini ne sanno di piú, credono di saperlo e sono costretti fin da bambini a dimostrare una virilità a rischio. Cosí è raro che al primo incontro si scopra nella tenerezza la diversità dei corpi. La sera della rivelazione mamma mi portò a sentire *Lucia di Lammermoor*. Che rapporto c'era fra «Verranno a te sull'aure» e la nuda genitalità? Mi dette piú lumi la gattina che mi apparve un giorno in cantina, coda ritta e occhi fosforescenti, mentre andava su e giú davanti a due o tre gatti vogliosi, tutta accesa e strana. Poi l'accoppiamento rapido e aspro, e si lasciavano spenti. Quello era. Era il *durus amor* delle Georgiche, ma che cosa aveva a che vedere col sogno d'amore che – Gary Cooper nel cuore malinconico per le scarse probabilità (ma quanto fantasticate) di vederlo mai – ci sussurrava la favola dei sentimenti, lui verrà, ti tremeranno le ginocchia, ti solleverà tra le braccia, ti porterà in salvo, nella sua tenda, nella sua magione, in capo al mondo? Larghe sono le maglie fra sessualità e fantasie sentimentali. Le adolescenti erano sole, quel che non si doveva fare era piú preciso di quel che si sarebbe dovuto o potuto fare, la malinconia era nutrita. Mamma e papà parlavano di indipendenza, quella del lavoro, del non dover nulla a nessuno; ma a una ragazza vien suggerito il bisogno di essere completata, un codice millenario la agguanta all'uscita dall'infanzia ed è un miracolo che non diventi matta fra letture mendaci, segnali bizzarri, verità reticenti, confidenze delle amiche, sfide dei primi maschi, preoccupazione di saper fare ed essere, goffaggini, delusioni, dubbio su di sé. Raramente le fate la proteggono. È stratificata come una pasta sfoglia l'identità femminile. Del modello sposa e madre, il solo dispiegato, c'era una declinazione sacrificale, la filmologia confettosa era meno diffusa e attraente di quella che avrebbero portato i film americani, venivamo su fra Cornelle madri dei Gracchi e fanciulle dei telefoni bianchi che diventavano probabilmente le taciturne genitrici delle mie amiche. Dell'amore folle incontrai un esemplare in una celebre amata di Rilke che si aggirava nella sua villa discosta del Lido in veste lunga e capelli sciolti, come quando il poeta era stato fulminato dal vederla pettinarsi alla finestra – crudelmente la giudicai una vecchia matta. Quali donne mi si proponevano? Con la propria madre non ci si confronta, come donna neanche la si vede. Con le zie sí, e non volevo essere come loro anche se non erano, zia Luisa a parte, le piú infelici. Il matrimonio mi faceva, se non spavento, noia. Appena mi venne fra le mani Ibsen lo divorai. Ci vuole una vita per capire che significa esser donna. Almeno cosí pare a me, e perciò guardo le giovani con tenerezza – sono tanto piú belle di come eravamo – e compassione. Come a noi erano prescritte castità e indipendenza, a loro sono prescritti sesso e seduzione. Come per noi la maternità oscilla fra realizzazione e contraddizione. Sul resto – che essere, che fare – ognuna inciampa per conto suo. Alcune trovano nel femminismo lembi di risposta, di comunità. Le piú fingono di saper quel che vogliono, ma poche se la cavano.

Mi sono rimaste dall'adolescenza le immagini di due donne proprio donne, vedute una volta sola. Un giorno zia Luisa mi portò in visita da una zia Alma non so quanto lontana, della quale i grandi parlavano con voce sospesa. Era sposata, non era vedova, viveva sola. La circondava un inespresso dubbio, era fuori delle regole. La sua casa faceva angolo fra due canali, era pomeriggio e fra le finestre, luce e sciabordio dell'acqua, lei, vestita un poco di scuro, i bei capelli raccolti, mi scrutava sorridente nel silenzio imbarazzato di zia Luisa. Era quieta, il salotto era quieto, era una bella creatura non giovanissima con un filo di divertimento negli occhi. Mi pareva che pensasse: che ti hanno detto di me, ragazza? Che cosa sei? Che cosa diventerai? Un'ombra di ironia, senza malevolenza, sconosciuta in volti femminili, Alma mi incantò. E lo stesso successe un paio di anni dopo, già all'inizio della guerra, quando andai da parenti anch'essi lontani che incontrandomi mi avevano detto: «Vieni a prendere il tè a palazzo». A palazzo, figuriamoci – soldi recenti. Ma ero salita a palazzo, mi avevano introdotta in un salone che dava sul Canal Grande, era quasi sera, un tale suonava il pianoforte, gli altri, pochi, si muovevano come in un a parte, un cameriere mi portò il tè, vidi il primo Fragonard della mia vita, piú verde che rosa, e volevo solo andarmene quando qualcuno mi disse: «Ti prego, sali, lei ti aspetta». Lei se n'era restata in un piano alto, dove i soffitti erano bassi e il sole entrava ancora, il volto luminoso attorno agli enormi occhi scuri e dorati, un fiore spalancato prima di disfarsi. Era un poco trasandata, in una sua chiara stanza, in una sedia comoda e abiti comodi, allegra e indifferente a quelli di sotto, bianca e sontuosa come una magnolia. Sorrideva e mi guardava e certo si chiedeva: come sei? come sarai? che faranno di te? Una grande che guarda una ragazza, una ranocchia, un girino, se lo chiede, pensa al suo destino, che cosa le dicono, che le faranno fare, lo farà? A me pareva che sussurrasse: ma non sarai come Luisa? Quelle due donne tranquille nelle loro stanze, donne di cui si diceva fra riprovazione e rispetto, donne per sé, donne sole, sapienti e sorridenti e via e via con i pensieri, zia Alma e la magnolia mi hanno accompagnato fino a oggi.

Ma non sarei stata neanche come loro, che pure mi parevano giunte in un loro porto. Erano altri i tempi, io sarei stata non sapevo bene dove, ma sicuramente in un altro luogo. Ci fu anche una tentazione religiosa. I miei non erano religiosi affatto, la dimensione della fede era estranea e tanto piú in quanto erano mollemente praticanti, una messa la domenica e via – le donne, perché gli uomini neanche quella. Precetto pasquale niente, a casa neppure ne sentii parlare. A un certo punto ti trovi cattolica come la maggior parte dei nati in Italia, devi fare la comunione e la cresima come gli esami. Io non insistei, i miei se ne scordarono, insomma feci la comunione tardi, e perplessa. Salvo l'abito lungo e due rose appuntate sul velo, niente fu come previsto. In parrocchia don Luigi ci insegnava dottrina con rassegnazione e alle prime domande sbarrava gli occhi e si defilava. «Padre, perché soffrire mi piace?» Mi guardò stranito. Soffrire era quella malinconia cui indugiavamo, laguna e acque morte, il risvolto dell'essere cosí noiosamente vive. Poi fui mandata dalle monache che chiamavamo le Campostrine, dove la preparazione si diceva piú adeguata – odore di cera e biscotti e gigli, la dottrina piú spenta che mai. Può darsi che l'Italia sia diventata cattolica nel dopoguerra, negli anni trenta non lo era proprio, nessuno cercò di leggere i Vangeli a ragazze tutto sommato sveglie, men che meno la Bibbia circondata dall'alone protestante. La chiesa era incenso, gladioli e rosari – noiosissimi rosari davanti a madonne di gesso dal manto azzurro, il Lido essendo sprovvisto di statue come si deve, e le statue come si deve a Venezia essendo sprovviste di religiosità. Per qualche tempo mi impressionarono le Suore Bianche, andavo di pomeriggio nella loro chiesa discosta, uscivano senza rumore dal fondo e alzavano il velo solo davanti all'altare. Cantavano piano con una voce unica. E se mi facessi suora bianca? Venuto il momento mi confessai a San Lazzaro degli Armeni, inquieta di interna confusione, ma il vecchio monaco mi liquidò svelto: Hai detto bugie? Sí, sí. Hai commesso atti impuri? Sono innamorata di Sailer, era bello come Marlon Brando. Che fate assieme? Non ci conosciamo. Sospirò, tre pater ave gloria. Ero delusa. Molto piú tardi pensai che doveva essere una brava persona, ma tu guarda che mestiere, poveri preti. Mi fecero visitare la quadreria dell'isola, salvo alcune sale precluse alle donne – figuriamoci, le gallerie di Venezia sono tutte un banchetto di carni dorate. Assaggiai la troppo dolce marmellata di rose. In breve, il giorno della comunione arrivai commossa e desiderosa di sentire una completezza. Non sentii nulla. Mi restò un dubbio sulla mia aridità e un'inclinazione a una parola, raccoglimento, che si usava a vanvera ma diceva del bisogno di rimettere assieme quell'immagine di me che andava da tutte le parti. Piú tardi a Milano avrei incontrato un prete diverso. Si chiamava Ernesto Teodoro Moneta Caglio e fu il solo professore di religione che non si lasciò mettere i piedi in testa da una diabolica classe femminile e rispose a qualche domanda. Era un prete nitido, odorava forte di sapone e aveva una sua eleganza. Alle mie obiezioni mi fece dono delle *Lettere* di san Paolo prima e delle *Confessioni* di sant'Agostino dopo. Vi sprofondai, non so quel che capii, certo non la predestinazione, ma non era dottrina, era tutt'altro. Per cui andando al Manzoni presi l'abitudine di fermarmi nella chiesetta di via Lanzone dove sui grandi cerchi dei lampadari in ferro battuto si leggeva: *Ego sum via, veritas et vita, chi segue me non camminerà nelle tenebre.* Me ne venne una tentazione acuta, la sola vera tentazione che credo di avere conosciuto. Seguire quella via, verità e vita, una forma conclusa fuori da quel mondo opaco e che cominciavo a intravvedere tragico. Non la presi alla leggera e rifiutai di fare la cresima. Ricordo una finestra sul tramonto e un vivaio abbandonato, una di quelle ore adolescenti nelle quali avvengono le svolte. Ma io vado nelle tenebre, decisi in tumulto. Via da quella pace, da quella fuga, dal concedere al disgusto del mondo, via dalla sicurezza e dalla luce. Non ho mai sorriso di quella sera alquanto prometeica, tanto meno quando le vicende mi hanno sbattuto faccia per terra a balbettare «nunc dimitte». Si può vivere fuori del mondo, asceticamente. Si può. Si può guardare ad altro, oltre. *Ut semper viveret, vixit ut moriturus.* Dire no alla vita e al suo confuso splendore. Ma non per vivere in eterno, che non so cosa voglia dire.

Capitolo terzo

Il 2 settembre 1939 non incrinò quell'adolescenza. Era la fine dell'estate, eravamo in montagna, i colori sfumavano dopo i temporali di mezzo agosto e scrutavamo i prati aspettando gli ingannevoli colchici, segno che era ora di partire. Si consumavano i soliti giorni quando la Germania si spartí con i russi la Polonia. La Polonia era lontana, l'Urss ancora di piú, il Terzo Reich non eravamo noi. A Poznań viveva la piú pazza delle sorelle di mamma, ma se le altre sentirono un brivido non lo comunicarono alle nipoti. O ero catafratta io.

L'Italia parve tenersene fuori, non ricordo una mobilitazione né adunate a Milano o piú probabilmente non ci andammo. C'erano sempre state sullo sfondo vociferazioni e qualche impresa d'armi, l'Abissinia o la Guerra civile in Spagna, ma aquile e gagliardetti convivevano, almeno nella piccola borghesia intellettuale, con la persuasione di vivere in un paese secondo, del quale non potevano essere rilevanti né glorie né misfatti. Anche quella guerra sarebbe passata tuonando all'orizzonte. Ma lo zio in Marina dovette lasciare Taranto e raggiungere subito l'Egeo, si scomponevano i destini. Non lo salutammo come se non dovessimo piú vederlo, la zia lo seguí e scrisse da Rodi che in giardino fiorivano le gardenie come da noi le rose. Non lo avremmo mai piú visto, nel 1943 avrebbe difeso la piazza di Lero contro i tedeschi e sarebbe stato fucilato nel 1944 a Parma da un tribunale speciale italiano.

In quel settembre non registrammo la dimensione della

tragedia. Almeno io. Quando l'Italia invase l'Albania, che
già era una sorta di nostra appendice con un re dal nome ridicolo, dovetti allontanare, archiviare. Ricordo l'anno prima lo smarrimento della mamma nei giorni di Monaco: che
non sia la guerra, la guerra no. Dunque il mostro, la Guerra, s'era delineato. Mi arrangiava pensarlo esorcizzato. Non
sentii dire: «Bisogna fermare il Terzo Reich», né a casa né
a scuola. Oggi saremmo stigmatizzati per indulgenza al nazismo, pacifismo bieco, viltà. È vero, si sarebbe dovuto
scendere in piazza, gridare, rischiare: allora, anzi prima,
quanto prima? Non era pensabile o non fu pensato. Non attorno a me. Erano convulsioni del mondo, noi ci scavava-
mo una tana e tiravamo avanti. Sono i grigi che fanno un
paese, chi non conta tace, subisce, o anche applaude ma
aspetta che passi. Si avvezza a credere che passerà, che stia
passando. Bisogna che abbia l'acqua alla gola per ammettere l'irreparabile. Cosí accadono le enormità. I miei non erano fascisti, la storia passava di nuovo sopra di loro come nel
1929, cercavano di sottrarsi, ci sottraevano. Si poteva sottrarsi, fare il proprio cammino tra la povertà e le cose serie,
cui non apparteneva la politica. Non so che cosa si dicessero, so che non mi agitai per sapere. Io sono stata una ragazza grigia.

Quando avevo dodici anni c'era stata la Guerra di Spagna della quale era impossibile non accorgersi dato lo schiamazzo dell'Eiar – giornali non ne leggevo – su suore e preti
sgozzati; rossi, sangue, guerra civile, l'assedio dell'Alcázar e
un generale che sacrificava il figlio ai malvagi repubblicani.
E durò tanto, sentivo di scontri metro per metro, eserciti,
mortai, polvere, aerei mandati dall'Italia, alcuni nomi mi si
calarono nella memoria, Teruel, Guadalajara, Madrid. Non
Guernica, forse non se ne vantarono. Che lo zio Pierino
ascoltasse Radio Londra borbottando contro Franco mi induceva se mai a pensare che in Franco ci fosse qualcosa di
buono. La famiglia proietta sul mondo il suo povero metro,
silenzio e sordità. Rifiutai di farmi invadere.

E cosí in quell'autunno del 1939. Eppure l'anno prima, sarà stato novembre, la mia compagna di banco mi aveva detto: «Da domani non vengo piú a scuola». Perché? «Perché sono ebrea». Giorgina Moll si chiamava, aveva un bel viso quieto, era un poco piú grande di me, bruna e gentile. Qualche anno fa una giovane donna mi lanciò animosamente: «Se non fosse stata ebrea l'avresti aiutata, saresti intervenuta, ti saresti informata». No, temo di no. Funzionava il non sapere, non voler sapere, scansarsi – non dal pericolo, percepivamo confusamente noi ragazzi, da una volgarità potente ma pur sempre accidentale. Fu una riduzione, il non fascismo, che non era l'antifascismo e credeva di starne fuori non senza una punta di sprezzo – sono le omissioni i veri peccati mortali. Io ero allenata a omettere.

Giorgina Moll non la vidi mai piú. Mi dico, spero, che i suoi abbiano avuto il riflesso pronto, sia andata via, fuori dall'Italia. Che cosa dissero i professori di quei vuoti nei banchi? Niente. Che cosa chiesi? Niente. O furono domande e risposte elusive, di quelle che non restano. Siamo avvezzi a non chiedere e lasciare la prima risposta come viene. Ebrea che voleva dire? Chi era ebreo? Nella nostra miscela triestina l'ebreo non lo trovo, non si diceva attorno a me il tale è ebreo o non lo è – l'ebreo come «altro» lo decide qualcuno, lo decisero il governo, il regime, i fascisti e sembrò di non dover ascoltare quella prevaricazione. Neppure la gran parte degli ebrei ne colse la gravità, o se la nascose o la ridusse. In ogni caso i miei compagni e compagne di scuola non si sentivano né erano sentiti diversi, e non basta un culto a farsi sentire tali. Lo è oggi per interposta Shoah. Venezia non era uno *shtetl*, dello *shtetl* credo neppure sapessero, se pur stava nella memoria di qualche vecchio parente. Dovevano essere ebrei come ero cattolica io, che non mi sarei sognata di dire a Giorgina: Sai, domenica sono stata a messa, tanto la cosa era indifferente. Cosí dal suo «non vengo a scuola perché sono ebrea» percepii che altri decidevano di noi, come sempre dei ragazzi.

Non un allarme. O che fosse addestrata a tacere o lei stessa non avvertisse che cosa covava in quella separazione. Era a scuola che non sarebbe venuta, non alla deportazione che sarebbe andata.

Fino a tardi fra la gente comune le distinzioni fra ebrei e non ebrei non esistettero né nel bene né nel male. Ma il male doveva essere cosí sornione e la gente cosí spossessata che la discriminazione si installò senza un sussulto. La furia mi prese dopo: chi non aveva avuto in casa, o vicino, degli antifascisti impegnati era venuto su nel silenzio. Al piú – non so se meglio o peggio – un rifiuto che pareva aristocratico della politica, cosa sporca della quale non occuparsi. I miei appartenevano a questa cieca categoria.
E io? È certo che per le vicende politiche non avevo uno spazio interno. Ma come mi comportai? Che cosa rilevavo? Il primo ricordo sono i manifesti «Sí Sí Sí» che tappezzavano la scuola, avrò avuto otto anni, ero al Lido, gli zii non votarono e basta. Si diceva «il regime» come un'ovvietà. Ho in mente – o l'ho sognata? – una visita del re a Venezia, cui la scuola ci accompagnò, e la delusione nell'intravvedere oltre la siepe di folla un ometto senza corona.
Nulla di questo entrava nella quotidianità con la quale avevo a che fare, neanche quando ebbi dieci o dodici anni, salvo l'ora di ginnastica e la divisa. L'ora di ginnastica era tremenda, non riuscivo a percorrere l'asse di equilibrio senza precipitare, saltavo trenta centimetri o simili. «Patata! Polentona!» gridavano le maestre magre e diritte, capelli tirati sulla nuca, che provenivano dalla Farnesina. Una faceva «Ich!» col saluto romano per mostrarci come la massima estensione e dirittura del corpo corrispondesse a quella parola, e in tedesco funzionasse mirabilmente. Soltanto sul quadro svedese salivo, scendevo e caprioleggiavo, per cui cercavo sempre di infilarmici, ma quelle insegnanti malefiche mi spedivano sull'asse. Il mio corpo era pigro e non lo sapevo governare, a differenza di mia sorella Mimma,

abituata dalla prima lunga malattia a prenderlo in conto e averne ragione. Mimma percorreva l'asse fatale in punta di piedi, tipo farfalla, e graziosamente ne scendeva con un saltino. Inoltre saltava la funicella come una cavalletta e non lasciava cadere un pallone. Non posso reclamare ad antifascismo il mio disgusto per la ginnastica, legata a immagini littorie ma simile all'ora di religione, obbligatoria e non importante.

Mentre mi piacque la divisa da giovane fascista, era il primo tailleur con camicetta e cravatta. Con le stesse carte ci si iscriveva alla tal classe e alla categoria giovane italiana o giovane fascista. Non era un gesto, sarebbe stato un gesto dire: No, io no. Non mi venne mai in mente. Che cosa facessi dentro quella divisa non ricordo. Qualche scempiaggine devo aver detto o fatto se qualche tempo fa, a Torino, una compagna di classe dalla bella treccia bionda che ancora le circonda il viso, mi avvicinò a una conferenza nella quale ero stata verbalmente aggredita da alcuni seguaci di Nolte: «Ti ricordi di me? Sono Liliana. Dimmi, come è avvenuta la svolta?» Quale svolta? «Quella politica!» Politica? Ero fascista? «Eh, sí». Buon dio! Liliana era in piena buona fede, amichevolmente curiosa. Non ne dubitai, la memoria precipitò verso quel buio, vacillò, non pescò niente. Da allora ho frugato nel passato senza esito. Liliana Thalmann, si chiama, a che anni si riferiva? Non potevano essere che quelli che condividemmo al Manzoni, dunque fra i tredici e i sedici, fra il 1937 e il 1940, due anni di ginnasio e due di liceo, perché anticipai l'esame di maturità per guadagnar tempo. Dev'essere allora che Liliana mi ha visto giovane italiana o giovane fascista – era una graduazione per età – asserire non so che cosa, poi l'ho perduta per mezzo secolo, fino alla sera di Torino. Perché non ricordo che diavolo ho fatto o ho detto? Che sia un tremendo rimosso? Non possono avermi sedotta le aquile e i gagliardetti, parenti del sole che sorgeva libero e giocondo, ridicoli. Mi ha tentato la reto-

rica bellica, gente in trincea, Vinceremo?, o ero attratta
da una certa impronta antiborghese, dall'ergersi eroico
contro i modesti orizzonti, il buon senso del «chi te lo fa
fare», insomma lo ziopierinismo?

Non so, ma questo potrebbe essere, mi dava fastidio e
mi dà fastidio anche oggi. Se fu, fu un atteggiamento obli-
quo, nato nell'indifferenza. Che è la peggior colpa, penso
ora. Ma mi inquieta. Quindici, sedici anni adesso sono
niente, allora non erano niente. E per come poi mi sbale-
strò il 25 luglio dovevano non essere stati niente. Fino ad
allora il fascismo fu un panorama trovato, non scelto, ero
una ragazza grigia. Quelli che Renzo De Felice definisce
consenzienti col fascismo, quelli delle grandi adunate dove raccattare qualche brandello di identità, dovevano essere perlopiú grigi, il grande incolore del paese. Avrei cercato di individuarli con lo sguardo fra il 1943 e il 1945
quando era decisivo capire se qualcuno di loro ti vedeva, ti
notava, se ti avrebbe denunciato. Ma come distingui un
grigio? E non erano i grigi a denunciare. Oggi li penso con
maggior pietà. Quanto a me, restai assordata dai fragori interni fino al 1943, quando su metà dell'Europa la guerra
era già passata, e per molti versi era decisa. Fino a quel momento mi difesi dal precipitar fuori e sbattervi il muso. La
sbattuta fu violenta.

Nell'autunno del 1939 eravamo tornati dalle Dolomiti
a Milano, entravo in prima liceo e, simile a un mulo, pun-
tavo i piedi sul mio sentiero come se fosse ovvio procedere fra precipizi. Passare al liceo era stato importante, molto piú del sopravvenire dei disagi quotidiani della guerra
che si avvicinava. Importante non per la scoperta della letteratura italiana, ce ne parlò meglio al ginnasio la signora
Taccardi, sul cui figlio Bruno cominciavamo a fantasticare, e che trascorrendo fra i banchi durante il tema di latino aveva scorto nel mio dizionario la fotografia di Gary
Cooper e l'aveva alzata in alto osservando: Vecchiotto ma
simpatico. Sprofondai. Vecchiotto, aveva trentotto anni,

lo sapevo bene, io ne avevo quattordici, difficilmente lo avrei incontrato sulle scalinate della Mostra del cinema dove potevo eventualmente soccorrerlo se fosse inciampato. Le ragazze sono malinconiche e pazze. Al liceo il professore di italiano trattò con freddezza *Chiare, fresche e dolci acque* e ci assestò che l'esame piú importante della vita una donna lo passa la sera delle nozze. Mi rivoltò. Eravamo mezze donne, i primi tacchi alti, la vita stretta, il seno appena disegnato, i bei capelli dorati sulle spalle delle amiche. Una, Chicca, la ricordo mentre si volta, guizzante, una cintura sulla vita esile, il viso sicuro, spiritoso. Mi pareva che le compagne delle famiglie piú abbienti fossero piú disinvolte, sapessero piú cose. E poi due o tre erano già donne, non fra le piú brave perché intente a piú appassionanti cose che all'interrogazione.

Al liceo mi trovai per la prima volta in una classe interamente femminile. La classe mista si dà un primo equilibrio fra maschi e femmine, loro e noi. Ma una trentina di ragazze assieme sono esiziali. Il professore di greco e latino, Orsini, miopissimo, passava fra i banchi immerso nel testo che leggeva, mentre intrecciavamo e disfacevamo a gran velocità i capelli della compagna davanti per confonderlo. Una volta introducemmo in classe un'anitra – un'anitra non è una presenza da poco in un'ora di latino. C'è una punta di sadismo nelle giovanissime verso l'uomo vecchio (la donna vecchia neanche la vedono). Oggi avremmo trasgredito in altro modo, ogni generazione fa quel che può. Lui alzava la testa e sbatteva le palpebre smarrito, ci trovava compunte, il naso sul libro. Ma mi insegnò latino e greco, quella sua religione traforava la nostra stoltezza. All'estremo opposto il professore di storia, Lennovari, ci impedí di farci gioco di lui e ci trasmise una percezione della storia come assoluto non senso. Per due delle sue tre ore settimanali elencava, fissandoci da potenti occhiali, un seguito di guerre che cominciavano e finivano, di re e imperatori che assurgevano e declinavano, di terre che cambiavano di signore e confini, in un tempo senza connotazioni. La terza ora ci interrogava tutte a raffica: Lei, in che data Alboino prende Pavia? Lei, chi tratta la pace di Utrecht? Quando passa agli Hohenzollern il Brandeburgo? La storia rimase per me un seguito di eserciti che correvano, si trucidavano e si fermavano fino alla corsa seguente. In quegli anni una disposizione particolarmente cretina fece sí che il professore di storia dovesse insegnare filosofia, e là il povero Lennovari affogò. Nelle ore di lezione proferiva insensatezze, lui stesso incredulo di quel che andava dicendo, e nell'interrogazione si limitava a date di nascita, morte e pubblicazione. Per cui sulle monadi senza porte né finestre e la materia come prodotto dello spirito assoluto starnazzammo con vigore.

Rinvivite, buttammo fuori il professore di religione accusandolo di insultare la nostra innocenza, e all'ora di scienze ci offrivamo in coro di andare a prenderne i pochi strumenti per scorrazzare nei corridoi. «Che fa qui, signorina?» sbucava il preside. «Porto il canguretto, professore». A quell'età si è certi che la scuola è piena di insensatezze e non c'è che traversarle col minimo dello sforzo e il massimo dei risultati. Non conoscevamo la parola istituzione, ma eravamo sicure che la vita stava fuori, al piú spuntava nei ritagli, faceva segno da qualche parte.

Tuttavia il professor Lennovari enunciava tali stramberie che nella filosofia doveva per forza esserci dell'altro, e papà confermò comprandomi due libri: *La visione della vita nei grandi pensatori* di Eucken e la *Storia della filosofia moderna* di Windelband. Nei quali mi immersi con delizia, pancia a terra sul tappeto e rinviando i compiti, era una trasgressione sotto la rispettabile forma di anticipo, mi parve di capire tutto, gli occhi finalmente dissigillati sugli abissi dello spirito. Facevo la ruota come un pavone e decisi di arrivare all'università un anno prima.

Ma per varcare quella sacra soglia a diciassette anni dovevo concludere la seconda liceo in classe e con la media dell'otto, e subito dopo fare l'esame di maturità. Non c'erano soldi per lezioni private, me la cavai da sola, salvo qualche ora di matematica, che temevo. Fu una rivelazione. Un'assistente universitaria che doveva avere un destino tragico, una donna esile dai capelli raccolti e la scrittura veloce e bellissima, mi fece scoprire il calcolo – la sua matita correva sulla carta, le sue parole nella mia testa mi districavano la mente, mi insegnò a usarne come un gioco del quale mi svelava i meccanismi. A scuola bisognerebbe cominciare di lí. Ne fui rapita: c'è un'ebbrezza nel calcolo, un'agilità dell'intelletto e la certezza che se non c'è errore tutto torna, e se non torna c'è solo da cercare l'errore, lo zero e l'infinito stanno al loro sia pur vertiginoso posto. E se avessi fatto fisica pura? Questa estate, mi disse, prenditi il corso di geometria analitica e proiettiva, se riesci a finirlo iscriviti a matematica. Lo feci e mi iscrissi a lettere. L'avrei incontrata nel 1946 al cimitero, andava alla tomba di suo marito, fucilato dai partigiani, era stato feroce con i compagni d'una brigata catturata e li aveva finiti in un pozzo. Pareva una cosí gentile persona.

Era l'autunno del 1941 quando misi finalmente un piede emozionato all'università, nel palazzo di corso di Porta Romana dal bel cortile interno, infastidita dalla guerra, stolta e felice. Mai sono stata cosí bene nella mia pelle come dal 1941 al 1943. L'università era come l'avevo immaginata, potevo entrare, uscire, fermarmi, ascoltare, scegliere. Avevo scelto lettere moderne. Ma la facoltà era tutta un seguito di libertà. Basta con le lezioni asfissianti e le materie da mandare a memoria, botanica, chimica, zoologia ridotte a classificazioni mortali (poco tempo fa una ragazzina di sotto è venuta a chiedermi: Signora, posso misurare il suo gatto? Meglio che ai miei tempi, anche se fummo incerte se un gatto si misuri coda e orecchie incluse). All'università studiavo quel che mi interessava. E tanto sono confusi nella memoria, come non percepiti, gli eventi della prima parte della guerra, tanto vi si è inciso quel primo anno nel nuovo universo.

Il quale dava ragione delle letture extrascuola facilitate da papà, e aveva due nomi e mezzo: Antonio Banfi, storia della filosofia e estetica, Matteo Marangoni, storia dell'arte, e un Manaresi, paleografia. Il resto erano esami. Non capii Fubini che faceva lezione a voce bassa, la fronte appoggiata sulla mano destra, ammazzando il testo – era uomo di scrittura, non fece scoccare alcun lampo, avrei trovato Contini molti anni dopo nei libri. Leggevamo il Flora perché Croce aleggiava, ma studiavamo sul plumbeo Vittorio Rossi. Chissà che cosa parla a una giovane testa nel caos. Mentre il mondo andava in pezzi, Luigi Castiglioni, il latinista, ci impartí per due anni la *Farsaglia* di Lucano, poema asfissiante se ce n'è uno, e siccome aveva fama di tremendissimo, provai senza illusioni la versione in latino fin dal primo appello, poi mi presentai al secondo. «Professore, non mi ha chiamato». Digrignò letteralmente i denti, neanche ero andata guardare il voto? Aveva funzionato il riflesso: fa' lo scritto di latino finché lo ricordi.

Di filologia romanza – eravamo già nel 1944, l'inverno piú lungo, faceva un freddo cane, misi il visone della mamma di un'amica, gli animalisti non esistevano, Viscardi mi guardò sorpreso e mi dette 30 – mi sono rimasti tre versi in tutto, «tutto ho perduto quel che solevo amare, cavalleria e orgoglio» e «vair et gris et ermeli», che riaffiorano in ogni occasione mesta. E storia romana? Lontana, lontanissima, che mi importava di Preneste? Piú tardi Chabod ci inflisse la Triplice alleanza – libri bianchi azzurri e di altro colore, Visconti Venosta salutato da non so chi in non so quale festa con parole significative che mi sono passate di mente. Lasciai perder la Triplice alleanza e cercai di far colpo su Chabod portandogli come letture il fascinoso Droysen e il Croce della *Storia come pensiero e come azione*, ma quando finimmo di parlarne e mi rivolse una domanda o due sul corso, dovetti confessare che non lo avevo studiato. Aveva due grandissimi occhi gentili dietro le lenti, Federico Chabod, e si agitò. Che voto le dò adesso? Le dò 28? Mi dia 28. Facevo gli esami, prendevo un buon voto, me li scrollavo di dosso come un cane che esce dal fiume. Non mi scrollai di dosso paleografia, che non contava ma era divertente decifrare i documenti in minuscola carolina. E non si scorda piú, tale e quale andare in bicicletta, e nelle chiese e sulle lapidi si disvelano le abbreviazioni.

Ma Marangoni e Banfi mi hanno rifatta da capo a piedi. Marangoni mi ha insegnato a guardare un quadro o una statua, il che non va affatto da sé. Venivo da un normale contenutismo, mi sbalordisce che ci si torni adesso, guardavo ai ritratti o alle scene, meglio se dolci e sontuose come a Venezia, evocative non sapevo di che. Croce ci sgrezzava dicendo che forma e contenuto sono indissolubili, aveva ragione, e allora? Lui, Marangoni, se ne infischiava di forma e contenuto, nell'aula oscurata la sua lunga bacchetta passava sulla diapositiva, ci proibiva di badare al tema (per quello c'erano le parole) e si fermava: Vedete qui, e qui, come è giusto – giusto indicava qualcosa di assoluto, un cadere definitivo del disegno o della luce nei bianchi e neri della lastra; la prima che mi squarciò il modo di vedere dovette essere *I coniugi Arnolfini*, tanto nettamente li ricordo e li ritrovo e loro stessi mi paiono immobili e incantati nel gioco che gli passa attraverso. Che cos'era quella definitività? Non mettere in parole quel che parola non è. Guarda, vedi. Marangoni era un uomo allampanato con un'aria povera per distrazione, tutto in quegli occhi azzurrissimi e lontani. Non aveva tempo per altro. Gli feci da assistente per un anno e non seppe mai come mi chiamavo: «Mi passi la diapositiva seguente, Cerioni», diceva. Ecco, professore, e inserivo la lastra, veramente sarei Rossanda. «Sí, sí, mi scusi. Ma prima vediamo Van Eyck, dovrebbe trovarlo, guardi, Garrani». Ma non scordava i visi ed era contento se esaminandoci scopriva che la tale, il cui nome mai si sarebbe fermato nella sua vagante testa, vedeva giusto.

Non l'ho dimenticato, guardo i musei come lui mi ha insegnato, raramente sbaglio, le gioie sono ancora quelle. Naturalmente sono rimasta a un certo tipo di arte, quella per cui chi dipinge ti mette come a una finestra a contemplare il suo rendere in pittura forme e luci e volumi; l'arte contemporanea che si occupa di me invece che di sé non mi dice gran cosa, la proposta d'un oggetto, lo scandalo di Oldenburg, mi lasciano fredda. Ma quell'idea del dipingere o modellare, quella sí la vedo come in quei giorni illuminanti. Posso andare a Bruxelles per divertirmi con Magritte ma non è pittura, la body art è un fenomeno altro, mentre Bacon o Rothko, quando li incontro, mi acchiappano e divorano e mi si installano dentro per sempre. Di Marangoni dicevano che aveva sposato la Mosca Montale, la quale appena presentata comunicava: Mi chiamano Mosca perché sono noiosa, ma era meno sfuggente del suo nuovo grande consorte. Non dubitavo che Marangoni l'avesse perduta, se pur mai teneva a qualcosa di suo in quello stupefatto vagare fra le meraviglie della forma.

Nessuno gli ha reso l'omaggio che gli sarebbe dovuto, a Matteo Marangoni, erano gli anni in cui, già invecchiati Salmi e Toesca, leggevamo Lionello Venturi e il *Pier della Francesca* di Roberto Longhi, che pareva parlare di quel che traversava noi. Quel suo libro – ancora nell'edizione nerastra del 1927 – è rimasto uno dei testi della vita perché parlava d'un tempo di capovolgimento, della sua violenza e della sua razionalizzazione, quel di cui confusamente sentivamo il bisogno, era stato Marangoni a indicarcelo. Non dette una sola indicazione inutile. E se ci mostrò come la prospettiva fosse tutto fuorché realistica, le conclusioni che ne traeva Panofsky me le trovai da sola nei Monatshefte della biblioteca Warburg.

Chi mi aveva aperto quella porta, e quella di Wölfflin o di Cassirer, era Banfi. La confusione degli anni andati, gli impatti che si erano accavallati e contraddetti, si proporzionavano nelle reti d'un farsi molteplice dell'esperienza, in una storia che non avrebbe avuto fine né fini, e di tempo in tempo modellava i suoi mondi. Mondi, non mondo. Mondi in tensione, disegnano un problema, lo maturano, lo spengono. Un mondo ha una chiave che lo apre e poi sbiadisce e un altro mondo ne nasce ma anche lo nega, si sovrappone e passa, e libri, eventi, idee trovano una necessità e rimandano echi e poi scompaiono e tornano in luce mutati. Nulla era senza movimento, nulla era senza senso, il non senso scivolava via in quel dispiegarsi di relazioni, sontuoso e mutevole. Per chi aveva inseguito faticosamente nei primi libri la metafisica come un tentativo di totalità, la chiave diventava dover ritrovare ogni volta una chiave senza annegare nel relativismo. Ma da allora preferisce non annaspare in mezze metafisiche, come adesso che la filosofia s'è fatta di bocca buona. Salvo nel sulfureo Heidegger, ma incrociato molto piú tardi, grande esercizio, adesione zero.

Intanto Banfi era il contrario del determinismo cui viene ridotto Marx, il contrario d'una teleologia. Avrei impiegato molto tempo a capire che Popper non ha capito, e dietro a lui gli antistoricisti di questa ultima parte del secolo; la stessa parola, storicismo, è deformata dalla crociana filosofia della storia e dall'opposta ricerca compulsiva dell'eterno ciclico o del tutto è frammento. Banfi è stato piú che il maestro, l'apritore delle porte. In lui trovo l'impronta della cultura tedesca di inizio del secolo, un sapere illimitato e le domande del neokantismo ma anche la Gestalt e un lucore di Freud.

Tutto mi pare asfittico al confronto. E pensare che ne sento sussurrare come un maestro di morte, da parte di qualcuno, perfino la grande Maria Corti, che deve avere dei conti da regolare con quel professore che storicizzava perfino la mistica, cosa che per un mistico è insopportabile. La morte ci stava attorno, e non soltanto la morte pubblica, ma quella privata, quella scelta per il non reggere all'inerzia d'un mondo disperato quanto ottuso. Il suicidio non mi è mai apparso indebito, è una delle scelte concesse al vivente. Ma non si frascheggia con la sua definitività. E nei lunghi anni nei quali ho frequentato Banfi, e davvicino, dal 1941 alla morte nel 1957, non ho sentito un solo accento, un invito a cedere al nichilismo mortale che ci assediava da tutte le parti. Se mai, anzi, uno sguardo freddo – anche su certe mie inclinazioni al fascino delle decadenze (mi perdevo con delizia nei *Quaderni di Malte Laurids Brigge*) e non sempre di prima mano. Essenziale era riandare alla storia del pensato – era a Spinoza che mi mandava e rimandava, aggiungendo, e un po' mi smarrivo, la filosofia è la storia della filosofia. Ma una storia come uno spesso scintillante dolente cangiante tessuto, fra realtà e possibilità. Di cui si è perduto il farsi e disfarsi, certo anche per colpa dei comunisti. Allora non li conoscevo.

Ero presa piú dal fragore della mente che da quello della guerra. Un giorno venne giú la casa. Ero alla finestra con la mamma, dev'essere stato un sabato, era suonato l'allarme e tutte e due guardavamo curiose gli aerei che passavano in cielo. Proprio sopra di noi un apparecchio sganciò tre o quattro bombe, vennero fuori lente e di sghembo, poi si misero diritte e giú velocissime. Piombarono a qualche centinaio di metri, l'esplosione ci spostò spaccando i vetri, scendemmo di corsa. Qualche giorno dopo la porta della cantina rifugio saltò via come fosse di latta. I calcinacci ci piovvero in testa e uscendo vedemmo la casa mezza diroccata. Sali se le scale tengono, prendi quel che puoi, cerca un carretto, un tram, una stanza in un luogo vicino alla città, non ricordo neanche quale, in Brianza, credo, Vimercate, Gorgonzola. Morti non ne vidi, erano bombe non intelligenti, scassavano le case, facevano buchi per strada, non era il macello. Non ancora. Che anno era? Era l'autunno del 1942. Quelle quattro bombe che prendevano posizione e velocità sotto i miei occhi mi scombussolarono: dunque non ero eterna, convinzione che fino allora avevo nutrito, sarei potuta essere già morta se il pilota avesse sganciato qualche secondo prima o dopo. Ero casuale. Ne fui oltraggiata. O era il febbraio del 1943? Nelle date mi perdo. Certo in un agosto correvo con Maria Luisa Gengaro a Santa Maria delle Grazie, avevano bombardato il chiostro. Trovammo il refettorio spaccato in due e lacerati i sacchi di sabbia a protezione degli affreschi. Gli operai stavano passando le ramazze di saggina sull'*Ultima cena* di Leonardo, togliendo con fervore la sabbia e chissà che altro. Li fermammo.

Avevamo paura? Non mi pare. Stupenda è l'adattabilità della specie. Correvamo, trasportavamo. L'università di corso di Porta Romana era stata colpita e nell'istituto di storia dell'arte i grandi libri in quarto che parevano interi appena toccati andavano in cenere. Rischiai di colare a picco nella *Fenomenologia dello spirito* mentre eravamo sfollati non so dove, ogni sera raggiungendo a grappoli su tram o treni suburbani una stanza dove dormire e ogni mattina riarrampicandoci in quegli incerti vagoni per correre a Milano, poi rientrare correndo prima del coprifuoco, noi ragazze grandi ingoiando la simpamina, una anfetamina che allora non faceva scandalo, senza quasi dormire, lucide e impazienti. Ma come animaletti che si spostano veloci sul fondo d'un mare chiudendosi nel nicchio a ogni presenza, il cuore immobile.

Nel 1942 il guardiamarina che mi aveva portata al cinema a Venezia giaceva da qualche parte nel Mediterraneo, affondato assieme con la sua nave da una bomba americana o inglese, la zia e i cugini di Polonia erano scomparsi in un buio, ed era perduta ogni notizia dei molti compagni di scuola e padri e fratelli di amiche, partiti chi sa dove, forse vivi forse no. Ma i giovani sono avvezzi a perdersi, non è che ogni sparizione significhi morte, avanti. Alla fine di quell'anno avevamo perduto tutto, casa e indirizzo, si mormorava che quelli dell'Armir morivano di gelo in Russia, Stalingrado non era nominata e io studiavo e annotavo nella biblioteca vuota e odorosa di cera con la sensazione vertiginosa che non avrei fatto in tempo a leggere tutto, a vedere tutto, lo scintillante pensato, dipinto, lasciato, pozzo pieno di voci che percepivo di fretta temendo che qualcosa me ne tirasse via. In un presente dove non capivo nulla, non vedevo niente, tutto si chiudeva, una cosa dopo l'altra, tutto mi era impedito fuorché aprire un libro, essere rimandati a un altro prima di averlo chiuso, spalancare porte e intravvedere scorci del passato – mai avrei potuto fermarmi, andare al fondo, sapere davvero, e come si faceva a capire senza conoscere quel che è stato scritto prima?

Cosí un senso di incompiutezza accompagnava quel che mi veniva fra le mani, ma era un innamoramento. Come spiegare che ebbi un tuffo al cuore nel trovare inaspettato un Luca Pacioli a Brera, eccolo in quarto e pergamena, le nitide proiezioni, da quanto tempo nessuno sentiva l'odore di umido delle pagine che con precauzione scollavo? E come dire l'allegria del pescare fra le schede piú antiche della Marciana, ancora in inchiostro, l'acca svolazzante di Hemsterhuis? Sono piaceri solitari e contro il mondo e preziosi e non sapevo bene dove metterli, prendevo e lasciavo. C'era anche una debolezza nel bisogno di provare tutto, nell'impazienza, nel non fermarmi su una sola strada, ma me ne avvidi dopo.

La guerra cominciava a darci qualche morso ravvicinato, dovette perdurare a lungo l'illusione che dal peggio saremmo stati esenti se fino a tardi le biblioteche non vennero imballate e sfollate. Brera era in disordine ma a Milano avevo trovato una Fondazione Beltrami al Castello sforzesco. Traversavo la grande corte e poi il roseo cortile della Rocchetta, sul soffitto del portico correva il motto di Isabella d'Este, *Sine metu nec spe, sine spe nec metu* – naturalmente lo avevo fatto mio – e una porticina nella muraglia portava nel grande spazio alto e quadrato della torre a ovest. Là, nell'antica sala del Tesoro, stava la biblioteca del fondo Beltrami, non c'era quasi nessuno e potevo avere un lucido scranno tutto per me e sul piano a cera lasciare i libri, molti, e passare dall'uno all'altro confrontandoli. Mi pareva una grande liberalità, lo era. È come se fosse ieri che ho aperto il Riegl, la *Kunströmische Spätindustrie*. Titolo arcigno. E d'improvviso le gemme che mi erano parse imperfette e le monete irregolari si rivelavano un altro metro del corpo e dello spazio, andavano a posto, per dir cosí, classicità e alba del Medioevo. Fuori la città forse sarebbe stata devastata quella notte, ma intanto c'era silenzio e oltre i finestroni scendeva una gran pioggia quieta.

Capitolo quarto

Ce n'è voluta per mettermi le spalle al muro. Quasi tre anni da quella spartizione della Polonia che allontanai come cosa della Germania, centrale e forte quanto noi eravamo laterali e deboli. È anche in questo sentire comune che s'era potuto innestare il fascismo, poteva ugualmente sorreggerne le gesticolazioni e far vaneggiare che uno scontro fra grandi ci avrebbe risparmiato. Del giugno 1940 ricordo adunate oceaniche e la certezza d'un Blitzkrieg: la Germania si mangiava la Francia in un baleno e ce n'era un pezzetto anche per noi, Nizza aveva a che fare con Garibaldi, Briga e Tenda mai sentite nominare.

Una guerra che non ti passa sopra non è una guerra. Il 1939 fu altra cosa per il mio compagno di vita, Karol, polacco, che ha la mia stessa età e a quindici anni attraversava il fiume Bug per raggiungere l'Armata rossa mentre io a Milano andavo tranquilla tutte le mattine per via San Vittore fino al liceo Manzoni. In Polonia nessuno poté non chiedersi che cosa sarebbe venuto da una folgorante vittoria dell'Asse; da noi se lo chiese chi già sapeva, pochi e silenti. Negli adulti il silenzio era prudenza, in noi ragazze incoscienza. Per mia sorella e me rafforzata dalla tranquillità che papà era troppo anziano per essere richiamato. Inoltre l'esser donna autorizza a non farsi domande. Non c'è rapporto fra quel che sappiamo adesso e quel che l'Italia pensò, se pensò, fra il 1939 e il 1940. Come si poté credere che la guerra fra Inghilterra, Francia e Germania si sarebbe conclusa in un lampo? Che mentre la Wehrmacht invadeva la Danimarca, l'Olanda, il Belgio, metà della Francia e scaricava tonnellate di bombe sull'Inghilterra (coventrizzare, era la parola) noi ne saremmo rimasti fuori? Come ascoltammo senza saltar su che avremmo frattanto spezzato le reni alla Grecia e sottomesso i Balcani? I miei erano di là, venivano da quelle terre, ma non parlarono. Tennero per sé, riparavano noi figlie. Io mi facevo riparare, ascoltavo il meno possibile. E non che mancasse l'enfasi: il Terzo Reich strepitava di scontro fra ordini e civiltà, avrebbe messo in ginocchio Londra come Parigi, avrebbe schiacciato Mosca.

Di come andassero sul serio le cose poco si sapeva, pochissimo chiedevo, incline a rimandare alle grandi manovre politico-diplomatiche le non belligeranze, le guerre parallele, le incursioni oltre confine, gran teatro di un mondo del quale la gente perbene non decideva nulla. Ancor meno sapevo di come si fossero annodati i torbidi anni trenta. Non entravano in Italia libri, film e giornali. Neanche «Le Monde», che allora si chiamava «Le Temps», arrivava in edicola. La guerra si materializzava nelle cose, negli itinerari, nei divieti, nelle mancanze, era una sorta di disgrazia naturale piú che un'impresa umana sulla quale si sarebbe potuto interferire. Potuto e magari dovuto? Quando mai. Quella sorta di cinismo o pigrizia che passa per italica bonomia, secoli di «tutto cambia dunque niente cambia», stingeva dovunque. Passai il 1940 e 1941 ostinandomi a concedere il meno possibile alle coazioni esterne – non importa, fa lo stesso, mangiare chissà cosa, dormire chissà dove – spostando il territorio, aspettando che si riaprisse un varco. C'era la guerra, e allora? Quel che declamava lo speaker alla radio si rimpiccioliva negli obliqui discorsi della gente, e non intendevo badare né all'uno né agli altri. Era la strategia della lucertola con il gatto, arte nazionale. È passato mezzo secolo e leggo con fastidio le *Lezioni americane* di Calvino, che pure è stato un amico. Raccomandano di non fissare il volto della Gorgone. Come se fossimo ansiosi di mirarlo. E chi la guarda, la Gorgone? Tutti si scostano, sgattaiolano, non vedono, sperano di cavarsela. Deve afferrarti per farsi fissare, la Gorgone, ma non ha braccia. Non sarà quella che mi pietrifica, non me.

Nel 1942 cambiò. Di guerra lampo non si parlò piú. L'antica familiarità con la Marina mi costringeva a registrare tra gli eventi privati le perdite della flotta italiana, erano nomi, persone che avevo conosciuto o intravvisto, navi grigioazzurre delle quali avevo scrutato il nome mentre entravano dalle bocche del porto a Venezia. È in quel che ci veniva proclamato come il massimo dispiegarsi dell'Asse che si coagula la percezione d'un disastro, trovo nella memoria un'eco della disfatta di Rommel, nessuna della campagna d'Egitto e Tobruk. Dai Balcani non tiravamo fuori i piedi, il Mediterraneo non era nostro. Guerra parallela era un'espressione di stati maggiori, che fossimo alla coda della Germania era senso comune. In che condizioni era stata mandata l'Armir in Russia, si diceva? I comunicati erano reticenti e qualcuno aveva sempre sentito un'altra versione da Radio Londra.

Nella quotidianità ci si arrabattava. Mancava sempre qualcosa, i bombardamenti avevano indotto a una fuga dalla città e un andirivieni con l'hinterland, si era un po' qua e un po' là, il razionamento era pesante, le scuole mutevoli, e se arrivavano lettere dal fronte, o dicevano poco per via della censura, o per non far disperare le famiglie. Si discorreva del dove rintracciare un poco di carne o le uova o qualche sapone, come salare il burro e conservarlo sotto un filo d'acqua corrente.

Far politica sarebbe stato opporsi e nessuno visibilmente si opponeva. Forse finiva una identificazione, se mai c'era davvero stata, ma non ce n'era un'altra. Tirava aria di morte in «Colonnello non voglio pane, voglio piombo per il moschetto», di morte solitaria, altro che fine dell'Inghilterra. La gente aspettava, adunate enormi e poi si-

lenzio, o un irridere sottovoce su quanto tutto fosse im-
provvido, impreparato. Si era in attesa. E non che vinces-
sero gli alleati. Non ancora. Mi veniva un ribrezzo di quel-
l'umore opaco, scrollar di spalle e non dire, ma non avevo
idea di che cosa si potesse, tanto meno dovesse sperare. Che
ho colto di Stalingrado? Niente. Non mi pare che ci con-
fessassero il lutto tedesco per la disfatta di Von Paulus, la
fine del grande sfondamento all'est. Poi il Reich non eravamo noi. Noi però eravamo nel patto d'acciaio, per quel
che lo stato potesse essere «noi», continuavamo a far finta
che sí, ma in parte.

L'aria si era fatta pesante sulla metà del 1942. Una quantità di compagni di scuola appena piú grandi era partita su
qualche fronte, molte amiche vi avevano qualcuno di cui
mancavano notizie. Che cosa pensavo, come ragionavo? Ritrovo soltanto un raccorciarsi dell'orizzonte – la guerra è un
muro. Ho in mente l'ultimo annidarmi nella mia conchiglia.
Era il 1941. Avevo compiuto diciassette anni, ero grande e
contenta di esserlo. Sono invitata da un'amica, è notte sul
lago Maggiore, cerco un segno nelle stelle cadenti, la pros-
sima sarà la mia. Una meteora si formò attraverso il cielo,
si spezzò a metà e sul suo spegnersi se ne accese filando
un'altra. Saranno due vite, mi dissi. Intanto diciassette anni erano lí, feci scorrere le dita su un pianoforte, non conosco una nota, e contai fino al diciassettesimo tasto. Era un
bel suono, caldo e profondo. Quella sera la mia amica – Ed-
vi, si chiamava – si era provata con il *Preludio corale e fuga*
di Franck, era una bruna dagli occhi tempestosi, la madre
la osservava china sul pianoforte, tutte e due appassionate,
sul giardino era piovuto e le camelie erano cadute sulla
ghiaia, c'era un'aria di abbandono. Alle ragazze povere non
era stato inflitto il pianoforte ma ora mi doleva, forse mi ci
sarei tuffata come traversavo il lago da Meina al Ranco. Da
allora non sono piú entrata in quelle acque azzurre e grigie,
due anni dopo i tedeschi vi gettarono dei corpi martoriati.
I laghi neri del nord sanno tutto.

Alla fine del 1942 ci trovammo senza casa per via del bombardamento, e in attesa di trovare due stanze da qualche parte i miei ci rispedirono un'altra volta a Venezia. Quasi non toccata se non sui depositi di gas di Marghera, si presumeva che sarebbe stata risparmiata e fu vero. Quel macello ebbe dei barlumi di regole. Era un'altra Venezia. Senza luci, raccolta. Al Lido la casa era semideserta, lo zio era ricoverato all'ospedale al mare, gli inglesi avevano affondato il convoglio che comandava nel canale di Sicilia; si era salvato perché stava sul ponte e perdendo sangue s'era attaccato con un solo braccio a un frammento di scialuppa. Zia Luisa era corsa a Trapani a curarlo, Croce rossa, infermiera, maneggiando siringhe e fasce e medicine sempre senza far commenti, e se l'era riportato al Lido, reso credente da un frate che all'ospedale di Trapani lo aveva convinto che se erano morti in migliaia quella notte e lui no, la Madonna doveva averlo guardato con un occhio particolare. Fu un intollerante cattolico, come era stato un intollerante laico, vedeva falsi cristiani dovunque, pretendeva che in chiesa mettessimo un velo abbastanza fitto da non far intravvedere i capelli. Capimmo che per lui la fede era il senso del peccato.

Senza di lui la casa era piú amichevole, i tempi piú liberi, Venezia aperta. E soprattutto noi eravamo piú grandi. Mimma sarebbe andata al Marco Polo e io a Padova. I tempi comuni dell'infanzia erano finiti, a quell'età quattro anni separano. E io ne avevo diciotto, un'enormità. A Milano avevo già dato lezioni di latino a ragazzetti che non ne volevano sapere ma avevo portato alla promozione ridendo con loro, me ne era venuto qualche soldo per prendere il vaporetto e il treno, potevo esplorare calli deserte, sestieri prima ignorati. Nei giardini della Biennale, l'ultima, odorosi di bosso sotto il sole e i rari visitatori, Mimma e io scoprimmo una imitazione bellica del panforte di Siena, c'era di tutto salvo fil di ferro e si calava nello stomaco calmandone le bramosie. Me ne stavo per ore alla Marciana, leggevo i *Lehrjahre* di Wilhelm Meister e poi la *Theatralische Sendung*, il solo Goethe che mi sedusse, mi vergogno a dirlo. O alla Querini Stampalia dove Manlio Dazzi teneva sulla scrivania una rosa nella boccia d'acqua e il sole si liquefaceva sul noce lucido dei grandi tavoli ovali. E mi arrampicavo sul treno locale per Padova assieme ai branchi degli studenti che cercavano di eludere il controllore nel breve tratto, cosa che riusciva senza gran fatica se due o tre lo intrattenevano o lo facevano scendere piú o meno affettuosamente al Dolo mentre gli altri saltavano di carrozza in carrozza.

Padova era integra, anzi il Liviano era stato da poco finito da Giò Ponti e la grande statua di Arturo Martini, Tito Livio accovacciato come un gatto, era oggetto di lazzi e affetto. Era una università vera, diversa da quella di Milano, ormai rattrappita nelle ex stanze del Collegio reale delle fanciulle e nell'odore di minestra di cipolle. E a Padova c'era una comunità fra insegnanti e studenti, ci si vedeva all'ateneo e fuori in un tempo di precarietà. Marchesi, Valgimigli, Valeri facevano scintillare i testi, scoprivo le Lettere.

Concetto Marchesi teneva quel che sarebbe stato il suo ultimo corso, gli *Amores* di Ovidio e un libro di Sallustio, dalle sue parole vedevamo farsi avanti Messalina, splendida come una rosa un poco disfatta, incantando noi male sbocciate, grezze. E Ovidio rimandava dagli ancora sconosciuti amori ai *Tristia* che venivano da un mare che doveva essere grigio come la laguna, quasi orientale. Era un uomo non alto, elegante, Marchesi, un linguaggio ricercato dall'accento sorprendentemente meridionale, pieno di fascino. Accanto a lui Manara Valgimigli pareva il gigante buono, ci leggeva il canto di Nausicaa e rifiutava di scendere al rifugio se suonava la sirena quando ci trovavamo alla libreria della Cedam: «Non bombarderanno, non saranno cosí malvagi». E la libreria restava aperta, tutti immobili e tremanti ad aspettare che finisse di sfogliare qualcosa. Qualche pomeriggio Marchesi, in giacca da camera, ci faceva sentire dischi non consentiti come Bartók. E c'era qualcosa come un cineforum a Ca' Foscari, qualcosa dei Littoriali che avevano cambiato segno. A quel punto era già politica, una politica dei colti contro gli incolti e violenti, una politica accattivante come il primo René Clair e i volumi di Apollinaire e Joyce che Cardazzo pubblicava al Cavallino. Se Venezia taceva tutta Padova era in ascolto, le orecchie ritte. Roberto Cessi insegnava le guerre del Peloponneso per parlare di democrazia, e Diego Valeri ci leggeva Verlaine. Era come se avessero deciso di nutrirci di cose alte prima che sprofondasse il presente.

O no? Io continuavo a esorcizzare, a Milano la facoltà di lettere non era cosí, Padova spalancava altre prospettive, meno raggiungibili, altri paesi, nomi seducenti, Parigi, Oxford, confini e biblioteche aperte a una modernità sospetta, aliena dalle virili virtú che esaltavano i segni scuri di Sironi e le figure cretose di Campigli. Che cosa potevo ignorare ancora? L'inevitabilità del coinvolgimento. La guerra stava già consumando un esito, la Wehrmacht s'era rotta le ossa a Stalingrado. Quando si sarebbe finito di traccheggiare davanti a un destino già segnato? Non ci figurammo le file dei nostri soldati rapprese nel ghiaccio. C'è una coscienza della guerra che si forma dopo la guerra, mentre inizia il processo dell'oblio. La guerra pareva soltanto piú vicina e lunghissima. La mia muraglia fu un poco sconnessa da quella università meno imbalsamata che a Milano – ma mi mancava Banfi – e da lontano rintoccava un venire a fine, un *Hic sunt leones*. Nessuno diceva, si parlava con voce cauta.

Ero a Venezia durante gli scioperi del marzo 1943. Non vidi quello di Milano, di Torino non sentii parlare. Il mio sarebbe stato quello del 1944. E devo essere stata a Venezia quando gli americani sbarcarono in Sicilia, erano i primi di luglio del 1943. Non può avermi turbata la violazione del patrio suolo, non avevo sacri suoli. Ma era l'inizio di una fine. Ricordo una missiva drammatica che sullo sbarco mi scrisse Vincenzo Errante, nella grande calligrafia sulla carta intestata: «Non giova l'ala a chi non abbia artigli». La memoria sedimenta emozioni, io ero presuntuosa, e più mi si impresse quel motto e che il professore scrivesse su quella splendida carta proprio a me, che non il corso che tenne e senza il quale non lo avrei conosciuto. Ho in mente un arrivo in gondola con lui, forse quell'inverno, un pomeriggio, a un concerto a palazzo Vendramin Calergi – non era la sede dell'Istituto germanico, buon dio? – ma non ricordo il concerto, soltanto i gradini scivolosi e il portale del *Non nobis domine, non nobis.* Non si va in gondola a un concerto ogni giorno. Avrei ritrovato Errante sessant'anni dopo confrontando una traduzione di Kleist, da quel concerto a Kleist nulla di lui è rimasto. Perché scriveva a una studentessa, che si attendevano da noi – incerte e voraci, che li annusavamo e volavamo via – quegli insegnanti?

Gli americani erano sbarcati. Non risalirono la penisola come una tempesta, ma fecero esplodere il governo a Roma. Se da tempo si macinava un seguito di sconfitte, ai primi soli d'estate tutto precipitò. Tornai a Milano per gli esami? Forse, certo, facevo sempre gli esami, tutti, e vi aggiungevo quelli del corso di laurea in filosofia. Non era difficile. Quali furono alla fine del secondo anno? Non ho conservato né il libretto né la tesi né niente. Correvo. Ho corso sempre fino a pochi mesi fa. Ma ero a Venezia il 25 luglio, lo so, leggevo il *Notturno* di D'Annunzio rivoltata. Che cosa mi rivoltava? Non avevo seguito il formarsi d'una fronda, non ne sapevo nulla, non avevo mai preso in mano «Primato» né del resto «Critica fascista» né fatto attenzione ai littoriali – forse ero troppo giovane, certo non mi interessarono. Più cerco di ricordare più sento che avevo tenuto fuori caparbiamente quell'oscurità che erano fascismo e guerra. Non è un merito. Non sapevo neppur bene che cosa fosse il Gran consiglio del fascismo.

Ma mettiamo in fila. Credo che mi sbalordí quello sciogliersi di qualcosa che pareva potente. Di colpo il fascismo, il governo, il re si rivelavano non buoni o malvagi ma poveracci, deboli, imbroglioni, non avevano saputo né previsto, quel che la gente sussurrava era vero. Le aquile e gli allori che mi pareva già molto avere tacitamente scostato erano meno che cartapesta. Altro che destini rombanti, il regno e i fasci non correvano a esporre il petto in Sicilia, cadevano fradici, si rimpallavano le responsabilità, tagliavano la corda – ero stupefatta, nauseata. Del regime avevo avuto un'idea di gigantismo, un moloch da tener lontano ma su fondo di Wagner e della *Quinta* di Beethoven, se doveva procombere sarebbe venuto giú come un obelisco. Invece era una mediocre resa dei conti che ci lasciava alla deriva, non una mareggiata, uno stagno. Un afflosciarsi senza decenza.

Non solo l'oggi ma lo ieri cambiava forma. Che era stato? E noi che cosa eravamo stati? Che cosa avevamo capito, che cosa avevamo permesso? Io non ricordo un tacere per terrore, nessuno attorno a me era stato bastonato, negli anni trenta era finito, non c'era stato chiasso neanche sugli ultimi processi. Ricordo che al silenzio parevamo abituati. E tutta quella gente partita, e le fatiche, le distruzioni, le perdite, i morti. Dunque si sarebbe potuto impedire? Si sarebbe dovuto. Non sapevo, non mi hanno detto. Ma ho chiesto? Quel sanguinoso ridicolo mi rimandava anche una derisoria idea di me.

E che mi dicevano adesso il governo Badoglio, i giornali liberi? Se ci fu un sussulto, se il bisturi doveva andare a fondo, non fu certo in quella estate. La Milano del 26 luglio che ricorda Ingrao non è la mia; certo non fu percorsa tutta da quel brivido che egli rammenta fra i suoi compagni come «vittoria», somiglia di piú alle immagini torbide di Bertolucci nel *Conformista*. Mi precipitai sui giornali, i discorsi, gli articoli, con insoddisfazione e sospetto. Venivano a galla delle enormità e assieme un rivendicare acrimonioso e mediocre. Gli antifascisti si raccoglievano e riannodavano fili già noti, ma chi non sapeva non li poté sentire. Intanto quel che scorreva non era neanche un torrente, era un rigagnolo, erano rigagnoli di quella che poi avrei imparato a conoscere come la classe dirigente prefascista – che spettacolo. E il fascismo le somigliava o viceversa, e la guerra era una trappola approssimativa e crudele, una tragedia bassa senza riscatto. Tutto il paese pareva basso, spaventato, voglioso di scrollarsi di dosso la già invidiata Germania, che in quell'estate c'era e non c'era.

Non avevo vicino i miei, nessuno che mi potesse parlare e con il quale parlare, lo zio tutto rancoroso nelle sue ossa rotte, nonna e zia silenziose come sempre le donne. Da quanto tempo e da quali vicende la famiglia era stata frantumata? Non c'erano notizie dall'Egeo. Né dalla Polonia. Pola era scomparsa da tempo nel nulla. I miei, papà e mamma, avevano taciuto pensando di difenderci, coprirci con un'ala. Avevano taciuto e lavorato per darci i mezzi di venirne fuori come persone, pareva la sola scelta dignitosa che restasse, ed era invece un derisorio, o penoso, sottrarsi all'alluvione. Non so quanto senso di colpa sentissi, mi travagliasse. Mi si era aperta una porta su uno scenario sconosciuto, pieno di fragori e che prendeva luce per squarci.

Dovevo cercare da sola, andare fra gli altri, chiedere, ascoltare, sentire. Fu un agosto di collera e di impotenza, era troppo quel che non avevo visto o capito, che avevo allontanato o disinnescato. Sbattevo come una mosca in un bicchiere, un pipistrello sui muri. Non era paura, mi è sempre mancata la fantasia concreta del pericolo. Ero travolta, furente, tradita dai silenzi altrui e dalla opacità mia. E chi erano costoro che adesso parlavano? Chi li aveva mai visti, sentiti quando occorreva dire qualcosa? A noi ragazzi niente, ci avevano tenuti fuori, forse avevano mandato qualche cenno che decifravamo ora, qualche insofferenza – ma cosí al di sotto del congegno che aveva preso forma, che avevamo trovato e ora vedevamo. E non sapevamo ancora quanto fosse mostruoso. Oggi mi dico: ma sai bene che non lo avevi interrogato. Non so quanto mi rimproverassi, so che non volevo piú allontanarlo, scrollarmelo di dosso.

Le prime voci non badogliane che sentii furono di qualcuno che apparteneva a Giustizia e libertà. Ci passavamo notizie incerte. Mi arrivarono fogli, programmi, voci. Erano diversi dal badoglismo, sí, erano altra gente, avevano l'aria di misurare le cose nella loro dimensione. Su di essi esplose l'8 settembre.

Non c'era piú tempo. Non fu la fine della guerra come si credette per meno di un giorno in un tripudio un po' losco. Furono il rovescio, la fuga e l'occupazione tedesca. Il re se ne andava, l'Italia si divise come un pane spezzato, noi eravamo al nord. I lunghi cappotti tedeschi si manifestarono dappertutto, le loro voci secche, i secchi ordini sui muri. Niente piú patria e navigatori, era il Terzo Reich ferito come un serpente freddo e furioso. Non pensai che i tedeschi sbagliassero nel disprezzarci: noi eravamo il niente. Leggo da un paio d'anni di identità nazionali andate a pezzi l'8 settembre 1943. Ma quali identità? Alcuni stati maggiori saranno stati sconvolti, non so come l'avessero messa con il fascismo e ora con un re che tagliava la corda. Certo non fecero blocco, non tennero assieme gli uomini, li lasciarono senza ordini e senza bussola, ognuno per sé o con il suo tenente – e fu la rotta, il si salvi chi può, tutti a casa.

Un'idea di sé si ha o si scopre in quei momenti, in quel momento non la dette nessun esercito, anche se oggi si pubblicano interni e incerti documenti. Forse non bisogna infierire: quale identità nazionale poteva avere l'Italia del 1943? Il Risorgimento aveva coinvolto delle *élites* e neanche tutte. Se quella fascista era un'identità, crollava. Eravamo uno stato da due, tre generazioni, mio padre e mia madre ancora mezzi dentro e mezzi fuori, Trento e Trieste. Che tradizione nazionale è quella che risale al piú al nonno? Italiani, gente precaria, mai misurata con scelte proprie, non con la Riforma, alla larga dalla rivoluzione francese, al piú rivolte; il crogiolo non era mai andato in fusione. Ecco quel che eravamo, un collage di fragilità e servaggi, Mussolini aveva agitato un rancore di straccioni. Un totalitarismo non è intriso di politica, non mobilita agitato da una ideologia ogni minuto, ne è singolarmente privo, la gente fluttua nel vago, le masse vanno dove sono aspettate, si atteggiano come è previsto che sia. E ora neanche erano piú masse, erano un'accozzaglia spaventata e disorientata. Dove ci eravamo lasciati portare, stupidi, ignavi, pazzi. E adesso eravamo presi, disarmati, trascinati, venivano voci dal sud, Napoli, Salerno, nulla da Cefalonia che sapemmo dopo, nulla dall'Egeo, deportazione o lavoro coatto, fabbriche distrutte, vagoni che salivano in Germania – tutto raccontato da qualcuno a qualcuno, sentito dire, minaccioso e vago.

Noi eravamo a Milano, su, in alto, mi raggiunse qualche voce sulla Quarta armata, i tedeschi fluivano come cemento in ogni falla, prendevano posto. Non gridavano, parevano eterni, calmi. Cercavo, dubitavo di tutto. Avevamo trovato due stanze e una cucina a Olmeda, un dosso sulla tramvia Como-Cantú, un casone operaio mai consegnato. Gli sfollati lo invasero. Mamma lavorava con il suo ufficio, un ingegnere sfollato a Cantú, era la sola entrata fissa in casa da ormai dieci anni. Mimma andava a scuola a Como e io a Milano. Olmeda era una fermata di tram, non un paese: vi dormivamo, mangiavamo, andavamo attorno per chilometri a cercare un po' di burro e qualche uovo. Sarebbero stati inverni freddissimi, si supponeva che le case operaie non dovessero essere riscaldate e del resto carbone non ce n'era. Ma il gelo sarebbe venuto qualche mese dopo.

Nel primo autunno da Olmeda si correva in tram, in treno, in bicicletta in tutte le direzioni. E questo era il vantaggio. Io stavo il piú del tempo a Milano, all'università, qualche volta dormivo nell'appartamento deserto di un'amica. All'università i tempi rombavano, affluivano giovani e ragazze per sapere qualcosa, sentirsi, era un porto franco, dove altro trovare un luogo se non in quei corridoi, nel cortile, sulla strada davanti? Ora si doveva scegliere. Scegliere una parte. Andare in montagna – qualcuno doveva saper come fare, chi contattare – o stare ai proclami di ricostituzione dell'esercito sotto il comando tedesco. A quello italiano non credette nessuno. Giravano fra noi tipi che parevano antifascisti e altri che parevano della milizia, ci si guardava intorno, si parlava e si taceva, a chi sto parlando? Come trovare quelli giusti? Si sapeva d'un reclutamento partigiano, ma rado e ben coperto, una rete leggera gettata a stormi di pesci allo sbando, bisognava afferrarne un capo o farsi afferrare mostrando qualcosa che altri non vedevano.

Là attorno faceva crocchio un cieco di guerra e medaglia d'oro – si chiamava Angelo Borsani – gli occhi chiari e opachi su un viso smarrito, chi lo accompagnava taceva e lui diceva a voce bassa qualcosa come: «Venite con noi, non potete lasciarmi, solo io ho combattuto?» Non era arrogante, nessun fascista era arrogante in quei primi giorni, poche erano le divise. Bisognava decidere se stare con l'Italia che conoscevamo o augurarsene la disfatta, lavorare per la disfatta. Questo era. Non fra Brindisi e Desenzano, si doveva scegliere fra tedeschi e alleati, i fascisti erano una coda dei tedeschi. Non ricordo che ci trascinasse la fiducia in un barlume decente di identità, un patriottico entusiasmo. Piú tardi quella storia sarebbe stata scritta come una rivolta nazionale contro la Germania.

A Milano, dove mi trovavo, fra la gente della mia età prima e i partigiani poi, era dai fascisti che dovevamo liberarci, e quindi dai tedeschi. Fu e apparve una guerra civile, una resa dei conti che non avveniva in bellezza, tutte le carte in regola. Non è facile mettere al muro il proprio paese. Neppur per una come me, senza radici e senz'altra storia che individuale. Era troppo presto, ero troppo giovane, sapevo troppo poco, era un taglio acerbo, da non poter neppur piangere. Banfi avrebbe scritto *Moralismo e moralità* per noi. Bisognava chiudere con l'Italia, la sola che avevamo veduto, dove il confine tra fascismo e non fascismo era stato incerto, ora lo sapevamo, e senza la guerra sarebbe durato.

Su quel dolore la Repubblica sociale parve per un momento contare, ma fece esercizi impossibili, pasticciò di socialismo, repubblicanesimo, eversione. Sotto i revolver tedeschi. Non ci credette nessuno, se molti esitarono fu di fronte al dilemma nudo, consegnarsi o nascondersi o andare in montagna. Non ho visto le schiere di giovani e ragazze con gli ideali di Salò nel cuore. Io non ne ho mai incontrati. Ci fu solo una compagna di corso nella cui casa c'era la foto di Mussolini, mi ci chiamò una volta, non tornai, non insisté. Non ho dovuto farmi da parte per evitare cortei o crocchi fascisti, in quell'ottobre non c'erano, eppure stavo in mezzo alla gente di ogni tipo, nelle ore che non sono di coprifuoco la guerra butta tutti per strada, nei mezzi traballanti, in treno, all'università, nelle file del razionamento, dovunque. E dubito che nel 1943 quelle schiere di giovani credenti ci siano state; un coagulo di ragazzi fra costretti e risentiti scelsero Salò perché era la sola collocazione facilitata e possibile, ma non andavano in giro facendo proclami. E presto non poterono ignorare quel che stavano facendo.

La Repubblica non sedusse nessuno, fece paura a molti come un animale senza scampo. Di occhi febbrili e divise nere portate con ostentazione ricordo soltanto il professore di teoretica, Bariè, e un certo Atzeni, per pochi mesi a Milano, il primo come una sfida al mondo e il secondo nel tentativo di convincere disperatamente in un corso detto di mistica fascista che il fascismo delle origini era una cosa e quello del ventennio un'altra. Il resto furono milizie, retroguardia del fronte, rastrellavano gli ebrei, facevano operazioni di polizia. Non si poteva piú aspettare. Perfino per finire bisognava fare, mettersi contro, spingere da parte il cieco dal volto smarrito. Chi reclutava per la montagna, come? Chi collegava con chi? Non so come mi resi conto che i piú sicuri di quel che facevano erano i comunisti.

Dei comunisti avevo l'immagine che mi si era formata dentro durante la Guerra di Spagna come vendicatività dei poveri, violenta, temibile. Anche di quello dubitavo, era vero o non vero? Pressappoco in quei giorni a Padova Marchesi faceva il discorso di apertura dell'anno accademico e passava alla clandestinità. Non credo che lo sapessimo subito. Non so chi mi disse: Ma Banfi è comunista. Ero cosí fuori di me che puntai dritto su di lui fra un esame e l'altro. Se ne stava in sala professori, appoggiato al termosifone freddo accanto alla finestra. «Mi hanno detto che lei è comunista». Mi guardò, mi aveva fatto già due esami, dovette concludere che ero quel che parevo, una in cerca di bussola, che non percepiva neppure il senso mortale di certe parole. «Che cosa cerca?» Gli dissi dei volantini che finora avevo visto, della confusione, del non sapere. Si staccò dal termosifone, andò alla scrivania e su un foglietto scrisse una lista nella sua grafia minuta. «Legga questi libri, – mi disse, – quando li avrà letti torni». Uscii, corsi alle Ferrovie nord, in treno apersi il foglietto. C'era scritto: Harold Laski, *La libertà nello stato moderno* e Harold Laski, *Democrazia in crisi*; K. Marx, *Il 18 brumaio di Luigi Bonaparte* e K. Marx, *Le lotte di classe in Francia dal 1848 al 1850*. Un libro di De Ruggiero, mi pare. Lenin, *Stato e rivoluzione*. «Di S. quel che trova».

Restai pietrificata. Era comunista, proprio comunista. Bolscevico. Mi balzarono alla mente le immagini spagnole, sangue, polvere, violenza. A proposito, là aveva vinto Franco, ma quando, come? Neanche sapevo. Scesi a Como, andai alla biblioteca comunale. C'era un addetto non piú giovane, gentile. Gli tesi il foglietto. «Guardi nell'ultimo cassetto, – mi disse, – quello che non ha etichetta». Mi avviai al vecchio classificatore dai cassetti quadrati. In fondo, in basso, ce n'era uno in bianco, come fosse ancora da riempire. Tirai verso di me. Era pieno. In ordine. Trovai tutto, anche un K. Marx, *Il capitale* delle edizioni *Avanti!*, copertina di tela e una piuma rossa – o era una bandiera – sbiadita. Di S. non trovai niente. Sull'Urss c'era un libro di viaggi d'un ingegnere. Compilai le schede e il bibliotecario mi portò i testi. «Li posso portare a casa?» Annuí. Non ci dicemmo niente.

Salii sul tram che si inerpicava a Camerlata poi giú verso Olmeda. Era sera, era pieno di gente stanca. Io mi tenevo aggrappata a una maniglia. Avevo davanti tre operai sfiniti, forse muratori. Sfiniti di fatica e mi parve di vino, malmessi, le mani ruvide, le unghie nere, le teste penzolanti sul petto. Non li avevo mai guardati, il mio mondo era altrove, loro erano altro, che cosa? Erano la fatica senza luce, le cose del mondo che evitavo, sulle quali nulla si poteva. Come nulla potevo sui poveri, un'elemosina e via. Le teste ciondolavano, scosse a ogni svolta del tram, i visi non li vedevo. Era con loro che dovevo andare. A casa lessi tutta la notte, un giorno, due giorni. Non andai a Milano. Come rientrava, Mimma mi prendeva di mano gli stessi libri. Papà e mamma non chiesero che cosa leggessimo, non chiedevano mai. Da Laski saltai al *18 brumaio* e da questo a *Stato e rivoluzione*. Mi venne la febbre, macigni interi cui ero passata accanto andavano a un loro posto, non potevo piú fare come se non ci fossero o fossero fatali.

In verità non era una scoperta, era una presa d'atto senza piú rinvii possibili. Collegavo, ricollegavo, parole, silenzi, eventi cui ero passata accanto volutamente cieca. Lessi tutto, qualcosa rilessi. Solo *Il capitale* mi cadde dalle mani, come non fosse il piú urgente. Ma mi scorticciavo, come nel tram davanti a quei tre malandati pieni di stanchezza e sonno. Addio alla mia intangibilità, addio al sobrio e tiepido futuro, alle lodevoli ambizioni, addio all'innocenza.

Tornai a Milano, filai da Banfi. «Ho letto». Tutto? Annuii. Che cosa devo fare? Mi dette un nome, una signora, una professoressa di Como. Vi andai, mi aspettava. Era una donna di mezza età, i capelli fulvi, occhi cerchiati e palpebre pesanti, pareva guardarmi dietro di esse, voce calma e un poco strascicata. Ebbi a che fare con lei per un anno e piú. Non credo che ci piacessimo. «Devi avere uno pseudonimo, – mi disse. – Ti chiamerai Miranda. Ti va?» Miranda, che nome cretino. Ma non me ne importava e non vedevo che servisse granché, porto in viso un segno di riconoscimento, rischio e semplificazione. Mi incaricò di seguire la sorella o qualcosa di simile d'un detenuto del quale si preparava l'evasione, un partigiano straordinario, Luciano Raimondi. Questa era una creatura di mezz'età un poco svanita, spaventata, le portavo da mangiare, la calmavo. Non ho una gran vocazione di cura. Mi stufavo, ma l'evasione riuscí, mettemmo in salvo la signora e chiesi di fare cose piú serie. Potevo muovermi con facilità fra Como e Milano e Como e Ponte Chiasso e Como e la Val di Lanzo, fino al tram serale le ore erano tante, e in guerra si spostano tutti, tutto un via vai di pacchi e valigie, io ero una studentessa che andava su e giú a Milano. Era semplice. Le palpebre pesanti mi dettero un altro nome e indirizzo. Era un negozio di valige, appena dentro la porta della città verso Camerlata. Dovevo passarvi davanti per prendere il mio tram. Venendo da Milano, dove avevo il punto di riferimento, qualcuno mi avrebbe aspettato alla stazione a Como, avrei consegnato quel che dovevo e lui l'avrebbe inoltrato. Poi il valigiaio mi avrebbe detto che cosa fare, che cosa occorreva, che cosa prendere, che cosa portare, dove. Era lui il cardine, avrei lavorato con lui.

La sera vi andai. La valigeria era modesta, un poco discosta. Era la prima volta che andavo a un appuntamento decisivo con qualcuno di cui nulla sapevo, sola a decidere in un tempo dove tutti i segni erano stati scomposti. Entrai nel mezzo sole di fine giornata. C'era un cliente. Mi fermai un po' indietro. Quando quello uscí mi feci avanti, «Sono Miranda». Guardai l'uomo brizzolato, un viso serio, gli occhi chiari, che guardava me. Ci domandavamo qualcosa. Ci mettevamo nelle mani l'uno dell'altra. Anche tu? Sí, anche io. Molti attraversano la vita senza conoscere questo rapporto che per molto tempo avrei avuto, allora e dopo, dovunque andavo, e non ha pari. Remo Mentasti, si chiamava.

Capitolo quinto

Dal settembre del 1943 all'ottobre del 1945 è un tempo che mi è parso lunghissimo. Raggiungere la Resistenza era stato semplice, la rete attorno all'università era funzionante, era bastato far sapere a Banfi che ero pronta. Piú duro fu arrendermi alla realtà, scalciando per non aver capito che alle tempeste del mondo non si sfugge, l'irrimediabile malinconia di papà ne era la prova. M'ero sognata che studio e lavoro me ne avrebbero tenuta fuori. Peggio, qualcosa di molto interiore doveva avermi detto, come alle sorelle di sesso che guardavo dall'alto in basso, che in ogni caso a una donna non succede quel che era successo a Renato Serra, scampano alla trincea – la guerra sarebbe rimasta una frequentazione facoltativa.

Invece mi era venuta addosso, e implacabili erano le domande che assalivano una ragazza disposta a rimproverarsi la cecità piuttosto che ad assolversi con l'argomento che non è a lei che tocca capire. E una volta sbattuto il muso sullo stato delle cose c'era poco da elucubrare, o di qua o di là, o con i fascisti e i tedeschi o con il brandello di un altro paese. Se pur riusciva a formarsi, perché era tardi; l'ansia del tempo perduto non mi ha piú lasciato. Il silenzio nel quale mi ero avvolta mi pareva tutto fuorché innocente, perché non è che scoprissi adesso un fascismo prima invisibile, e quel che minacciava non avevo voluto pesarlo, interrogarlo, prenderlo sul serio fino in fondo. Anche a non essere coerentemente antifascista sarebbe dovuto venirmene un ribrezzo attivo, e con la guerra un vero soprassalto. E adesso vagolavo fra un pauroso non saper bene che cosa stava succedendo e squarci di paurose verità.

Nell'autunno del 1943 cominciarono le deportazioni senza piú la maschera del lavoro in Germania, qualcuno aveva visto partire i camion carichi di gente portata via di notte dai tedeschi, a Milano si seppe di una retata enorme nell'ex ghetto a Roma. Rividi sotto una luce impietosa l'inerzia con la quale avevo preso l'allontanamento della mia amica ebrea. E il fatalismo con il quale avevo sentito del guardiamarina che, lo spadino al fianco, mi aveva tutta pimpante accompagnata a Venezia e ora giaceva in qualche fondale del Mediterraneo – se pur c'era stato il tempo di avvolgerlo in un telone e farlo scivolare oltre il bordo. E i suoi amici, dov'erano finiti? Il mio era stato tutto un difendermi, scappare. Molti avevano taciuto soffrendo, io no. Non potevo esclamare: finalmente resistiamo. Né avrei potuto gridare un giorno: «Io c'ero». Io mi ci sono trovata. Non ho glorie da sventolare, non ho chiesto il diploma di partigiana che mi hanno mandato. Poco ho fatto e con fatica ed errori. Il 25 aprile capivo l'umore dei partigiani che erano scesi a Milano; appena sfilati i leader, Ferruccio Parri e Luigi Longo in testa, i discesi dalle montagne stazzonati e malmessi, allegri, sedettero per terra, straccio rosso attorno al collo, e non si alzavano per salutare la bandiera.

Ho avuto spesso paura. Le scelte obbligate sono serie. Non avevo sognato avventure, volevo passare la vita in biblioteca. E ora stavo in un'avventura di molti, accettando di fare e andare dove mi era detto, non molto, nulla di impossibile; il piú era ripetere gesti e strade ignorando se qualcuno mi osservava, sapendo di contar poco e però sussultando davanti ai proclami di Kesselring, freschi sul muro, che mi informavano come per meno del niente che facevo sarei stata impiccata. Essere impiccata mi faceva orrore, li ho visti gli impiccati, il collo storto, le membra lunghe e abbandonate. Non li posso guardare, non ho retto neanche i corpi appesi per i piedi a piazzale Loreto. Non era la morte, alla quale ci si abitua a testa bassa come a qualcosa che c'è sempre stato. E che la morte si può guardare finché porta ancora una traccia di chi era vissuto – come a Milano il mucchio di fucilati in una piazza vuota di terrore, stesi, accatastati, con le sentinelle tedesche e italiane che andavano su e giú, li tennero là per un giorno d'afoso agosto a mo' di esempio. Avevano le bocche e gli occhi spalancati, erano sfiniti, creature stroncate e che l'abbandono della vita faceva stanchissime. Nessuno si avvicinava, erano noi, ci si sentiva nientificati, era come rinnegarli, si sarebbe dovuto metterglisi accanto, gridare «anche io» e aspettare la fine.

C'era una beceraggine nelle fotografie che «Il Popolo d'Italia», «La Sera» sbandieravano sulle esecuzioni dei *banditen*; accanto ai morti, agli appesi, i tedeschi non ridevano, i fascisti sí. Serpeggiava negli italiani una risata plebea, fatta di secoli di servaggio. O forse vedevo solo quella, l'Italia mi doleva. Le idee mi si confondevano – magari in circostanze normali gli stessi sarebbero stati brava gente, labile è il confine fra quel che si è e quel che si vien fatti.

Non capivo subito quel che avevo ignorato e mi veniva addosso. Incontravo persone con le quali non avrei avuto a che fare senza la guerra, ci si guardava, forse non ci si sarebbe piú visti, ci passavamo comunicazioni, carte, medicine, armi. Per due o tre anni non conoscemmo che il nostro nome fittizio, di rado sapevamo ciò che quel transitorio compagno era stato prima e ci consegnavamo reciprocamente le vite – un errore e si poteva cadere e far cadere. Chi scrive di quel tempo sui soli documenti non capisce che cosa furono quei rapporti, un fare preciso e un pensarsi caotico.

Ogni domanda non impellente era rinviata al domani, se pur ci sarebbe stato. Oggi sappiamo che nel 1943 la guerra si poteva dire vinta, ma allora no. E che cosa avrebbe cambiato saperlo in quell'ottobre 1943? Radio e giornali rimandavano frammenti bugiardi, ce ne avevano dette di troppe, ci eravamo lasciati colpevolmente ingannare, e adesso neanche alla voce ottimista del colonnello Stevens eravamo disposti a credere senz'altro. Avevamo davanti tempi indefiniti, restarono indefiniti fino agli ultimi giorni. E non era una deformazione ottica: a Berlino i cospiratori del 1944 furono impiccati fino al 23 aprile 1945, l'Armata rossa già in periferia. Da noi in quel 1943 i tedeschi parevano inchiodati sulla linea gotica, quando piú tardi se ne ritrassero lo fecero lentamente bruciando case e villaggi in poche ore eterne.

Il tempo si scomponeva e allungava, chissà che fu il tempo per le file di ebrei trascinati in Germania sotto l'avanzata russa da un campo all'altro, da est a ovest, sulla neve e senza pane? Primo Levi racconta del comunista russo che salendo sulla forca a Auschwitz grida: «Compagni, io sono l'ultimo!» Io non ero di quella tempra. Sí, prima o poi sarebbe finita, ma il tempo d'una guerra si misura dopo. Io mi muovevo come dovevo, andavo dove mi veniva chiesto, cercavo di capire quel che mi era intorno, di inserirvi i fatti – duri fatti, perlopiú perdite, è caduto Gasparotto, dove li hanno portati, hanno ammazzato Curiel, è mancato un contatto, nell'alto milanese siamo deboli, la rappresaglia per lo sciopero è terribile. Divoravo pezzi del passato fra le due guerre dai pochi libri in circolo o dai compagni, peraltro prudenti.

Questa è la tonalità che trovo quando penso a quei due anni. C'era anche dell'altro – non tanto lo studio, facevo esami, era facile, avevo accumulato molto, li passavo con la testa altrove. C'era un amore, il solo che mi fece fantasticare di un dopo che non ci fu, era un amore dei tempi precari, che mi insegnò a non aspettarmi molto. M'è rimasta la vergogna di non aver ballato una sola estate, non aver avuto quel che si dice una giovinezza vera. Che roba è aver quindici anni nel 1939 e ventuno nel 1945? Per questo sono noiosa. E allarmata. Tutto quel che non è successo è perduto, ma tutto quel che è successo può tornare a succedere. Cosí eravamo incastrati dentro quel tempo crudele e indeciso.

Ma eravamo due ragazze, Mimma e io, e la vita tira. Restavamo figlie, disobbedienti perché facevamo quel che i nostri genitori non potevano dirci di fare. Non si era allo sbaraglio ventiquattro ore su ventiquattro, c'era la quotidianità dei tempi grami. Le razioni erano perfide e mamma, guardando quel pane molle e viola, diceva: Non ho fame. Cosí ci mettemmo a farlo noi, legando la farina e manipolando con energia la palla tiepida che sarebbe gonfiata la notte sotto una salvietta e poi sarebbe uscita dorata dal forno, anche se in quella farina c'era di tutto e a setacciarla troppo non restava nulla. Il riso faceva vermetti, come gli angeli di Menocchio, chicchi semoventi con un puntino scuro, e non c'era fame che me li facesse ingoiare. Scovavamo ricette sul far tutto con niente, scoprimmo il cremor di tartaro che faceva crescere nel forno con odore terribile gli approssimativi biscotti, e con i rizomi dei topinambur e il nobile tonno, che si lasciò sempre trovare, combinammo manicaretti. Con la macchinetta tirammo la sfoglia con sempre meno uova, tre, due, una, zero uova – le tagliatelle si asciugavano su un manico di scopa fra una sedia e l'altra, erano brunastre ma mangiabili, non si incollavano come la pasta dei tagliandi. Ci davamo delle arie con l'incapace mamma, nulla in cucina, che finalmente si nutriva. E poi c'erano gli imprevisti: con una forma di taleggio, catturata da papà a caro prezzo, fu impossibile convivere e dovemmo seppellirla nel boschetto.

Meno soddisfazioni dava il bucato: bollito con la cenere e steso sul prato prendeva un fulgore ignoto in città, ma le lenzuola di canapa, bagnate, si indurivano e gelavano. Il freddo è stato il solo patimento, i geloni, le catinelle ghiacciate il mattino. Mimma e io entravamo nel letto vestite, cercando con il piede la bottiglia calda, e sotto le coperte ci toglievamo calze e maglioni, e la mattina ci si vestiva allo stesso modo. Gli insegnamenti di zia Luisa – come lavarsi a rate – si rivelavano utili. Ma ogni novembre alla prima ventata quel freddo ancora mi si sveglia addosso.

Anche tutto questo è vivere, e Mimma e io avevamo i nostri interstizi, il linguaggio cifrato precluso ai grandi, espressioni private come la definizione del mascalzone assoluto, «O de marptis naios gaios» della quale avevano scordato la fonte: «Hai visto quel marptis?» E ci prendevamo gioco della credulità altrui. Per alcuni mesi facemmo vivere un signor Mao Heruber, tedesco, aria losca, che dicevamo di scorgere in tram. Era tempo di enormità, tutto poteva essere verosimile. Cosí entravamo e uscivamo dalla realtà, che forse ricordo piú grigia di come i nostri pochi anni la vissero, grigie strade attorno, grigio lago di Montorfano, nere le acque del lago di Como d'inverno, grigia la mia Lombardia.

Su questo sfondo quotidiano si iscrisse il rapporto con la Resistenza. Essere sfollati sulla linea del tram traballante fra Como e Cantú voleva dire essere sempre fuori di casa. A Milano per l'università, a Como per il liceo, a Cantú per qualsiasi commissione, in giro per le colline in cerca di un poco di burro e tre uova, tutto rendeva incerti gli orari e i percorsi. E questo, con un padre e una madre per principio non occhiuti, permetteva che un'altra vita scivolasse senza difficoltà nelle mie giornate di studente. Prendere e portare stampa clandestina, messaggi, armi, medicine, fasce e cercar soldi – con l'aria di fare un favore a chi te ne dava – non era difficile. Gli appuntamenti erano precisi, nessuno mancava e se mancava si sapeva che cosa fare, chi avvertire e come. Non ci facevamo domande, ci proteggevamo l'un l'altro. E si tastavano in giro gli umori, le caute disponibilità, di chi magari non aveva saputo a chi rivolgersi, dove dar la testa. Al ritorno da Milano a Como mi aspettava alla stazione Pino Binda, un bel ragazzo biondo: dovevamo parere due innamorati che sottobraccio facessero due passi, qualche volta concedendosi un polveroso tè in piazza; gli passavo e ne ricevevo materiali e notizie. In bicicletta arrivavo a Ponte Chiasso o Argegno sotto la Val di Lanzo o fino a Varese; erano in bicicletta tutti, carichi di valigie e pacchi, la guerra è tutto un trasportare.

La valigeria di Mentasti era il cardine a Como, e ce n'era piú d'uno a Milano, angoli di strada, caffè senza caffè, case dove passare di fretta, la benedetta università. Banfi abitava in corso Magenta e pareva ovvio che facessi un pezzo di strada con il professore da via Passione alle Ferrovie nord. Un giorno mi accostò Aldo Tortorella: «Presentami, sono comunista anch'io». Che fare? Ti fidi, a naso. Da Banfi sapevo del Clnai – lo pronunciavamo proprio cosí, era il Comitato di liberazione nazionale nell'alta Italia. Avevo e facevo circolare *La nostra lotta* di Curiel, il solo foglio che parlasse di classe, almeno di quelli che ho visto. Banfi era il solo che rispondesse alle domande che mi si affollavano. Da lui nel febbraio seppi che avevano ucciso Curiel il giorno prima, sparandogli in piazzale Baracca, là vicino e dove prima del 1942 aspettavo che la mamma uscisse dall'ufficio. Era stata una spiata, li avevamo attorno.

A casa portavo poche cose, medicinali e qualche foglio ciclostilato che non ero riuscita a trasmettere e vecchie lenzuola che con Mimma tagliavamo e arrotolavamo in alti rocchetti, tenendoli per uno o due giorni nel cassettone della nostra stanza. Le armi a casa no, non mi si chiedevano cose impossibili, si ingiungeva prudenza piú che ardimenti. Una mattina mamma entrò prestissimo nella nostra camera, saltellava dal freddo come una ragazzina nella breve sottoveste stringendosi con le mani le spalle: «Sono raffreddatissima, avete un fazzoletto?» E si diresse al cassettone, lo aprí e stupí: «Che cos'è tutta questa roba?» Erano fasce, medicine, non so che altro, fitte, tante. Restai senza parole. Mimma invece, calma: «Mah». A Mamma dovette sembrare una risposta consona al nostro disordine, chiuse il cassetto, ne aprí un altro, pescò un fazzoletto e se ne andò. Nessuno dei miei apriva mai i nostri cassetti né la nostra esigua posta.

Non tutto filava liscio. Se s'era fatto tardi e dovevo rientrare per il coprifuoco quel che scottava non potevo portarlo con me. Dove lasciarlo? In quel momento parevano immensamente di piú quelli cui non potevi chiedere: Tienimi questo, e pochissimi e inarrivabili i compagni. Ne venivano pensieri bizzarri, e se i matti fossimo noi? Una volta le milizie bloccarono il treno della Nord che mi portava a Como, ci fermammo fuori Saronno nella campagna innevata, voci italiane ci ordinarono di scendere con le valigie, metterci in fila per la perquisizione. Io avevo una sporta di materiali per lo spezzone di brigata che stava in Val di Lanzo, il lungo scompartimento di terza classe a panche di legno era carico di gente stanchissima, ci guardavamo in faccia, in piedi, seduti. Davanti a quegli occhi feci scivolare la grossa borsa sotto la panchetta, giú non la potevo portare. Nessuno fece parola, scesi con gli altri sulla poca neve, in fila accanto alle carrozze. Alcuni militi passarono con una ragazza che avevano preso, pallidissima: Che le fate? Niente, andrà in Germania a lavorare. Passarono in rivista tasche e bagagli. Non perquisirono le carrozze o se lo fecero fu distrattamente. Risalii, ci ritrovammo dov'eravamo prima, nessuno mi guardava, nessuno disse parola. Scendendo a Como mi parve che si allontanassero da me in fretta.

Forse la gente non ne poteva piú, forse simpatizzava, forse funzionava l'inclinazione nazionale a farsi i fatti propri – sottrarsi piú che opporsi, quel che a Roma fece infuriare i tedeschi quando ordinarono a tutti i maschi di presentarsi pena l'accusa di diserzione, e se la filarono dalle caserme anche i pochi che si erano consegnati. O quando proibirono le biciclette, e in una notte la gente aggiunse una ruota e uscí un esercito di tricicli. Se proprio non ti tirano per i capelli non vedi, non senti, non dici. I grigi erano pericolosi soltanto se messi agli estremi. Se qualcuno li avesse interrogati forse i miei dirimpettai mi avrebbero indicata, ma nessuno li interrogò. Una notte la no-

stra casona fu di colpo evacuata perché i tedeschi cercavano dell'esplosivo che i partigiani avrebbero nascosto nella galleria ferroviaria dismessa che passava proprio sotto.
Io sapevo che non era cosí, ma naturalmente non lo potevo dire. E mentre aspettavamo al freddo e nelle scarse luci, gente malamente avvolta nelle coperte afferrate di fretta, ebbi la sensazione che alcuni mi guardassero con paura. Ma nessuno parlò. Si aspettavano di saltar per aria ma
non ci furono grida né scene – soltanto una donna ripeteva che una volta i tedeschi avevano perquisito lei e il marito a Milano, nudi, biott, biott si lamentava, come se le
urla fossero smarrite o da riservare per il peggio.

Non ci si parlava, la gente stava in guardia. Certo non
potevo portare a casa, se m'erano rimasti in mano, un'arma o troppi soldi. Due amiche, una compagna di scuola e
la bella e gaia madre – si chiamavano Caldara e morirono
presto tutte e due di privati mali – mi avevano dato le chiavi del loro appartamento in via Massena sopra il ponte delle Ferrovie nord, potevo dormirvi e tentare una doccia se
intercettavo un'acqua tiepida nelle poche ore in cui Milano aveva elettricità. Una sera lasciai qualcosa in quella casa dentro una radio. Ma tornata a Olmeda non dormii: che
diritto avevo di coinvolgerle? Se ci fosse stato un rastrel-
lamento nel quartiere? Corsi a portar via tutto il mattino
appresso. Non avrei dovuto, non avevo scelta. Cosí vanno le cose, la fortuna, il caso contano.

E contava quel margine di indifferenza, di sciatteria,
di chi te lo fa fare, aspetta come va a finire, che era di tutti, le milizie basse comprese. Non dei tedeschi, o cosí ci
pareva, loro sembravano funzionare come orologi. E non
potevano ammettere che i partigiani gli contendessero il
territorio. Ma in un paese senza speranza una guerriglia è
imbattibile, e per questo nei rastrellamenti erano spietati;
neanche durante la ritirata rinunciarono al massacro. Del
resto in casa loro ammazzarono fino all'ultimo giorno. Non
lo sapevamo, non sapevamo dei campi, ma li vedevamo at-

torno a noi, i lunghi cappotti e i caschi calati sugli occhi, immobili o scattanti – facevano paura, erano la paura. Chi si dibatte fra paura e paura si stringe in se stesso, non si fida ad avanzare una mano. Cosí era il piú della gente. Sono i piú infelici, vivono per metà affogati, senza levar gli occhi, sperando che non gli manchi il terreno sotto i piedi. Se gli manca è la fine, anch'essa cieca. Se non manca verrà prima o poi una liberazione da qualche parte, ed è da loro che proromperà una festa immemore e innocente.

Erano molte le persone che scoprivo. I comunisti e gli altri. I comunisti – uno qui, uno là, pochi, la compartimentazione era severa – erano il mio referente, garantivano la solidità della rete, parevano i piú fermi del Cln anche se non erano spericolati come la Franchi di Eddie Sogno. Erano loro i terminali decisivi delle decisive Brigate Garibaldi, i miei agganci con il Cln dell'Alta Italia a Milano, il Mentasti a Como e a Cantú il responsabile del Cln di fabbrica, la piú grossa dei dintorni. Si chiamava Dionisio, era piú giovane di Mentasti, piú spavaldo, come sempre i piú giovani, era un operaio. Certo non somigliava alle figure sfinite dalla stanchezza che avevo contemplato con angoscia sul tram di Camerlata.

Neanche i piú anziani, quando li incontravo per questo o per quell'appuntamento, vi somigliavano. Erano in guardia e di poche parole. In fabbrica c'era un rivolo di memoria che veniva da lontano, i vecchi sapevano o ricordavano, il partito era tutto ed era ancora un problema la posizione dei trockisti, i Damen e i Fortichiari. Quelle figure taciturne sembravano le sole che non avevano dimenticato quel che era successo a loro o al loro padre, ma senza lamenti, come se fosse proprio della loro condizione essere disincantati e memori. Le rotture della sinistra le appresi da loro, lombardi mugugnanti, e ne ebbi conferma a Milano; se un paio d'anni prima avessi guardato appena a qualche libro di storia, per esempio francese, che ai soli trattati d'arte, avrei saputo e adesso non c'era piú tempo. E poi era acqua passata, i trockisti erano con noi dopo aver esitato su una guerra che leggevano come interimperialistica, e avevo stentato a capire tanto mi pareva evidente la linea del fronte.

Qualcosa mi arrivava invece di una questione che sarebbe arsa dopo la guerra: guerra contro il tedesco o guerra contro i fascisti, dunque guerra civile? Molti anni dopo si alzò uno scandalo sul libro di Claudio Pavone, *Una guerra civile*, e me ne stupii: era chiaro che era stata anche una guerra civile. Chi se non italiani, il re, Mussolini, i fascisti ci avevano portato dove eravamo, chi se non la classe dirigente, lo stato, aveva tagliato la corda, chi ci consegnava ai tedeschi? E come non avrebbe implicato un *redde rationem* anche di classe, parola che mi diventava familiare? Avevo messo le mani sul libro di Daniel Guérin, *Fascisme et grand capital*. Mai come allora, e non era una percezione ingenua, parvero identificarsi fascismo e proprietà. E se si abbatteva il fascismo si doveva impedire che potesse ripetersi.

Contavamo dunque su una rivoluzione? Sforzo la memoria. Eravamo naturalmente rossi, ci figuravamo un paese rifatto, ma non si preparava nessuna insurrezione comunista. Non attorno a me, non a Milano, anche se – avrei saputo poi – alcune brigate partigiane vi avevano sperato, e continuarono ad aspettare, coltivate e frenate dall'elusivo Secchia. Ma il radicalismo del linguaggio non è l'azione radicale, ce ne passa fra l'uno e l'altra. Essere comunisti voleva dire essere i piú decisi, anche se accanto alle Brigate Garibaldi ho conosciuto alcuni decisissimi ufficiali monarchici.

Avevamo un rapporto prioritario, duplice, sussurrato o implicito con l'Urss? Non mi pare, no. La doppia lealtà non la ritrovo, non c'era, forse fece problema piú tardi, nella Guerra fredda. Ma allora? In quel disordinato formarsi di un altro paese, da gente che veniva da ogni parte, scomposte le esistenze e le idee, turbata da sensi di colpa e dubbi

sul passato e una tardiva speranza, sentivamo soltanto che
tutto era da rifare. E ci incalzava l'oggi; durante l'alluvione si pensa all'alluvione. Se cercavamo di vederci nel mondo era chiaro che stavamo dentro una contesa di grandi potenze, tutte lontane fuorché la Germania, ché quella ci era
addosso, e aspettavamo che gli americani sbarcassero in un
secondo fronte che non arrivava mai. Come pensavamo al-
l'Unione Sovietica? Non molto piú che agli alleati, i fascisti odiavano gli uni e gli altri, ce li avevano nascosti, Mosca
aveva fatto il socialismo di cui poco sapevamo e immagina-
vamo – chi aveva tempo di immaginare, libri, fotografie,
film non giravano. Forse era diverso per i piú vecchi. Per
noi giovani l'Urss fu soprattutto Stalingrado – no, non solo per noi, e lo restò per un bel pezzo nel dopoguerra.

Chi divenne comunista nella Resistenza fu gente particolare, nata allora, decisa e, mi pare, risolutamente reali-
sta. A noi toccava fare come e piú degli altri, anche nel te-
nerli assieme. Punto. Degli operai parlavo un poco con Banfi a Milano o piú con Dionisio a Cantú. Che cosa sapevo
della lotta di classe dopo le prime letture? Un filo era trasparente in *La nostra lotta* di Curiel, mentre non lo era per
niente nel resto degli opuscoli o volantini che riuscivamo a
ciclostilare e portavamo su e giú. Ma dagli operai meno giovani sapevi sempre qualcosa, di lontano ma diretto, pro-
vato, come se fra loro una clandestinità azzittita non si fosse mai spenta. Frammenti di vita, fatiche e sindacati mas-
sacrati e galere di loro compagni; ma dei processi del 1936,
gli ultimi, sette anni prima, nulla seppi e forse non sapevano neanche loro. Di Gramsci soltanto il nome. Ancora
meno delle grandi diatribe fra comunisti socialisti e trockisti negli anni trenta, in Italia non c'era stato tempo di di-
laniarsi salvo nei gruppi dirigenti, e chi ne sapeva niente?
Noi comunisti eravamo antifascisti, e per poco non andava da sé il reciproco.

Coglievo invece la scarsa inclinazione degli operai a salire in montagna. Loro non mollavano la fabbrica, erano at-

trezzati a disobbedienze compatte – come alcuni scioperi che i tedeschi non osarono decimare – e piú disponibili alle azioni armate in città che a una formazione fuori città e classicamente militare. Forse per questo i Gap furono soprattutto a Milano. E anche nelle spericolate azioni di guerriglia c'era una differenza: altra cosa era ammazzare Aldo Resega, il federale di Milano, subito a fine autunno, altro l'attentato di via Rasella dalle conseguenze terribili, altro ancora che a Firenze sparassero su Gentile.

La differenza fra comunisti e non comunisti si costituí dentro di noi senza che ce ne avvedessimo – eravamo convinti di essere i piú sicuri, i piú solidi. Le poche volte che mi toccò di parlare con qualcuno di altri partiti del Cln che non fosse socialista, mi spazientivo: un avvocato liberale che ai suoi dí era stato anche deputato mi ricevette con un tale spavento, dicendosi malatissimo, che me ne andai al piú presto sotto lo sguardo impenetrabile di Palpebre Pesanti. Cattolici, che furono decisivi in Val d'Ossola, non ne incontrai, ma vuol dire soltanto che lei mi pilotava altrove. Palpebre Pesanti fu la sola a chiedermi qualcosa cui mi negai. Il federale fascista di Como, credo si chiamasse Scassellati, cercava una precettrice al pomeriggio per la figlia, un po' piú che farle ripetere le lezioni. Avevo l'aria che ci voleva, mi sarei finta fascista, c'era chi mi avrebbe introdotto, avrei saputo, ascoltato, riferito. Spia? No, dissi di getto. E lei non insisté. Dovette riflettere che era anche pericoloso e difficilmente avrei carpito informazioni essenziali. Ma non l'avrei fatto neanche se avesse insistito, cosa che non era nel sistema. Poco dopo passai dei documenti militari agli alleati, ma non era come andare in casa d'un tizio e, mettila come vuoi, abusare della sua fiducia. I documenti erano della Decima Mas – quella su a Brunate – e non ebbi nessuna esitazione ad attivarne la sottrazione e far uscire da Ponte Chiasso il marò che li prendeva. Ma non ho il gusto della Mata Hari, e mi riservavo i buoni sentimenti.

Fu semplice finché durò, autunno del 1943, inverno, primavera ed estate del 1944. Anche se in gennaio il generale Alexander ci mandò a dire che non potendoci assicurare dei lanci in quell'inverno, era meglio che chi era in montagna ne scendesse. Come se una guerriglia fosse una villeggiatura. I tedeschi davano la caccia ai *banditen*, quelli che erano saliti non si potevano presentare dove erano venuti e assai difficilmente altrove, eravamo un paese occupato. In verità era la città a rifornire quelli in montagna, i lanci non furono essenziali, o almeno cosí mi parve. Il senso di quella comunicazione era che dovevamo cavarcela e gli alleati non sarebbero arrivati presto, la guerra si faceva piú lunga.

Nell'inverno uscí su «Signal» una fotografia dello zio ammiraglio partito per Lero nel 1939. Si teneva dritto ma era in camicia e con un'aria spiegazzata. Sotto c'era scritto: «Der Verraeter Admiral Mascherpa», l'ammiraglio traditore. Ne provammo sollievo; era vivo, prigioniero in un campo tedesco. L'estate prima, fra il 26 luglio e l'8 settembre, egli aveva rimandato la zia a Venezia con mobili e vasellame, o che credesse in una fine rapida della guerra o, piú verosimile, che nell'Egeo si sarebbe andati a uno scontro ed era meglio che lei non ci fosse. Zia Frida tornò e seguirono molte casse, come sempre le mogli degli ufficiali; ma non cercò un'altra casa, non pareva attendere un arrivo imminente dello zio. Il quale fece appena in tempo a farle sapere che seguiva il governo di Salerno e avrebbe difeso la piazza dai tedeschi. Le comunicazioni cessarono.

Seguimmo da lontano la resistenza di Lero come fu raccontata dalla Wehrmacht e dagli inglesi per radio, ci vollero molti giorni prima che i tedeschi ne avessero ragione. Non sapemmo nulla dello zio, ma non mi parve che la zia fosse terrorizzata. Prima di tutto non era donna da farsi compiangere, poi morto non doveva essere – ragionavamo – lo avrebbero detto subito. Ora lo sapevamo prigioniero e un prigioniero di guerra era rispettato, c'era la convenzione di Ginevra.

Come vivemmo quell'attesa? O la mia memoria ha seppellito tutto o si tirava avanti senza scambiarci previsioni. La zia aveva preso una stanza alle Zattere, a Venezia, per non pesare sulla sorella col marito malmesso, nella sua breve vita non seccò mai nessuno. Io andai qualche volta su e giú finché fu possibile. L'inverno era alla fine quando sapemmo che lo zio era stato portato dalla Germania nel carcere di Verona, quello di Ciano, assieme all'ammiraglio Campioni: questi era stato governatore dell'Egeo e lo zio comandante militare. La moglie poté vederlo grazie a un gentile prete, era annunciato un processo e l'avvocato Toffanin di Padova era tranquillo. Non era una normale Corte marziale, era un Tribunale speciale, ma che cosa poteva imputargli se aveva obbedito agli ordini della Marina cui apparteneva? Né Mascherpa né Campioni erano stati fascisti né antifascisti, per quel che ne so, la Marina era un corpo formale e orgoglioso, si sentiva piú nobile dell'Esercito e della giovane Aviazione, stava fuori della politica, con stile e incoscienza.

In breve il processo fu fissato il 23 maggio, zia Frida salí a Milano e proseguí con mamma per Pavia dove si sarebbe riunito il Tribunale speciale. Portavano con sé gli abiti civili di quell'uomo elegante, nella persuasione che sarebbe stato estromesso dall'Arma e, non avendo aderito alla Repubblica di Salò, forse mandato a casa. Era un ragionare insensato. I tedeschi cercavano la vendetta e Mussolini lo sfregio della Marina rimasta sabauda. Il Tribunale speciale sedette mezza giornata e condannò a morte lui e Campioni per «tradimento dell'alleato». Imputazione che sbalordí l'avvocato Toffanin e i due ammiragli, preparati a dire che da soldati avevano ubbidito al loro comando, fra l'altro il solo esistente, ed erano prigionieri di guerra. L'ubbidienza all'alleato era fuori di ogni diritto. Ma l'avvocato fu ascoltato appena. Quando l'udienza finí, mamma e zia Frida si dibatterono sul come chiedere la grazia, le sorelle di Campioni si precipitarono a Salò.

Zia Frida non le seguí, voleva vedere il marito, ma non le fu permesso. La data dell'esecuzione non era stata precisata, potevano esserci altri giorni. Quella sera egli le scrisse una lettera semplice, come era lui, dicendo che aveva combattuto nel solo esercito che c'era e facendo intendere che la sua era stata un'opzione di disciplina, non politica. Riflettendo, penso che se a settembre la Marina fosse stata messa di fronte a due veri comandi e gli si fosse presentato il dilemma, avrebbe fatto lo stesso. Non accettò di lasciare Lero quando una vedetta inglese propose di evacuare lui e il comando, dato che non potevano sostenerli nell'Egeo. La sua ultima lettera non era eroica, era breve e senza speranza. Con l'oscuramento le due donne si ritirarono in albergo sperando di vederlo l'indomani. Alle sei del mattino venne il prete e disse che un'ora prima i due ammiragli erano stati fucilati, non gli avevano sparato alla schiena come a Ciano, erano in piedi, calmi e avevano rifiutato la benda. Mamma e zia corsero al cimitero e li trovarono appena stesi, lo zio era stato colpito al petto, il bel viso non toccato, Campioni aveva ricevuto la scarica anche in volto. A tutti e due avevano rubato l'orologio e le scarpe. Le sorelle di Campioni non furono ricevute a Salò, dove appresero che era già finita, e non so se videro il corpo del fratello. Furono seppelliti in fretta e senza un segnale sulla fossa, annotò la posizione il prete.

Mamma e zia non poterono rientrare in albergo, trovarono le valigie fuori della porta. Arrivarono sfinite la sera a Milano, le aveva prese su un camion, zia Frida singhiozzava piano e senza fine. La pagheranno, le dissi, e lei sussurrò: No, no, che finisca, che finisca. Come se quel corpo lacerato dalle pallottole fosse la guerra stessa, intollerabile. I giornali informarono brevemente che i due ammiragli traditori, condannati a morte, erano stati giustiziati. Non ricordo se la Resistenza dicesse qualcosa e che cosa. Erano stati lontani, non collegati, non so se la Resistenza greca li avesse contattati e se loro avessero accettato. Due anni dopo – il prete aveva messo pietosamente un segno sulla bara – il corpo dello zio sarebbe stato esumato e portato a Venezia, e la zia l'avrebbe raggiunto giovanissima, nel 1953, un giorno in cui aveva dichiarato un mal di testa, s'era stesa ed era morta poche ore dopo senza riprendere coscienza. Gli fu sepolta accanto, poi i due corpi furono divisi, lo zio finí in un monumento a Bari e lei rimase a San Michele in Isola, dove l'alta marea raggiunge le cripte e smuove le ossa. Era stata la zia piú giovane e amata. Lui allegro ed elementare, come tutti quelli sui quali sicurezze e ubbidienze qualche volta deflagrano. Su di lui deflagrarono. Poco dopo gli americani sbarcarono in Normandia. Non ricordo altro dell'estate del 1944.

Le perdite erano molte, piú lontane, piú vicine. Andavo e venivo da Milano e commisi un errore. La gente parlava un poco di piú dopo lo sbarco americano cui i tedeschi avevano reagito rabbiosamente, l'Eiar e i giornali non avevano potuto tacere, il colonnello Stevens aveva per una volta perduto la flemma. Non ricordo di aver saputo della liberazione di Parigi, eravamo accecati dal nostro presente, tempo e territorio. Il Clnai, i dirigenti erano confortati, penso, da una visione d'insieme, io non ero avvezza a misurarmi sul pianeta. Fra quelli che parlavano e con i quali si poteva parlare e farsi dare una mano, c'era una compagna d'università, minuta e molto bella, i capelli biondi rialzati già da donna e gli occhi molto azzurri. Le giovani e belle mi hanno sempre disarmato. Non le dissi nulla che non riguardasse me sola, una volta le chiesi di tenere per me qualcosa. Con Palpebre Pesanti eravamo riusciti a mettere a punto un'operazione ai danni della X Mas, un marò chiese di passare in Svizzera, mi avrebbe consegnato dei materiali, la Decima faceva progetti di macchine marine. Ritirai e inoltrai quei disegni, il ragazzo passò il confine, era un giorno dei primi di ottobre e parve opportuno che mi togliessi di mezzo. Andai in bicicletta nei pressi di Varese, a Venegono, dove nella biblioteca dei Caproni mi si permetteva di vedere un libro dell'Alberti ormai introvabile, Brera era sfollata. Piú innocenti di cosí si muore.

Verso il tramonto tornavo in bicicletta e sulla piazza di Como mi intercettò la bella creatura. Era terrea. «Non tornare a casa, ho già avvertito tuo padre». Aveva dovuto denunciarmi, era legata a un ufficiale tedesco che la aiutava. Tale fu lo sbalordimento che non afferrai bene, se non che ne aveva avuto cinquecento lire e non so quale promessa di evitarmi il peggio, ma me la dovevo filare. È stata la prima e l'ultima volta che mi volò dalle mani uno schiaffo, volò da solo, inforcai la bicicletta e corsi a casa, non potevo lasciare i miei, temevo che li prendessero. Arrivai senza fiato e trovai soltanto mio padre pallido come fosse ammalato che disse brevemente: Ho bruciato tutto quel che c'era in camera vostra. C'è dell'altro? No. Con chi ti sei messa? Con i comunisti. Meno male, disse. Non ho mai saputo perché «meno male»; arrivarono tre tedeschi, due in divisa e uno in borghese, anziano, che a Como era temuto. Non trovarono nulla, mio padre e io rispondemmo alle poche domande che fecero, forse ci credettero, non mi presero, non mi portarono alla Palestra. Mi chiedevo perché quando papà domandò: Perché non mi hai detto niente? Non mi avresti lasciata fare. Ed era vero, ma aggiunsi stupidamente: Lo rifarei. Non ti direi niente. Fu una mala azione, non casuale come il male che altre volte mi è capitato di fare. Il viso gli si increspò, andò nell'altra stanza. Finiva il lungo amore fra noi, la confidenza speciale che con lui avevo sulle cose grandi, papà dei libri, papà che leggeva il latino senza il Georges, papà delle grandi domande, quelle che si fanno a una sola persona. Si allontanò, non parlammo piú come prima, e morí, due anni dopo, senza che lo avessimo fatto.

Mancavano pochi mesi alla fine della guerra ma furono

interminabili. Ero sola e colpevole. Correndo verso casa avevo allertato i compagni, il segnale era scattato. Non so perché non mi avessero portata via, o che non credessero alla denuncia o che sapessero di piú e i tedeschi cercassero i documenti della Decima Mas lasciandomi correre nella speranza di trovare lo snodo piú importante. Questa fu l'ipotesi dei compagni quando ne potemmo parlare, fra tedeschi e la Decima Mas non correva buon sangue. Ma intanto mi tenni isolata, allentai le discese a Milano e nessuno mi riconosceva se ci si imbatteva per strada, per qualche settimana fecero il deserto. Mamma era tornata a casa quella sera senza saper nulla e quando seppe pianse e mi accusò di questo e di quello ma dopo la sfuriata e la paura non serbò come papà il sentimento di essere stata tradita.

Un mese dopo fui chiamata dal Clnai. Tra la folla che la sera si agglutinava alle Ferrovie nord mi aspettava Fabio, che poi avrei conosciuto come Vergani, segretario della Camera del lavoro di Milano; era un uomo di mezza età, calmo, che senza alzare la voce mi chiese se mi rendessi conto di quanto avessi messo in pericolo la rete, mancando a una regola elementare. Fu una lavata di capo senza passione né indulgenza. Una persona seria non si fa individuare, non mette in pericolo se stessa e gli altri. Mi sentivo una inqualificabile cretina. L'inconveniente della Resistenza era di dover lavorare anche con gente come me, dicevano i suoi lineamenti chiusi. Me lo tenessi per detto. Mi avrebbero fatto segno quando avrei potuto riprendere. E cosí fu.

Fu abbastanza presto perché il controllo diminuí, i tedeschi smobilitarono parte del comasco in quell'inverno. Un ufficiale dal nome francese, un tecnico che si recava qualche volta dal principale della mamma e non nascondeva una sua distanza dalle cose, aveva detto d'improvviso all'ingegnere che era proprio finita. Sarebbe partito presto, sperava di rivedere i suoi ma neppur quello era sicuro. Doveva essere gennaio perché quella sera la mamma portò a casa un ghiro in letargo che aveva intravvisto dentro un tronco d'albero caduto al bordo della strada. Ricordo le parole dell'ufficiale mentre lei massaggiava la bestiola in un vecchio golf, per cui la svegliò e fu morsa vigorosamente alla mano. Un'altra sciocchezza. Non ricordo se il ghiro si riaddormentasse, credo che lo riannidassimo fra le robinie del bosco dietro la casa. Quando papà trovò un falchetto con l'ala rotta, la convivenza fu tremenda, non si fidò di stare in uno sgabuzzino e fu tanto che riuscissimo ad afferrarlo e ridargli la libertà. Tutto finiva, moriva in attesa d'uno scioglimento. A Milano tirava un'altra aria. Lo sciopero del marzo 1944 – un anno dopo quello del 1943 che non avevo visto, si vede quel che si sa – fu forte e quasi allegro. Trovai come previsto i tram fermi in piazzale Cadorna, nessun tranviere in giro, molti negozi chiusi, un tale montò su una vettura e portò la gente verso il centro. Le notizie della montagna erano diverse dall'anno passato, la gente continuava ad affluire. All'università il professore di teoretica, Bariè, gli occhi febbrili, faceva lezione in divisa, come avesse dentro il demonio, ci insultava – tangheri – forse cercando una rissa perduta. Era febbraio quando il professore di greco, Vugliano, che incontrai in corridoio mi disse: Signorina, l'Asse sta vincendo. Aveva occhi azzurri pallidi, era anziano, folle.

No, stava finendo, ma come un corpaccio frenetico. Contavamo le perdite piú che le speranze, tante ormai. La repubblica dell'Ossola era cominciata e finita, mi restavano in mente i morti ammazzati appesi a Fondo Toce col cartello sul petto. Ora sapevo come stavano le cose, mi pareva. Mentasti aveva sorriso con fiducia. Poi precipitò l'aprile, le frasi dei giornali e dell'Eiar suonavano insensate, la gente parlava, era la fine. Seppi delle trattative negate che aveva chiesto il cardinale Schuster, una specie di doppio milanese di Pio XII, seppi della fuga di Mussolini e vidi scendere i partigiani. Vidi in piazza Duomo Parri per la prima volta, accanto a Longo, erano in borghese, non c'era enfasi ma una fierezza e allegria che non ricordavo, non avevo mai conosciuto. E attorno un mucchio di gente in festa, accalcati, su per il monumento e sui lampioni, tantissimi; come a Como, a Olmeda erano spuntati tricolori e fazzoletti rossi al collo di persone che un mese prima non avrei potuto avvicinare.

Era una liberazione, la liberazione. La fine di un'angoscia, la fine di un'epoca, si sarebbe ricominciato tutto, per qualche giorno fui trasportata anche io, anche Mimma – quel tanto che potevo nel silenzio di mio padre, anche lui sollevato, ma c'era fra noi quel gelo. In piazzale Loreto guardai i corpi sospesi per i piedi. Erano come sfatti, qualcuno aveva per pietà legato la gonna della Petacci sopra le ginocchia, i volti erano gonfi e anonimi, come se non fossero vissuti mai, cadaveri non ricomposti. Davanti scorreva accalcandosi una folla furente, donne urlanti, uomini sbiancati, gridavano, odio e impotenza che si liberavano. Qualcuno aveva fatto giustizia per loro, c'era qualche scherno, molta rabbia. Venti anni si ribaltavano. Me ne andai, forse era un rituale necessario, era tremendo.

Oggi qualcuno si indigna che piú d'una vendetta fosse tratta a guerra finita, in quei giorni e dopo. Come se una guerra che era stata anche fra la stessa gente si chiudesse a una certa ora. Non si chiude niente finché il tempo non passa e oblitera, lasciando lungo la strada chi non sa dimenticare. E noi non tornavamo integri a casa come gli inglesi o i russi o gli americani. Noi avevamo un lungo strascico che sprofondava negli anni di complicità o inerzia.

Capitolo sesto

Per noi la guerra finí quel 25 aprile, bandiere e «Fischia il vento», un gran respiro liberatorio, e quasi non ci accorgemmo che sgocciolasse ancora per qualche settimana. Venne la notizia della resa tedesca l'8 maggio ma le immagini le ho viste molti anni dopo in televisione. Del Giappone avevo una cognizione vaga, era lontano e non avrebbe retto da solo. Il fragore dell'Italia mi assordava. Mi stupivano benevolmente gli alleati senza gli stivaloni e senza il sussiego dei tedeschi. Gli americani parevano ragazzoni, non andavano in giro inquadrati, oppure ci fu un certo *fair play* fra loro, gli inglesi e il Clnai, che non si ostentassero troppo. Gli inglesi favorirono subito, e senza nasconderlo, un giornale, «Il Corriere Lombardo», i *boys* distribuivano sigarette. Successe nei primi giorni che qualcuno fermasse urbanamente una ragazza, «Please, lei puttana?», e alla furibonda reazione si scusava e portava la mano al berretto, come avesse chiesto una normale informazione. Non lo facevano certo i tedeschi, come non ricordo che segnalassero i loro bordelli con un *off limits*. Ma questo era niente, guardavo quelle uniformi svelte, prive della malinconia dei nostri fanti, con ben altri sospetti, dubitando di quella apparenza disinvolta e soprattutto che il paese fosse nostro. Lo era in certi limiti.

Ma anche questo lo misi in conto dell'inevitabile. Invece di uscire di scena dopo la resa tedesca, la guerra vi restò a lungo, e non solo per via del Giappone. Ognuno conosceva sí e no il pezzo con il quale aveva colluttato, ora veniva emergendo il resto, ed era al di là di ogni immaginato e temuto. Un immenso magazzino di morte e decomposizione in mezzo mondo. Dopo i primissimi giorni di allegrezza, venne la percezione di quel che era stato e sarebbe potuto essere anche da noi. Per cui, alzato il braccio in segno di vittoria, i piú eravamo a terra suonati. Io di certo.

La fine subitanea dell'organizzazione clandestina mi lasciava di colpo a me stessa, restituita ai privati percorsi. Mi aspettava la tesi, avrei trovato un lavoro, si apriva tutto quel che mi era parso irraggiungibile e felice – ma non dovette essere cosí giubilante se riandandovi con la mente quel che piú affiora sono alcune ore solitarie, come se a cose finite venisse sornionamente fuori, accanto alla dimensione della tragedia e del pericolo, il peso dei ritardi e dei dubbi. Di queste ore alcune hanno conservato per mezzo secolo il loro tono inquieto.

È una sera di fine estate, a Olmeda, stiamo per tornare a Milano, sto alla finestra sulla valle azzurra verso Camerlata. Devono essere arrivate le prime fotografie dei lager – mi pare da Buchenwald, dove una notte le pattuglie della V Armata di Eisenhower hanno incontrato alcuni fantasmi. Nessuno nella dolce Weimar li aveva avvertiti che c'era un campo su alla Ig Farben. Credevo di conoscere la morte – in quei due anni s'era imparato di tutto – e invece no. Erano altro da un mucchio di fucilati, e perfino impiccati, quei quasi scheletri, irriconoscibili, gettati, incollati, strame, foglie marce. E cominciava appena. Ci sarebbero voluti anni perché la geografia dei campi si completasse, perché distinguessimo Buchenwald da Auschwitz e da Treblinka e i forni simili a locomotive smettessero di vomitare comunisti, russi, polacchi, ebrei ed ebrei. Quel fare dell'altro un nulla, una pustola, non era stato pensato – non da noi, non da me; forse, prima, neanche dai tedeschi. Ancora mi domando come sia stato percepito in Germania dai moltissimi che dovettero vedere se non eseguire. Che cosa si dicevano, non fosse che fra sé e sé? Non ho incontrato uno, neanche a Berlino est dodici anni dopo, che ammettesse: sí, sapevamo, non potevamo far nulla. Dicono che non sapevano. E forse è vero, non c'è limite a quel che ci nascondiamo. E funzionava il patto inconfessato con i potenti, altro che storie: garantiscimi che non saprò. Oggi sanno tutti ma è un sapere raffreddato, allora fu lava bollente. Anche se l'essere resistenti in un paese occupato ci difese dal sentirci responsabili. Specie nel 1945. Ma anche dopo; in Italia i campi erano stati diversi dalla Risiera di San Sabba, di passaggio: perlopiú si uccise, non si sterminò, e cosí abbiamo conservato per decenni consolanti opacità. Siamo maestri nel «non è colpa mia».

A me si complicava ogni griglia di interpretazione: il capitale portava in sé la guerra come la nuvola porta l'uragano, ma ecco che la guerra convogliava – e perché qui sí e là no? – pulsioni non riducibili allo scontro sociale. Il nazismo non si spiegava tutto con il capitale, che su di esso se pur tardi si era diviso. Capitalisti o no gli ebrei erano stati messi a morte, anche dove da tre o quattro generazioni avevamo vissuto assieme, non straziati fra fedeltà e assimilazione. Questo fu il piú tremendo da capire. Le leggi razziali dicevano d'una discriminazione non di un annientamento. I piú di noi non avevano capito, non capirono neppure i piú fra gli ebrei, quelli che non avevano sfidato nessuno. Chi aveva scelto la Resistenza doveva mettere in conto di finir male, anche morire. Ma gli ebrei perché ebrei, quelli che non avevano fatto o potuto tentar nulla? Neanche quando furono tirati fuori da casa e ficcati in un carro bestiame, e dovettero ricordare antiche vessazioni, immaginarono che erano spediti a piccola velocità a un ammazzatoio.

Questo rivolo e poi diluvio di informazioni cominciò nell'estate del 1945 e parve non finire mai, insopportabile, come se il gelo e fetore della guerra ci restassero attaccati. Qualche anno fa sentii uno storico stigmatizzare Natalia Ginzburg perché alla prima lettura aveva allontanato da sé *Se questo è un uomo* di Primo Levi. Non ne potevamo piú di quell'orrore. Ma chi può capirlo? Forse è perfino un bene che non si capisca. S'è fatta la Resistenza anche per questo. Si dovrebbe sapere senza ricordare, o ricordare senza sapere, le idee mi si confondono.

Sempre in quella estate gli Stati Uniti sganciarono le atomiche sul Giappone. Ne avemmo notizia due giorni dopo, ma fra sentire e realizzare ce ne corre. Eravamo pratici di bombe dalle quali a cento metri di distanza scampavi la pelle, oltre Coventry e poi Berlino non eravamo andati; avevamo allontanato, o semplicemente non ci venne mostrato, quel che avveniva di Tokyo, e stentammo a persuaderci che una sola bomba in pochi secondi facesse di Hiroshima e Nagasaki una cosa vetrificata e radioattiva. Anche gli americani sgomentarono davanti alle prime fotografie, che da noi non vennero. Assorbimmo poco per volta, un passo avanti e uno indietro, perché potente è la spinta a ritrarsi. C'è davvero un nefando, da non dire, quel che una volta è stato detto si può dunque fare. Intanto mi faceva ribrezzo che il Giappone fosse punito per vie simili dalle nefandezze sue. Ma che razza di bilancia, Buchenwald qui un'atomica là. A quella finestra, in quel passaggio, ruminavo erbe amare.

Neanche noi eravamo senza macchia. Subito dopo la liberazione avevo incrociato a Cantú tra la folla allegra un gruppetto che pareva di pazzi e trascinava urlando una ragazza rapata. Era stata con un tedesco, schiamazzavano. Gelai, una donna gela. Che c'entrava con quel per cui c'eravamo battuti? Per la verità non c'era esultanza intorno, quel corteo sparí. Non ne vidi altri, ne sentii raccontare e Marguerite Duras vi fece piú tardi con Resnais un ambiguo film. Ma parlandone oppressa a Dionisio lui borbottò qualcosa sulla inevitabilità della vendetta e aggiunse fra i denti: «Poteva capitare anche a tua madre. Non parla tedesco, non lavorava con i tedeschi?» Non spiegai che lavorava con un ingegnere italiano e non per la guerra, mi sentii mentre dicevo: «Ti avrei ammazzato», ed era vero. Balbettò: «Ma non è successo, s'è capito» o qualcosa di simile. Ne parlai stupidamente con mamma, ammutolí, il sangue le rifluí via e sussurrò: «Mi sarei ammazzata». E anche questo, credo, era vero. C'è un abisso fra quel che sarebbe potuto essere ma non fu, e quella di Dionisio era stata una battuta, tradiva l'incazzatura con la piccolo borghese che dovevo parergli. M'è successo altre volte. Ma ancora oggi ne scrivo a stento.

Non c'è guerra pulita. Ne uscivamo malmenati. Non fu un caso di coscienza quando la bella madre della mia amica Riri corse a chiedermi: Hanno preso il tale, parla con Alberganti, liberamelo. Quel suo amico era niente, lo sapevo, e fu rilasciato subito, ma è certo che le risposi: No. Non potevo né volevo. Seguí una triste lettera. Fu invece un caso di coscienza quello del Neri e della Gianna. Erano due partigiani, il Canali e la Tiussi, lui un comandante favoloso, lei una ragazza spericolata. La Gianna ogni tanto scendeva dalla montagna, fu arrestata a Como ma rilasciata dopo un paio di settimane. La sospettarono di aver parlato. Neri la difese, forse lei aveva tentato un'operazione spregiudicata, eravamo negli ultimissimi mesi, sta di fatto che un tribunale partigiano – ne ho conosciuto alcuni componenti – li condannò a morte e li fucilò. Lo seppi da Remo Mentasti, disperato, che mi chiese di intervenire perché almeno non restasse il sospetto di tradimento. A Milano domandai un'inchiesta. Urtai contro un muro. Tutti coloro che la chiesero urtarono contro un muro. Forse non si volle ammettere l'errore, forse lo si comprese inescusabile.

Molti anni dopo parlavo con Gino Vermicelli, che era stato comandante nell'Ossola, dei rapporti nelle Brigate fra uomini che arrivavano diversamente motivati o dallo sbando – difficili le gerarchie, duri quei due inverni, pesanti i rastrellamenti tedeschi, la diffidenza dei valligiani. La Resistenza non fu tutta concordia e virtú. Qualcuno tirò fuori la storia del Neri e della Gianna negli anni settanta collegandola all'oro di Dongo. Non credo. Non sono intervenuta. Ho seppellito molti morti. E nel 1945 nulla di quella storia mi convinse ma non mi venne in mente di andarmene. Non me ne vanto, non me ne pento.

A quella finestra rimuginavo come il resto delle operazioni a me raramente risulti zero. E mi rimproveravo il vizio di frugare nel groviglio delle cose, denso di ragioni paralizzanti. Non ne veniva la tentazione di ritirarmi nei miei panni curiali, vivere per me? Non diceva papà che la politica era una cosa sporca? Smettere di dare la testa al muro, ricominciare a far progetti quieti, o anche soltanto stendermi al sole come un gatto, lasciar venire i giorni guardando senza ricordi il lago che l'estate faceva azzurro scuro.

Accanto a quelle acque finiva anche il primo amore vero, la pace riapriva le strade e quindi divideva. Io avevo fantasticato d'un futuro. Non mi restò che andarmene, non mi pare a pezzi. Meditabonda, diciamo. Esser donna non era l'essenziale, o se lo era, non restava che fare come se non lo fosse, ridurre il danno. Ne scrivo perché allora, ma per molte già dall'inizio del secolo, l'emancipazione fu questo.

La guerra sarebbe uscita lentamente dai giorni, banalizzò la memoria. Noi lasciammo Olmeda prima dell'autunno, chissà se il casone c'è ancora e vi sono entrati gli operai per i quali era stato costruito e vi hanno imposto i termosifoni, nel comasco l'inverno non scherza. A Milano non tornammo nella prima casa, bombardata, ma in un'altra, acciaccata, in un quartiere con un filo di verde. Aveva ben tre stanze, quasi quattro – il *living* era arrivato – e gas e riscaldamento, ancorché virtuale perché nel 1946 il carbone non c'era. Ci scaldava una grossa stufa di terracotta a metà del corridoio, sopra la quale si installò la micia Ronchisetta, che scelse di vivere con noi. Era una gatta di tutti i colori ma faceva i figli in tinta unita e ci dette molti pensieri per sistemarli. C'era anche un ripostiglio a soffitto sul quale papà lasciò cadere: Ci nasconderai il tuo Togliatti. C'erano soprattutto un paio di metri di terra fra le stanze e la strada, e malgrado che la patria si fosse presa le griglie di recinzione, mamma dal pollice verde scatenò un trionfo di ortensie rosa e azzurre, le meglio della città, rinunciando ai fagiolini e lattughe che ci avevano soccorso a Olmeda.

E dire che si mangiavano cose tremende, la città puzzava di cipolla, dall'America mandavano pacchi incongrui, preziose scatole di prosciutto assieme a inutili rotoli di aghi e filo, e ignote spezie. I nostri vicini irrorarono un arrosto di una polvere chiara che risultò poi essere le ceneri d'una zia. Non avevamo piú le uova dai contadini, ci si arrangiava con il mercato nero. Ma poco importava. Ripresi a studiare, anche se non con quella passata felicità. Banfi mi aveva assegnato una tesi sui trattati d'arte fra Medioevo e primo Rinascimento, mi incantai sulle teorie della luce e poi della prospettiva, annegando quel poco di Croce che mi era rimasto. So tuttora come fabbricare l'oro dei fondi: chi non ha un'amica dai capelli rossi cui chiedere una ciocca da bruciare con qualche goccia di sangue mestruale un venerdí di plenilunio? Ma poi occorrono le ceneri di un basilisco, che nasce soltanto dall'uovo d'un gallo. Chissà perché sulla memoria ingombra fluttua piú a lungo la piuma di irrealtà sospesa sul banale. Avevo trovato lavoro. Il 6 febbraio del 1946 mi sarei laureata, il 7 diventavo impiegata all'Enciclopedia Hoepli, la sera mi sarei iscritta alla piú vicina sezione del Pci. Era stato il patto con mio padre. I patti si tengono, cosí papà – che non venne ad assistere alla tesi, nessuno venne – annuí senza commenti alla mia comunicazione sul 110 e lode, Hoepli e la calata in sezione.

Non mi dispiaceva andare al lavoro in San Babila, molto meglio che dar lezioni ai ragazzetti, c'era un che di adulto e moderno. Dirigeva il professor Cerchiari e vi avrei conosciuto Michele Ranchetti, e un paio di ragazze poi perdute di vista, una brava ma fascista e l'altra innamorata come una gatta. Me ne è rimasta la diffidenza verso qualsivoglia enciclopedia, salvo quella di Diderot e D'Alembert trovata per dodicimila lire su una bancarella perché durante una guerra case ed eredi eruttano di tutto. Quella di Hoepli doveva essere una enciclopedia per famiglie, senza pretese, ma bisognava rivedere le voci che il conflitto aveva ribaltato: Mannerheim Carl Gustav Emil non era piú l'eroe finnico e i paesi di confine erano saltati da una parte all'altra. Inoltre alcuni grandi collaboratori si rivelavano furfanti; le voci essendo pagate a pezzo, un noto storico ci aveva rifilato qualche centinaio di personaggi del tipo: Amleto, principe di Danimarca, visse a Elsinore (cfr: Elsinore), ricordato anche da Shakespeare. Mentre la pomposa Britannica che mi trovai fra le mani nel 1946 cosí informava sul surrealismo: Di questo e simili *-ismi* non merita parlare. Basta. Il magazzino della memoria predilige queste giubilanti fesserie. Non c'è altro da ricordare, la collega fascista rifiutò da sola il primo sciopero, mi pare che lo stipendio fosse di diecimila lire al mese. Piú mi impressionò che il referendum per la repubblica passasse di striscio – com'era possibile, con quel re derisorio che se l'era filata, sarà il mezzogiorno, saranno le donne – e che nelle amministrative e nel voto per la consulta i comunisti non trionfassero. Una cosa eravamo stati nella Resistenza, altro eravamo nella pace. Tuttavia nessuno allora avrebbe esclamato *elections piège à cons*; quel che i fascisti proibiscono ha sempre del buono.

Cosí cominciava il dopoguerra. Mimma andava all'università, battendosi con i bidelli per strappare un osso, mancavano anche i cadaveri. Mamma aveva un posto che le piacque assai alla Fiera campionaria, tre telefoni e un mare di gente. Papà si dibatteva fra consulenze e una riabilitazione che arrivò troppo tardi per essere festeggiata. D'improvviso morí nel gelido dicembre 1946, un anno dopo la fine della guerra e una polmonite che aveva rivelato, ci assicurarono, un cuore di ferro. Anche il ferro si spacca. Morí una mattina, eravamo appena alzati, ci si alternava fra caffè, bagno e spazzolino da denti, quando osservò con voce piana, toccandosi il petto: Mi fa un poco male qua, e mentre cercavo delle sue pillole un respiro profondo attraversò la casa, come un singulto. Finí in un attimo, senza avere il tempo di preoccuparsi dell'incerta condizione in cui ci lasciava, benevola freccia d'Apollo. Non riuscivamo a crederlo quando il medico ritirò la siringa da quel corpo abbandonato. Pochi amici e nessuno della sua perduta famiglia seguí il carro. Pola era lontana e la guerra aveva allargato i fossati. Non ci eravamo piú parlati come una volta, lui e io, convinti che non fosse ancora il momento, rimandando. C'è qualcosa di piú banale e straziante che accorgersi delle cose gettate, dei gesti non fatti? La morte gli fece un viso piú sereno del solito, parve finalmente in riposo. Ma tenendo la notte la mia mano sulla sua che diventava di marmo e nell'odore di fiori fradici e lasciandolo dentro la terra gelata a Musocco, in un tramonto piú grigio che rosso, mi parve di avere sbagliato tutto.

Non so che cosa avessi sbagliato nelle non molte possibilità che mi erano state date, ma disattenta ai miei, sí, ero stata, profittatrice del loro riserbo. Non vivrò come loro, avevo pensato, tirando la carretta, facendo fronte a un dovere dopo l'altro e poi stramazzando. Io ce l'avrei fatta, né un '29 né una guerra me ne avrebbero privato. Ero comunista per questo: sulla mia generazione fascisti e padroni del mondo non sarebbero passati. E un'altra guerra non ci sarebbe stata. Ma non avevo dato loro una mano, ai miei, dignitosi e affaticati, non me l'avevano chiesta, o forse sí? Una sola volta – quella volta – papà l'aveva domandata e l'avevo negata. Piú spesso la chiedeva mia madre, impaziente ma distratta, e poi scordava. Lei sapeva cogliere quel poco di miele che stilla dalla spinosa giornata: non da Anita ma da Luigi ho preso l'inclinazione alla malinconia. Lei, che a quell'improvviso sfuggire di papà parve impazzire, riuscí a tenersi assieme per una dignità che le era naturale, si rimise al lavoro e la sorresse la curiosità delle persone e delle cose, gentile e disponibile, intenta come quando inseguiva con la matita la forma di una rosa. O cosí si sforzò di sembrare, o preferii vederla. Non le fu semplice avere una figlia comunista ma non me lo impedí – me lo ricordava nervosamente ogni tanto, glielo rinfacciavano. Ma questo fu dopo, perché intanto, presa la laurea e il lavoro, feci un anno o due l'assistente di estetica, smettendo quando mi legai al figlio di Banfi, Rodolfo, che mi fu marito e amico; allora non si spartivano le cariche in famiglia, neanche gratuite. Poi tornò Borgese, cui Banfi rese naturalmente la cattedra, non ricordo se e quanto la tenne. Non chiesi a Banfi perché avesse giurato dopo aver firmato il manifesto di Croce, deve pur averlo fatto; diventando adulta imparavo una certa pietà. Io mi ero fatta anche gli esami di filosofia, salvo teoretica perché di husserliani in giro non ce n'erano e di andar in Germania non avevo i mezzi; in conclusione non detti la tesi anche in quel corso di laurea, dopo averla lasciata a mollo un paio d'anni. In verità la scelta era un'altra: mia sarebbe stata la storia dell'arte, stella polare Longhi, Croce del sud Marangoni, luogo dell'anima la biblioteca Warburg. Quale arte? Quella grande. Non mi ero laureata con Marangoni perché gli avevo proposto un lavoro su Giovanni Pisano – per lungo tempo avevo covato le fotografie che Werner Bischof aveva fatto delle statue in alto della cattedrale quando erano state calate e messe in un deposito: ad altezza d'uomo apparivano come contorte, travolte da un vortice prospettico, violente, espressioniste. Marangoni mi aveva guardata come fossi un insetto: lui assegnava soltanto ricerche sui minori. Quali minori, io volevo andare subito al sodo, avrei capito anzi scoperto, imposto una svolta negli studi, chissà mai. Oppure avrei diretto una galleria, un museo, una sovrintendenza, magari a Venezia, me n'erano scivolati dentro il colore, la luce, e sarei andata ben oltre il prezioso Lorenzetti – la mania di grandezza non mi è mai mancata, non avevo dubbi sulla mia sorte. Che fu del tutto diversa.

Alla fine del 1945 avevamo schiodato a Brera le casse dei libri che tornavano in sede, erano stati imballati in fretta, lavoravamo nel giubilo e nel disordine, fermandoci a leggere accoccolati sui talloni se un testo agognato veniva infine in mano. C'era un'aria di trasloco, ricominciamento. Tornavano a funzionare Pinacoteca e Biblioteca, mentre fuori al bar Giamaica convenivano pittori, fotografi, scrittori – tutti fuorché l'accademia che non vi si immischiò mai. La sera tornavamo a casa sfrecciando per via Brera e via Pontaccio mentre dal Giamaica uscivano Crippa e Dova rincorrendoci, ragazze perbene e perbeniste, con qualche fracassante lazzo.

Sul caos di Brera veleggiò, sovrintendente o direttore, Fernanda Wittgens, alta e dal vasto seno, simile a una polena: «Ma che fa qui quel misino?» Diceva missino con una esse, molto sospettava il Msi, ma senza grande allarme, perché poi eravamo quelli che avevano vinto, e fra i vincenti quelli cui restava molto da fare, la sinistra che avrebbe compiuto l'opera. La quale non consisteva, come qualcuno scrive adesso, nella sovietizzazione, che non fu vagheggiata neanche da quel lembo dei Gap che divenne Volante rossa, piú all'erta contro ritorni di fiamma che intento a preparare l'insurrezione. Cerco di ritrovare il registro esatto di quel che pensavamo, non è facile, il secolo vi è stramazzato sopra. Sicuramente pensavamo – pensavo – che soltanto il socialismo, la fine del grande capitale ci avrebbe liberato da oppressione, colonialismi, razzismi, fascismi, guerre – tutta roba che era stata in casa nostra, ma dalla quale eravamo fuori. E tuttavia non ci fu, come dopo la Prima guerra mondiale, e perfino in qualche esercito al fronte nel 1917, l'attesa d'una rivoluzione imminente. Eravamo visibilmente anche se amichevolmente occupati dagli americani, come chiamavamo in modo spicciativo gli alleati. Ai quali avremmo dovuto consegnare le armi, cosa che avvenne limitatamente; molte furono interrate in periferia dove cominciava la campagna e negli anni sessanta, quando Milano si estese con quartieri e quartieri, sarebbero saltate fuori rugginose, e in Comune con saggezza non se ne fece un caso.

Nel 1945 non ci furono storie, le cose erano quelle, si riprendeva dopo una tragedia e le urgenze premevano: tutto andava rimesso in moto, ricostruito, l'Italia e per noi Milano era disastrata, bisognava uscire dalla penuria, muoversi, ridisegnare gli spazi personali e riaprire quelli pubblici, scaldarsi e recuperare un ritardo di decenni. Avevamo perso il conto del mondo, eravamo stati tagliati fuori; il fascismo era durato venti anni e prima c'era stata l'Italietta. Niente di cui andar fieri. «Qui ci vogliono uomini, cara mia, dovremo partorirli lei e io», squillava Fernanda Wittgens alle ragazze, ridevamo di noi, le malinconie erano rimaste nel passaggio da Como a Milano, al lungo sanguinare del fantasma della guerra si andò affiancando e poi prevalendo una pace sonora, corposa e indaffarata.

Molte di noi non partorirono affatto, ma si galoppava naso all'aria. Non che non si facesse l'amore dopo la guerra, immagino di sí, e non solo per la quantità di bambini che a tempo debito vennero al mondo; ma non nel modo programmatico che fu del 1968. Come donna ognuna se la vedeva con la propria storia, formazione e inibizioni, nella separatezza fra una testa audace e una pratica frenata. Poco sapevamo di rivoluzione o repressione sessuale, cercavamo e trovavamo un compagno, e loro cercavano noi, non tutto filava liscio e tutto fondeva nel calderone dei cambiamenti. Oggi diremmo politici e di costume, ma allora va' a distinguere, era tutt'uno. O forse no, come capii molto dopo dal femminismo che mi guardò di sbieco negli anni settanta. Per le ragazze del 1945 la scelta fu o il ritorno al modello familiare o l'abitudine a vivere divise in due fra groviglio interno e mondo fuori. Non fra ragione e sentimenti. Le passioni non appartengono ai soli sentimenti (e viceversa) ma fra vivere da donna e da persona. L'unità appartiene al femminismo, se pur c'è riuscito, perché occorre divincolarsi da radici secolari, e tentatrici e seduttive, riformularsi. Anche metter le viscere sul tavolo. Cosa che non venne in mente a noi. O almeno non a me.

Io ero intanto felicemente presa dal farsi vicino o possibile degli amati dipinti o statue o luoghi che avevo studiato soltanto in diapositiva, ed erano chissà dove seppelliti nei depositi di guerra – vagheggiati, inaccessibili. La guerra è povera e ripetitiva, la pace tutto un dispiegarsi di possibilità, luoghi, incontri. Avrei finalmente avuto davanti agli occhi i quadri molto amati – non mi avevano detto nulla le quinte imperiali, avevo liquidato con disinvoltura non solo Carrà ma Sironi, il faro del passato restava per me quella tavola di Van Eyck, *I coniugi Arnolfini*, percorsa dolcemente dalla stecca di Matteo Marangoni e il faro piú recente, visto proprio a mezzo metro, era Braque all'ultima Biennale prima del diluvio. I postimpressionisti e gli espressionisti tedeschi che avevamo assaggiato avaramente e avidamente in qualche libro, a Ca' Foscari, a Padova, in qualche galleria – un paio di Nolde, Grosz, Otto Dix, Kokoschka – tornavano in circolo, prima o poi avrei visto gli originali, era soltanto questione di tempo e soldi. E infatti fu cosí, e ancora adesso provo timore nell'avvicinarmi all'originale di un'opera scrutata in diapositiva centimetro per centimetro negli anni di guerra – quanto sarà diverso? Perché la mente fantastica sull'immagine, scivola in tutte le trappole – anzi piú qualcosa è grande, piú trappole tende, sfavilla di possibili, sono le opere mediocri che dicono sempre lo stesso. Lo stupore piú forte mi venne dalla *Flagellazione* di Piero della Francesca, che avevo immaginato grandissima – a Brera avevo la *Madonna dell'uovo*, e grande è la *Resurrezione* di Borgo – e meno rosea, senza quell'aria incantata, quel giovane certo morto. Quattro anni passati sulla fotografia in bianco e nero segnano la memoria. E tuttavia sono meno ingannevoli della deformante riproduzione a colori: quando vedo il quadro, bado a chiuderne il colore in testa come in un astuccio, e non guardo piú se non la riproduzione in bianco e nero.

Va bene, questo riguarda la custodia del mondo interno. Non erano solo quel che si dice le arti, e non occorrevano neanche soldi e viaggi per le letterature, quel che mi avevano fatto assaggiare Diego Valeri con Verlaine e Cardazzo con Apollinaire e Joyce – piccole edizioni preziose – piú che il Flora; eccezion fatta per Pirandello, gli italiani mi avevano prodigiosamente annoiata, le italiane anche. Noi eravamo quelli della crisi della coscienza europea, degli anni venti e del primo Novecento che ci era stato sequestrato e ora finalmente addentavamo come giovani leopardi affamati. Quando si dice passioni – quella fu una passione, una sete. Eravamo stati privati non solo dell'America e dell'Urss dal 1917 (era rimasta soltanto la Russia dei grandi narratori dell'Ottocento) ma del resto d'Europa. E anche Germania e Italia erano state declinate dai regimi. Adesso il disordine era magno, ma scoprivamo a pezzi e bocconi il presente e i maledetti anni venti, e i trenta si ridisegnavano fuori dalla personale memoria. Non erano solo libri anche se trovai con un palpito un lungamente cercato *De Baudelaire au surréalisme*, e un libro cercato invano diventa importantissimo, come se detenesse tutte le chiavi. C'era la musica sconosciuta, il primo disco a 78 giri di Marian Anderson, il primo swing dove il Mahatma Gāndhī rimava con Napoleon Brandy, i film, il teatro. Fu un'alluvione, e all'inizio non si vide, o non me ne accorsi, l'imperversare della censura, stavolta cattolica.

Quella fu una frenesia, una allegrezza bellissima, il vero sapore della non guerra. Giulio Einaudi e Pavese e Calvino, ma anche Cerati e la libreria di Vando Aldrovandi allargavano l'orizzonte americano e inglese che ci avevano fatto intravvedere Pavese e Frassinelli, *Moby Dick* e *Dedalus*: oggi si dice che era poco, che non s'erano scontrati abbastanza con il governo fascista, non so – ma che i libri di cer-

ti editori fossero altro da Papini e Pastonchi era chiarissi-
mo, anche per una poco politicizzata come me. Corrono nei
regimi totalitari, certo di piú verso la loro fine, spezzoni di
una cultura altra, di sbieco, sottotraccia e riconoscibile come tale.

Almeno cosí ricordo che mi vennero in mano gli americani. Adesso gli einaudiani campeggiavano in viale Tunisia,
dove leggevano pubblicavano mangiavano e dormivano. Li
ammiravamo molto. Ricordo con angoscia la prima conferenza che mi chiesero, c'erano di fronte a me Vittorini e
Bianca Garufi, si trattava di Hemingway, dopo venti minuti
non seppi piú che cosa dire, fu assai inglorioso – non me ne
vollero, ma non ero una di loro. La loro libreria stava alla
Casa della cultura, ex Circolo monarchico dell'Unione, dove l'intellettualità antifascista scassava le vecchie poltrone e
lasciava appassire le polverose kenzie. Arrivava gente da ogni
dove. «Je suis Tristan Tzara» sentii un giorno da un tale,
piombato come tutti senza preavviso, e il direttore Giovanni
Ferro che, non avendo idea dell'*Honneur des poètes*, gli re-
plicava: «Et qu'est-ce que vous voulez?» prima che la ag-
giustassimo. I francesi avevano molto poetato, noi no, conoscevamo appena Éluard e *La rose et le réséda*. Ma non era
tempo di suscettibilità, ognuno concedeva di non saper molto dell'altro e piú importava parlarsi.

A piazza Cavour c'erano i giornali. All'ultimo piano «l'U-
nità» con Vittorini. A mezzanotte passavamo a prendere la
prima edizione del giornale, che veniva tirato fino alle quattro. Presto Vittorini lasciò o fu incoraggiato a lasciare, non
so esattamente come andò. Fece «Il Politecnico». E ci fu il
primo scontro che a me parve non tanto fra un partito pra-
ticista e l'intellettuale illuminato ma fra due idee non solo
della cultura ma della politica, Milano e Roma. Noi eravamo
convinti che coincidessero comunismo e modernità, comunismo e avanguardia, a Roma e a Napoli che coincidessero comunismo e formazione nazionale, comunismo e tradizione; a noi interessavano piú gli Stati Uniti, a Roma piú

il latifondo. «Il Politecnico» guardò agli anni venti, Roma al nazional-popolare, Firenze stette in mezzo con «Società», cosí percepii allora Luporini e Muscetta. Questa storia non l'ha fatta nessuno, forse è il percorso di alcuni di noi e di nessun altro. Del resto Milano si fece da parte, per dir cosí, abbastanza gentilmente, si ritirò Vittorini inseguito da una cattiva cantilena di Togliatti, e poi Banfi avrebbe chiuso «Studi filosofici» perché il Pcf si era assai irritato per una difesa di Sartre dall'attacco di Kanapa. Roma non capiva, ci dicevamo, con una presunzione che andava meravigliosamente d'accordo con un certo opportunismo; nell'intellettualità del nord sopravvisse a lungo l'idea, tollerata anche dai non comunisti per lascito della Resistenza comune, che bisognava pur stare al ritardo del mezzogiorno.

Comunisti e socialisti si era in moltissimi. Socialisti della razza speciale dell'Italia che a Milano aveva anche un profumo di eresia in Basso e Lombardi, tutti e due un po' in sospetto a Roma, il primo per essere luxemburghiano in tempi in cui non usava affatto, il secondo per avere proposto la cedolare secca sulle azioni quando Roma si guardava bene dal creare fastidi a Bresciani Turroni alla Costituente. Fu sospetto al Pci anche Rodolfo Morandi prima edizione quando, nell'immediato dopoguerra, puntò sui Consigli di gestione.

Del resto la Lombardia non fornì grandi dirigenti alla politica, e ancor meno alla sinistra. I soli che contarono sulla scena nazionale erano passati dalla Banca commerciale, come La Malfa e poi Scalfari. La quale Commerciale si ergeva in buono stato accanto al malandato palazzo del Comune; il sindaco Greppi, dall'aspetto perpetuamente commosso, sedeva dietro una brutta scrivania in attesa che risorgesse palazzo Marino, mentre il sulfureo consigliere delegato della Bc, Raffaele Mattioli, che intratteneva rapporti con Piero Sraffa e con Palmiro Togliatti tramite Franco Rodano, troneggiava elegantemente nel palazzo di fronte, un mucchio di libri niente affatto finanziari sul tavolo e due tegole cinesi di terracotta sul bordo del caminetto (aveva sempre freddo). Poco distante, in via Rovello, in un ex dopolavoro, si installava il Piccolo Teatro e il duo Strehler-Grassi, spostando scale e casse e i pochi soldi, tentava la versione italiana del Théâtre National Populaire di Jean Vilar.

Ognuno avrebbe fatto la sua strada e quando ne leggo le ricostruzioni tutto mi pare vero e sfocato, perché per un paio di anni si fu assieme, senza generazioni e gerarchie, ci conoscevamo tutti, tutto si stava facendo, e anche i disaccordi avevano un sale. La confusione era grande. La città ancora macerie e buchi o gru per le strade, e la notte poca luce, ma nessuno si doleva della sicurezza, tutto era piú sicuro della guerra. Impazzava la malavita, mi ricordo, ma nessuno era terrorizzato, eravamo vaccinati; ho percorso Milano a tutte le ore del giorno e della notte, centro e periferia, senza temere di essere stuprata o di inciampare in banditi come Cavallero, verso i quali si nutriva un certo simpatetico allarme. Tornarono i delitti dei tempi di pace, i mariti ricominciarono ad ammazzar le mogli, una certa Rina Fort invase le prime pagine perché saponificava le conoscenti. Tutto meglio dei manifesti di Kesselring, forche qui fucilati là. Con la pace ce la potevamo vedere.

Avevo due o tre mondi. Il mio era quello di Banfi, l'università. Ma poco piú in là c'erano Politecnico e Einaudi. E poi il partito. Quando Vittorini propose «Il Politecnico» parve che lo unisse a Banfi il nome di Cattaneo, in dissenso con la linea romana Labriola, Croce, Gramsci – Milano era europea. Ma Vittorini, Fortini, Ferrata, e all'inizio erano con loro Calvino e Pavese, non avevano in mente né Cattaneo né Beccaria e tanto meno il vecchio marchese Casati, avevano in mente Parigi e la Berlino d'un tempo e New York, Whitman e «Un funerale strano, americano». Né la tradizione illuminista né l'avanguardia erano «popolari» ma per un certo tempo non ci sembrò il problema piú urgente. Il popolo ne era stato tagliato fuori, era chiaro, essere colti era un privilegio, era chiaro, al populismo e al provincialismo dei tagliati fuori non andava concesso nulla. Noi non nascevamo allora, neppure io nascevo allora, ero cresciuta nella biblioteca Warburg. E il popolo lo conoscevo altrove, e mi pare di non aver fatto mai troppa confusione: né popolo né cultura sarebbero rimasti come erano, lampeggiamenti e miserie.

Ero andata in sezione a riannodare la continuità con i comunisti. Non erano le stesse persone, i partigiani e la rete clandestina sprofondavano dentro un'altra massa, fatta eccezione per alcuni di loro che si dimostrarono anche capaci di tessere la rete della pace – un altro fare. Ma riconoscevo il profilo, gente che lavorava e faticava ed era anche comunista. Nei due anni terribili, o ancora prima, alcuni avevano fatto la loro parte. Ma c'era anche chi non l'aveva fatta, aveva subìto gli eventi, ora cercava una bussola, e mi sorprese – e dubitai che fosse giusto – che le porte fossero aperte, le modalità di accoglimento nulle. Non era certo il partito di Lenin.

Ritrovavo la fabbrica, anzi la scoprivo, non la piccola azienda di Cantú che si sarebbe moltiplicata in Brianza, ma la Innocenti, l'Alfa e la Borletti ancora in città, la Breda e le Marelli e la Falck a Sesto San Giovanni – era l'industria, la classe operaia, il paesaggio della modernità, alti muri, lunghi reparti, cortili, ciminiere, cancellate, grigiori, grandezze. Davanti a quei cancelli la strada era un po' scassata dai molti piedi, dai camminamenti, ostacolata da camion e gru; salvo alla Borletti, che si affacciava in via Washington, era come se la città si ritirasse qualche decina di metri dalla fabbrica o viceversa. Perché gli stabili dove si produceva avevano un'aria transitoria, intercambiabile, sempre meno mattoni e piú cemento e lamiere appena dietro le facciate a capanna o quelle traforate del primo Novecento. Fino alla Olivetti di Ivrea il movimento moderno non ci mise piede, la fabbrica non era architettura, soltanto contenitore. Una bellezza stava nelle macchine, ma fra gli acciai e gli snodi appariva sul giunto qualche straccio sgocciolante, la traccia dell'operaio che faceva andare la sua macchina con un colpetto, un tempo, una familiarità in piú.

Vi entravamo a portare la stampa, a tesserare e discutere, nei locali del sindacato finché non lo misero fuori, o aspettavamo gli operai e le operaie quando uscivano al sole freddolino per mangiare quel che s'erano portati da casa – le mense vennero dopo – e alla fine dei turni o la sera nelle sezioni, finché ce ne furono di adiacenti allo stabilimento. Nei primi tempi alcune grosse fabbriche erano aperte e ne facemmo qualcuna di troppo: alla Innocenti il Consiglio di gestione era signore dell'azienda, lo dirigeva un compagno intelligente e spiritoso, di quello spirito lombardo un po' sarcastico, di nome Muneghina, e il gancio che pendeva da una catena aerea in movimento si svagava talvolta a rincorrerci e magari a sollevarci per qualche metro. Parve per un poco agli operai che le fabbriche, che avevano difeso da ogni trasferimento e dal sabotaggio tedesco nella ritirata, fossero loro, cioè nostre; e non è che smettessero di funzionare. Loro, la manodopera, alla sirena dell'uscita si affrettavano verso i tram, perché ricostruendosi la città li espelleva, abitavano e venivano da fuori, sui treni o i mezzi dei pendolari, fumanti di fiato e nebbia.

Ma era un'impresa catturare le donne dal volto grigio, i lineamenti tirati e la permanente ferrosa: non facevano che correre, o per non arrivare tardi in fabbrica o per comprare il latte prima che il negozio chiudesse e preparare la *schisceta* per la mattina dopo. Dopo cena, mentre il marito scendeva in sezione, loro mettevano il bucato a mollo per la notte o stiravano quello che s'era asciugato, la domenica lui usciva vestito da festa e lei faceva la pulizia di fino, che vuol dire grattare il pavimento sulle ginocchia. Del resto erano di poche parole, lui e lei, il lombardo essendo stato azzittito dalla controriforma, la peste e il capitalismo.

Nella sezione si scendeva per disegnare l'altra storia,

quella uscita vittoriosa e non vincente dalla Resistenza. Era l'altra guerra, sorda e di tempi lunghi. Nelle cellule di strada (per qualche anno ci furono) si scendeva la sera; nella memoria scendo sempre, perché presto le sedi che erano state fasciste restarono sí e no alle dirigenze mentre, la maggior parte venendo riconquistata da qualche proprietà, il Pci calava fortunosamente negli scantinati delle vecchie case popolari, quelle che a Milano costituirono una gran cintura dopo le case a ringhiera. Ci si accedeva dal cortile, la porta segnalata da una falce e martello o dall'annuncio dell'ultima riunione, e dopo qualche scalino si era fra le viscere dell'immobile, tubature da tutte le parti, muri ridipinti dal compagno imbianchino, due bandiere alle pareti e sul tavolo il drappo rosso che alla fine si piegava e metteva via. C'era gente, talvolta si faceva il pieno, qualcuno faceva le scale esitando per vedere com'erano i comunisti e si sedeva in fondo.

La relazione non era mai brevissima, partiva dallo stato del mondo anche se alle varie impelleva la bolletta del telefono. Si riferiva sugli eventi internazionali o del paese, e sempre di quel che aveva discusso e deciso una direzione o il comitato centrale. Si può sorridere delle approssimazioni (lo «schematismo»), del passare di gradino in gradino dal centro del mondo alla periferia, al quartiere, dall'informazione alla «direttiva», ma fu un'immensa acculturazione. Mobilitava i «quadri» e tutti coloro in grado di parlare, perché i funzionari e i giornalisti disponibili erano pochi rispetto al territorio da coprire nella metropoli a stella e nella sua grande provincia. Eravamo spediti in tram a Rogoredo o a piazzale Corvetto, ma il sabato sera o domenica mattina venivamo stipati in sei o sette sulla giardinetta d'uno di noi, che ci depositava uno per uno in provincia da un paese all'altro e aspettava con l'ultimo – ero spesso io – che finisse il comizio o la riunione per riprenderci su come i chicchi d'una collana e riportarci a Milano.

Era il partito pesante che si andò logorando negli anni

settanta e ottanta e fu distrutto dalla svolta del 1989, una
rete faticosa ma vivente che strutturò il popolo di sinistra
contro l'omologazione dei giornali, e della radio e della prima Tv, tutte di governo. Chi ricorda che fino al 1963 non
un comunista parlò dai microfoni e davanti alle telecame-
re? Era un popolo che si unificava in nome d'una idea forse semplificata della società, fra dubitose domande e meno dubitose risposte; ma mentre ogni altra comunicazione
spingeva a una privata medietà, il partito si sforzava fin os-
sessivamente a vedersi nel mondo e vedere il mondo attorno a sé. La sezione di Lambrate sentiva, a giornata di
lavoro chiusa, quel che aveva detto Truman, quel che succedeva a Berlino, lo confrontava con quel che aveva colto
a sprazzi dalla radio, sapeva dov'erano Seul o Portella della Ginestra – l'ignorante non era disprezzato, ma neppure
adulato, era la borghesia a volerci ignoranti, l'imperialismo,
i padroni. Osservando quei visi in ascolto, pensavo che a
ciascuno la sua propria vicenda cessava di apparire casuale
e disperante, prendeva un suo senso in un quadro mondiale di avanzate o ripiegamenti. Seguiva il dibattito. Non era
mai un gran dibattito. Quando uno prendeva la parola per
contestare – sempre da sinistra, il partito nuovo appariva
concessivo – non solo dal tavolo del relatore scattava un riflesso di difesa della linea: tutto ma non dividere quel-
l'embrione di altro paese, non tornare atomizzati nel quartiere, soli in fabbrica.

Questo, assai irriso a fine secolo, è stato il partito che fu
anche mio nel dopoguerra. Poi c'erano i gruppi dirigenti,
l'eletto del popolo al comune o alla Camera. Ma quelli del
seminterrato, quelli che passavano di reparto in reparto o
di casa in casa, a fine lavoro, a raccogliere i bollini del tesseramento, configuravano una società altra dentro a questa.
Nella quale i comunisti si volevano i piú uguali e i piú di-
sciplinati, gli sfruttati e oppressi ma sicuri di capire piú degli altri le leggi che fanno andare il mondo, con semplicità
e presunzione. E convinti di essere sempre un po' al di sot-

to del loro proprio ideale e quindi moralisti, severi con gli altri e quella parte di sé che rischiava di essere l'altro.

Tanto piú che i giorni radiosi erano stati brevi: assai presto la relazione d'apertura ebbe sullo sfondo il discorso di Churchill a Fulton e nel 1947 la rottura del governo di unità antifascista. Gli alleati della guerra si dividevano in uno scontro illimitato negli orizzonti, duro nella quotidianità. Tuttavia chi veniva dal 1945 non lo confuse con una guerra né desiderò che lo diventasse. Non pensò che si affrontassero fascismo e antifascismo. Cerco di riafferrare la percezione di allora: i nemici di classe non ci erano umanamente alieni come i fascisti, ma politicamente inconciliabili. E infatti non li chiamavamo fascisti – questo divenne corrente dopo il 1968 – ma i padroni erano i padroni, i borghesi erano borghesi, il governo era avversario. E cosí fummo anche noi per loro: eravamo dentro l'arco costituzionale e determinanti nella Costituente, ma non un partito come un altro. Noi, la base e non solo, pensammo che si sarebbe guadagnato lentamente terreno e quindi potere, la storia sarebbe andata dalla nostra parte. «Addaveni baffone» fu una battuta romanesca, a Roma la lasciavano cadere fra sorriso e delusione. A Milano non circolò, i cosacchi in piazza San Pietro furono piú temuti dagli alleati e avversari che sperati da noi, come la sempre piú fantasmatica «ora x»; ma per noi il conflitto era duro, si doveva arretrare, abituarsi a un terreno che cambiava sotto i piedi, alla polizia che interveniva e pestava e, se si trovava stretta in un androne, le prendeva. La magistratura imperversava codice Rocco alla mano, presto occorse il permesso perfino per le conferenze pubbliche al chiuso, e quando cominciava una vertenza in fabbrica volavano le sassate e i vetri.

Di quel che seguí al 1945 e specie al 1947 m'è rimasta l'immagine della lotta di classe allo stato puro in una fase non rivoluzionaria, dentro steccati statuali e internazionali ben fermi. Uno schema, a rifletterci, colto e complicato, e rispetto alle ambizioni personali che si scorgevano in altri partiti, nel nostro erano le idee, il progetto, il partito che contava, non il singolo, perché nessuno da solo ce l'avrebbe fatta. Questo legò per molti anni operai, contadini che lasciavano la terra, migranti dal sud e dal Veneto bianco, che si fondevano al nord senza troppe storie, guardavano ai dirigenti tra fedeltà – anche noi avevamo gente importante – e attesa con una punta di diffidenza. A lungo restò appesa nello studio di Trentin una fotografia di Di Vittorio che incrocia lo sguardo d'un giovane operaio, si interrogano senza sorridere, c'è preoccupazione e domanda.

Quella gente arrivava stanca dalla giornata di lavoro, perlopiú povera ma non tutti, erano operai, insegnanti, ingegneri, pochi studenti, si riconoscevano per l'uso della parola, averla o non averla. Venivano vestiti con decoro, c'era vera povertà e quindi nessun poverismo. Che cosa trovavano? Oltre a sentirsi già un soggetto collettivo, e riconosciuto, una forza che era sicura di dover cambiare? Quanto e fin quando sperò, ragionevolmente nell'ambito di un mondo diviso, un mutare delle cose, dei rapporti di forza? Non saprei dire, forse non ci sono segni, giorni che indicano il venir meno inconfessato d'un domani diverso, inducono al silenzio, a diradare le presenze in sezione, perché l'essere assieme non basta piú, le parole del relatore suonano deboli.

Io scendevo come gli altri, ascoltavo, raramente parlavo, prendevo la mia parte di incarichi. Imparai molte cose ma non ero né sorpresa né sedotta, non sempre ero persuasa, ma mi pareva normale non esserlo. Non ero piú un'adolescente, non cercai e non ebbi una religiosità del partito. C'era la mia formazione, che era una cosa, e quella che intuivo nel relatore e vedevo farsi in chi mi era accanto sulle sedie, che era un'altra. Non pensai mai che dovessero coincidere. Avevo un'esperienza che mi aveva segnata e mi aspettava una mia strada, il mio lavoro, la mia vita. Nei quali c'era anche, decisivo ma non unico e neppure centrale, il Pci.

Capitolo settimo

E invece lo divenne. Decisi di lasciare Hoepli e per far lavoro politico, dev'essere stato nel 1947. Non si diceva piú essere «rivoluzionario di professione» ma qualche solennità l'aveva, si accettava un salario operaio e implicava una precedenza su ogni progetto personale. Ma se sul primo punto ci stavo sul secondo mantenevo una riserva: al mio progetto non rinunciavo del tutto, attribuendomi un tempo illimitato o rifuggendo dal venire in chiaro con me stessa. Intanto avrei dato una mano ad avviare l'Associazione per i rapporti culturali fra l'Italia e l'Unione Sovietica. Transitoriamente. Poi si sarebbe visto. Le ragioni non mancavano: dell'Urss non si sapeva quasi niente, i fascisti l'avevano esorcizzata nel complotto demo-pluto-giudaico-bolscevico, l'occidente non era un teste affidabile. L'alleanza della guerra era finita prima che finisse la guerra, le atomiche sul Giappone avevano anche un altro indirizzo, e il discorso di Churchill a Fulton tolse ogni dubbio. Poco dopo in Italia saltava l'unità antifascista, ed eravamo non solo all'opposizione ma sulla difensiva. Come quella lontana Unione Sovietica.

Scambi di cultura con l'Urss non ce n'erano e a Roma si formò un comitato. Non era un impegno di partito, ma non sarei andata a lavorare per l'Usis, e un Lenin dallo sguardo penetrante campeggiava nella mia stanza. Ci installammo in via Filodrammatici, dove incrociavo sulle scale un ragazzo dagli occhi azzurrissimi, Gillo Pontecorvo. Montammo una biblioteca, presi contatti con università e centri di studio. Presi qualche lezione di quella melodiosa lingua ma mi arresi subito; in biblioteca officiò Vittorio Strada, allampanato e taciturno, non ricordo che nutrisse una passione politica, non so se nutrisse già i suoi dubbi. Raccoglievamo una messe di materiali e domande di scambi da istituti, università, musei e conservatori – erano interessati tutti.

Cosí partirono casse su casse, proposte su proposte, ma non ricevevamo se non giornali vecchi di due mesi, qualche settimanale come «Ogonëk» o «Donna Sovietica», qualche rivista come «Voprosy Filosofii» e «Sovetskoe Gosudarstvo i Pravo», dai quali ogni tanto Strada segnalava qualcosa perplesso. E una massa di fotografie di laminatoi e kolchoz spedite, credo, in modo equanime all'intero orbe terracqueo. In capo a un anno fu chiaro che nulla di quel che chiedevamo arrivava e di nulla di quel che inoltravamo veniva data ricevuta. Chi proprio volle entrare in contatto con studiosi o artisti russi dovette trovare la via maestra dei rapporti personali, tentavo di appoggiarlo e le mie vigorose proteste suscitarono scarsa eco a Roma, nella persona di Giuseppe Berti, che della Associazione era segretario generale, e nel console sovietico a Milano, un signore giovane e di buone maniere, sconsolato. Insomma i rapporti culturali furono un disastro, e mi stupisce quanto pochi studiosi se ne scandalizzassero. Non c'era ancora una pregiudiziale antisovietica e venivano dall'Urss notizie sulla vastità delle distruzioni e dei morti che inducevano piú al silenzio che all'impazienza. L'Urss era il comunismo ma anche Stalingrado, e molti riservarono il giudizio.

Passavamo le fotografie a giornali e agenzie poco interessate, perché se di foto nessuno ne aveva, le nostre non erano, visibilmente, reportage. Finimmo con l'utilizzarle per piccole esposizioni nelle Case del popolo o altri circoli. Erano arrivati dal Messico Albe Steiner, dalla Svizzera Max Huber – Albe era solare e Max un folletto – curiosi di vederle e disposti a montarle, e cosí facemmo con pochi o niente soldi, parlando fra noi di Hannes Meyer e del Taller de

Gráfica Popular o di El Lissitskij. I quali erano tutto il contrario di quel che da Mosca ci arrivava, ma ci demmo una storia dei poveri che, non avendo avuto né palazzi né merletti oltre che zero elettricità, amavano smodatamente quel che di piú orribile è nel gusto borghese; via via che avessero avuto il tempo e l'agio, che qui mancava, di coltivarsi, avrebbero abolito la robaccia e fatto proprio Picasso, che del resto stava all'Ermitage, e Breton e quel Movimento Moderno di cui a Milano avevamo l'eccellenza.

Albe Steiner e Max Huber mi insegnarono a tagliare le fotografie, immergerle nell'acqua e incollarle senza una grinza sui cartoni impaginandole con la sobrietà che il design impose fino agli anni settanta. Non riuscii a emulare le loro splendide scritture nelle didascalie (poche, nessuna enfasi, dovevano parlar da sé). Il nostro era il padiglione piú piccolo ma piú elegante della Festa dell'Unità, che si faceva al parco di Monza tirando su qualche tubo Innocenti e disturbando i fagiani nei cespugli. Abolimmo l'operaio e la kolchoziana, la scelta era larga, le fotografie e i film traducevano una memoria che, se non di Dziga Vertov o Dovženko o Ejzenštejn o Pudovkin (che adocchiavamo con ingordigia nelle copie sciagurate di qualche cineclub), erano almeno di Čuchraj, Eisimont e dintorni.

Quel paese era povero, dissanguato, e un giorno sarebbe diventato anche colto. In breve fu evidente che invece di rapporti culturali facevo propaganda. Poiché neanche la dirimpettaia Usis brillava di saperi, mi infastidí ma non mi scandalizzò. Avrei lasciato l'Associazione in capo a un paio di anni ma non senza essere andata nell'Urss con la prima delegazione dell'Associazione Italia-Urss. C'erano Bianchi Bandinelli, Banfi, Berti, la filologa Maria Bianca Luporini, Francesco Scotti delle Brigate internazionali in Spagna, uomini di scienza come Oliviero Olivo, la partigiana modenese Gina Borellini, cui i tedeschi avevano fracassato una gamba, e Giorgina Levi, Rosetta Longo – comunisti, socialisti, indipendenti. Era il novembre del 1949.

Quasi quarant'anni dopo, nella neve d'un cortile moscovita, una vecchia minuta signora che aveva passato metà della vita nei campi di concentramento mi chiese con semplicità: Ma lei perché nel 1949 venne ad aiutare Stalin? A parte che era come rimproverare a una cavalletta di aver aiutato l'elefante, mi sbalordí. Ma che potevo sapere di Stalin allora? E in seguito non sono stata messa fuori dal Pci per via dell'invasione sovietica a Praga, il «Kommunist» non mi aveva definito trockista, che per loro era come dire delinquente?

Ma di colpo mi rappresentai lei e me nel 1949, io che andavo a vedere com'era l'Urss e lei in una capanna come quella di Ivan Denisovič, senza un'idea di quando sarebbe tornata nel mondo – e un mondo cosí opaco che quando nel 1953 ne ebbe la possibilità preferí restare in quelle lande sino alla fine della pena del suo uomo. Il suo secondo uomo, un ebreo, perché alla fine degli anni venti Mishka era una giovane comunista russa sposata con un giovane comunista tedesco, all'avvento di Hitler erano scampati all'arresto fuggendo lui da una parte lei dall'altra, non si erano piú visti né sentiti e lei era finita nel 1938 nelle maglie di non so quale inchiesta della Nkvd e sbattuta in un campo. Uscí tardi con la massa silenziosa che rifluí nelle città per un decennio, silenziosamente accolta, e soltanto nel 1987 era tornata in Germania, e all'Istituto Hebert, aprendo una porta, aveva incontrato il marito che credeva morto. E lui aveva creduto morta lei.

Questa Mishka mi interrogava nel grigiore degli sterpi ghiacciati nel cortile, e non poteva capire perché ero andata a Mosca nel 1949, non poteva e forse neanche doveva. Non sarei dovuta andare? Non sarei dovuta essere in quella associazione? Nel 1964 o 1965, Ševeliaghin mi presentò a Roma ad Anna Achmatova – la mia bellissima Achmatova ritratta da Lotman, le lunghe gambe incrociate sul divano e il caschetto di capelli corvini, che stette per anni sulla parete davanti alla mia macchina da scrivere. Era ormai una vecchia donna insaccata dall'età e dagli affanni, ma pareva felice, accanto al caminetto dell'ambasciata sovietica a villa Abamelek, di accogliere gli omaggi con un largo sorriso. E cosí fece con me finché Ševeliaghin non terminò la presentazione: «...che è responsabile degli intellettuali del Pci». Il sorriso si chiuse come una porta. Potevo dirle: No, guardi, non sono come quelli? Ero dalla parte che li aveva prodotti. E ormai sapevo molto. Lasciai che ritirasse la mano e mi allontanai. Cosí nel 1989 non mi ero messa a spiegare il perché e il per come a Mishka, che non insisté. Non ha smesso di insistere Karol, polacco e poi apolide e poi francese compagno di vita che ha la mia stessa età ma nel 1943 era in guerra da quattro anni, era già stato ferito ed era finito in un campo in Siberia mentre io cercavo ancora di raccapezzarmi. A guerra conclusa non rimase nell'Urss dove i suoi coetanei erano meno comunisti dei comunisti polacchi, anzi di politica non parlava nessuno. Per cui era tornato in Polonia ma nel 1949, dopo avere brevemente sperato in Gomułka, aveva scelto di restare comunista tra Francia e Inghilterra. «Ma in Italia non vi chiedevate niente? Almeno su Tito? Che hai detto? Che hai scritto?» Non ho scritto niente, né pro né contro. Non lo convinco: perché mi esentai dall'ascoltare e dire? Di Masaryk, di Rajk, di Slánský. Neppure mi sarei accorta dello sciopero tedesco del 1953.

Io lo so perché non mi interrogai sull'Urss e quelle che allora si chiamavano democrazie popolari. Non per troppa oscurità e silenzio, come nel 1938 sugli ebrei, ma perché nel 1948 il frastuono sull'est saliva al cielo. Da quando, a due mesi dalle nostre prime elezioni politiche, Beneš aveva lasciato o era stato estromesso e i comunisti avevano assunto il potere, «il colpo di Praga» era diventato l'arma assoluta della Democrazia cristiana. Il figlio di Masaryk si gettò o fu gettato dalla finestra, e il suo corpo suicida o suicidato, come gli arresti successivi di alcuni leader comunisti erano scagliati contro di noi, comunisti italiani, uomini e donne che non erano stati nessuno e prendevano la parola. Contro di essi e contro il Fronte popolare che li rappresentava nonché contro i socialisti che con noi formarono il Fronte, parlava padre Lombardi, il microfono di dio, e dai muri ghignavano file di soldati con la stella rossa sulla ciapka e le mani piene di sangue. Neppur ricordo se la condanna di Tito venne dopo o prima, so che il «contro di noi» fu piú importante dell'argomento che agitava.

Non posso vantarmi di non avere scritto nulla e credo neanche detto, perché il mio fu un ricacciare in secondo piano le società comuniste rispetto alla prova decisiva che erano le elezioni del 1948. Altro che le morbide alternanze, che poi tanto morbide non sono: allora fu questione di quel che sarebbe stata l'Italia, sotto l'egemonia di chi, progressista o democratico cristiana – due destini. E lo stesso valeva per i nostri avversari, non era il campo dell'Urss ma i comunisti italiani che andavano ridimensionati, e tanto piú in quanto avevano pesato molto nell'Assemblea costituente appena conclusa e che dovette parere ancor piú avanzata di quel che era: l'adeguamento delle leggi alla Costituzione – dal codice Rocco alla parità di diritti fra uomo e donna – dovemmo tirarli fuori metro per metro e non si realizzò prima di vent'anni e piú.

Praga era evocata per gridare che se il Fronte avesse vinto i comunisti e i socialisti avrebbero fatto lo stesso, rovesciato ogni regola democratica e imposto una dittatura. Dubito che De Gasperi ci credesse, né intelletto né informazione gli mancavano, e non poteva pensare che in quegli anni e con le basi americane in casa sarebbe stata ammessa una rivoluzione in Italia; ma temeva la nostra forza, il nostro condizionamento. Dunque addosso ai comunisti che si erano travestiti da democratici e non aspettavano che il momento buono per liquidare la democrazia. La confusione era grande, il nostro silenzio sull'est la accresceva, buttare in derisione la campagna avversaria non era semplice. Ho nella mente un'immagine di Pajetta, incorreggibile, che un giorno o due prima delle elezioni rientra precipitosamente alla Casa della cultura per riprendere la borsa lasciata sulla poltrona: Cielo, dimenticavo i piani dell'insurrezione!

In realtà il Pci temette per lungo tempo che qualcosa potesse giocare alla sua messa fuori legge, e fu una forza democratica vera, anche se so che in merito ci sarebbe da discutere. Allora nella base milanese e lombarda si coltivava il sospetto opposto, che se il Fronte avesse vinto, a rovesciare i dati elettorali sarebbe stata la borghesia. A questo se mai ci saremmo dovuti preparare e non so se Secchia o altri preparassero, e che cosa – se avevano già i piani di ripiegamento che emersero nel 1954 e non erano granché, un aereo per la fuga dei dirigenti, e va' a capire che cosa avrebbero fatto i compagni di minor calibro che peraltro erano ormai noti e schedati dalle questure. So che non se ne fece parola al livello mio, di sezione e di comitato federale (se già c'ero, non era un'istanza cosí importante che uno si ricorda quando c'è entrato). Da allora in poi ogni volta che si andò a un voto sperammo che all'est non ne succedesse una. Quella fu la mia prima terrorizzante campagna elettorale, nei luoghi modesti e periferici che si addicevano a una modesta figura, i terribili comizi, le riunioni di caseggiato ancora peggiori.

Non scorderò mai il mio primo comizio, a Castelnuovo Bocca d'Adda, la grande piazza fra case basse e la chiesa in fondo, i pochi compagni attorno che suggeriscono: «Aspettiamo che finisca la messa cosí la gente si ferma a sentirti», il parroco tutto nero che esce sul sagrato scrutando il suo gregge, andava verso di me o a casa? A casa, andavano, la piazza restava rada, e i compagni mi confortavano: «Ti ascoltano dietro le imposte, hanno paura di farsi vedere». E cosí mi ero lanciata, cercando di capire su quei volti attenti se le parole passavano, in fondo il prete che mi pareva enorme e a un certo punto «el falchett», il figlio dei signori che la domenica roteava con la sua Aurelia Sport, detta anche la bara volante, in cerca di ragazze, e si fermò incuriosito.

Tutti i paesi della bassa lombarda scivolano nella mia memoria in questo scenario almeno per due decenni, finché si sono fatti ricchi, hanno ritinteggiato la piazza diventata centro storico con i negozi di Armani e Versace alla svolta. Ogni volta che la macchina mi depositava in una di queste piazze lo stomaco mi si annodava, non cessò di annodarsi anche quando divenni piú esperta, seguivo con gli occhi quelli che passavano senza fermarsi, mi parevano tantissimi, come quelli che incrociavo andando verso il luogo del comizio, non gli interessiamo, è chiaro, che sto facendo qui? Non sarò capace, non è il mio posto. E non lo era. Non so come parlassi, che cosa arrivasse a quei volti seri, operai e non, o chiusi come quelli dei contadini che arrivavano ancora intabarrati – toccavo con mano la distanza da cui dovevo parergli provenire. Erano là per appendere le pene della loro vita a una ragione piú grande, una speranza – che altro li induceva a venire? Certo non riuscivo a smuoverne l'emozione, come Togliatti e Terracini e Nenni in piazza Duomo. I miei mi parevano piú moderni, si poteva parlare in quel modo piano, prima o poi avrei imparato – senza quelle vette e quei finali che non avrei saputo tirar fuori. Mi buttavo sudando freddo, scrutando la gente davanti, sentendo se poco a poco la ragazza che veniva da Milano suscitava dopo un primo sospetto la sensazione che non erano soli, che c'erano altri con loro, se riuscivo a usare di quel margine per cui una donna era avvantaggiata, la compagna andava aiutata. Insomma se si allacciava il filo che ci teneva uniti. La sensazione era curiosa: eravamo fortissimi, i soli organizzati, ma in un mare di preti e madonne pellegrine, le cui statue oranti e infiorate erano portate da tutte le parti per esorcizzare noi, il demonio. Avvertivo i molti silenzi, ma li attribuivo a un'impaurita simpatia. Che fossimo forti era certo.

Cosí certo che quando cominciarono a scorrere i primi

dati degli scrutini sul nastro luminoso sulla facciata del palazzo dei giornali in piazza Cavour – eravamo accalcati là davanti con il naso in su – restammo increduli. Lo scrutinio era lentissimo, cominciò martedí sera e durò quasi due giorni, ma i primi seggi piccolissimi di provincia emettevano Dc Dc Dc, e poi anche quelli di città, Dc Dc Dc. Prima pochi dati, poi a pioggia. A un terzo dello scrutinio veniva in testa la Dc e non di poco piú di noi – molto, moltissimo. Non ci potevamo credere, nascondevano, tenevano per ultimi i luoghi dov'eravamo in testa. Ma risultò che anche a Sesto, anche nei quartieri che sapevamo proletari, dovunque eravamo al di sotto delle piú pessimiste previsioni. Perdevamo da tutte le parti, la gente ci lasciava, non credeva in noi, ci affogava in un mare di voti bianchi. Eravamo a terra, sbalorditi, davanti a un'Italia – la nostra, il nord – che dunque era tutta diversa da quel che credevamo percorrendola, l'Italia di coloro che non riempivano nessuna piazza, neanche quelle dove parlava uno dei loro, assenti e possenti. La borghesia aveva vinto, e la chiesa di Pio XII con lei.

Fu un duro colpo, prima ancora di valutare le conseguenze restammo scombussolati. Non solo avevamo perduto un paese che credevamo vicino ma rischiavamo l'isolamento, perché si aprí una lacerazione acuta fra i socialisti. S'era disegnata già prima, nella discussione se andare alle elezioni uniti a noi nel Fronte popolare, ma non me n'ero accorta, o me n'ero subito scordata, malgrado che fra i contrari ci fossero proprio i miei amici. È straordinaria la selettività dell'ascolto, per non dire poi della memoria. Poveri storici, quando hanno a che fare con le esperienze vissute – anche se poi la storia è fatta di questa materia. Credevo che in Italia fosse tutto diverso, il passato fosse passato e non è mai vero – erano differenti fra loro, Lelio Basso e non dico Morandi ma Lombardi. Quello dei socialisti è uno scenario tormentato, che si sarebbe tormentato a lungo, oltre il 1956, oltre Pralognan, fino a Craxi quando, dopo una breve tempesta, non se ne parlò piú.

Il dopoguerra finiva per la seconda volta, la prima era stata la caduta del governo di unità antifascista. Che ci aveva preoccupato, ma come una manovra sulla quale avrebbe avuto ragione proprio la volontà popolare che si sarebbe espressa il 18 aprile 1948. Quando dovemmo toccar con mano che non era così. Quella sconfitta decisiva ancora ci sorprese, o almeno mi sorprese, avrebbe stabilito per anni (e non potevo sapere quanti) l'assoluta centralità della Democrazia cristiana assieme all'assoluto nostro ridimensionamento. E infatti subito dopo il voto arrivò il diluvio – un'onda di fondo che travolgeva tutto. Eravamo fuori dal governo per sempre, e non sapevamo della *conventio ad excludendum* che fu formalizzata dopo: perché non è vero che subito, dal 1945, si fosse attivato il fattore K, quell'esclusione geopolitica che nel 1989 tutti dissero ovvia. Si formò piú lentamente, al passo con la nostra debolezza, con la sfida fra le due superpotenze, la Nato e le povere trame di Gladio.

È nel 1949, credo, che sembrammo liquidabili, confinabili. Al Comune di Milano rimaneva Antonio Greppi, la fase del centrodestra sarebbe cominciata nel 1951, ma l'intera città che era una delle grandi zone industriali del paese fu investita dalla ricostruzione postbellica. La quale voleva dire anzitutto crudele potatura delle fabbriche e della relativa manodopera che erano state necessarie alla guerra. A Milano, Torino, Genova – era allora il triangolo industriale – la si toccava con mano assieme alla lacerazione sindacale che ne conseguí. Quanto eravamo forti, lo eravamo ancora? Era la domanda piú tormentosa. Lo eravamo di meno, ma quanto di meno? E perché?

Nel luglio seguente il 18 aprile un giovane di destra, forse squilibrato – Pallante si chiamava – sparò su Togliatti all'uscita della Camera, l'Italia sussultò, Milano uscí per le strade e si occuparono le fabbriche. In piazza Duomo, Alberganti gridò allo sciopero generale a oltranza, cioè fino a che il governo si fosse dimesso: doveva essere un complotto, era impossibile che si trattasse d'un singolo esaltato, e comunque se lo era veniva dal clima di odio creato dalla destra nello scontro elettorale, comunisti diabolici, forche e distruzione della famiglia. Fu una vera rivolta, senz'armi, fatta di furore e angoscia, e toccò in forme diverse quasi tutto il paese. Prima di perdere i sensi Togliatti aveva mormorato: «Non perdete la testa», o questa fu la leggenda e la linea che Longo fece sua.

Due giorni dopo il governo non s'era dimesso affatto, Scelba non era stato rimosso, le prefetture erano in fibrillazione, c'erano stati tumulti – a palazzo Chigi, dicono le carte, si temette e si pensò a una repressione violenta, verbali confusi, ministri che si contraddicevano, polizie, poi un incontro al vertice con Di Vittorio. Lo sciopero si allentò. Era venuta la direttiva di rientrare. Non so come questa decisione fu presa altrove, questa è una delle pagine di storia di un'Italia diversa tra città e città, nord e sud, Roma e Milano. A Milano non rientrò facilmente, bisognò andare fabbrica per fabbrica a convincere e spiegare.

A me toccò l'Autobianchi. Fu la prima volta che invece di esortare alla battaglia andavo a dire «ritiriamoci». Fu tremendo. Il ragionamento – che altro si poteva fare? – contava meno di quei volti operai, vecchi e giovani, esasperati, spaventati e trascorsi dal dubbio che si poteva non cedere, e invece il partito... Le speranze coltivate nella Resistenza bruciavano ancora, incontravano in fabbrica la delusione di chi le prende sempre, come che vada la storia, e quante ne doveva prendere ancora? Ci avevano quasi ammazzato il segretario, e il Pci frenava. Tutto il Pci frenava, Secchia incluso, checché ne abbia poi scritto. E però in quel tempo senza e contro il partito non sarebbero andati, per furiosi che fossero. L'anno prima a Milano si era occupata la prefettura dopo la destituzione dell'uomo di unità antifascista, Troilo, Roma intervenne allarmatissima, sgombrate subito e si sgombrò. Quella era stata una fiammata breve, non aveva la dimensione di questa massa che occupava le sue fabbriche cosciente che nessuno poteva permettersi di sloggiarla a fucilate, Milano non era Piana degli Albanesi. Perché doveva arretrare prima di avere ottenuto qualcosa? Un operaio non piú giovane mi apostrofò: La compagna tiene i piedi in due scarpe. Me ne venne una collera che mi fu d'aiuto, fu uno scontro appassionato e infelice, durò ore e ore, alla fine, stremati, ce ne andammo tutti, uscendo uno dopo l'altro, nessuna fabbrica poteva continuare da sola. Tutti con la coda tra le gambe e l'amaro in bocca, un orizzonte confuso davanti.

Questi furono il mio 1948 e poi il 1949, e appannarono quel che accadeva all'est. Non senza un energico tentativo di riduzione: il 18 aprile aveva reso i fatti di Praga non incredibili ma, speravamo anzi eravamo certi, «non cosí», non come strillavano i manifesti. Qualcosa di pesante doveva essere, sí, «l'Unità» parlava di nemici del socialismo, ne vedevamo anche qui, e quanto alle durezze dello scontro politico ne avevo fatto l'apprendistato in guerra. Contro il 1917 erano stati tutti i poteri, dopo il 1947 li sentivamo anche contro di noi che eravamo molto di meno, un'Italia appena uscita dalla convulsione del fascismo e della guerra. Altrove... altrove non sapevo.

E non so che cosa avrei fatto se avessi saputo sul serio. Con il partito nuovo, e che fosse nuovo era evidente, Togliatti ci dette una esenzione di responsabilità verso quelli dell'est. Che c'erano, anzi erano fratelli, ma insomma il mio vero fratello stava a Sesto o alla Pirelli. E a riflessione fatta avevamo ragione. Una ragione. Il movimento comunista s'era formato da tutte le parti, era un fenomeno mondiale, e per questo apparve minaccioso. Era reticente ai vertici e disinformato nel corpo militante, ma fu il solo a innervare la protesta e la speranza, a dare coscienza a masse che non l'avevano mai avuta.

Se nel 1948 si fosse sciolto nella disperazione, protesta e speranze sarebbero precipitate. La storia d'Europa, e non solo, sarebbe stata differente – il fascismo era stato non piú che un fenomeno nazionale, ha ragione Hobsbawm, ma velenoso e radicato in molte nazioni. Senza i partiti comunisti, tutta l'Europa sarebbe diventata al piú come la Grecia. Piaccia o non piaccia, dove non era al potere il movimento comunista fu una potente spinta democratizzante, e non per una eterogenesi dei fini. Chi non ha vissuto quegli anni sembra che non lo possa capire. È come se fosse sprofondato il continente dei comunisti che non andarono mai al governo, che fino a tardi ebbero poche e vaghe idee del primo stato socialista, che con tessera o senza hanno sempre perduto e furono determinanti della fisionomia del Novecento.

Sta di fatto che nel 1949 accettai con cuore tranquillo di far parte della prima delegazione che andava a Mosca. I famosi rapporti culturali funzionavano talmente male che forse parlando di persona con i nostri dirimpettai avremmo combinato qualcosa di piú. Partii senza angoscia, e in quella prima visita a Mosca dei crimini non capii niente. Né cercai. Non mi aspettavo il paradiso in terra, non vidi nessun inferno. Fu un viaggio per molti versi surrealista. Allora l'Urss non era fra i «paesi consentiti» – quindi dovetti passare per Vienna, piovosa e nera tale e quale nel *Terzo uomo*, e dopo una notte in un alberghetto vicino all'assurda ruota del Prater passai nella zona controllata dai sovietici, dove mi dettero una specie di lasciapassare, e dal loro aeroporto raggiunsi Praga. Praga era bellissima e triste, e c'era di che, ma di novembre nessuno si aspetta gaiezze. Nell'albergo – l'Alcron, una sorta di aeronave per comunisti e associati in transito – nulla funzionava, di indigeni non incontrai nessuno, domande non ne feci, scema, deficiente. Passammo una sera con Ehrenburg che mi parlò delle virtú del cane, il miglior amico dell'uomo, e quando risi mi augurò di soffrire molto per poter capire – ero giovane e piú insopportabile di lui, e con meno motivi di esserlo.

Il terzo giorno ci svegliarono all'alba e alle sette un aereo militare senza hostess né cinture si alzò sopra foreste innevate e pianure piene di corvi, mai visti tanti corvi. Volammo arrancando per dodici ore, fino alle sette della sera, con una sosta in un baraccamento che mi parve dicessero essere Kiev, ma devo aver capito male, dove non fu possibile avere un tè perché non eravamo muniti di rubli. Scrutammo invano l'orizzonte nella speranza che arrivasse Ehrenburg, che avevamo visto all'aeroporto e doveva avere quella maledetta moneta, ma nessun aereo scese nel nostro bizzarro campo. Ci nutrimmo tutto il giorno dei Formitrol dei quali la consorte aveva riempito la valigia di Bianchi Bandinelli. A Kiev, se era Kiev, alcune donne imbacuccate tolsero il ghiaccio dalla pancia e dalle ali del nostro velivolo, e salí un'anziana contadina con un ciuffo di sedano che usciva dalla sporta – fu il primo segno di socialismo, considerato che da noi se volavi da Milano a Roma ti offrivano un'orchidea. Poi ci avvolsero notte e nuvole finché un lucore annunciò Mosca e cercammo di scorgere dai finestrini le stelle rosse del Cremlino, quelle che non s'erano mai spente, neanche quando i tedeschi erano a due passi. Soltanto tre ore dopo l'atterraggio, i discorsi e omaggi di ciclamini, uscendo dall'albergo liberty che qua e là pareva andare a pezzi, vidi sventolare nel cielo oscuro e tempestoso, come nell'aria, senza legami, una bandiera rossa incrociata dai riflettori. Ero a Mosca.

E quella restò, grigia, seria, quasi senza macchine, composta, povera – commovente. Vi passammo quasi un mese, visitando scuole e università e fabbriche e musei e teatri. Nelle scuole mi piacquero trecce e grembiuli e gli animaletti domestici in grandi gabbie e voliere sui pianerottoli. Nelle università incontrammo fra gli altri Judin e Mitin, che sarebbero stati i filosofi, e Banfi e io ci guardavamo mentre ci dicevano della tenzone tra idealismo e materialismo da Platone ai giorni nostri, che avevamo già annusato nell'Enciclopedia filosofica dell'Accademia delle Scienze bloccandone a ogni buon conto la traduzione. La fabbrica tessile era come tutte le fabbriche tessili, forse un poco piú consunta, macchine pulite e pavimenti sporchi, qualche straccio dove un giunto perdeva. Nel gesto della direttrice che si toglie il fazzoletto dai capelli dopo averci accompagnato da un reparto all'altro c'era stanchezza e pazienza – non ci mancava che l'*italianska delegazi*, alla sua Krasnaja Rosa. Diversamente dagli stabilimenti lombardi, in ogni stanzone erano appese, su una parete, le cifre del piano e le fotografie dell'operaia piú brava del mese – chissà se lo era davvero, mi limitavo a sospettare, perché allora nessuno, e io meno che mai, contestava che il lavoro fosse un valore e figuriamoci nel socialismo. Piú mi sbalordirono ai cancelli delle fabbriche i cartelli che domandavano manodopera; non ne bastava mai, pare, neanche quando tornai nel 1988, era una società immobile in piena mobilità verticale.

Alla galleria Tretjakov non ci fermavano davanti a Andrej Rublëv ma neppure lo nascondevano, mentre da una sfilza di sale di mortale verismo ottocentesco – prati, stagni, campi, vacche, salotti e vasi di fiori – e al piú Vrubel', d'un solo balzo si passava a Stalin e Molotov in cappotto sullo sfondo di tralicci di elettricità. Il piú fantastico era un Berija in girotondo con le scolarette e bianche farfalle svolazzanti in mezzo. Gerasimov. E poi Puškin in tutte le salse e formati – era un anniversario della nascita. Dove sono Malevič e Kandinskij? O almeno Bakst, Dejneka? chiesi alla creatura che ci accompagnava. «Nelle cantine», rispose senza batter ciglio. Dissi a Berti: chiediamo il permesso di vederli, brontolò: «Sta' buona». Chissà come si sentivano all'Ermitage i Picasso rosa e blu, se erano nelle cantine o su per i piani, a Leningrado non mettemmo piede.

Avevo chiesto di vedere la Casa dei Soviet di Le Corbusier, nessuno la conosceva, dubitavano che ce ne fosse una ma a forza di insistere la trovarono e fui accompagnata fino a una facciata tutta bucata da tubi di stufe. Era stato il suo tentativo di tenuta termica senza bisogno di riscaldamento (quando nel 1953 incontrai Le Corbusier nel cubo blu dove lavorava al centro d'una specie di officina garage, mi chiese: «L'ha vista, eh? Com'è?» «Bellissima». Foto e guide di Mosca in giro non ce n'erano, non gli dissi dei tubi, per proteggere non i soviet ma la sua pace). Al Bol'šoj ingurgitammo la nostra dose di cigni, cigni bianchi e cigni neri, solisti e in compagnia, andò meglio con il *Principe Igor*, al Mhat assistemmo a una commedia incomprensibile, al Malyj Teatr al solito *Pigmalione* di Shaw. La sola cosa rilevante fu che a teatro il mio abito Dior-fatto-in-casa, spalle scoperte e gonna a mezza caviglia, suscitò sguardi iracondi di donne accollatissime e oltraggiosamente dipinte, e sincero entusiasmo nell'Armata rossa. Un generale mi offrí con ampio gesto cavalleresco la ciapka di astrakan grigio e l'avrei volentieri tenuta se Francesco Scotti (guerra di Spagna) non mi avesse fulminato.

Il professor Oliviero Olivo e io ci sottraevamo al programma ufficiale fuggendo per Mosca, la gente era gentilissima e curiosa con lo straniero, era un popolo affaticato, non sfuggente, non terrorizzato, ci tiravano su in metro, ci indirizzavano a gesti, molti tentavano il francese che era ancora la lingua colta, sollevando gli occhi dai libri – perché pareva che leggessero tutti, ma proprio tutti e sempre. Cosí ci propagavamo per i quartieri, tutti ripetitivi e nessuno miserabile, e quando ci eravamo ben persi, Olivo puntava la Leica su un soldato, quello veniva verso di noi dicendo probabilmente «Non sapete che è proibito fotografare?», noi facevamo «Italianska delegazi, hotel Metropol» (la pellicola rimase intervallata da facce di militari sorpresi) e un taxi ci riportava da Berti che impallidiva.

Ormai s'era ammalato, credo di inquietudine, non usciva dall'albergo. Una volta davanti alla statua di Dzeržinskij mi mostrò pensoso un grande palazzo: «Quella è la Lubjanka. Cara mia, quelli non scherzano». Lo ridisse altre volte, con la funesta disinvoltura di chi sa di non venire capito appieno. Seppi molti anni dopo che era stato sospetto per aver dissentito dal patto tedesco-sovietico del 1938, cosa del quale lo si rimproverava ancora nel 1943 come se nel frattempo non fosse successo nulla. La malizia di

Togliatti doveva avergli rifilato quell'incarico. Avevo tempestato per incontrare i dirigenti della Sovexportfilm e protestare per i film che mandavano e quelli che non mandavano, Berti a ogni buon conto mi indirizzò nell'ora e il luogo sbagliato, e uno di loro mi raggiunse trafelato al treno mentre partivamo. Stavolta per ferrovia perché gli aerei approssimativi dell'andata avevano turbato alcune signore. Ci mettemmo un tempo infinito nelle carrozze larghe e lente per le distese gelate, desolate per poca neve e fiumi che si aprivano come una fenditura nera sulla terra, passando per Smolensk e Minsk, macerie e macerie. Quella era l'Urss a quattro anni dalla guerra, quella mi si fissò nella memoria, e lo scalpitio di zoccoli del cavallo di Vorošilov che rompeva il silenzio della Piazza rossa il 7 novembre, quando la campana del Cremlino aveva suonato le undici. E poi il passaggio dei carri e cannoni, e la folla di soldati e ufficiali con i bambini sulle spalle che avevano rotto le righe, donne e ragazzi che passavano agitando fiori di carta e ridendo – non inquadrati, non minacciosi, un popolo. Quella gente e quelle terre immense e vuote che ce ne andavano separando era l'Unione Sovietica, lo sprofondo d'Europa tra nord e oriente. A Brest-Litovsk finiva. Passata la frontiera, aspettando alla stazione di Terespol il treno per Varsavia, credetti di morir di vomito in una toilette che era un monumento congelato di escrementi.

Questo fu il viaggio a Mosca nel 1949. Nessuno parlò d'altro che di guerra e ricostruzione, non incontrammo il Partito comunista o forse era dovunque, nessuno mi avvicinò o mi sussurrò: «Bada che...» Un accademico, Nesmeianov, che era una squisita persona e mi ricevette in una casa ottocentesca, pensava come noi, mi parve, con un filo di ironia, che sí, c'era un settarismo, una indulgenza populista, un ritardo, bisognava capire quel passo lento. E ritardo doveva essere qualche mendicante che vedevo per strada quando, per sfuggire al *bortsh*, uscivo in cerca di mele verdi e dei gelati sorprendenti sotto il nevischio. Ma mi apparve piú grande la distanza che intercorreva fra gli oscuri spazi cremisi, viola e oro dell'antico Cremlino e le grandi sale bianche e argento di Caterina II, che fra il grigio di Mosca e quello delle altre capitali europee che uscivano dalla guerra. A Mosca non saltavano agli occhi né il socialismo né la tragedia. Non vi sentii mai l'*Internazionale*. Che ci dicevamo, noi italiani? Eravamo commossi, entusiasti, prudenti? Eravamo, ero turbata da quella immensità e fatica – ma non dubitai, e non so se qualcuno dubitò, che la stretta non fosse soltanto di fatica. Non seguii Berti nell'attenzione che dette all'assenza di Stalin dalla piazza Rossa e al discorso di Malenkov. In breve, quel che c'era da capire non capii; e non perché fosse coperto da musichette o grandi scenari e sventolio di bandiere come in Italia e Germania degli anni trenta. Certamente al ritorno ne parlai nelle cellule e sezioni di fabbrica e di strada. Certamente spiegai che nell'Unione Sovietica ognuno aveva lavoro, scuola, sanità, casa, pagava pochissimo affitto, elettricità e trasporti e poteva arrivare all'università. Certamente dissi che era un paese povero, ma che questo era il costo d'una ripartizione non iniqua delle risorse oltre che l'eredità della guerra. Certamente sottovalutai l'illibertà politica, per la convinzione che sarebbe potuta non darsi una volta superato il primo gradino, riparata l'alluvione, insomma a una qualche base materiale raggiunta. Ero anche d'avviso, allora, che poco significassero i diritti politici senza la sicurezza di mangiare e dormire sotto un tetto e avere un lavoro; l'anno prima noi conquistavamo molte libertà nella Costituzione ma era un altro paio di maniche averle davvero. Neanche quelle dette politiche: non facevamo che brandirla, la Costituzione, per poter fare un'assemblea, un corteo (era pubblico, ci obiettava la questura, ogni raduno di oltre cinque persone che non fossero almeno secondi cugini), proiettare un film a sedici millimetri, leggere un testo senza visto di censura, avere il passaporto, contestare il codice Rocco rimasto quel che era. Insomma i diritti politici non erano garantiti né qui né là – semplificavo. Quanto a quelli sociali era chiaro che là c'erano e qui per modo di dire: da noi nessuno brandiva la Costituzione per avere un lavoro o una casa. Bisognava conquistarseli in fabbrica e fuori, contenderli metro per metro.

A lungo mi intrigai nel pensare se venissero prima o dopo, e perché o gli uni o gli altri sempre stentassero. Non posso dire che dopo quel viaggio lasciai l'Italia-Urss per inquietudine, la lasciai. Ma non per tornare dopo un intervallo di politica ai miei piani di studio: andai a lavorare direttamente in federazione. Come avvenne? Mi fu proposto? Non me lo ricordo. Non la vissi come una svolta, o forse le vere svolte sono sornione, si vedono solo a distanza; certo continuavo a darmi tempo. Sia attraverso Banfi sia per le frequentazioni nulla ignoravo dell'università, men che mai la strada e i sentieri che occorrono per entrarvi. Ne avevo piú occasione di altri, un paio di volte mi venne proposto ma non misi mai le uova in quel paniere; il Pci era alle corde, avevamo tutti contro, impazzava la Guerra fredda, sarebbe stato come squagliarsela. Non era il momento. Non ancora.

Capitolo ottavo

E cosí fu fino al 1958 o 1959, quando mi trovai nel comitato centrale e mi venne da pensare: «Da qui non si esce
senza tragedie». Ancora una volta rimandai, anche se sempre piú scettica, i miei conti interni, il piú fastidioso fra i
quali era che sarei rimasta una mezza calzetta – sí e no
un'*amateur*. Ma non si abbandonava il partito perché era
sconfitto anzi barcollava ancora sotto la botta del 1948.
Per arrivare a considerare l'essere comunisti un transito
come un altro sarebbe occorso persuadersi che eravamo
solo macchine desideranti, e che contava meno quel che
desideravamo del fatto di desiderarlo; per cui quel che avevamo inseguito, ciechi e tapini, non erano che grandi nar-
razioni, favole e non delle piú innocenti, e smetterla con
le medesime faceva sentire piú adulti e non piú ingombrati
da domande terribili. Ma all'uopo sarebbe servito un uso
approssimativo dei francesi, Lyotard ma anche Deleuze,
che sarebbero venuti piú tardi.

Allora, dopo il 1948, cadeva sui comunisti la vendetta
per la paura che ne aveva avuto la proprietà. Su di loro e
sul sindacato, in genere sui lavoratori dipendenti considerati piú o meno una loro protesi: cominciarono le discri-
minazioni in fabbrica, dalle schedature al restringimento
di questo o quel povero diritto, all'uso dei reparti confino, specie di super *mobbing*. Era meglio non farsi vedere
ai cancelli con un giornale di sinistra, presto gli operai furono perquisiti all'ingresso e all'uscita, e anche la piú privata borsetta dell'operaia, con i nostri poveri e nascosti ri-

corsi di donne, dovette essere aperta ed esposta sul banco, nel dubbio che si portasse dentro o fuori qualcosa. La fabbrica non ammetteva la fermata di reparto per tenere un'assemblea, e poco dopo mise fuori dalle sue mura la stanzetta per la sezione sindacale. Per chi consumava la vita fra turni di lavoro e corse di tram dall'hinterland significava non potersi piú trovare assieme. Salvo nelle piú rade sedi del sindacato o dei partiti, ormai prese in affitto perché quelle del Pnf o della Gil abbandonate dai fascisti si dovettero restituire a qualche proprietà. E non parliamo di riunioni all'aperto, occorreva il permesso della questura. Era il codice fascista Rocco a regolare l'ordine pubblico. Quell'essere liberi di muoversi soltanto in un controllato recinto fu una umiliazione.

La Dc diventava governo e stato, e neanche nelle piú nere ipotesi prevedemmo che lo sarebbe rimasta per quarant'anni, coinvolgendo gli alleati al piú in qualche ministero secondario, ma tenendosi stretti gli esteri, gli interni e la scuola – quest'ultima solo una volta lasciata al socialdemocratico Paolo Rossi, che non brillò per un ritorno alla laicità; i soli cui dovette dar fiducia furono i repubblicani, Ugo La Malfa e Bruno Visentini, sapienti sul piano economico e fiscale. Ma dove si aveva a che fare con le masse, mise gli uomini e le donne di sua obbedienza, e non erano né pochi né sciocchi. Appoggiò le ristrutturazioni industriali, divise il sindacato, controllò l'agricoltura tra Federconsorzi e piccola proprietà contadina, si tenne saldi i prefetti che per i costituenti andavano aboliti – altro che autonomie locali, erano la ramificazione del ministero degli Interni su tutto il territorio, e tali sono ancora.

Eravamo cosí pesti che ci sfuggí per un pezzo che la Democrazia cristiana non si limitava a reprimere, costruiva un nuovo blocco sociale. Non era il Partito popolare di don Sturzo un po' aggiornato, si muoveva con intelligenza fra continuità antifascista e discontinuità con i comunisti. Cambiava la fisionomia del paese, e non avrebbe potuto non essere cosí: al ventennio fascista e alla guerra – e quella guerra – dovevano seguire grandi mutamenti dove scivolavano anche i grigi, che non erano diventati bianchi o rosseggianti di colpo. Rimaneva la gran massa elastica del paese, per cui pensare la politica significa scegliersi un leader che ti dia qualcosa, e chiuso. Questa massa aveva risolto il dilemma nel quale l'Italia era stata in bilico dal 1945 al 1948, fra una democrazia molto ma molto segnata dai comunisti o molto segnata da una restaurazione; con quelle elezioni la rottura dell'unità antifascista si dispiegava in tutto il paese come nel resto del mondo occidentale – i pezzi di domino cadevano uno sopra l'altro.

Avremmo dovuto capirlo prima che un blocco vincente non si spiega con la sola repressione. Ma per molti di noi ci volle quella doccia fredda. A spiegare la nostra disfatta non bastava la campagna anticomunista sull'est. Essa doveva essersi aggiunta alla percezione che in tempi di pace non contavamo piú come in tempo di guerra, i poteri erano tornati altrove. Dell'Urss come dei partigiani gli alleati e il senso comune avevano avuto bisogno contro la minaccia nazista, poi basta. Non ci restava che tener fermo sedimentando un'alterità – altra società, altri rapporti fra la gente, altro tutto – che non sarebbe andata distrutta fino agli anni ottanta. Ma nessuno poté piú pensarsi fuori dalle grandi spartizioni del mondo. Noi eravamo a ovest e indicati come minaccia da abbattere. Con le forme democratiche, naturalmente – sempre in Europa eravamo. Non ci restava che difendere gli spalti, che non è la condizione piú favorevole per riflettere.

Non sapevamo su che cosa tenere se non dalla parte dei lavoratori e con la Costituzione. Per i primi l'occupazione era minacciata, e sempre minori i diritti, che dopo la guerra non erano stati regolati da nessuna legge ma dal mero rapporto di forze. E poiché alla Costituente avevamo contato piú di ora, considerammo la Costituzione come una carta nostra, la addentammo e non mollammo piú. E avevamo ragione, come si vede dalla furia anticostituzionale di oggi: era una carta che consentiva il conflitto sociale. Ma per molti anni non sapemmo bene dove il paese stava andando: a una nuova stretta, a una nuova guerra, a un fossato sempre piú largo fra classe dirigente e popolo? Ma eludemmo il che fare in una fase che non era solo restaurazione ma ricollocazione delle figure politiche e sociali – forse non c'erano le condizioni, forse mancavano le teste. La sola alternativa al piano Marshall – dal quale tememmo una colonizzazione da parte degli Usa – fu il piano del lavoro di Di Vittorio, ma le leve della politica economica che lo potevano assicurare ci erano precluse, e forse non ne intendemmo bene la necessità. Per il lavoro ci sarebbe stato un orizzonte soltanto col boom che seguí alla ristrutturazione, e fu ben diversa dalle prudenti proposte che erano state, nel governo di unità antifascista, di Antonio Pesenti ed Emilio Sereni, per non parlare del temerario Riccardo Lombardi.

Intanto passava, pura e semplice, la demolizione dell'industria di guerra e della manodopera che l'aveva salvata dalla distruzione tedesca. Cadevano dopo assedi di mesi, e a volte di anni, le grandi fabbriche e con esse il sindacato e il partito, che vi si erano organizzati avventurosamente nella clandestinità e trionfalmente dopo la Liberazione.

Su questa svolta, assieme economica e politica, la Dc e l'impresa scommisero. Non so se fossero tanto piú acuti di noi e prevedessero l'esplosione dei consumi che avrebbe trascinato l'occidente dopo gli anni difficili; casa, auto, elettrodomestici, acciaio, tutta l'Europa tirò e fu tirata da questa crescita tumultuosa ricorrendo senza problemi – allora non li aveva nessuno – al *deficit spending*. Ma prima bisognava liquidare la produzione per la guerra delle grandi fabbriche, e non sapemmo o potemmo che opporci, per cui fu un'occasione per il padronato di far fuori anche quel tanto di autorganizzazione che i dipendenti si erano dati.

A Milano il voto a sinistra aveva tenuto piú o meno in periferia, ma al centro no; già in città non eravamo mai stati fortissimi. Subito oltre la cintura operaia dilagava un mare bianco, una Brianza tutta democristiana, fra parrocchia e piccola proprietà, dominio del prete che aveva funestato i miei comizi dal sagrato della chiesa. Resisteva soltanto Sesto San Giovanni. Anche nella bassa padana cominciavamo a flettere, perché iniziava lo spopolamento delle campagne a cultura estensiva – il bracciantato sarebbe rimasto piú a lungo nel basso Veneto, in parte della Puglia.

Non mi pare che valutassimo bene i processi che pur chiamavamo «oggettivi», ce li sentivamo grandinare addosso e lanciavamo alti lamenti. Dovevano essere persuasivi, colpire ancora una sensibilità se per molti anni il cinema neorealista avrebbe puntato la macchina da presa dalla parte di chi quel mutamento lo subiva e pativa – le mondine di *Riso amaro*, i pensionati di *Umberto D.*, i nebbiosi amori operai di *Il grido*. Il neorealismo conquistava l'Europa dando volto a quella perdita. Ci sentivamo come John Wayne nel fortino assediato, ma senza alcuna certezza di vincere gli indiani. Gli indiani eravamo già noi.

A Milano era appena meno pesante che a Torino, dove la Fiat era tutto e non solo nei suoi favolosi stabilimenti, dilagava l'indotto nella città. Milano non fu mai di una sola impresa. Ma ce n'erano di piú e meno significative. Alla Breda di Sesto San Giovanni la direzione chiese di colpo cinquemila licenziamenti. Nonostante un paio d'anni di resistenza, manifestazioni, scioperi, intervento del Comune venne il giorno in cui ci si dovette arrendere. Una mattina vi entrammo per l'ultima volta assieme alla fiumana delle maestranze che tornavano a dorso curvo dopo mesi di lavoro non pagato; affluivamo dal ponte di Sesto che era stato tenuto per qualche giorno, sí, dagli operai con il fucile. Appena il cortile fu zeppo, una voce dall'altoparlante, che pareva quella di dio, disse che la vertenza era finita, che il sindacato aveva perduto, che i cinquemila licenziamenti erano mantenuti e che per quel giorno si tornasse a casa tutti a pensarci su.

E cosí fu. Finí per i non dipendenti, cioè noi, la possibilità di entrare in azienda, e gli operai non poterono piú fermare il lavoro con la sirena. Eppure non avevano mai cessato di produrre, non avevano mai messo in dubbio che dovevano sgobbare, ma se il padrone o lo stato avrebbero comandato proprio su tutto o no. Me ne andai mogia in quella folla umiliata, domandandomi dove sarebbero finiti i cinquemila – si sarebbero perduti, ognuno da solo in cerca d'un impiego che non avrebbe trovato. Sbagliavo: lo trovarono. Rifluirono in altre produzioni che non avevamo previsto, da nessuna parte e dovunque.

Noi vedevamo soltanto la crisi, il finire di un'epoca e il padrone che tornava padrone. E la sua molto legale violenza: si è calcolato, ha scritto Ingrao, che dal 1948 al 1950 la repressione giudiziaria sui movimenti di lavoro, dove volava qualche sassata, è stata maggiore che in epoca fascista. Specie nella paciosa Emilia le forze dell'ordine sparavano. Si cessò lentamente di sperare che si potesse ottenere qualcosa di piú, si trattava di tenere e basta. Ignoravo allora che i lavoratori, la classe operaia, sono sempre là – checché si vada raccontando – ma che si muovono e manifestano e visualizzano soltanto quando si sentono uniti e in condizione, se non di vincere, di andare avanti. Non hanno il gusto della disobbedienza, hanno cose piú serie cui dare la priorità, per esempio come vivere. Magari male ma vivere. In quegli anni li vidi scendere e salire nei tram e attraversare i cancelli sotto gli occhi dei guardiani, ci salutavano a distanza, ben stretti a un salario che si poteva perdere, poco inclini anche allo scherzo amarognolo che sta da secoli al fondo dell'umorismo lombardo – il quale poco sa di momenti di libertà, se non sei padrone di altri non lo sei neanche di te stesso.

Era dal mezzogiorno che venivano ormai le lotte piú entusiasmanti, i contadini partivano in corteo e occupavano il latifondo della proprietà assenteista, la quale si difendeva con i gendarmi. L'intero partito guardava a quelle figure nobili e determinate, con annessi intellettuali e pittori, fu un movimento forte e non del tutto sconfitto se portò al famoso lodo De Gasperi. Che noi ostacolammo in Parlamento perché ai padroni era tolta la terra che non coltivavano ma consegnata al futuro coltivatore diretto, che della Democrazia cristiana diventava base sociale e lo sarebbe rimasta finché non arrivarono le multinazionali dell'agricoltura.

Erano gli stessi, quelli dei cortei e i coltivatori diretti? Non credo, quelli dei cortei poco dopo avrebbero preso le strade del nord perché della terra non si viveva. Erano impressionanti. Nel 1949 scendevo al sud per la prima volta, e al teatro Politeama di Napoli, dai palchi che andavano a pezzi se si tentava di appendervi il cappotto, li vedevo per la prima volta al convegno del mezzogiorno e delle isole. Per la prima volta sentivo le donne alte diritte nero vestite e con lo scialle in capo che si ergevano come Irene Papas, come Ecuba; non piangevano, stavano al microfono come fossero in casa, con collera e ragionamenti. Da noi il proletariato non aveva quella eloquenza, le donne meno che mai.

Fu, quello del sud, un movimento forte e ci parve che il partito, a Roma, vi desse piú peso che non desse a noi, il nord con le spalle al muro. Altrettanto dura era la lotta nelle città settentrionali, dove non si trattava di distribuire la fabbrica fra chi vi lavorava. Di Vittorio si batteva per ridurre i licenziamenti. Ma non osavamo lamentarci di quella preferenza di Botteghe oscure. Certo gli operai non erano quelle figure imponenti, quelle maree di gente che marciava con la bandiera contro il cielo, la fabbrica non aveva la sacralità della terra.

Il Pci diresse le lotte meridionali perché era innestato nel vivente piú che in grado di prevedere il volgere dell'agricoltura. Poi avrebbe seguito con incertezza la grande migrazione al nord e il mutare di quegli uomini e donne in proletariato urbano. Non pensammo – almeno io non pensai – che trent'anni dopo la proprietà di quelle terre si sarebbe riunificata senza piú né Gattopardi né fattori rifatti, ma in unità produttive multinazionali con sempre meno manodopera e certo non assenteiste.

Insomma non era il momento giusto per ritirarmi negli studi senza naturalmente lasciare la tessera, pronta a dare una firma e vediamo coma va a finire. Qualcuno mi ha rimproverato una visione oblativa, cattolica nella precedenza che davo, e dò ancora, al lavoro fra la gente. Non credo, non ho alcuna propensione all'assistenza. È che uscivamo dalla guerra con un rifiuto indelebile della disuguaglianza fra gli uomini. Per questo quelli che lasciarono nel 1948 rimasero nelle vicinanze, anche in preda alla collera come Franco Fortini, anche se piú preso dallo studio come Enzo Paci, anche se travolto da non so quale sciagura interiore, come Remo Cantoni. Per il salto dall'altra parte ci sarebbe voluto il 1989.

Intanto io passavo da militante a dirigente, su per i gradini della federazione di Milano, nell'apparato vero e proprio, dalla mattina alle otto e mezzo alla sera alle sette, perlopiú dopo avere tentato alle cinque una riunione all'uscita di fabbrica. Dove si trattava sempre e soltanto di salari, ridimensionamenti di manodopera, restringimenti di libertà – non veniva nemmeno in mente che il partito potesse far altro che da supporto al sindacato. E alle nove c'erano gli appuntamenti nelle sezioni – le cellule di strada diventavano sempre meno – che dovevano finire prima dell'ultimo tram. Se no un compagno doveva riportarti a casa sulla Lambretta volando per i viali periferici deserti.

Per la mia strada personale ci fu sempre meno spazio, ma che mi prenda un fulmine se riesco a definire, prima di trovarmi in comitato centrale, il giorno in cui ne presi atto. Né ero assillata dalla domanda «ma che stai facendo?» Ogni giorno conteneva i lineamenti del giorno successivo. Anche se mi venivano gran botti di malinconia. Non sono infondati i rimproveri che mi fanno per aver dato troppo o troppo poco al partito, alla rivoluzione, alla causa delle donne, al movimento o a me stessa.

Andavo sui trent'anni, età decisiva e inquietante, e stavo fra pubblico e privato come una stentata mangrovia fra terra e mare. Nel privato incontravo frustrazioni che attribuivo a ogni donna: eravamo emancipate ma non andava tutto da sé. Tornava la mistica della femminilità, come scriveva Betty Friedan, e da noi in sopravveste cattolica. E rispuntava la maternità come destino, ce n'era una anche di fonte rodaniana, articolata con argomenti inabituali da Margherita Repetto, che potrebbe essere un'ava della Libreria delle Donne e mi sgomentò dalla «Rivista trimestrale» di Claudio Napoleoni e Franco Rodano.

Io non avevo impulsi materni. E al sesso davo una mitigata importanza, penso per patirne di meno. Perché non credetti neanche mezz'ora al puritanesimo comunista, sventolato da un vertice nel quale imperava il gallismo, le donne si laceravano come sempre per lo stesso uomo e non c'era una coppia regolare, eccezion fatta per il giovane Amendola e la sua Germaine e il giovane Ingrao con la sua Laura. Il perbenismo di facciata serviva a rassicurare i cattolici (non siamo per il libero amore, anzi), oltre che a esaltare le priorità dell'impegno politico rispetto a quelle della persona, che sarebbero state piccolo borghesi – questa era la scemenza preferita (che fu ripetuta anche da insospettabili padri della patria ancora nel movimento per il divorzio). Intanto fra i compagni di ogni livello imperversavano passioni e tragedie, separazioni e unioni di fatto, se mai con il bisogno di confessarsi al compagno dirigente – cosa che mi lasciava a bocca aperta.

In tema di sesso c'era un solo interdetto, l'omosessualità, ma penso piú per una prevenzione maschile che per un dilemma morale del «marxismo-leninismo». Per cui qualche «cellula» fece fuori Visconti o Pasolini, con i quali il vertice continuava, sospirando sui limiti del partito, a intrattenere buoni rapporti. Ma Visconti e Pasolini ci patirono, tanto forte era il bisogno di appartenenza. Quanto alle donne, in mancanza d'una contraccezione decente, si dibattevano con gli aborti in clandestinità. La prima radicale che conobbi fu Adele Faccio: assieme con un residuo della Milano positivista, il Centro di igiene mentale, era la sola a battersi contro la legge che ancora proibiva tutto in nome della fascista difesa della stirpe.

Non è facile cortocircuitare famiglia e maternità. Non stare nella norma è anche un'incompiutezza. Ero andata a leggere, accrescendo gli interrogativi, il primo trattato di psicoanalisi di Musatti, la cui uscita fu un evento, e razionalizzai energicamente anche Freud non senza assegnare a me stessa diverse insufficienze. Dove stava l'unità della persona? Da nessuna parte. Ma nulla avrei voluto mutare di come vivevo, bene o male che mi andasse. Contava quel che si faceva, del conscio si era responsabili e l'inconscio andava rimesso al suo posto.

Se nel privato andava come andava, nel pubblico avemmo per tutti quegli anni propaggini doloranti ovunque, da Milano a Berlino, dalla Corea agli Stati Uniti. Soltanto in Cina, ma cosí lontana, germogliavamo. «Vivevate nelle certezze» – che stupidaggine. Vivevamo nelle domande in un mondo che si ordinava o disordinava in un conflitto altro da quello tra fascismo e antifascismo. Illusioni su un indomani radioso non ne ricordo, infilavamo una sconfitta dopo l'altra.

Certo misuravamo la nostra stanza dal pianeta, che è un metro diverso dal misurare il pianeta sulla propria stanza. Anche se il frastuono può essere altrettanto assordante. In quella nostra esistenza l'Io era esaltato e rimpicciolito, scorrevano sullo stesso quadrante le ore della Guerra fredda e delle interne irrequietezze. Due piú due faceva raramente quattro.

Non ci aiutavano le tempeste – per l'esattezza, le forche – dell'Europa orientale. Ci avevano preso di contro-
piede e tentammo di negarle, il partito era fatto di gente
che non sapeva degli anni trenta, il gruppo dirigente non
ci teneva a informarla e finivamo col balbettare: «Ma anche il vostro capitalismo... ma anche il colonialismo»
– obiezioni miserande, che non hanno mai persuaso nessuno, perfino nostri avversari pensavano che il socialismo
fosse diverso.

Ma da quella parte non veniva altro, mentre dall'Urss
piovevano statistiche sulle produzioni di acciaio e di grano, spiegazioni e interrogativi zero. Se da Iugoslavia e Polonia e Ungheria e Cecoslovacchia (gli altri manco li vedevo) avvertivamo scricchiolii sinistri, nell'iperborea Unione Sovietica non succedeva mai niente. Non avemmo
contezza delle deportazioni seguite alla guerra e fino al
1953 ci fu una pausa dei grandi processi, che i piú giovani ignoravano e sui quali i meno giovani tacevano. L'interdizione fascista della stampa estera ci aveva aiutato a
non sapere. Adesso le democrazie popolari parevano perpetuamente insidiate dal nemico, interno o esterno, per
cui c'era una stretta dopo l'altra. Sulle quali il Pci non
avanzò dei dubbi. Eppure Togliatti ne doveva avere se nel
1951 rifiutò di dirigere il Cominform – invito cui aderí il
resto della direzione, vecchi e giovani, Terracini escluso,
per togliersi Togliatti dai piedi (ma lo sapemmo molto piú
tardi, perché in quegli anni il centro era ermetico).

Alla base arrivavano soltanto segnali di pericolo, il nemico era dovunque. Altri elementi di giudizio non avevamo. E non cercavamo: era piú sconfortante pensare che
Tito tradiva o che l'Urss lo condannava a vanvera? In-
dietreggiavamo. Non era per migliorare il socialismo che
gli avversari strillavano, mi rassicuravo. Era vero ma intanto non mi detti da fare per procurarmi Djilas.

E poi nel mondo il panorama era contraddittorio. Non

tutto il campo socialista era l'Europa dell'est. Di colpo l'oriente diventò rosso, nel 1949 era arrivata la Cina, lo sconfinato impero di mezzo, rimandando immagini sorprendenti per chi ne conosceva gli stereotipi dei film, l'ambiguo sorriso degli uomini e il seducente guscio di seta che fasciava le donne. Come si combinavano quelle raffinatezze con *La Condition Humaine* di Malraux e i comunisti gettati nelle caldaie delle locomotive? Invidiavo chi aveva tutto in ordine in testa, la mia era come il magazzino di un rigattiere. Imparavamo che c'era stato un dottor Sun Yat-sen, si favoleggiava della «Lunga marcia» di Mao Tsetung, prendevano corpo le atrocità giapponesi. I primi che andarono in Cina negli anni cinquanta raccontavano d'una grande povertà, d'un popolo immenso, paziente e sapiente, lontano dalle macerazioni dell'anima slava, che pareva nato per stare in collettivo e recuperare in quella sua rivoluzione tutta la sua storia, leggende e fantasmi inclusi. Leggemmo ingordi Edgar Snow, *Stella rossa sulla Cina*. Dunque ondate di popolo arrivavano a riva attraversando tempeste. Popper ci rimprovera di aver creduto nel cammino della storia, il che non è molto diverso dal rimproverare a Hegel di aver creduto in quello dello spirito assoluto e a Croce in quello della libertà. Chissà come lo valutava lui, Popper, quello sfavillio rosso a Oriente.

Senonché due anni dopo scoppiava la guerra in Corea, per cui familiarizzammo con il 38° parallelo, diventato di colpo fosforescente. Era una guerra assai lontana ma tolse l'illusione che ormai non ci sarebbero state piú guerre se non di classe; Togliatti, che lo aveva ripetuto fino al giorno prima, da allora in poi evocò la guerra sempre. Gli Stati Uniti si dettero il volto del maccartismo, andò a picco l'immagine benevola dei loro ragazzoni sbarcati in Europa e quella che amavamo attraverso Mathiessen, Pavese e «Il Politecnico». Dunque era vero che dove si odia il comunismo la democrazia periclita.

A torto ci si figura la Guerra fredda come una glaciazione. Successe di tutto. Nel 1947 il mondo era diviso sul punto – socialismo sí o no – che era stato provvisoriamente accantonato dal 1939 al 1945. E perché non doveva dividersi? Fra l'occidente e la Germania c'era stato un feeling fino al 1938, ci volle l'aggressione del Terzo Reich per chiuderlo, mentre l'Unione Sovietica nel 1938 aveva vacillato di brutto per impreparazione e paura. Ora il vero fronte si ridelineava. Forse ci avrebbe messo di piú ad apparire se Roosevelt fosse ancora vissuto qualche anno. Forse l'est non avrebbe conosciuto passaggi tragici se l'Urss non si fosse sentita di nuovo accerchiata. Ma non so. Non riuscimmo ad articolare queste domande.

Sta di fatto che nel 1948 ogni confine fra il cosiddetto campo socialista e il campo capitalista diventò incandescente. In Europa parve prendere fuoco ogni momento. Eppure visti da oggi i due campi appaiono, in Europa, simili a due cervi maschi che lottando si incastrano le troppo vaste corna: alla fine uno stramazzerà. È stramazzato il nostro. Ma non nella Guerra fredda. Stramazzò quando era bell'e finita. Allora paventavamo che gli Stati Uniti ci colonizzassero mentre loro paventavano che i cosacchi venissero ad abbeverare i cavalli alle fontane di piazza San Pietro. Sbagliavamo tutti. Il piano Marshall non ci colonizzò, ci industrializzò, e come nella tramortita Germania crebbero assieme capitale e proletariato. Quanto all'Urss, non era in grado di invadere nessuno e teneva a stento il campo che si era assegnato nel 1945.

A distanza di mezzo secolo sembra paradossale: l'Europa occidentale non fu mai, neanche lontanamente, in procinto di precipitare nel bolscevismo, eppure al «fattore K» credettero anche i meglio democratici, anche uno come Riccardo Lombardi. E il timore fu talmente condiviso che perfino amici insospettabili furono sicuri che al Pci non si sarebbe mai permesso non dico di impadronirsi del potere, ma neppure di entrare in un governo. Nel 1989 stralunai su un articolo di Norberto Bobbio – tutti sapevano, scriveva, che mai e poi mai i comunisti ci sarebbero potuti arrivare, neanche con il cinquantuno per cento dei voti, perché la geopolitica lo avrebbe impedito. Dunque alle elezioni s'era scherzato? Ma era poi vero? Che sarebbe successo, per esempio, se negli anni sessanta fossimo arrivati davvero al famoso cinquantuno per cento, e non poteva che essere che assieme ai socialisti e qualche intelligente terza forza: la guerra civile sotto le bandiere di Edgardo Sogno? Ci avrebbero invaso gli Stati Uniti? Ci sarebbe stato un golpe? Ci avrebbe occupato l'Unione Sovietica?

Anche a non capire che Togliatti avrebbe moltiplicato le aperture a una grande coalizione, e non per buttare De Gasperi da una finestra alla prima occasione, la verità è che il Pci non fu mai nella condizione e, per quanto mi risulta, nella volontà di tentare un colpo di mano. Il massimo della minaccia fu di Togliatti quando ammonì: Se ci trascinate in una guerra all'Urss, il popolo comunista si ribellerà. Ma nessuno ci trascinò in una guerra all'Urss, neanche i piú stolidi fra gli stati maggiori di Truman o di Reagan, tanto meno le cancellerie che fino al crollo del Muro di Berlino neppure sospettarono quanto fosse divenuto fragile il gigante dell'est. L'attesa dell'«ora x» non varcò i confini di una base desolata e irritata. Se mai il Pci temette di essere messo fuori legge a ogni passo falso, lo temettero tutti, incluso Pietro Secchia che su un'immagine di rivoluzionario incatenato fece poi la sua fama.

Sta di fatto che ogni due anni parve scoppiare la guerra per Berlino mentre scoppiò per davvero nella lontana Corea, che di sera in sezione i compagni cercarono sulla mappa (e non è il modo piú stupido di imparare la geografia). Berlino bolliva, ma niente: anche quando Chruščëv fece l'errore di mettere i missili a Cuba, gli Usa preferirono non invadere l'isola e Chruščëv preferí arretrare inve-

ce che minacciare Berlino; le corna reciproche erano inca-
strate.

E non solo per il rischio atomico. Oggi penso che Togliatti si augurasse un'Urss forte ma un po' in là, della cui
forza strategica avvalersi ma per fare tutt'altro che nelle
democrazie popolari. Da parte sua Stalin, che stava andando all'altro mondo nella sua crudele crisalide, avrebbe
preferito che in Cina la rivoluzione non ci fosse. Le ragioni
perché non si muovesse foglia erano molte. Per cui Berlino fu una caldaia che non scoppiò mai, una nave mezzo
occidentale nel mar dei Sargassi della Ddr e mezzo comunista sui fondali dell'ovest.

A mezzo secolo di distanza stento a capire come in Europa si temessero tanto i comunisti quando eravamo cosí
malridotti: in Spagna, Portogallo e Grecia l'estrema destra
sarebbe durata ancora vent'anni, mantenendo comunisti e
sindacati fuori legge. In Germania eravamo un residuo il-
legale, ci aveva pensato Hitler. In Gran Bretagna e nei Paesi Bassi eravamo briciole – nel 1953, in Danimarca, la direzione d'una enorme cooperativa mi presentò cortesemente il responsabile della cellula aziendale come fosse un
panda. Parevamo giganteggiare in Francia e in Italia dove
stavamo sul venti per cento o poco piú.

Eravamo la cattiva coscienza di tutti, questo sí. Perché
sul conflitto fra capitale e lavoro dopo il 1945 – anzi fin dagli anni trenta, e forse venti – nessuno nutriva dubbi. Non
la destra, naturalmente, che lo agitava con intenzione, non
le democrazie che si erano attestate su Keynes. Certo l'esistenza di un paese che aveva abolito la proprietà privata del
capitale poteva dar coraggio ai lavoratori, percepiti come
avversari ed energicamente repressi anche se allora non si
usava vantarsene. E si chiamava ogni illibertà dell'Urss a
prova che fra un sistema senza padroni e un sistema senza
libertà non poteva passare alcuna differenza. Il Pcus fece di
tutto perché paresse vero, l'esperienza dell'Urss fu quella.
Ma in Europa fino agli anni novanta la posta in gioco fu il

rapporto delle forze sociali piú che una minaccia d'invasione sovietica o la sovietizzazione di Germania, Francia, Italia e seguenti.

Mi trovavo in uno dei molti cerchi concentrici che si allargavano dalla segreteria d'una federazione verso la famosa base (non ricordo quale, li ho passati tutti, nel 1950 era forse ancora il comitato federale) quando mi si chiese, da Milano e da Roma assieme, di cercare di rompere l'isolamento in cui ci trovavamo. La Cgil cercava di farlo fra i lavoratori non poco scottati dalla rottura sindacale; ad alcuni fra noi, che parevano socialmente collocati all'uopo, fu chiesto di farlo fra gli intellettuali, categoria temibile.

Dovevo tirare la Casa della cultura fuori dalle rovine del 1948. Nelle quali aveva perduto, oltre l'unità fra gli antifascisti, la sede in via Filodrammatici dove era tornato sornionamente a insediarsi, fra meno polverose kenzie e divani rifatti, il monarchico Circolo dell'unione. Anche la libreria Einaudi, dove approdavano tutti verso sera, dovette cercare una sistemazione. E, suppongo, l'Associazione Italia-Urss, che perdevo definitivamente di vista.

Dalla crisi del 1948 avevamo tratto alcune deduzioni: gli accordi fra diverse anime politiche dovevano essere autentici, non ci si sognasse di utilizzare impunemente il prossimo, specie i socialisti, si doveva fare a meno dei soldi del partito perché chi dà i soldi è sempre un padrone – cosa che penso tuttora. La federazione ci dette carta bianca, sollevata che non si chiedessero quattrini, e alcuni compagni e amici di buona volontà formarono una società per quote, potendo rivendere la propria parte, per acquistare e rendere frequentabile un sotterraneo attorno a piazza San Babila. Era proprio una cantina, della quale si dovettero ingegnosamente occultare le tubature e sfidare gli enormi topi. Alle spese di funzionamento dovevano provvedere le quote di iscrizione dei soci frequentatori – essere un club privato permetteva un poco piú di libertà – e ne avemmo sempre circa tremila.

Io ne prendevo le redini organizzative ma rimasi funzionaria del Pci perché fosse chiaro che non mi travestivo. O avevo la fiducia degli altri o niente. La ebbi, ricucimmo con i socialisti, Arnaudi e Musatti e l'infiammabile Fortini, ci aiutarono i primi uomini di «Comunità» come Antonielli, gli architetti del movimento moderno, il trio Rogers, Banfi e Peressutti, il trockista musicologo Rognoni, Giansiro Ferrata e lo schivo Vittorini, i Rollier, insomma il fronte antifascista eccezion fatta per i cattolici – nei quali maturava una sinistra in Lombardia piú che altrove ma con i quali avevamo rapporti alquanto clandestini. Erano la Corsia dei Servi, la libreria della Cisl, gli embrioni delle Acli, perché appena passato a miglior vita l'orrendo cardinale Schuster, un Pio XII periferico, la diocesi prudentemente si aprí.

Insomma tutta la sinistra e i laici dal 1951 cominciarono a scendere le scale di via Borgogna. Dove si discuteva fra diverse sinistre e terze forze, si ascoltava l'intellettualità europea sospetta, di vedevano film non ammessi dalla censura per la distribuzione in sala eccetera. La federazione non vi mise mai altri piedi che i miei. Mi aiutavano una seria insegnante, Lidia Guarnaschelli, una infaticabile signora Pelanti, segretaria di tutto, e un anziano e simpatico uomo di fatica che apriva e chiudeva le porte a orari infiniti. A discutere arrivavano Sartre o Marchesi, i politici salivano da Roma per dirsi quel che in Parlamento non dicevano, da Torino scendevano gli ultimi gobettiani, non solo Antonicelli ma Giorgio Levi della Vida e – ma ormai stava a Milano – il corrosivo Arrigo Cajumi. Erano di casa i costituzionalisti, Mortati e Crisafulli e, piú prezioso di tutti, Piero Calamandrei. Furono l'asse della battaglia contro la legge maggioritaria. E Calamandrei anche un amico prezioso: mi rivolgevo a lui a ogni tentativo di incursione della questura, ricevendone un consiglio infallibile: Chiunque venga, chiedi di lasciarti un foglio col suo nome scritto chiaro. In quel crepuscolo fra codice Rocco e dettato costituzionale, se la svignavano tutti.

Cosí leggemmo tutto Brecht con Enrico Rame, il fratello di Franca, mentre il Piccolo e la Scala ci mandavano sia i loro collaboratori (con Gino Negri ascoltammo le canzoni ribelli) e le celebrità di passaggio: scese le scale frusciando di taffettà nero Katherine Dunham, venne Jean-Louis Barrault, vennero Gassmann con Lucignani, Strehler era di casa, con la Scala per poco non mandammo in crisi la direzione della esclusiva Società del Giardino per accogliervi Elisabeth Schwarzkopf presentata da Mario Venanzi, che ancorché elegantissimo e assessore, aveva non molto tempo prima occupato la prefettura.

Ma erano barriere sulle quali la borghesia appena colta scuoteva la testa. Il linguaggio che si parla ora in Italia lo parlava solo il «Bertoldo». Ed eravamo l'unico luogo in città dove si discutesse sul serio, almeno quattro sere per settimana, e si vedessero film e sentisse un teatro altrove proibiti. Perché Milano non sarebbe venuta? La Dc era davvero oscurantista, non era un modo di dire. Quando proponemmo una serie di film russi (per i soci, nelle sale erano vietati) la presidenza del Consiglio dei ministri mi avvertí che per ragioni di ordine pubblico dovevamo tagliare dall'*Aleksandr Nevskij* di Ejzenštejn le inquadrature del prelato che a Pskov butta alcuni infanti nel fuoco (è vero che somigliava in modo impressionante a Pio XII) e l'intera battaglia sul ghiaccio con i cavalieri teutonici perché «incitava all'odio». Cioè sostanzialmente tutto il film. Il solo sensato, cui dovetti ricorrere, fu Andreotti, che intervenne a dare il via. Neppure si immagina oggi che ancora nel 1963 veniva interdetto *Il vicario* di Hochhuth, e che la censura sul cinema restò a lungo in vigore.

Io andavo a cercar soldi in giro e me li davano, parcamente ma senza troppe storie, Comune e banche inclusi (la Banca popolare del cattolico Dell'Amore ce li assegnava formalmente, mentre il blasfemo Raffaele Mattioli me li faceva avere *brevi manu* nell'ufficio di Innocenzo Monti in foglioni da diecimila lire. Ma li mettevo dispettosamente in bilancio come contributo della Commerciale). Quel che è evocato come egemonia dei comunisti, che non avevano né istituzioni né mezzi, veniva dall'essere i soli ad avere qualche conoscenza del mondo e sale in zucca. Piú tardi ci imitarono, anche nello stile, i gesuiti del San Fedele.

Se non fu difficile rompere il famoso isolamento fu piú per l'occhiuta chiusura del governo che per una nostra sfolgorante primazia culturale. Milano si vantava ancora di una laicità illuminista – eravamo la città di Verri e Beccaria – che si è affrettata a cancellare negli anni novanta.

Nondimeno la nostra battaglia sarebbe stata piú agevole se negli stessi anni non ci avessero funestato da Mosca lo ždanovismo e il rilancio del realismo socialista, piú stolto che mai in un'Europa che aveva conosciuto i nazisti e riscopriva contro di loro il livello di criticismo e creatività degli anni venti. Quello a Ždanov fu – mi pare – il solo vero e totale servaggio del Pci all'Urss, forse anche perché andava incontro alla formazione ottocentesca del gruppo dirigente.

Fu un tormento. E passi per la *parteinost*, lo spirito di parte, che volevo intendere come un veder le cose sotto il profilo della lotta di classe, che mantenevo mia e non identificata con il partito, convinta come ero che il mondo fosse diviso fra due grandi opzioni e che tener ferma la nostra era essenziale. Ma che c'entrava con l'agitarsi contro Platone perché «idealista» e la pittura moderna perché frutto putrido del decadentismo? Togliatti aveva demolito su «Rinascita» l'esposizione dei nostri pittori a Bologna e se non li incolpava di «arte degenerata» poco ci mancava. Aveva tentato una rispettosa protesta Guttuso, ululavano Turcato e Vedova, si manifestava con telefonate di fuoco il loro amico Gigi Nono – Ždanov imperversava anche su Šostakovič, che non mi pareva Schönberg – scrivevano scempiaggini alcuni critici meridionali, cose generose e inutili i piú colti milanesi, quelli di «Corrente». Ma insomma era un bel guaio, che non riuscivo a sanare con la tesi, poco entusiasmante, che bisognava avere pazienza, mettere in conto il ritardo eccetera. Anche sul famoso Lissenko il Pci riuscí a far guasti, desolando il nostro Massimo Aloisi che si ritirò nel silenzio. E che senso aveva quel tenere armi in pugno per una cultura «popolare» e mandarci a dire, per voce di Emilio Sereni, di celebrare fra le masse non so quale centenario di Avicenna? Di Avicenna al popolo non gliene poteva importar di meno. Già avevo trovato sorprendente quel nome fra i precursori del 1917 nella stele sulla Piazza rossa. Chissà se è ancora lí.

Solo conforto, cominciarono a uscire, dopo le *Lettere dal carcere*, ancorché depurate dal contrasto con il partito, i *Quaderni* di Gramsci, resi accessibili da un raggruppamento tematico niente affatto sciocco. Noi eravamo il partito di quell'uomo che il lento andare verso la morte, solitario e forse abbandonato, rendeva dissimile dalla corrusca immagine dell'eroe cara anche alla retorica comunista. L'eroismo ha da essere veloce, quello era patimento. Ma soprattutto Gramsci era il solo ad avere in mente la complessità d'una formazione storica, l'onda lunga degli eventi sui quali si strutturava nel bene e nel male un paese, il solo ad aver riflettuto sulla storia degli intellettuali in Italia, sul Risorgimento, sul Machiavelli (che si lasciava manovrare), su americanismo e fordismo (che non si lasciava manovrare affatto) e – ma questo lo rilevavamo di rado – sulla crisi delle rivoluzioni nell'Europa. Il suo sguardo acuto, il suo metodo, le sue categorie interpretative non avevano nulla a che fare con il «materialismo» di Ždanov. Tuttavia leggevamo Ždanov e pubblicavamo Gramsci con perfetta duplicità – una delle meglio riuscite del Pci. Le pagine di Gramsci dilagarono nel paese, costituirono un ragionamento dal quale nessuna grande cultura si sottrasse, alimentarono quella che sarebbe stata la sinistra cattolica. A Mosca non piacquero. A Parigi ne uscí un solo volume a cura di Robert Paris, inviso al Pcf. Furono i *Quaderni*, penso – accanto alla scoperta, non poco colpevolizzante per una intellettualità elitista, della lunga separazione dalla società – la causa di quel pesare comunista sulla cultura per cui oggi ci si strappa i capelli.

Furono anni duri, ma malgrado il paese fosse letteralmente tagliato in due dal 1948, e a dispetto del settarismo del partito che non aiutò a elaborare granché, non conoscemmo la pochezza che è seguita al 1989. Da quel restare avversari di rispetto non mi pare però che derivassimo piú che un certo orgoglio, l'avere tenuto sotto la tempesta. Ma non eravamo in grado di cogliere dove portavano le correnti di profondità via via che il dopoguerra diventava il passato.

E continuammo a sentirci esonerati dal guardare in faccia quello che sarebbe stato definito da Brežnev il «socialismo reale». Non rilevammo che nel 1953 nella Berlino comunista si sparava agli operai. Io non li sentii, quegli spari. A marzo era morto Stalin e la stampa comunista lo esaltò a dovere, nulla osservando dai suoi strani funerali. La dirigenza doveva sapere qualcosa degli ultimi anni ma non lo disse al popolo comunista, che sentí finire un'epoca, quella eroica, quella della costruzione del socialismo, della vittoria contro il nazismo. Non fu né un lunghissimo lutto né una messa a punto. Presto fissammo lo sguardo sulle legislative di tre mesi dopo.

Nelle quali la Dc ritenne venuto il momento di assegnare un premio di maggioranza alla coalizione che sarebbe uscita piú forte anche di un solo voto. Doveva sentirsi molto sicura per arrischiare che il premio finisse alle sinistre, peraltro divise e lontane dal ritentare un Fronte popolare. E non comprese che la rappresentanza integrale non appariva allora una tecnica, ma una conquista della Costituzione, il segno evidente della discontinuità con il fascismo. Si levarono le grida dei costituzionalisti, ma non solo loro, si sollevò metà del paese che, malgrado vescovi e parrocchie, fu presa dalla furia all'idea che un voto valesse piú d'un altro. Manco parlarne. Una testa un voto, e basta.

Quella campagna elettorale fu aspra e allegra. Il mio territorio era la Lombardia, tutta, la conoscevo a memoria e la battei scrupolosamente appena uscii da una malattia ai polmoni che aveva incantato i compagni – la sinistra apprezzava chi si ammalava di troppo lavoro, e si entusiasmava se ci morivi. Credo che sia rimasto uno dei suoi pochi caratteri. Me la cavai in fretta, lasciò una doverosa coda di malinconia manniana e meno fiato per arrampicarmi. Uscivo arzilla per le lande lombarde ormai avvezza ai comizi anche se sempre con un nodo allo stomaco. C'era molta gente, l'essere in piazza in tanti è rinvigorente: fu una specie di referendum, il cittadino sentiva di aver una quota di decisione in mano.

Quindi andammo forte. Non che tutto filasse liscio: fu dura parlare a Magenta mentre ogni due minuti e mezzo un bolide sfrecciava fra me e l'uditorio per una gara di regolarità di motociclette consentita dal sindacato antipatizzante. Era sgradevole sostituire un illustre dirigente trattenuto altrove, ero accolta con palese delusione. Sconcertante quando lo slogan nazionale «La posta in gioco» diventava «La Posta e la Democrazia cristiana» e trovavo in prima fila l'ufficiale postale. Ma mediamente fu una campagna semplice – vogliono portarci via il voto. La parola governabilità non si era mai sentita e chi l'avesse pronunciata sarebbe stato sommerso dai fischi.

C'era anche qualche risvolto surrealista; a chiudere la campagna elettorale mi mandarono a Caselle Luraghi, che era ancora una cascina del Cornaggia Medici, un'aia grandissima come quella di Pasolini in *Teorema* con carri e trebbiatrici ed erpici e vanghe e sacchi sotto le ringhiere cui si affacciavano le porte e le donne. Il marchese faceva chiudere il portone della cascina dalle nove di sera all'alba, era una fabbrica di contadini, un castello di terra. Arrivandoci non trovai né un annuncio del mio comizio, né un palco, né le sedie. Scovai il segretario di sezione cupo davanti a una grappa. «Parla di politica estera, lascia stare la legge truffa», borbottò. In breve, gli cavai di bocca che il sindaco socialista, suo padre, era accusato di aver rubato l'orologio del campanile, cosa che egli irosamente escludeva, e la domenica precedente nel borgo principale, Sant'Angelo Lodigiano, il segretario regionale della Dc, Sangalli, ne aveva ampiamente parlato alle folle: «Ci accusano di truffa, eh? Loro che rubano gli orologi dei campanili».

Era seguito un tafferuglio e «abbiamo fatto l'opposizione democratica». E come l'avete fatta? Be', avevano tirato giú dal palco il Sangalli. La polizia era intervenuta e giusto qualche ora prima la Dc era arrivata a Caselle a svolgere il tema: «Non sono solo ladri, ma anche assassini». Gli uomini della cascina se le erano vigorosamente date e le donne si erano afferrate per i capelli. Era appena finita, si leccavano le ferite, e arrivavo io, mai vista, mai sentita, a parlare della legge truffa?

Be', sono circostanze che risvegliano il leonino che tutti abbiamo dentro, tirammo fuori il tavolo, attaccammo la presa di corrente, il microfono sibilò e gracchiò, in una cascina ti sentono per forza, vennero fuori gli uomini ingrugnati, le donne arcignissime. Non ricordo il prete, nella mia memoria ce n'è sempre uno sullo sfondo. Non andò male, e lasciammo l'infelice segretario un po' piú sollevato. Neanche il voto a Caselle andò peggio del solito.

Si conosce in questo modo un paese. Anche in questo modo. Allora ero furiosa con Guareschi, altro che duetto fra sindaco rosso e prete simpatico, oggi mi diverte ma allora non mi riusciva di ridere della indolenzita mia gente. La conoscevo, ci conoscevamo; piú dei comizi nei quali

cercavo di persuadere persone mai viste prima che parlando scorrevo con lo sguardo (e quello la penserà come
noi?) mi premevano le riunioni con i compagni in produzione, o a scuola, o negli uffici e con i quali si studiava il
terreno, le cose che cambiavano raramente in nostro favore, il volantino da stendere e i bollini da raccogliere – e
venivano fuori le provenienze, le attese o le diffidenze, ci
si scrutava per capirsi, ci si sondava. Erano relazioni strette, sempre ai bordi fra il personale e il collettivo – era il
partito, ma fatto di visi, nomi, vite, talvolta miserie, sempre inquietudine.

L'ho detto, parlare in pubblico non mi fu mai facile. Ero
sollevata quando il comizio finiva. Non mi ero arresa a preparare i finali come mi suggeriva Davide Lajolo, Ulisse, che
ne aveva tre o quattro, e mi consigliava specie quello sulla
donna turca che, arrestata, alla domanda degli sgherri: «Chi
sono i tuoi mandanti?» indicava i bambini affamati. Io mi
vergognavo, non sapevo agitare le viscere, chiudevo senza
alzare la voce, cercando di trasmettere una fiducia che a forza di ragionamenti non mi veniva sfolgorante.

Ma nel 1953 la Dc arretrò, la legge truffa non era passata.

Capitolo nono

Era finito il peggio – pensammo – smettevamo di pren-
derle, del governo Pella il gruppo dirigente parlò con un
altro accento, con qualche illusione. A distanza non ne vedo la ragione, se non che la zuccata presa dalla Democrazia cristiana e il mutare dei suoi rappresentanti al governo dovette parerci favoloso, tanto gli ultimi cinque anni
erano stati duri. Credo anche che parte del gruppo dirigente apprezzasse in Pella, nuovo premier, il finanziere
esperto di quel che il politico ignora, l'arcano del denaro.
Ma forse sbaglio. Di vero c'era che eravamo fuori dal
dopoguerra, il 1948 aveva strutturato un nuovo corso delle cose, bisognava difendersi ma anche crescere. L'Italia
stirava le membra come chi si sveglia e guarda attorno. E
qualche dubbio cominciava a serpeggiare fra i piú giovani, specie settentrionali: il partito continuava a dire che il
capitalismo italiano era vecchio e inerte e che toccava a
noi sollevare le bandiere lasciate cadere dalla borghesia.
Sulle bandiere della libertà eravamo d'accordo, ma sul capitalismo italiano dubitavamo. Non che fosse facile valutare da una postazione grossa ma periferica. Anzitutto l'I-
talia restava scelbiana, Scelba sarà stato un antifascista ma
la gente della mia età lo ricordò repressore. E al governo
si sommava la pressione cattolica, viveva ancora Pio XII
e l'esercito dei parroci e vescovi non cessava di esorciz-
zarci. Nulla mutava al sud, dal mezzogiorno non era partita nessuna modernizzazione ma una grande migrazione
al nord. E non cambiava il clima sul posto di lavoro nel-

l'industria: per quasi sette anni, sconfitta la Fiat, nelle aziende non potemmo muovere foglia, bruciava la divisione sindacale e i compagni oscillavano fra settarismi e sfiducia.

Tuttavia la Dc non era soltanto repressione – reprimeva il movimento delle masse contadine ma costruiva un'altra domanda nel mezzogiorno, nelle zone intermedie, nel Veneto – non piú terra per tutti ma terra per sé, e ne assicurava le condizioni, perché era al governo e poteva muovere credito e leggi. Al nord con i vecchi e i nuovi potentati economici la Dc ebbe sempre un'intesa, almeno sul piano dei rapporti sindacali e su quello dei finanziamenti. Aveva insomma un'idea del paese, e in buona parte la realizzò. Era una specie di erhardismo, trovava un limite soltanto in noi, l'Italia dei lavoratori, quella di Di Vittorio – che non arrivò neppure a essere fordista se non in qualche parte del nord ma si pensava tutta nei termini suggeriti dal conflitto nella grande fabbrica.

Al centro, al nord qualcosa dello schema comunista sull'incapacità storica del nostro capitalismo non funzionava, perché la manodopera mandata via non aveva formato una sacca immensa di disoccupazione, era rifluita per altri rivoli in una produzione crescente della quale poco o nulla sapevamo, perché non era sindacalizzata: il padronato perquisiva, schedava ma anche riorganizzava gli investimenti e il lavoro. Erano i prodromi del boom. Ma ci pareva che a Botteghe oscure non se ne avvedesse nessuno, e tanto meno fra i dirigenti milanesi. Il solo che prestava orecchio, in via personale, fu Luigi Longo. Cosí andavamo a tentoni, cercando di ritessere una rete dove era stata lacerata; cominciammo a considerarci quelli del triangolo industriale, ci conoscevamo specie fra i metalmeccanici delle Fiom di Milano, Torino, Genova. Penso a quel paesaggio, umano e urbano, e a come l'ho veduto sbreccarsi dalla seconda metà degli anni settanta agli ottanta. Ora è archeologia e i resti turbano soltanto alcuni come me.

Certo era quello che mi interessava e intrigava. Per cui presi come un dispetto che subito dopo le elezioni del 1953 tentassero di mandarmi fra le donne, delegandomi al congresso della Federazione femminile internazionale non ricordo piú se a Copenaghen o a Malmö. Quelle militanti, amministrate da Nina Popova e Madame Cotton, mi annoiarono prodigiosamente e scappai dalle sedute per vedere da vicino come funzionava la bieca socialdemocrazia, che si lasciò esaminare e apostrofare senza batter ciglio. All'ultima sessione del congresso, i tavoli del salone erano trasformati in aiole di fiori – donne e fiori vanno da sé – intervallati da grandi cigni di ghiaccio, eravamo a metà giugno. Qualcosa sfuggí alla presidenza per cui la mozione finale, invece di essere approvata in un baleno, fu oggetto di emendamenti, e i cigni cominciarono a sciogliersi sulle nostre ginocchia. È tutto quel che ne ricavai, e al ritorno mi rimisi alla politica non sessuata, ammesso che quella lo fosse, e le commissioni femminili non mi videro piú.

Tornai a Milano. Cominciava una riorganizzazione del sindacato di base a partire dalle commissioni interne, fino ad allora spartite fra correnti. Era un lavoro sul quale cadde nel 1954 lo spostamento a Milano di Pietro Secchia, in qualità di responsabile regionale accanto alla federazione. Era stato il secondo del partito, malgrado l'autorità di Longo, perché ne dirigeva l'organizzazione. Lo aveva messo nei guai Giulio Seniga, sparito con i soldi della rete clandestina, della quale non ho mai saputo misurare lo spessore, e quel che è stato scritto non converge con la mia esperienza: c'era stata ancora qualche consegna di bandiera a nuclei partigiani cui avevo assistito, niente affatto segreta; ne faceva parte anche Enrico Mattei. E c'erano spezzoni di estremismo non inquadrati come la Volante rossa, sospesi fra il «si potrebbe far di piú» e «dobbiamo esser pronti al peggio»; li consideravo grumi esistenziali, residui, e non ho mutato idea. Ma una rete venne tenuta su da Secchia e dagli uffici quadri locali – come poi avrei constatato – in caso di golpe (ma allora non si chiamava cosí). Va' a capire come avrebbe funzionato un Pci fuori legge considerando che dopo anni di attività pubblica nessuno dei quadri ai vertici e alle periferie poteva sparire nella clandestinità, salvo seppellirsi per salvare la pelle o non essere portato a Capo Marongiu secondo il piano *Stay Behind* raccontato da Cossiga, al quale non darei piú importanza che ai nostri «uffici riservati». Quel che conta nella storia è quel che è visibile – neppure Allende sarebbe stato deposto se non fosse stato logorato e senza l'accordo della Democrazia cristiana di Frei. Anche per i complotti della Cia occorrono delle condizioni.

Che Seniga fosse una piccola mente è chiaro, che Secchia coltivasse qualche tendenza insurrezionale è piú conclamato che certo. Non sono i suoi diari, che chi ha vissuto qualche anno sotto la sua direzione a Milano trova sorprendenti per le lacune, a dare lumi. Nei momenti di scontro sociale e politico, e ce ne furono – come dopo l'attentato a Togliatti, o nel 1960 – frenò sempre, frenò nel comitato centrale, e se negli anni settanta coltivò alcuni frammenti di estremismo fu con ambiguità. Non era certo uno sciocco. Quel che non nascondeva nei contatti personali era la sfiducia in Togliatti, condivisa da altri «vecchi», ma inespressa dovunque tutto il partito la potesse avvertire.

Era un uomo sofferente, a Milano arrivò pieno di risentimento e si chiuse in una specie di fortezza. Noi eravamo avvezzi a frequentare il regionale ma con Secchia non lo si poté piú fare, e fu una differenza, perché ai vecchi compagni come Colombi, Alberganti, Brambilla, Vaja, che erano certo piú d'accordo con lui che con Togliatti, si accedeva senza formalismi, con loro si parlava in permanenza. Non erano sprezzanti, credevano in un militantismo tutto d'un pezzo (eccezion fatta per le avventure galanti, ma faceva parte dell'essere tutti d'un pezzo, Alberganti era un bellissimo uomo), dubbi non ne manifestavano, temevano il nemico e le sue influenze. E anche quando impedivano questo o quello, noi piú giovani dissentivamo da loro piú con impazienza che con rabbia. Secchia invece era distante e senza curiosità, perché la sua amarezza era grande.

Cominciavo a misurare come gli uomini, comunisti o no, fossero fatti di tensioni e vulnerabilità. Un paio di giorni prima di morire a Massa Lombarda, passò da Milano Ruggero Grieco, scese alla Casa della cultura. Era stanchissimo, e appoggiandosi alla parete – eravamo soli e non c'era fra noi confidenza – disse improvvisamente qualcosa come «stanno tradendo tutto». Molto tempo dopo, parlando della riunione del 1926 dove l'Internazionale era venuta a rimettere in riga il partito italiano e Grieco aveva dovuto sostituire Gramsci, Togliatti mi disse con una punta di malevolenza: «Ma se ci fosse stato Gramsci al posto di Grieco non avrebbe mollato». Eppure lui, Togliatti, pensava che Gramsci avesse torto. La lotta per il potere non è piú morbida quando si crede fermamente in una certa strada, e in quella generazione dovette essere tremenda. Secchia l'aveva provata. Ma se faceva intendere che Togliatti era troppo parlamentarista, non amò né i cinesi che glielo rimproveravano, né i movimenti, fu duro con il '68 e non dimentico come chiedesse l'espulsione del «manifesto». Se intervenne a Milano fu per tagliar fuori qualsiasi problematica avanzasse.

E avanzava. Fra i dirigenti della Camera del lavoro c'era un giovane, Aldo Bonaccini, che rimetteva in piedi un'organizzazione massacrata, partiva ogni mattina alle quattro per essere all'ingresso del primo turno della Pirelli Bicocca (che infatti sarebbe stata la prima a muoversi dopo il grande freddo), vedeva la rigidità delle commissioni interne imbalsamate nei terminali di partito. Assieme a Silvio Leonardi, un ingegnere in produzione, ci avvedevamo che non si poteva ridurre la strategia padronale al supersfruttamento, parola d'ordine ostinata della federazione milanese. I cui leader, davanti all'impossibilità di fare un passo avanti, si scervellavano per trovare «l'anello della catena», afferrato il quale le masse ci avrebbero capiti. Ma non lo afferravano mai. Uno scontro politico si delineava, ma non so come sarebbe andato se non ci fosse precipitato in testa il 1956.

Con un effetto sconvolgente di andata e ritorno, dalla speranza alla scoperta dell'indicibile. Il XX congresso del Pcus prendeva di sorpresa anche la direzione del Pci; «l'Unità» non aprí il primo giorno su quella notizia. Nessuno se lo aspettava, neanche chi sapeva che nell'Urss dalla morte di Stalin in poi le acque del Politburo erano agitate, che i campi avevano messo fuori in silenzio masse di deportati, che la Iugoslavia aveva ispirato la conferenza di Bandung rompendo l'isolamento del campo socialista, Chruščëv aveva financo fatto visita a Tito. Questo avremmo potuto saperlo anche noi, frequentando con minor diffidenza la stampa estera. Anche chi, come me, aveva letto David Rousset sui campi nei «Temps Modernes» dubitò, se non della verità, della dimensione di quel che scriveva.

Ci arrivarono come una manna le tre dichiarazioni con le quali Chruščëv apriva pubblicamente nel febbraio 1956 il XX congresso: il socialismo era ormai un sistema mondiale, la guerra non era piú inevitabile, ogni paese sarebbe arrivato al socialismo per la sua strada. Affermazioni che colpirono il mondo e figurarsi noi. Dunque eravamo forti, finiva la tremenda prospettiva d'una guerra fra socialismo e capitalismo, stingeva l'idea d'un inevitabile scontro armato di ciascun paese con la propria borghesia – idea tenuta a distanza ma presente anche in chi vedeva che il Pci si orientava a tutt'altro.

La relazione di Chruščëv legittimava, per cosí dire, l'autonomia del Pci. Non intendo quella finanziaria della quale non potevo dubitare, avendo vissuto le tremende difficoltà del partito nelle periferie, anche grandi, che dovevano cavarsela da sole per pagare l'affitto e il telefono, e spesso perdevano l'uno e l'altro, mentre l'apparato dimagriva ogni

anno di piú; l'aiuto in denaro di Mosca non fu essenziale alla nostra esistenza e, per quel che potevo vedere, copriva
soprattutto, e non interamente, la voragine della stampa.
Un'altra dipendenza mi parve sempre piú obbligata e formale che di sostanza, fuorché sul terreno degli equilibri internazionali – dove stare per la pace e con l'Urss mi sembrava giusto. Sul resto il consigliarsi con il Pcus era da un
pezzo un rito a uso delle manovre interne. Senza cercare
lo scontro, il Pci faceva quel che voleva, errori compresi;
sono suoi, non comandati. Questa autonomia non era gra-
dita dai nostri fratelli francesi con i quali avevamo rapporti pugnaci, che avevo sperimentato fin dal mio primo
viaggio a Parigi nel 1954.

E fin qui bene. Nella relazione Chruščëv ammetteva
che era venuta meno una direzione collegiale del partito,
Stalin aveva prevaricato ed era stata violata la legalità socialista. Anche questo parve liberatorio: la repressione, lo
ždanovismo, erano stati una deviazione, un errore. Il sistema si stava riformando da sé, la rivoluzione del 1917
era stata immatura, lo è sempre, adesso era l'ora del rie-
quilibrio. Tuttavia «l'Unità» nei primi giorni sorvolò sugli errori e vi tornò soltanto quando Mikojan rilanciò, il
terzo o quarto giorno, la questione che evidentemente non
entusiasmava la platea congressuale moscovita. Entusiasmante non era – ma un peccato confessato sembra ga-
ranzia di non cascarci piú. Tutti, Isaac Deutscher incluso,
analista severo di matrice trockista, concordarono. Per un
paio di mesi si respirò.

Senonché in una seduta riservata Chruščëv aveva chiamato per nome e per data le famose violazioni. «L'Unità»
non ne parlò, anche se Ingrao scrive che ne dette notizia
il corrispondente da Mosca, che era allora Giuseppe Boffa: con il magistrale sistema di dire e non dire, Boffa scriveva che c'era stata una seduta riservata sulla direzione
collegiale, amen. Ma il rapporto di quella seduta rimase segreto, anche se il Pcus ne discusse in tutte le sue istanze

(come abbia fatto senza pubblicarlo è un mistero), la nostra delegazione lo aveva ascoltato ma ne parlò al rientro soltanto con la segreteria, e forse non con tutta la segreteria, che decise, come tutti i partiti comunisti, di tenere la cosa per sé. Una pazzia. Ne filtrarono notizie che altri cominciarono a diffondere. «L'Unità» le definí un tentativo di dividerci dai socialisti. Cosí arrivammo alle elezioni di maggio, che non andarono malissimo, perdemmo un po' di voti ma li prese il Psi, perdette un po' di voti la Dc ma li prese Saragat.

A Milano, dove i socialisti erano piú forti che altrove, ne perdemmo di piú ed era convocato il comitato federale quando – dovevano essere i primi di giugno – il settimanale «Il punto» pubblicò tutto intero il rapporto segreto. Fu una bomba. Quel che Chruščëv aveva detto nella relazione pubblica suonava come una mostruosa riduzione. Un conto era parlare di violazioni della legalità socialista, altro dire che Stalin aveva fatto ammazzare Kirov. Un conto dire che aveva tenuto in non cale la direzione collegiale, altro che aveva decimato il Politburo e il comitato centrale – ancora nel 1988 all'aeroporto di Šeremetëvo scoprivo sul «Moskovskije Novosti» che del comitato centrale del 1934, quello detto dei vincitori, novanta persone su poco piú di un centinaio erano state fucilate negli anni successivi, con brevissima notizia sulla stampa; a cinquant'anni di distanza l'inchiesta era faticosa. E i processi del '36, '37 e '38 con l'accordo delle vittime? E le deportazioni? Dura necessità? Qualcuno, non comunista, scrisse che era il modo drastico di impedire che si formasse una classe privilegiata. «Quando si abbattono le foreste volano le schegge», ammetteva Arturo Colombi. Ma quale scheggia era mai Tukhacevskij, fucilato il quale restava scoperta la difesa di Mosca? E quale foresta di privilegi era stata mai tagliata con i processi, e prima con la collettivizzazione forzata delle terre? E poi quell'indicazione del male nel «culto della personalità»: come, un grande partito, quello della demo-

crazia difficile ma sostanziale, s'era piegato a una tiranni-
de personale?

Di quelle pagine devastanti «l'Unità» non dette notizia né durante né dopo, l'«Avanti!» ne fece uscire una seria silloge a firma di Nenni. Noi niente. Il rapporto segreto
era stato pubblicato a metà settimana, eravamo sconvolti,
il sabato si riuniva il comitato federale. Alberganti, relatore con Secchia a fianco, non ne fece parola diffonden-
dosi sulle elezioni amministrative. Seguí un lunare dibattito. Finché Silvio Leonardi, l'ingegnere, Antonio Pizzinato, allora operaio alla Borletti e io intervenimmo: «I casi
sono due. O il rapporto è falso e "l'Unità" lo deve smenti-
re, o è vero e lo deve pubblicare». Nessun altro si uní a noi.
La risposta fu di Secchia, sprezzante, e rivolta a Pizzinato
che in quanto proletario gli doveva apparire il piú colpevole: «Anche l'ultimo dei cretini è in grado di far domande cui il piú intelligente degli scienziati non è in grado di
rispondere». Piú che la logica ci colpí l'ira, il disprezzo –
nel Pci non si dava facilmente del cretino.

I comunisti si divisero nelle settimane seguenti fra chi
taceva, chi si trincerava sulla dura necessità, chi ammetteva taluni errori, chi li chiamava errori e colpe, chi colpe e
delitti. Poco dopo al comitato centrale Togliatti uscí con il
famoso: «Non sapevamo, non potevamo immaginare». Non
aveva saputo né immaginato lui che stava nell'Esecutivo del-
l'Internazionale? Non ne aveva parlato con nessuno della
direzione, né vecchi né giovani, comunemente assolti in
quella formula? Qualche giorno dopo uscí la sua intervista
su «Nuovi Argomenti» che leggemmo come un'ammissione, perché almeno si spostava dall'eufemismo del culto della personalità a una responsabilità collettiva, una degenerazione nel sistema.

Cercammo di prenderla – sempre per salvare il salvabile – piú che come una confessione ritardata, come un gesto di coraggio personale; la leggenda era che non l'aveva
sottoposta alla direzione, né pubblicata sulla stampa del

partito perché la direzione l'avrebbe bloccata. I giovani del centro, specie Alicata e Amendola che salivano spesso a Milano, diffusero l'immagine di un Togliatti deciso a innovare, scoprendo le carte e aprendo le porte, contro la resistenza interna – quella, ci accennarono allora, di chi nel 1951 lo avrebbe volentieri mandato al Cominform per toglierselo di torno, la stessa che taceva ostinatamente a Milano. Tacevano tutti, Alberganti, Brambilla, Vaja, Nigretti. Uno solo, il vecchio Gaetano Invernizzi della Cgil, mi disse con voce strozzata sulla soglia d'una porta: «Essere messi al muro dagli avversari è dura, ma dai compagni...» Restò la degenerazione «nel» sistema. Nenni scrisse il famoso editoriale *Luci ed ombre*, dove la degenerazione era «del» sistema. Non era un distinguo da poco, «del» o «nel», degenerazione era.

Seguí un'estate nervosa. A fine di giugno avvennero i fatti di Poznań, piú di cinquanta morti. Il Pci inaugurò la tesi: c'è stato un ritardo nel rinnovare i gruppi dirigenti e su di esso giocano i provocatori e parte del popolo si fa trascinare. Bisognava capire, rinnovare in tempo e, si intendeva, se mai dopo reprimere. Si seppe che negli Stati Uniti il rapporto segreto era stato fatto arrivare da Chruščëv, perché la segretezza gli era stata chiesta da alcuni partiti in difficoltà. Anche lui aveva un contenzioso difficile.

In quei mesi andò a pezzi l'idea dei comunisti e dell'Urss uniti e compatti. E cominciammo a parlare un linguaggio diverso fra noi, con i dirigenti, la base. L'età dell'innocenza era finita. Ma ci incoraggiavamo con dei distinguo. Noi non eravamo come i francesi, «Rinascita» nominava il secondo intervento di Chruščëv, «l'Unità» non lo definí piú il «falso rapporto» – era una di quelle verità che non si negano e non si dicono. In Polonia e Ungheria si agitavano i gruppi dirigenti, di Mao non capivamo che cosa dicesse, Pajetta ci canzonava perché stavamo con le orecchie ritte a domandarci: Aprono? Non aprono? La Polonia pareva la piú inquieta. E se fosse intervenuto

Rokossovskij? Quante cose avevamo imparato. Arrivò Gomułka senza che si precisasse che era stato cacciato, filtravano gli articoli sui consigli operai che il Pci non metteva in evidenza ma dei quali eravamo avidissimi. Poi l'Ungheria si mise a urlare. La voce era spesso anticomunista, e per noi faceva differenza. Tuttavia l'articolo di Togliatti su «Irodalmi Ujsag» ci fece digrignare i denti. Allora si liberò una acerba contestazione interna. Ma che ci stavano dicendo? A Budapest non era un gruppetto di intellettuali, non era soltanto il Circolo Petöfi, era la piú grande fabbrica che insorgeva, la Csepel.

Si sussurrò che l'Urss poteva mandar l'esercito, ma Lenin non aveva detto che la rivoluzione non si esporta sulle baionette? Il 30 ottobre l'Urss dichiarò solennemente che mai avrebbe invaso. Tirammo un sospiro di sollievo, giusto in tempo per essere svegliati il 4 novembre dai carri armati che arrivavano a Budapest e dalle sparatorie che li accolsero. Buon dio! Restammo inchiodati. Gli avversari strillavano, i padroni lanciarono agli operai «Scioperate per i vostri compagni ungheresi!» e forse gli operai avrebbero scioperato – il comunicato di Di Vittorio non fu affatto apprezzato da via Botteghe oscure – se il suggerimento non fosse venuto dalla Confindustria. Non scioperarono ma si lacerarono fra comunisti e socialisti e cattolici, sulla linea di montaggio o sul banco di lavoro. Avevamo messo degli anni a ricucire dopo la rottura sindacale del 1949 qualche filo e adesso si spezzava fra odio e angoscia. La federazione s'era asserragliata. Socialisti e democratici e antifascisti caddero addosso alla Casa della cultura che restò aperta mattina e sera. Dove potevano andare a chiedere ragione e protestare? Da noi. Franco Fortini mi telegrafò: «Spero che gli operai vi spacchino la faccia». Fedeli al «non scappare», organizzammo in quella baraonda una discussione con socialisti e terze forze, per il Pci venne da Roma Mario Alicata. Quella sera io ero andata alla sezione della Brown Boveri dove avevo trovato di tutto, quelli che si disperavano, quelli che reputavano l'invasione giustissima, quelli che dicevano non è vero niente. A mezzanotte presi l'ultimo tram per correre alla Casa della cultura, la folla faceva la coda fuori sotto i portici e facendomi largo per scendere le scale mi arrivò la voce di Alicata che gridava: «...perché in questo momento l'esercito sovietico sta difendendo l'indipendenza dell'Ungheria!» Seguí un ruggito. Non finí presto e la gente sfollò esacerbata. Ma non ci eravamo sottratti e questo fu l'unico investimento a rendere. Guido Mazzali della Federazione socialista, ed era nenniano, Musatti e Arnaudi del direttivo della Casa della cultura non ruppero e Fortini si ammansí.

Ma nel partito non fu mai piú come prima. Era spezzata o aveva cambiato segno la fiducia nell'Urss – non ci sono che loro – e verso il gruppo dirigente, che non aveva detto nulla sul passato e in quella estate, riducendo quel che avveniva in Polonia e Ungheria, o contrastandolo. Troppo facile dire che non era il modo giusto di protestare, che apriva la strada ai nemici, chi non ne può piú non ha sempre i modi giusti. E come approvare l'intervento in Ungheria? Nel migliore dei casi era l'operazione brutale d'una cancrena che si era provocata, e chissà se era davvero il migliore dei casi. I compagni si sentivano imbrogliati, trattati come gattini ciechi, prima e adesso, oscillavano fra una negazione e l'altra, sentendosi al collo il fiato dell'avversario che aveva motivo di trionfare. Eravamo attaccati in modo cosí violento che molti, pur delusi e furiosi, non lasciarono e qualcuno perfino entrò nel partito allora. Ma molti se ne andarono, e per chi restò grande fu la frattura con chi si aggrappava all'Urss come all'ultima zattera. Qualcuno dei rodaniani e grandi intellettuali, come Concetto Marchesi o Augusto Monti, agitavano una bandiera assai dubbia: quante storie, la rivoluzione non è un balletto, Stalin sarà stato Tiberio ma Chruščëv non è Tacito, la democrazia viene dopo. Non mi piacevano: ma quale dura bellezza della repressione. Noi avevamo parlato d'un altro mondo, parlavamo d'un altro mondo. Si doveva far fronte ma c'era poco da declamare. Io ero una dirigente federale di mezza tacca, avevo imparato a tener i nervi a posto e ordine in una assemblea, ma da dieci anni era come scalare una montagna ed essere regolarmente buttata giú. Il piú pesante fu tra me e me: la vicenda ungherese mi s'è rappresa dentro in una fotografia, un funzionario appeso a un fanale davanti alla Csepel, il collo spezzato e il volto scomposto dell'impiccato, mentre sotto di lui ridono due operai della fabbrica in rivolta. Fu la prima volta che mi dissi: Ci odiano. Non i padroni, loro, i nostri ci odiano.

Non sono mai stata populista: non lo può essere chi è venuto alla politica dal rifiuto del fascismo. Avevo visto il poveraccio fascista, quello che si era messo nelle milizie nel 1944 perché non sapeva dove andare. Conoscevo al sud chi si faceva carabiniere o seminarista per necessità ma diventava poi molto carabiniere e molto seminarista. Le scelte prima le facciamo poi ci fanno. Il povero e l'oppresso non hanno sempre ragione. Ma i comunisti che si fanno odiare hanno sempre torto. E quello era un odio massiccio, sedimentato, non si arriva a queste enormità senza un'offesa lungamente patita. Quei giorni mi vennero i capelli bianchi, è proprio vero che succede, avevo trentadue anni.

Capitolo decimo

Il 1956 scomponeva piú che l'idea dell'Urss. Se il 1917 aveva chiuso con la servitú della gleba, costruito un'industria, dato lavoro a tutti, evitato la crisi del 1929, raggiunto livelli di produzione altissimi, retto l'offensiva tedesca – e via elencando – tutto era avvenuto grazie, o malgrado, una potente armatura oppressiva. E questa era diventata metodo di governo, contraddicendo il fine che la rivoluzione s'era proposta. Non era dunque possibile abbattere un sistema capitalista, neanche scassato e autocratico come quello, e costruirne uno socialista senza costi inumani? Ma no, erano diversi i tempi e i soggetti, andavano scontati l'arretratezza in cui il gruppo leninista aveva operato, la guerra civile, i tentativi frustrati, alcuni errori irrimediati, e di qui la deriva autoritaria. Ma anche ammesso che all'inizio una repressione fosse necessitata, perché era durata cosí a lungo? Anzi era accresciuta? La dittatura del proletariato era dunque una dittatura come le altre? No, perché non non era a profitto di pochi, sí perché faceva degli uomini uno strumento. Ci dibattemmo tra fini e mezzi, dilemma che non porta da nessuna parte. Togliatti su «Nuovi Argomenti», ma anche Isaac Deutscher, rispondevano diversamente: l'apparato repressivo era una superfetazione, un gran fungo che non aveva intaccato il tronco – la rivoluzione era stata immatura, c'era stata una forzatura, l'albero poi si sana. Ma quanto tempo. E adesso era sanato? Il terrore era finito, dicevamo, ma non conoscendo quel che era stato, eravamo nel vero e non lo eravamo.

Nulla restò uguale. Neanche per chi si ostinava a vedere nel rapporto segreto un castello di menzogne: per costoro l'Urss era in mano a una cricca di traditori, alla testa Chruščëv. Altri ripiegarono sulla tesi che, sí, Stalin era stato un tiranno ma un grande, perché grande era stata la rivoluzione, grandi i nemici esterni e interni. Che voleva dire: malvagio ma grande? Che alla grandezza molto va perdonato? Che dolore e orrore sono inevitabili cocci? L'estetica della storia non mi andava giú. Poi c'era chi pensava, come il Pcf, che vero o non vero Chruščëv avrebbe fatto meglio a tacere.

E l'Ungheria e la Polonia e la Cecoslovacchia? Là non valeva la scusa dell'arretratezza. Il Pci si trincerò: sí, errori c'erano stati, colpa dei governi comunisti, ma le rivolte erano di segno dubbio, colpa delle medesime. Né davano maggiori spiegazioni i Gomułka prima puniti poi riportati in sella. Tacevano per paura di irritare l'Urss, che il XX congresso aveva rinnovato, sí, ma non tanto? O per via di Berlino, della minaccia del nemico eccetera? Perché quell'Urss restava un segno di contraddizione – lo testimoniava l'odio che l'occidente le votava. Il Pci si barcamenò con un perpetuo «poteva andar peggio» e «evitiamo di arrivare alle dure necessità». Con i quali ciascuno si arrangiò per conto suo.

Andarsene significava ancora voltare le spalle non solo all'Urss ma a noi stessi, rassegnarsi all'esistente. O ricominciare ma da molto lontano, abbandonando quel partito, cancellarlo, obliterarlo – dare per perduti i comunisti. Ma non erano tutti e solo stalinismo. E poi che erano riusciti a fare i gruppi dissidenti dagli anni venti in poi? Al piú lasciare una testimonianza. All'Urss avevo pensato, prima del 1956, come a una eredità pesante ma pulita. La guerra mi aveva vaccinata, non ero piú una ragazzina, non credevo ai volti radiosi della Tass. *Les lendemains qui chantent* li lasciavo ad Aragon. Ero una tosta, mi contentavo che con il capitale fosse stata abolita un'ineguaglianza di fondo, il

che non assicurava la felicità – ingenuità della rivoluzione
americana – ma di non essere inchiodati per la vita a su-
balternità e miserie. Mi bastava che tutti si fossero riap-
propriati del loro lavoro, delle cose elementari senza le quali nulla ci si può permettere, poi la vicenda umana si sarebbe svolta nel suo bene e il suo male.

Ma quel che l'Urss era diventata non mi dava pace, e ne
misuravo l'enormità su metri incerti. Doveva essere stata
dura, neanche il tedioso manuale del Pcb lo negava, anzi.
Ma perché tanti nemici? Con il ceto ostile alla rivoluzione
la partita era stata crudelmente chiusa nella guerra civile.
Ma dopo? Perché tanti arrestati o fucilati fra la propria
gente? L'odio che il comunismo aveva accumulato mi at-
terrava. Il modello di potere che aveva permesso di farcela si rivelava una trappola mortale. Ma allora quale modello? Il liberalismo politico implica la schiavitú sociale e la libertà sociale implica la schiavitú politica? Ancora sussulto
quando mi imbatto in un nuovo tassello di quel quadro repressivo. Avevo cercato di diminuire i guasti, allontanan-
do prima Merleau-Ponty e poi, testimone, David Rousset
su «Les Temps Modernes» e poi Koestler il simpatico e
Orwell l'antipatico, e le rovine si erano cumulate.

Saranno fra poco cinquant'anni da quel 1956 che mi co-
strinse a guardare in faccia l'Unione delle repubbliche socialiste dei consigli – il nome che avevo amato – e non trovo tutta la spiegazione. Non mi arrendo alla vulgata: senza
la spinta dell'impresa al profitto non c'è democrazia. La nostra è sconsolante. Già. Però non ti finisce con due pallottole nel cranio in un sotterraneo. Si è uccisi da meccanismi
astratti, non hanno un nome e cognome. Nessuno ha colpa,
lo spettacolo catartico della punizione non può avere luogo.
E poi di sistema si muore soprattutto altrove, lontano o mar-
ginali. Se ne parlo, perfino alle amiche che piú mi sono le-
gate, parlo a voce bassa, mi scuso, annoio. Noi Pci almeno
non avevamo le mani sporche di sangue. Perché non eravamo stati al potere? No, eravamo diversi. Quanto diversi?

E io com'ero? Non avevo perseguitato nessuno, avevo coperto tutti e sempre. Almeno mi pare. Bisognerebbe interrogare chi ebbe a che fare con me, chi aveva meno potere
o cariche di me. Non ho mai umiliato qualcuno. O sí? Avevo un'idea alta di quel che facevo, dunque anche di me, come escludere di essere passata sopra altri, altre, senza nemmeno avvedermene?

Mi è rimasto in mente un episodio minore. Anna Maria
Ortese, figuretta riservata, sempre vestita di nero, i capelli
stretti da una fascia nera sopra il bel viso, passava silenziosamente i giorni alla Casa della cultura perché non aveva
una vera casa. In uno dei primi reportage sull'Urss che le
aveva chiesto un settimanale aveva scritto d'una immensa
povertà e solitudine, che suonavano come una sterminata
colpa. Era Ortese, era la sua assonanza con il dolore dei mi-
seri, ma mi esasperò perché non dubitai che fosse vero. La
investii: non hai capito la fatica, l'isolamento di quel paese;
perché non scrivi anche che tutti hanno un lavoro, tutti hanno la scuola, tutti hanno gli ospedali? E non vedi che è sotto attacco? Il nostro era un rapporto quotidiano, discreto –
non chiedeva mai nulla – e le feci male. Il giorno dopo venne a casa mia con un assurdo mazzo di fiori e come aprii la
porta non riuscí ad articolare parola, ci abbracciammo piangendo. Lacrimavo cercando del cognac per tirarla su, era
pallidissima, non ci dicemmo quasi niente, e andammo via
strette insieme. Non l'ho dimenticato. Se avessi avuto la
possibilità di fermare quei pezzi, li avrei fermati? Forse sí.
Non so. E che cosa avrei fatto su scelte piú gravi?

Il lutto che ho fatto dell'Urss è andato a collocarsi fra domande inquietanti e l'immagine di Mosca nel 1949 – grigia,
affaticata ma non miserabile né terrorizzata. Quella Mosca
convive dentro di me con l'arcipelago Gulag. Non mi
conforta che i libri neri siano una manipolazione, che ad archivi aperti i processi politici risultino meno di cinque milioni e i fucilati meno d'un milione. «Soltanto» cinque milioni. E perché quella sofferenza maturava in esplosioni a

Varsavia e a Budapest e mai nell'Urss? Una rivolta è ancora una speranza di senso. Mi si è formata la convinzione che l'Urss sia caduta esausta dopo la guerra e con l'ultimo Stalin, mai universalmente detestato. E appena cominciava a respirare con lo sgangherato Chruščëv era scivolata nella stagnazione brežneviana e si era spenta assieme alle generazioni che avevano avuto l'infanzia negli anni trenta e la giovinezza nella dismisura della guerra. L'Urss è il requiem di Anna Achmatova, il paese dove era tornata a morire Marina Cvetaeva. Non un delirio di paranoici.

In un piovosissimo aprile del 1971 parlavo con Ernst Fischer, il filosofo che era stato leader del partito austriaco. Era consunto da una malattia mortale, in una pensioncina di Capri invernale, senza piú partito e senza amici. Mi raccontava di quando era con Togliatti all'hotel Lux e delle precauzioni che prendevano per parlarsi eludendo l'esecutivo dell'Internazionale comunista, nel quale potevano fidarsi soltanto di Dimitrov. Mi domandavo che cosa lo aveva fatto resistere nel partito fino all'invasione della Cecoslovacchia. Ma sapevo: uscirne significava non poter fare nulla salvo scrivere, nulla di quel che gli premeva al mondo. Neppure io ho lasciato, hanno dovuto mettermi fuori. E non ero stata all'hotel Lux, e nel 1969 non precipitavo nel vuoto, ma in una sollevazione studentesca e operaia che poteva parermi una risorgenza.

Come sia andata avrei sperimentato dopo, ma intanto non era una fuga. Che dovevamo fare? Reggere alla nuova botta, una di piú e terribile. Ma reggere, perché nessun disastro dell'Urss cancellava l'iniquità del capitalismo. E poi, cominciava a insinuarsi, forse anche da quelle parti non tutto era perduto. Forse il XX congresso del Pcus era un inizio, l'invasione dell'Ungheria un tremendo colpo di coda, forse nei congressi seguenti si sarebbe andati oltre. Invece il XXI fu opaco e il XXII appena meno ermetico, ma le riforme non vennero, né quelle «del» né quelle «nel» sistema. C'era stato dopo il 1953 un allentamento della repressione, si erano lentamente svuotati i campi. Tuttavia «l'Unità» non lo scrisse. Scriverlo significava ammettere che c'erano stati. Adesso, ad archivi aperti, sappiamo che non si fucilò piú nessuno – ma si sparò su qualche manifestazione di lavoratori e non ne parlammo. E le voci dei dissidenti? Doveva essere vero quel che dicevano, ma che cosa proponevano? Siccome non proponevano, ci si esimeva dall'ascoltare.

Quando l'edificio crollò trent'anni dopo, fu un vociferare dei figli o nipoti piú che la voce dei sopravvissuti. Prima soltanto l'ex capitano Solženicyn aveva reso tutto il timbro della tragedia – non Dudintsev che pur diceva una verità, *Non si vive di solo pane*. Non Ehrenburg con il suo patetico *Disgelo*. Solženicyn l'aveva detta fin dalla *Giornata di Ivan Denisovič* e *La casa di Matrjona*, che Chruščëv gli lasciò pubblicare perché erano stati contadini tutti e due. E la tragedia risuonava in un film che avevo visto non so dove negli anni sessanta, *Ho vent'anni* di Marlen Khutsiev, dove un ragazzo di adesso chiedeva all'ombra del padre morto in guerra: «Che devo fare? Per te è stato piú semplice», e il soldatino scuoteva la testa: «Io non so, come posso sapere?» E in uno di Zoltán Fábri che nel 1965 fu mostrato a Budapest a Luporini e a me con la domanda: far circolare o no? Perché era la storia di due amici e comunisti che nel 1956 si trovano a spararsi addosso, e il dubbio se dare il visto di censura o no non veniva, credo, da quelle scene drammatiche ancora nella mente di ogni ungherese, ma dalla mancanza di senso nella vicenda umana che ripete sempre la sua disperata traiettoria. Poi apparve che Solženicyn apriva quella sua tremenda lamentazione non in nome del comunista Rubin nel suo *Il primo cerchio* ma della Russia contadina e ortodossa di prima del 1917. Il che non la rendeva meno tragica.

Intanto nei primi anni sessanta Chruščëv annunciò il comunismo entro il 1980 e invece fu costretto a lasciare nel

1964, anche lui senza un riesame, senza un rimpianto. Qualcuno sapeva, se rientrando da una riunione di scienziati a Mosca il fisico Jean-Pierre Vigier mi telefonò nell'estate: lo stanno liquidando, informa il partito. Dubitammo. Jean-Pierre, che era stato nel comitato centrale del Pcf, era un fantastico. Ma Chruščёv se ne dovette andare pochi giorni dopo. Mi pare che al suo comunismo a breve nessuno avesse creduto. Non ricordo quando morí. Ho visto sulla sua tomba al cimitero Novodevičij la statua dello scultore Nevestnij (che ne era stato perseguitato ma deve aver perdonato), una forma non pacificata, metà in marmo bianco metà in marmo nero. Sta poco distante dalla verde sepoltura di Čechov, dalle ali di aereo o pezzi di tank sulle tombe degli eroi di guerra, dalla bella figura triste della moglie di Stalin, dall'aioletta senza lapide di Molotov visitata da gruppi irati, dalle minuscole lapidi dell'antico Dkp e da quelle dei trockisti morti a tempo. I fucilati non sono a Novodevičij, mentre tutti costoro, di tempi e idee divise, sono finiti nella stessa terra, lasciati dalla mareggiata.

Questo l'avrei visto trent'anni dopo. Allora l'Urss taceva, mentre per la Cina Chruščёv fu tutto di marmo nero. Ne venivano messaggi contraddittori, Mao scriveva un testo sulle contraddizioni in seno al popolo – inconcepibile nel Pcb – ma non attaccava Stalin, con il quale, sapevamo vagamente, non era mai andato d'accordo. Anche per lui l'Urss era da tener ferma, perché era una potenza mondiale, ma a distanza, realtà dalla quale separarsi senza dirlo. Ma da che cosa separarsi? Ci parve dalla burocrazia, dal sistema di signori che continuano a pesare sulla schiena del popolo. Con metodi coercitivi ma non con la morte. Fa differenza? Fa differenza. Ma rinvia sempre alla stessa domanda. Il suo testo teorico sulla contraddizione parve dapprima un passo in piú nella concezione della storia, poi – sorte della dialettica nel postmoderno – un modo per cavarsela sempre con affermazione, negazione e sintesi.

Non vi furono fra i comunisti italiani né vere domande né vere risposte. Né una vera ricerca. L'errore, la colpa, la degenerazione, lo snaturamento erano cominciati con Stalin? Con Lenin? A quel tempo nessuno azzardava «con Marx». Nell'Urss il quesito non fu posto e in nessun paese del campo – salvo in modo rozzo, per un paio di anni prima del 1968, a Cuba. Quel che fecero i partiti comunisti fu di mettere delle toppe e augurarsi che la trama tenesse senza sbregarsi del tutto. Fino all'ultimo per il Pci l'Urss restò il cugino poco presentabile ma potente, con il quale non aprire un conflitto frontale. Qualche tentativo di afferrare il toro per le corna da parte di Togliatti, fra il 1963 e il 1964, svaní con la sua morte, come fosse scomparso il solo che se lo poteva permettere. Lo strappo di Berlinguer fu lento e reticente. E cosí il Pci andò cieco e ammutolito fino al 1991 quando la bandiera rossa venne ammainata dal Cremlino. Evento che non commentò. Io l'avevo vista al vento nella notte torbida di nuvole appena arrivata a Mosca nel 1949. Mi è rimasta nella mente assieme alle parole di Bucharin a suo figlio: «Ricordati che il rosso della bandiera della nostra patria è fatto anche del mio sangue». Quando lo dissi dopo la morte di Franco a dei giovani avvocati spagnoli molto di sinistra, il nome di Bucharin lo sentivano per la prima volta. Non cercai di spiegargli perché a me quelle parole suonano non di esecrazione ma di appartenenza.

Basta. Nell'autunno del 1956 la detta bandiera sventolava ancora sul Cremlino e la lacerazione era quella nel partito, il nostro. Il quale era certo diverso da quel Pcus con le radici nella neve e negli zar, noi stavamo, bene o male, nella modernità e in democrazia. Ma quell'anno il sedativo cessò di funzionare. Togliatti ci aveva nascosto la verità. «Noi non sapevamo né potevamo immaginare». Aveva mentito. E gli altri compagni della direzione? Possibile che non sapessero o non chiedessero? La reazione piú clamorosa fu degli intellettuali. Molti avevano dovuto superare interne remore per farsi fustigatori non solo della borghesia ma della cultura «borghese». E quale altra c'era? In nome del realismo socialista o delle ragioni della classe avevano preso a schiaffi il meglio del passato, del presente e di sé e – ora lo vedevano – in pura perdita. Fu dura soprattutto per la generazione dei Banfi o Marchesi o Bianchi Bandinelli, divisi fra un sapere acquisito prima e una scoperta degli oppressi che non si perdonavano di aver ignorato. Alla rivoluzione erano arrivati tardi e che fosse anch'essa oppressiva fu per loro intollerabile. Tacquero.

Per i piú giovani era diverso. Scalpitavano, rimbrottati dal centro: non capivano la complessità della situazione, il nemico, Suez eccetera. Vedo ancora Calvino, che non era al suo meglio davanti a un microfono, sbottare al cavilloso Alicata: Ma qui si va in cerca di farfalle sotto l'arco di Tito! Italo rimase, consumando i passaggi dentro se stesso fino a *Il midollo del leone*. Altri se la filarono fra infelicità e rancore. Ex comunisti tranquilli non ne conosco. Alla stagione degli appelli seguí quella delle riviste. I primi incontrarono a Roma un'ira mitigata dalla decisione di Togliatti che, trattandosi di un caso di coscienza, non si procedesse contro nessuno. Ma le riviste ebbero una vita tribolata, e presto i conflitti divennero insanabili, come nel caso della «Città futura». Tommaso Chiaretti, che era stato un asperrimo Asmodeo, non se ne rimise mai. Le terze pagine dell'«Unità» se la cavarono perché piú esperte degli usi e costumi interni, guardarono piú liberamente all'oggi e fu il loro tempo migliore – quella di Franco Calamandrei a Roma, di Paolo Spriano e Saverio Vertone a Torino.

Rimase incolmata la distanza fra una verità che non si poteva piú ignorare e una base muta e ingrugnata, poco incline ad aprire un capitolo sul quale non si fidava piú di nessuno, perché qualcuno o là o qua l'aveva tradita. Il non parlare parve alla dirigenza la soluzione piú semplice. Dagli operai non venivano appelli, avevano esitato a riconoscersi in quelli della Csepel di Budapest come sarebbe stato con i cantieristi di Gdynia – come non capivano quelli dell'est che se perdi il partito sei finito? E si fidano dei preti! I nostri preferivano sperare che quei partiti avessero una qualche ragione, anche se gli restava fra i denti, rabbiosa, la domanda: ma allora? La classe operaia le prende sempre, qui di rivoluzione neanche a parlarne, là andava in quel modo. Perché era terribile ma rivoluzione, sí, continuava a far intendere il Pci.

Il non dire fu l'errore piú grande – fu questo a minare le fondamenta e a produrre il crollo del 1989. Questo fu la vera doppiezza, non la doppia lealtà – di cui si scrive – fra l'obbedienza a Roma e l'obbedienza a Mosca. Che sciocchezza. Il Pci del 1945 sapeva e fece uso di tutti gli interstizi resi possibili dalla divisione del mondo, evitando di essere folgorato da una scomunica; se sbagliò le responsabilità sono sue. Al mio livello nessuno sentí il dilemma: a chi sto obbedendo? Gli errori furono nostri, non imposti. E fra questi c'è lo scarto fra quel che si sapeva e quel che veniva distillato a una base ritenuta fragile. Non le si offrí alcun ragionamento che fungesse da scudo nel momento della verità. Il gruppo dirigente non lo offrí neppure a se stesso, se nel 1990 una compagna appena portata in segreteria, Livia Turco, disse con sincero stupore, rientrando da Berlino, di avere capito solo in quei giorni che i comunisti potevano non essere amati.

Se ho un risentimento è con la tendenza dei partiti comunisti e di tutte le avanguardie a guardare alle «masse» come gattini ciechi. Una stupida scommessa con il tempo, ce la faremo prima che chi ci segue sappia e si scoraggi. Assumere tutto nella sua durezza, non ridurlo a un errore facile e tener fermo lo stesso il fine – questo non lo sapemmo fare, neanche quelli che avevano qualche contezza di come stavano le cose. Nel 1957 Giangiacomo Feltrinelli, forte dei suoi mezzi e della sua ingenuità, pensò di ribaltarne il corso

aprendo un istituto di ricerche dal quale sarebbe uscito rapidamente un nuovo *Capitale*, ne affidò la direzione ad Antonio Giolitti, e rimase deluso quando il primo lavoro dato
alle stampe fu un saggio di Silvio Leonardi sulle macchine
per i movimenti di terra. Sperò di piú nell'editoria, e quando un inviato dell'«Unità» a Mosca gli suggerí di pubblicare un manoscritto di Pasternak, del quale non conosceva il
nome, vi si buttò con convinzione e senso degli affari: «Voglio dare una lezione all'Unione Sovietica». Lo ricordo gio-
vanilmente arrogante mentre pronuncia queste parole nel
mio ufficietto alla Casa della cultura, dove gli raccomanda-
vo: pubblica ma non farne uno scandalo – stupidotta anch'io. E non mi piacque che lanciasse quella storia triste con
un cocktail al lussuoso Continental, dove mi recai con tutta la commissione culturale milanese perché non paresse che
la federazione fremeva. E infatti non fremeva, ignorava. La
gente comprò in massa *Il dottor Živago*, ma non lo lesse; lo
conobbe con il film di David Lean e il malinconico *lied* di
Lara, intelligente operazione di Giangiacomo. E, credo, della famiglia del poeta, cui premette soprattutto di oscurare
in morte quella che era stata la compagna della sua vita e
aveva trasmesso il manoscritto a Giangiacomo. Quando andai a Peredelkino era stata esclusa anche dalle sepolture. Il
caso Feltrinelli preoccupò piú Roma che Milano, Alicata si
agitò, Feltrinelli non subí alcuna misura. Dovette sentire che
lo rispettavano piú per il suo denaro che per quel che era.
La ricchezza pesò sulla sua vita familiare e politica, non se
ne districava e non se ne rassegnava. Andò a Cuba, tornò,
sognò di eserciti popolari e rivoluzioni. Finí ucciso nel 1972
in un *ersatz* di gesto rivoluzionario, tentando di far saltare
un pilone dell'elettricità per mettere un quartiere di Milano
al buio, come aveva fatto il Movimento 26 luglio all'Avana.
Non avrebbe mandato un altro, Giangiacomo, a rischiare su
per l'intelaiatura metallica con le sigarette esplosive, ci andò
lui. I suoi compagni di impresa se la batterono lasciandolo
dissanguare sull'erba della periferia.

Se prima non ti distruggono, le crisi di fiducia hanno una loro utilità. Ci si dovette abituare al fatto che non sempre quel che il partito diceva era vero, che non diceva sempre quel che pensava, e che non la pensavano allo stesso modo questo e quel dirigente. Fu una secolarizzazione. Bisognava prendere il meglio di quel grande corpo, capire che anche i dirigenti erano uomini e incerti, ascoltarli ma pensare da sé, muoversi per i campi minati dei tempi. E affrontare una lotta interna. Noi piú giovani non vi eravamo avvezzi, il conflitto era sempre con l'avversario. Il caso Secchia s'era svolto nelle alte sfere, nelle federazioni non se ne discusse mai. Adesso eravamo investiti tutti. Fu il mutamento piú grande e a Milano ebbe una storia particolare.

Era una federazione operaia non solo per la composizione dei suoi iscritti – la città aveva ancora dentro di sé le fabbriche che sarebbero finite nell'hinterland nei decenni successivi – ma per l'origine dei suoi dirigenti. I quali dell'Urss non avevano mai detto niente se non di ufficiale, ma quando l'ufficiale divenne tremendo scelsero il silenzio. Penso a uomini integri come Giovanni Brambilla o Alessandro Vaia o lo stesso Alberganti, li vedo parlare sugli appunti, seri, rigidi, non mollare di un centimetro. Forse ci credevano ancora, forse erano nel panico che se si apriva un varco passasse l'alluvione.

Le domande le rivolgevamo ai dirigenti «giovani», gli Amendola e gli Alicata, anche Pajetta, che rispondevano alludendo a resistenze interne – Togliatti era tenuto in scacco dai compagni che con l'Urss mantenevano dei legami; e ci pareva verosimile, pur non sapendo ancora che già nel 1951 la direzione se ne sarebbe volentieri liberata. Bisognava fargli quadrato attorno, puntare sul partito nuovo, quello senza modelli, senza duplicità, quello della via italiana. Non che fosse agevole: quando Amendola a un comitato centrale – se ne era sussurrato – aveva esclamato: È l'ora di toglierci di dosso l'ipoteca sovietica, era stato rimesso a posto proprio da Togliatti. Il quale solo decideva quando e che cosa dire. Da allora, che io sappia, Amendola dell'Urss non parlò, se non per dire in separata sede che non ci sarebbe mai voluto vivere e pubblicamente difenderla come retroterra geopolitico.

Sicché alla fine del 1956 il tema dell'VIII congresso fu quale Pci, piuttosto che quale Urss. I «vecchi» volevano che continuasse a essere quel che era, muro contro muro, là dove invece, pensavamo noi, una politica meno schematica avrebbe potuto sfondare una società inquieta. Sfondare nei rapporti di forza, contare di piú, conquistare. A condizione di capire il terreno. Non lo vedevamo a Milano? Eccome se lo vedevamo. Quella fedeltà che diffidava del mondo, la ripetitività dei moduli, ci faceva perdere il contatto con la nostra stessa gente – altro che gli insegnamenti di Gramsci, del quale si agitava soprattutto il martirio. E a resistere non erano soltanto i vecchi o gli incolti, c'erano personaggi coltissimi come Emilio Sereni che trovava del bello in Ždanov, c'erano gli economisti del centro che non davano retta a nessuna delle teste della Fiom di Torino e Genova, c'era lo stesso Alicata col fedele Trombadori – che si sarebbe convertito a Craxi *in articulo mortis* – con la fissa del realismo socialista, c'era la fiorentina «Società» con il finissimo Muscetta che non aveva protestato per la chiusura del «Politecnico» né dei banfiani «Studi Filosofici» e rimproverava al *Metello* di Pratolini di frequentare la camera da letto piú che la Camera del lavoro. Era «Società» ad avere fatto una tragedia perché da Milano un giovane intelligente, Franco Fergnani, aveva recensito Dewey senza maledirlo.

Noi milanesi li definivamo piú che «stalinisti», «romani», innamorati d'un popolo quasi plebe, degli umiliati e offesi invece che dei proletari, della colorata gente che abitava le pagine di Elsa Morante invece che dei miei grigi compagni che alle sei andavano in fabbrica per strade sporche di neve o secche di polvere. Gli operai non erano pittoreschi, erano classe operaia o niente, senza politica niente. Il borghese può avere un'esistenza prometeica, costruire oltre che accumulare, essere buono o cattivo, reazionario o paternalista, e il *lumpen* è una figura ambigua e patetica – un operaio che non fa politica è un aggeggio di serie, la vita scandita dai tempi altrui, i drammi ripetitivi. Di questo eravamo convinti in due o tre, e ci chiamavano i «sociologi» nel senso di Croce, né filosofi né economisti, né sostanza né accidente. La differenza d'accento fra nord e sud, registrata subito, era diventata piú che una differenza culturale. Il partito che guardava ai poveri della vecchia Italia era altro da quello che avrebbe dovuto guardare ai proletari dell'oggi. Quello che avremmo voluto alcuni di noi, e perdemmo sempre.

Ma nel 1956, il medesimo Alicata meridionalista si batteva per un partito rinnovato, cosí sembrò e a Milano anche fu, con il risultato che c'è di lui una immagine persecutoria a Roma e una diversa in noi settentrionali. Non che fosse un mite né liberale, non lo era per niente neanche Amendola – ma Alicata era spagnolesco, appassionato, rischiatutto, con un gusto dell'impopolarità, Amendola freddo, ragionante e calcolatore, capace di menare una sola botta ma decisiva, «alla bolscevica» come diceva Giuseppe Berti. Alicata si spostava su e giú per l'Italia seminando spavento, Amendola si accattivava i piú con quel fare da gran borghese comunista. Veniva spesso con Giorgio Napolitano, cortese e annuitore.

In ogni caso Alicata e Amendola erano i due con i quali si poteva parlare, stavano a sentire, volevano conoscere, li presentavo a questo o a quello, puntavano a capire quella città traversata da tutto – mutamenti del lavoro, crescita, migrazioni, inquietudini del padronato, guizzi della politica democristiana. Erano in disaccordo ma interessati a quel che Leonardi, Bonaccini, io, altri dicevamo, e con loro non c'era soggezione – cenando assieme a casa mia si scambiavano reciproche ironie. Erano cosí sicuri di sé che del rito potevano fare a meno. Piú tardi Alicata mi avrebbe proposto alla sua funzione, dirigere gli intellettuali a Roma – e là mi avrebbe fatto la guerra, era logico. Morí presto e non ho mai saputo quale ragionamento lo avesse portato a darmi fiducia, forse la percezione che ero leale, ed era vero, e la persuasione che volendo un partito piú democratico, lo volessi piú moderato, e non era vero. Se ci fu un equivoco, fu da tutte e due le parti – io ero per un partito meno ossificato perché andasse piú a fondo a quella seconda metà del secolo che si annunciava vistosamente, loro erano già, credo, in atto di chiedersi se non occorresse un altro partito. In quel passaggio alla fine del decennio 1950 si giocava quel che sarebbe stato il Pci dopo la morte di Togliatti. Tutto e tutti, anche loro, certo io, eravamo in cerca di ridefinizione.

Le tesi dell'VIII congresso, fra l'autunno e i primi mesi del 1957, furono rinvigorenti. Ammettevano il disastro all'est, ma da noi si doveva e poteva cambiare, si aprivano le finestre, si respirava. Eravamo il caso Italia, dove il fascismo, perseguitandole tutte, aveva impedito alle diverse anime della sinistra di dividersi come altrove e ci eravamo innestati con intelligenza nel dopoguerra. E la Resistenza ci aveva fatto gente nuova, per la quale non era un trauma sentirsi dire che il socialismo passava in ogni paese per una propria strada. Anzi non era neppure una gran scoperta; era evidente che il capitalismo è lo stesso, ma le società che lo avviluppano sono diverse, diversa la fisionomia delle classi. Noi dovevamo passare per una democrazia di capitalismo maturo e il lascito di Gramsci sulla sconfitta della rivoluzione in Europa. E qui ci sarebbe stato da andare a fondo. Quale era la nostra idea di un'Italia comunista? O socialista, parola che pareva piú accettabile? Quale era nel 1957 il blocco politico-sociale interessato alla rivoluzione? Quale genere di rivoluzione? Se si escludeva la dittatura del proletariato finita come nell'Urss, come avremmo proposto di strutturare lo stato, quale stato, niente stato? La produzione, la divisione del lavoro, la classe operaia, le inquietudini d'un paese mutante? Per realizzarsi un progetto deve premere come un bisogno. A me pareva che già ne fossero inscritti alcuni lineamenti nella battaglia quotidiana e nelle figure sociali che ne emergevano, in un evidente cambiar colore della borghesia e del «popolo», parola sempre meno simile alla figura ottocentesca che il fascismo aveva in parte prolungato.

Ma la discussione virava sempre su altro: per i vecchi compagni, rivoluzione era o un qualche assalto al Palazzo d'inverno o niente, e al momento di una crisi acuta o di un colpo di stato altrui. Il «che cosa» del socialismo, piú che mai da interrogare dopo il 1956, li interessava meno del «come arrivarci», e scontavano di arrivarci con una minorità sociale, dalla quale – pensavo – era dipeso quel che era avvenuto con Stalin. Mi convincevano tanto meno in quanto durante le due o tre crisi del dopoguerra nessuno di loro aveva proposto una linea diversa da quella di Togliatti. Neanche Secchia. Ammesso che egli e i suoi dessero battaglia in direzione, a Milano né Secchia né Alberganti avanzarono mai l'opinione che si stesse entrando in una crisi «generale», rivoluzionaria. Se mai i «vecchi» erano prodighi dell'ammonimento opposto: sconfitte e fallimenti non erano mai dovuti a errori nostri ma alla forza del nemico.

Obiezione che incontravamo ogni volta che avanzavamo timidamente: «Ma qui abbiamo sbagliato». Il «come» era anche la fissa degli innovatori: niente riflessione di quel che perseguivamo, niente assalto al Palazzo d'inverno, l'essenziale era avere una maggioranza (qualcuno argomentava cavilloso che anche i bolscevichi l'avevano avuta). La cosa non mi appassionava, e comunque non era in vista nessuna maggioranza del Pci o di sinistra. Cominciai a sospettare che per molti di loro «via italiana» volesse dire nessuna discontinuità nella struttura sociale e nello stato. E tuttavia restai di stucco quando sentii Amendola al Lirico: «Ma siamo co-

me tutti, gente normale, vogliamo le stesse cose, lavorare
e vivere tranquilli».

Ma che diavolo, le stesse cose? Quella sul «come» fu
una contrapposizione sterile. Non sono mai stata una gram-
sciana efferata ma quel che contava era che il nostro lievito mettesse in fermento la società, che diventasse comune
la critica alla borghesia come sistema, che si allargasse quella coscienza di sé incarnata confusamente nella Resistenza, quando per un paio d'anni parvero comunisti tutti. Insomma che si volesse un altro modo di vivere e di produrre partendo dalla consapevolezza di quel che era stata l'Urss
e dalla nostra attuale condizione. Non era sempre piú vasto il pezzo d'Italia inscritto in un mutare delle cose? Era
un percorso del quale, allora, mi pareva che stessimo get-
tando le basi.

L'VIII congresso fu il primo vero congresso: specie la
preparazione, il gran finale è sempre una messa cantata.
Le bozze di tesi si discussero davvero, le differenze erano
percettibili, e se i documenti conclusivi non risultarono
granché non è perché la direzione li sequestrasse. Non che
non ci fossero dei paletti: oltre quelli sull'Urss (ma già non
era piú il paese guida, cosa che inquietava i «vecchi») c'e-
ra il limite alla critica se non era «costruttiva», concetto
ambiguissimo, perché chi decide quando cessa di esserlo?
Piú tardi sarebbe diventato ancora piú ipocrita: se critichi
devi avere un'alternativa compiuta e spiegarla nei venti
minuti di parola che ti sono consentiti. Insomma il campo
di gioco era limitato. Oggi mi pare che nel 1956-57 lo ac-
cettassimo di comune accordo, come chi si sente appena
scampato a un pericolo maggiore.

Due spoglie erano appese alle porte del congresso: quella di Fabrizio Onofri, il cui intervento era stato pubblicato da «Rinascita» col titolo surrealista *Un inammissibile
attacco del compagno Onofri*. Non ricordo bene che cosa
sostenesse, se non che gli sbagli erano stati radicali – e que-

sto a mio parere non era vero, ma quel titolo era uno schiaffo. Conoscevo Onofri ma, orribile a dirsi, l'episodio non mi agitò molto, mugugnai, mugugnammo ma nessuno protestò di brutto, *amicus Plato sed magis amica veritas*, e nella *veritas* stava che il partito proseguisse per la strada che andava con qualche confusione prendendo. Non ho mai messo assieme amicizia e politica. C'è stato un salto di generazione, adesso viene prima Plato.

Se la spoglia di Onofri era visibile, quella di Antonio Giolitti era un'ombra a significare: non è il partito socialista ad aver ragione. Pietro Nenni era andato a incontrare Saragat e Pralognan, Giolitti no, era una testa problematica, e del resto neanche Nenni era additato alle Erinni ma evocato con una specie di furiosa malinconia. Ma il dubbio di Giolitti andava resecato perché aveva un peso: Giolitti fu ascoltato dalla platea congressuale con rispetto – i comunisti erano bene educati, niente a che vedere con l'attuale Parlamento – e gli fu risposto, mi pare da Luigi Longo, senza indulgenze ma senza minacce. Dev'essergli stato fatto poi un vuoto attorno, per cui qualche tempo dopo decise di andarsene. Sul tema *Riforme e rivoluzione* uscí da Einaudi un libro a due firme, Longo e lui, evento che andò sbiadendo da solo. A Marchesi non ricordo se si rispondesse, era un grande intellettuale e il suo Stalin-Tiberio piaceva a molti e non faceva danno. Non aveva alcun potere, mentre lasciar passare Giolitti significava darglielo. Di quella assise finale non ricordo altro. Il vero congresso era stato nella mareggiata del 1956, con le prime speranze e poi le ore tremende e la ricerca d'una zattera alla quale aggrapparsi. Ne uscimmo meno innocenti ma non del tutto spiumati. Non eravamo colati a picco e non eravamo paralizzati come il sussiegoso Pcf, che da allora smettemmo di guardare con umiltà.

La federazione di Milano si chiuse a testuggine. Al congresso provinciale aveva ripetuto ostinatamente i suoi distinguo appena velati dalla forma. Longo, che forma e so-

stanza li conosceva a memoria, andò in furia – fu la sola
volta che lo vidi perdere la calma. Sbatté il berretto sul tavolo del comitato federale, disse che quel congresso andava invalidato e sarebbe venuto lui in persona a farne un
altro. Mi avvedo di non ricordare proprio come fu invalidato, il che non prova che la procedura fu inappuntabile
ma che non me ne angustiai affatto.

Premeva a me e ad altri diventare una forza che inci-
desse sulla città in mutamento. Si poteva. Per cui l'anno
seguente ci fu nella federazione milanese un IX congresso – da allora ne numera uno piú delle altre – e una discussione meno occultata. Il centro stava con noi. Andammo baldanzosi, per non dire assetati di sangue. Inaspettatamente Togliatti concluse dicendo che un partito è
come un corpo, che conosce la sofferenza, che ogni ferita
brucia, che delle cicatrici bisogna aver cura. Credo che fossero le sole parole umane, e mi colpirono – ero diventata
una tigre. Forse era un espediente per confortare i vecchi
perdenti, ma non era consueto.

Tutta la segreteria cambiò, e dopo qualche tempo vi sarei entrata anche io, solennemente invitata da Armando
Cossutta. A onore del quale devo ricordare che quando entrammo nell'Ufficio quadri – assieme a Francesco Scotti,
che era stato nelle Brigate internazionali in Spagna – e
aprimmo gli schedari da dove vennero fuori pacchi di biografie con sfoghi del cuore e miserande confessioni di colpe personali (del tipo: ho tradito mia moglie), l'Armando
propose di dare il tutto alle fiamme senza leggere. C'era
qualcosa di torbido in quel bisogno di aprirsi al dirigente
come a un sacerdote. Non era obbligatorio – la biografia
che avevo fatto a suo tempo per l'iscrizione era di dieci righe e non me ne fu chiesta un'altra. Avrei trovato quel clima da sagrestia nel *Mistero napoletano* di Ermanno Rea e
mi sarei domandata a quale solitudine si dovesse sfuggire
per farsi mettere i piedi nell'anima da Salvatore Caccia-
puoti. Quegli schedari andarono distrutti.

Negli anni settanta, quando si sussurrava di golpe imminente (stanotte «ballo dei colonnelli»), il rampollo d'uno degli anziani dell'Ufficio quadri milanese mi portò tremante a Roma un valigione pieno di carte del Servizio di informazioni politiche – Sip, come la società dei telefoni – che nel 1957 suo padre aveva sottratto all'ispezione di noi revisionisti. C'erano alcune migliaia di indirizzi di fascisti o presunti tali nei primissimi anni di guerra, chissà perché conservati visto che se c'è una cosa che la guerra cambia per tutti è l'abitazione. Poi un dossier di brevi spiate su questo o quel compagno raccolte da un altro compagno dal nome debitamente in codice – restai di stucco scoprendo chi si era prestato, deve essere stato per la mania del segreto. Il tutto cosí deprimente che vi misi il fuoco anche io, cosa piú facile da dire che da fare in una casa sprovvista di caminetto. Di interessante c'erano solo le pagine d'una talpa che avevamo in questura, dalla quale si evinceva che il famoso questore Agnesina faceva sorvegliare un ingegnere di Saronno perché convinto che fosse il vero segretario del Pci mentre Togliatti fungeva da uomo dello schermo.

In segreteria eravamo Cossutta, Giorgio Milani, Aldo Tortorella, Elio Quercioli, credo Lauro Casadio. Mi pare che lavorassimo bene, ne ho un bel ricordo – Milano ci stava davanti, eravamo noi a decidere che cosa il Pci sarebbe stato nella città mutante. Era come se, a pochi passi dalla gelata del 1956, fosse venuta una acerba primavera – e ci toccava scavare, rinviati sullo sfondo oneri e onori del movimento comunista mondiale. Avevamo davanti la nostra gente, che la migrazione dalle Venezie e dal mezzogiorno gonfiava come un'onda – arrivavano dai treni del sud, quelli che viaggiano lenti nella notte, fermandosi a ogni città con uno scossone e approdando al mattino alla Stazione centrale di Milano o a Porta nuova a Torino, dove vomitavano valigie di cartone e gente sfinita da giorni di spostamenti tra corriera, trenino locale e finalmente i vagoni per il nord. Non era difficile trovare lavoro a Milano, ognuno era tirato su da un altro, parente o conoscente arrivato prima; quel che non si trovava era dove alloggiare, nemmeno nei seminterrati, troppo cari, e per cominciare ci si infilava in qualche buco in provincia, fin nelle scuderie dismesse delle vecchie ville dove non stava piú nessuno. Di là i migranti si inerpicavano all'alba nei treni ansanti dei pendolari, ancora dormendo. Poi piano piano avrebbero trovato un alloggio in città.

Erano una marea. Da Roma ci raccomandarono di riunirli in famiglie, circoli pugliesi o calabresi o campani perché non si sentissero spaesati. Ma era l'ultima cosa che volevano, erano venuti al nord per restarci e diventare gente di città. Lasciammo perdere le famiglie regionali, li trovavamo nel sindacato o scivolavano la sera nelle sezioni, prima cautamente a sedersi in fondo e poi prendendo di colpo la parola. Eloquenti e gesticolanti quanto i lombardi erano ingrugnati, a sentirli venivano tutti dalla occupazione delle terre. Era una sceneggiata – allora il fattore mi fa, io gli dico – davanti agli increduli occhi milanesi. Presto diventavano responsabili di questo o di quello, si offrivano volentieri ed erano accettati nel brontolio degli indigeni: «Vedaremm». Vedremo quel che sanno fare. *Rocco e i suoi fratelli* dice il vero. Cambiarono le periferie della città, le strade serali si popolarono, mutavano gli usi e i costumi. Anche alimentari – gli spaghetti sconfissero il lento risotto e la pizza dilagò. Alla catena di montaggio si capivano appena i siciliani con i lombardi o torinesi o genovesi, finché la Tv del bar non unificò tutti in una terza lingua, l'italoromanesco. Ma gli arrivati dovettero vincere le diffidenze dell'operaio di mestiere che insegnava al *terun* il capolavoro scuotendo la testa. Mancava il furore razzista di adesso, lavoro ce n'era per tutti.

A galleggiare in quella marea eravamo noi, i comunisti. La città scoppiava, esplodevano le scuole pur pensate con lungimiranza a inizio del secolo dalla giunta socialista Caldara, non bastavano i trasporti. Il territorio municipale di

Milano era stato limitato per non dare ombra a Roma capitale, e a metà d'una strada di periferia ti trovavi in un comune della cintura, spesso nostro. Quelli che arrivavano avevano bisogno di case, di strade che non fossero pozze di fango, di elettricità e fogne (non era una rivoluzione ma ancor meno un'assistenza, era una pressione di gente che reclamava quel che sentiva come un diritto), un salario meno miserabile dal padrone, e dal Comune servizi e allacciamenti. I quali servivano anche a una proprietà immobiliare che si stava estendendo, a viso aperto o travestita da centinaia di cooperative dal nome leggiadro, dietro le quali c'erano i vecchi proprietari e quelli nuovi, anche qualche nostro amico. E la proprietà premeva per modificare il piano regolatore, le regole, il fisco. La modernizzazione aveva molte facce. Mai sguazzai a mio agio in una carica elettiva come al Comune, dove il numero limitato dei consiglieri e la possibilità di accedere a tutte le pratiche permettevano duelli e conquiste metro per metro, mentre una certa civiltà tra giunta e opposizione, in una città dall'antica tradizione riformista dove con i poveri non si era ancora gaglioffi, rendeva possibile far emergere le contraddizioni – belle e buone contraddizioni di classe.

Milano era un gran corpo vivente e in movimento, ne avevamo il polso, afferravamo dal basso i potenti calcagni della proprietà e non mollavamo la presa, e se anche alla fine vincevano quasi sempre loro, non vincevano mai del tutto. Nelle sale di palazzo Marino si scontravano due idee della metropoli, e con noi stavano gli architetti del Movimento moderno, i Banfi e Peressutti e Belgiojoso e Rogers e De Carlo, le prime Triennali, la casa e il quartiere «a misura d'uomo». Adriano Olivetti era un padrone ma da Ivrea venivano idee che somigliavano alle nostre. Per qualche anno fummo progressisti tutti. Si poteva crescere e in meglio. La pressione di quella migrazione incessante e speranzosa sfondava le barriere politiche, avvertivamo che il partito cattolico non era piú soltanto delle grandi famiglie, piú articolato che nel dopoguerra – e loro ci sapevano un avversario radicato e intelligente.

Certo non ci percepivano come un accampamento cosacco, cosa che sento dire dai giovani leoni dei Ds; fu il periodo nel quale parve che la gran parte della società in evoluzione avesse in noi i rappresentanti accreditati e dall'opposizione pesammo sulle scelte nazionali non meno di quanto contassimo nei governi locali. Certo pesammo piú di ora. Erano le nostre idee a passare – prima di tutto quella di bene pubblico, spazi pubblici, proprietà pubblica. Insomma eravamo, in città, la migliore socialdemocrazia, anche se avremmo rifiutato vigorosamente questa definizione.

C'era anche il lato surrealista: il vecchio principe Trivulzio venne a confidarsi con me, che ero sua inquilina, sulla difficoltà che incontrava a trattenere i contadini nell'agricoltura meccanizzata della bassa lombarda, malgrado che al posto della cascina a ringhiera (che poi diventò residenza secondaria per milanesi ricchi) offrisse loro moderne casette col bagno in maiolica. In quel mare di spighe e pannocchie senza un paese a vista d'occhio, le ragazze non volevano piú stare, basta con lo sposare un contadino, e il contadino non se la sentiva di stare otto o dieci ore sul trattore solo con la sua radio. «Non pensa, cara signora, che bisognerebbe convincerli, quei *dunín*, che si sta meglio là che in una cantina in città?» Il vecchio signore, che odiava la Milano involgarita e rumorosa, non capiva che per quei *dunín* e i loro uomini la città era magica, il luogo dove il sabato si andava al cinema e nella settimana si viveva con gli altri, invece che stare con se stessi e qualche biscia d'acqua. Nei comuni piú piccoli qualcuno avanzava: «Se questa area me la passate da verde agricolo a edificabile, vi faccio in cambio la scuola e la palestra». E gli pareva un onesto scambio, e non credo che tutti resistessero adamantini, la scuola occorreva, la palestra anche, i soldi non bastavano. Fu la strada soft per le successive tan-

genti che, penso, non erano ancora diffuse. Ci si riuniva
in Comune quattro sere alla settimana dall'inizio del mese alla fine dell'ordine del giorno, almeno per tre settimane, piú le commissioni al pomeriggio. Arrivavamo in tram.
Niente gettoni di presenza, niente indennità, niente rim-
borso spese – allora non veniva in mente che una parcella
di potere dovesse anche essere pagata.

In conclusione nel 1957 la navigazione cambiò. Per i
tramortiti dall'Urss, il volto di Gagarin sorridente nel ca-
sco fu un'ancora di salvezza. «Sono i primi ad arrivare al
cielo!» Fu un evento. Anche per i non ingenui. Ma puntai i piedi leggendo un articolo di Valentino Gerratana sul
cambio di metro che la tecnica portava all'umanità. Non
mi persuase mai che la tecnica ci comandi, neanche quando Heidegger dilagò, comanda l'uomo – il *deinós*, la creatura che ha una via d'uscita per tutto salvo la morte. Siamo responsabili, non c'è scampo.

A Milano giubilammo di piú per lo sciopero della gomma, frutto delle corse all'alba della moto di Bonaccini, segretario della Camera del lavoro, alla Pirelli Bicocca e delle
nostre calate in tram ai turni di uscita. Il giovane, ostinato
Bonaccini, un sindacalista di passioni fredde, che non fece
mai parte del giro dei dirigenti nazionali e poi fu eclissato
in Europa. Nessuno come lui – certo non i grandi di passaggio – cambiò la Camera del lavoro di Milano in meglio,
attenta e efficace. Si impuntò sulla gomma e ce la fece. Erano anni che non si scioperava. Difficile spiegare che cosa
volle dire quella fermata totale, lungamente preparata ma
sul filo del rasoio, dopo un periodo infinito di entrate di-
messe degli operai in fabbrica. Cominciava il boom, lo spingevano le lotte e le spingeva. Si ricominciava a voler di piú,
si poteva. L'aria cambiò. Ma quante riunioni, quanta gente da avvicinare, occorreva aspettare che aprissero il pen-
tolino stagno della minestra al sole di mezzogiorno appena
fuori la porta dello stabilimento, o fermarli mentre a fine

turno correvano verso un tram persuadendoli a tornare indietro, inquieti che le donne non piantassero grane. Tutto è piú facile che organizzare uno sciopero dopo una batosta storica.

Da allora si ripartí lentamente verso i ruggenti sessanta. La storia ricominciava ad andare nel nostro verso. E si riallacciarono e allargarono i rapporti dopo la gran gelata del 1948 e quella del 1956. A Milano contava l'essere stati antifascisti assieme. L'anticomunismo viscerale apparteneva al governo e alla polizia, echeggiava, anche se con stile, in uno come Valiani al «Corriere», ma pareva l'eco di qualcosa che andava alla fine. Al Centro di prevenzione e difesa sociale di Adolfo Beria d'Argentine e Gino Martinoli si era formato da tempo una sorta di Cln di giuristi che si andò estendendo a economisti e sociologi. Sarebbero stati l'*humus* del primo centrosinistra d'Italia, quello che avrebbero voluto Pasquale Saraceno e Giorgio Ruffolo. Erano i primi centri regionali di ricerca, legati alla Cgil a Torino e Milano, di Siro Lombardini e Angelo Pagani, e Giorgio Sebregondi e Giuseppe de Rita, Beniamino Andreatta e Franco Momigliano e Alessandro Pizzorno.

Era anche una seminagione cattolica che non fu, salvo in Andreatta, democristiana; a Milano e in Lombardia del resto stava nascendo una sinistra cattolica nella Dc, che non fu mai maggioranza ma con Marcora, Granelli e Vittorio Rivolta avrebbe segnato quella stagione. Eravamo molto diversi ma con domande simili, la percezione comune che l'Italia cambiava e, di nuovo, che a Roma se ne capiva meno di quel che annusavamo noi. Ed eravamo attenti l'uno all'altro. Erano attenti anche a me, funzionaria comunista dunque esposta. Non avrei dimenticato la gentilezza e la pena con la quale, un giorno che arrivavo trafelata, Adolfo Beria e Gino Martinoli mi presero da parte per dirmi che era stato impiccato Imre Nagy.

Il Centro aveva cominciato con l'aggiornamento dei codici. Nei colori argentati di Bellagio invernale e i velluti d'una sbiadita Villa Serbelloni i giovani giuristi demolivano il vecchio codice penale e io scoprivo il fascino del diritto. Non mancavano le tenzoni fra chi teneva per la Costituzione e chi per l'efficienza – un ministro, Michele Di Pietro, fatalità dei nomi, difese ancora l'utilità della tortura, contestato da un giovanissimo Giuliano Vassalli. «Giuliano è un angelo», mi disse con insospettata tenerezza Enrico De Nicola, che pareva appena uscito da un ritratto della fine dell'Ottocento, sapeva a memoria la Costituzione, apriva le sedute alle 9 e alle 15 in punto e le presiedeva come fosse alla Camera. Era un vecchio signore suscettibile, sempre sul punto di dimettersi con parole sciabolanti; si conteneva soltanto in presenza d'una signora, per cui gli ero applicata e quando stava per esplodere bastava che allungassi una mano verso il suo braccio irato, «Presidente», e ingoiava eroicamente il furore. Aprendo il mattino la mia finestra sul lago lo vedevo solcare sui remi le acque ancora silenziose, e mi figuravo che pensasse al lungo amore con la signora in Svizzera che adesso era morta. Era un fascinoso frammento meridionale d'una Italia che nessuno di noi aveva conosciuto. Stento a capire perché per un momento il fascismo gli sia apparso tollerabile, ma successe a quasi tutti i liberali.

Non ricordo quando il Centro virò sulle scienze sociali, certo avevo cominciato a lavorare con loro nel 1954 per un convegno internazionale sul sottosviluppo. Per il quale avevo cercato a Parigi Georges Friedmann, quello del lavoro in frantumi, e Sartre e il suo giro, e discusso con Le Corbusier dentro la sua scatola blu in una specie di garage. Soltanto l'intervento di Michele Rago e Jeanne Modigliani trattenne il Pcf dal fare uno scandalo. Noi comunisti italiani svolazzavamo senza remore, da noi a Milano erano venuti Lukács e poi Brecht, piú tardi Sartre e Togliatti avrebbero cenato assieme, con sfoggio di reciproca seduzione. Della nostra libertà e delle nostre relazioni ci vantammo a lungo. Sta di fatto che nel 1958 fu il Centro a lanciare in Italia il congresso dell'Isa, l'associazione mondiale di sociologia, che avrebbe aperto a quella disciplina i nostri diffidenti atenei. Quella volta invademmo Stresa e conobbi Adorno, del quale mi avevano incantato i *Minima Moralia* – era il marxismo come ovvio, il marxismo inevitabile, il marxismo senza Partito comunista, gli anni trenta d'Europa salvo che in Italia e in Germania. E mi incantò lui, con i grandi occhi nocciola da bambino, vivace come un folletto, curioso di tutto e pronto a conversare, nonché attratto come da una calamita dalle fanciulle dal nome nobiliare che invitava con ripetute suppliche di passeggiate sul lago. A Stresa un bellissimo ragazzo mi avvicinò e con fare antipatico mi disse: «Il tuo pezzo su Charles de Gaulle, – ne avevo appena scritto su "Rinascita", – è tutto sbagliato. Che cosa ti dice Adorno?» Era Lucio Magri, con il quale avrei fatto un lungo percorso. Su De Gaulle aveva ragione. «Vieni a colazione con lui domani», gli proposi. Mai. Era timidissimo come molti testardi e, per quanto possa sorprendere, tale è rimasto. Finimmo con l'accordarci che avrei pilotato Adorno a un tavolo accanto alla siepe di oleandri, Lucio si sarebbe nascosto nel fogliame ad ascoltare. Adorno mi seguí mansueto ma quel giorno mi fu impossibile distoglierlo dal parlare di Bartók sul quale stava scrivendo. Non ci fu verso. Magri stormí un paio di volte nervosamente tra le fronde e poi se ne andò. Allora nulla sapevo di Walter Benjamin e ancora mi brucia di non aver interrogato su di lui quell'uomo geniale e cortese – la corrispondenza tra il felice Teddy Wiesengrund e l'infelice Walter Benjamin mi accompagna ancora.

Nel luglio del 1957 Antonio Banfi morí. Morí per caso, per incuria, per una stupida infezione mentre aveva ripreso in mano tutta la sua produzione e la selezionava e preparava la ripresa di «Studi Filosofici», chiusi nel 1949 per le strida del Pcf. I tempi erano cambiati. Non lo sentii dolersi mai, era tra quelli che non giudicavano un fallimento quel che ancora non si chiamava «socialismo reale» e non saprò mai quel che ne avrebbe un giorno scritto – aveva molto amato l'immensa Cina e le sue forme, vi tornava, era contentissimo di essere stato nominato cittadino di Shanghai. Ogni fine settimana salendo a Milano dal Senato si infilava nel suo collegio nel cremonese, l'estremo oriente della Lombardia, fra piane nebbiose e prima industria e contadini e contadini, comizi e frecciate con i socialisti, curiosità per il vecchio Miglioli, inclassificabile residuo di ieri o prodotto di oggi, perché anche le campagne erano in sorda ebollizione. Per Banfi la storia non aveva un fine né era un residuo, era il muoversi sorprendente del reale e lui, che aveva le radici ancora nella Germania di Weimar, conosceva per filo e per segno la vena lombarda, dalla quale estraeva per noi, nelle poche cene calme delle feste, le canzoni dei soldati poveri e della mala – «E fin che fiocca | a 'sta manera | e la lingera, e la lingera | trionferà». La lingera, la malavita, i cavalieri della luna della campagna mantovana sulle rive del Mincio. Tutto quel che era il variegato popolo incantava quella generazione, i cui padri lo avevano ignorato. La malattia lo disidratò, sgomentando la consorte che era stata crocerossina nella Prima guerra mondiale, con gli antibiotici non aveva dimestichezza e degli ospedali non si fidava – in breve, mia sorella che era ormai medico e io dovemmo irrompere in casa con una colonna di flebo, Mimma scovò un letto in una clinica protetta da grandi cedri, dove sfinito e senza lamentarsi terminò i suoi giorni. Milano cominciò a sfilare davanti alla sua porta quando fu spento, e a notte la piccola tremenda contessa che aveva retto tutte le condoglianze non permise, in nome dei principî comunisti, che lo deponessero nella cappella. Lo deposero nel garage. Solo, il volto pacificato come è della prima morte, nel caldo mortale aspettai con lui l'alba allontanandogli dal viso le zanzare con l'acqua di colonia. In quei giorni mi aveva detto poche cose. Dei suoi progetti e private, come si fa quando si sa che è finita. Cercai di credere che cessasse di vivere quando l'ultima parte della sua vita ridiventava problematica. Ma era un'illazione indebita, non era stanco, avrebbe voluto ricominciare. Due giorni dopo, ai suoi funerali c'erano senato e comune e partito e università e allievi e tutta Milano, e un mare di contadini in bicicletta venuti dal cremonese, un mare mantellato e silenzioso che colmò le grandi strade e rifluí la sera verso le campagne.

Capitolo undicesimo

Seguí il decennio piú interessante. Anzitutto andare sui quaranta è piacevole – finite le inquietudini della giovinezza, quelle della maturità tenute a equa distanza, la vecchiaia ancora lontana. E poi fra la fine degli anni cinquanta e nei primi sessanta ci fu un veloce cambiare delle idee e perfino delle cose attorno a noi. Era il boom, la coesistenza, la nuova frontiera, la fine dei colonialismi – il tutto accompagnato da un crescere della sinistra e della buona coscienza.

Le cose. Sia detto una volta per tutte, ragionare sui disastri del progresso tecnico è un conto, altro è stato per una donna l'avvento degli elettrodomestici, sui quali ci siamo gettate con spietatezza, detersivi inquinanti e spreco di energia, e non credo che ne arretreremo per verdi che siamo. Diverso fare il bucato o ficcarlo nella lavapanni, grattare il resto ostinato delle uova dalla padella o usare l'antiaderente e consegnarla alla lavastoviglie – arrivata peraltro per ultima. Prima di tutto arrivò il televisore, perché ti portava il mondo in casa e rapiva con sé i vecchi e i bambini, lasciandoti respirare. Ai pavimenti non si dette piú la cera, i capelli tornarono corti e via i bigodini, i collant ci liberarono dalle giarrettiere, i Tampax dagli assorbenti. Eccetera, non sta nei libri di storia ma ci ha cambiato la vita, non soltanto per virtú degli antibiotici alle donne si allungò l'esistenza. E ci vestimmo con il prêt-à-porter a prezzi modici invece che sbagliare stoffa e sartina. Fu il solo periodo nel quale i settimanali intelligenti ebbero qualche colonna non pubblicitaria per i consumi e costumi femminili, da Madame Express imparammo a vivere di gonna, golf, camicette ma uno shampoo alla settimana, mentre l'occhio di Camilla Cederna ci tratteneva sull'orlo del ridicolo.

Fu la breve stagione nella quale non ci funestò alcun senso di colpa nel buttarci verso il meglio, cercando di godere con determinazione del paesaggio, della cultura e delle belle arti, appena mezzi e tempo ce ne aprivano lo spiraglio. Nei pochi sabati liberi ci arrampicavamo (in seconda) sul treno per Genova e poi assieme ai compagni della Fiom sulla Mg della compagna Enrica Basevi verso l'appartamento dei suoi abbienti genitori a Paraggi – stavamo in mare col gozzo dal mattino al tramonto, e la sera, ripuliti dalla salsedine, con i pantaloni bianchi e l'argentina blu dei marinai, gironzolavamo per Portofino permettendoci al piú una pizza o un gelato, le gambe penzolanti sull'acqua nel porticciolo. Eravamo convinti di batterci perché tutti avessero quello che pochissimi detenevano: Mario Melloni, che era il Fortebraccio dell'«Unità», mi obiettò una volta con spirito: «Voi mirate al benessere del proletariato, a me basta il malessere di lorsignori». Noi ci miravamo davvero e ci fu rimproverato come piccolo borghese dal movimento del 1968, che riuscí a essere assieme ludico e ascetico. Forse aveva ragione, sta di fatto che noi non ci vestivamo da piú poveri di quel che fossimo e il proletariato andava con la cravatta e il vestito buono al Piccolo e alla Scala, che ne programmavano con zelo la presenza.

Si dice che saremmo usciti allora dall'Italia degli anni trenta. Non è vero, a mettere brutalmente fine all'Italietta era stata la guerra. Dieci anni dopo il nord sguazzava nel moderno e industriale, lanciava nel mondo il design e formava piú i poteri forti che le dirigenze politiche. E, piú in Lombardia che nel Piemonte e nel Veneto, si appannava il comando della chiesa, alla quale peraltro i fascisti pur facendo il Concordato avevano concesso meno che la suc-

cessiva democrazia, riservandosi alcuni simboli, da Mari-
netti alla romanità, discutibili ma non da sacrestia. Di nuo-
vissima fra i cinquanta e i sessanta fu la crescita dei consumi e del lavoro, il *melting pot* dovuto alla migrazione interna, il dilagare del sindacato, e il mutare del costume e il
perder di peso della famiglia con l'uscita di massa delle donne dalla campagna alla fabbrica, dalla casa agli uffici. La
troppo lunga rigidità fragilizzò le vecchie leggi, la coppia
cittadina cominciò a disfarsi o a convivere, per cui quando
il divorzio sarebbe arrivato non avrebbe fatto che prendere atto di rapporti già scissi o riformati. Uscirono i libri di
Gabriella Parca, di Lieta Harrison e di Elena Gianini Be-
lotti dalla parte delle donne e delle bambine. Non fummo
tanto ingenui né prima né dopo. Saremmo diventati pii e
ipocriti negli anni novanta.

Nel partito ci togliemmo tacitamente l'Urss di dosso –
questa è la verità. Hanno ragione i dissidenti dell'est di ri-
sentirsene e i nostri censori a strepitare «che vergogna». Di
quel che era l'Unione Sovietica, nuda e cruda, credevamo
di aver preso atto – ideale sarebbe stato separarsene in un
Partito comunista che aprisse la bocca e parlasse ai sovietici con voce che non potessero non ascoltare. Il Pci non fu
mai quel partito. E poi l'Urss pareva supportare ancora i
paesi che cercavano una indipendenza – piú tardi risultò che
neanche questo era del tutto vero. Sta di fatto che da quel
pianeta distogliemmo un po' sornionamente gli sguardi. Anche fuori di noi la campagna su Budapest andò spegnendo-
si, non ebbe né l'asprezza né la durata di quella del 1948,
non si trattava piú di decidere se l'Italia sarebbe finita in
mano a un blocco progressista o alla Democrazia cristiana,
e si dovette percepire da parte delle cancellerie occidentali
che l'Urss aveva giocato una carta sciagurata e pagato un
prezzo non da poco nei partiti comunisti. I quali restavano
nondimeno il nemico da battere.

Bisogna capire che cosa fu in Italia e in Francia quel temere la crescita di grossi partiti comunisti che potessero im-

porre grosse riforme e chiedere alla classe dominante dei
conti che i socialisti britannici non avevano da chiedere a
Churchill. Contro questa minaccia si era strutturato quel
capolavoro di abilità, reticenze, repressione e iniziativa che
fu lo stato democristiano. E contro questo avanzare non
tanto dell'Urss quanto di un'alterità, cui si poteva rinfac-
ciare soltanto di esserne figlia, funzionò l'Alleanza atlantica, e la nostra borghesia vi si aggrappò non senza gli Stay
Behind, le schedature in fabbrica e altri miserabili espe-
dienti. Dubito che alla fine degli anni cinquanta De Gasperi e La Malfa non avessero compreso che in una maggioranza o perfino al governo il Pci non avrebbe fatto piú di quel
che fece nel 1946 e alla Costituente, e che l'Urss non avrebbe messo il naso fuori dal suo campo o al piú da qualche paese terzo. Ma il Pci era forte e colto e in crescita, non sarebbe stato simile alla Sfio che vedevamo all'opera in Algeria,
né alla Spd, ma al Labour del dopoguerra, portatore di una
carica di riforme sociali per nulla indolori sul formarsi dei
profitti e del reddito. Inoltre la borghesia italiana aveva una
coda di paglia immensa sul fascismo, che a quella inglese
non si poteva rimproverare. Naturalmente non ci saremmo
mai lasciati dire che avremmo fatto come il Labour, era il
partito delle Trade Unions, figuriamoci – ed è uno dei pa-
radossi di fine secolo che l'abbraccio fra ex Pci e New Labour sia avvenuto sotto la bandiera del liberismo, con il quale i relativi padri non avevano nulla a che fare. In breve la
borghesia italiana si affidava per la prima volta al partito
cattolico, e l'avrebbe lasciato al governo finché una nuova
destra fosse pronta a sostituirlo.

Quel che finí negli anni sessanta fu la Guerra fredda.
Dicono che è cessata nel 1989, ma non è questa la percezione che avemmo; la periodizzazione di uno storico è diversa da quella che ti si è srotolata addosso. La Guerra
fredda finí assieme ai cinquanta, anche dopo ci furono
scontri acuti ma non erano la norma, e fino a Ronald Reagan, che ci sembrò a torto un non geniale rigurgito della

destra, si smise di pensare che un blocco avrebbe distrutto l'altro a colpi di bombe. Perché questo si era potuto temere dal 1948 in poi, questo modificava il nostro e l'altrui orizzonte – e spiega il movimento per la pace, che soltanto chi non ha vissuto con questa tragica possibilità
all'orizzonte può ridurre a un servaggio all'Urss. Non so
quanto ci siamo stati vicini, ma fu coscienza comune, dagli scienziati all'ultimo militante, che quando esiste un'arma qualcuno finisce con il servirsene. Uno scontro atomico sarebbe andato oltre il contrasto fra ideologie e potenze, travolgendo tutti.

Ora sarà stato Gagarin che per breve tempo fece sembrare l'Urss tecnologicamente piú forte degli Stati Uniti,
sarà stato Chruščëv all'Onu, sarà stato Kennedy, nei primi anni sessanta divenne senso comune che l'occidente doveva convivere con Urss e Cina, e viceversa. Questa era
stata la fine della Guerra fredda. E non andò senza modifiche interne nell'un campo e nell'altro. Inoltre le colonie
si disfacevano da tutte le parti, lontano c'era l'Indocina
che sarebbe diventata il Vietnam ma avevamo l'Algeria
dietro l'angolo e fervevamo per l'Fln e Franz Fanon, anche se il partito poco diceva per non irritare i fratelli francesi. I governi e il padronato cominciarono a negoziare con
il sindacato. La coperta keynesiana veniva tirata al massimo da una parte e dall'altra.

E non mancavano le contraddizioni – in Francia la socialdemocrazia si rivelava un arnese colonialista, e questo
andava nel senso dei comunisti, ma De Gaulle con la sua
paix des braves, che nessun altro avrebbe fatto, scomponeva
lo schema comunista. L'icona di quel passaggio restano John
Fitzgerald e Jackie Kennedy, lui quel volto giovane, lei quella ragazza elegante cosí diversa dalle ingessate *first ladies*. E
i fratelli Bob e Teddy vestiti di tweed, racchetta in mano,
amicizia col cinema e gli intellettuali, gli occhi rivolti alla
nuova frontiera – parevano prendere atto che il mondo andava anche da un'altra parte. Jfk non somigliava né a Tru-

man né a Eisenhower. Forse parve piú che non fu, forse nascondeva il torbido giro paterno, forse cercò di venirne fuori e pagò con la vita. Neanche Chruščëv somigliava a Stalin o a Molotov, rompeva con la gerontocrazia e le sue forme, sbatteva i pugni sul tavolo. Da Cuba era spuntato Castro, barba e uniforme, e aveva avuto un grande successo all'Onu, sbarcando con i suoi *barbudos* in un modesto albergo di Harlem. Le carte erano percettibilmente redistribuite nell'orizzonte della coesistenza. Perfino la chiesa cambiava, chi avrebbe immaginato che il cardinal Roncalli, cosí conservatore con la Biennale di Venezia e cosí mondano come nunzio a Parigi, sarebbe stato il papa povero che apriva le porte del dogma senza essere un teologo – ma come si vorrebbe che fosse un'anima cristiana?

Veniva su la prima generazione cresciuta nel dopoguerra, quella nata negli anni quaranta che, piccolissima, la guerra non l'aveva neppure intravvista. E guardava il pianeta con occhi diversi dai nostri. Si pensò che finalmente si viveva meglio, che domani si sarebbe chiesto e ottenuto di piú e i figli avrebbero avuto piú mezzi e piú occasioni dei genitori. I sindacalisti smisero di battersi contro i licenziamenti per chiedere piú salario, piú pause, piú diritti. La generazione del 1968 avrebbe contestato padri e madri perché non condivideva la loro certezza dell'essere arrivati a una soglia, della quale solo i figli potevano vedere il limite. Molto dell'essenziale parve nelle nostre mani.

È un passaggio che dura fino al 1968. Scriverne senza documenti all'appoggio mi avverte di quanto la memoria sia stravagante e imbrogliona. Sarà l'istinto di salvarci la faccia o il rifiuto di tornare su ferite mal chiuse, quel che è avvenuto si fa fluido ma ne resta la coloritura. Furono anni di speranza. Cominciai a muovermi in tutta Italia. È un buon modo di conoscere un paese, vi si entra dal di dentro, sei accolto da gente che ti aspetta, e in imbarazzo quando ti accorgi che una anziana coppia ti ha lasciato la camera da let-

to ed è andata a dormire in cucina. Allora non c'erano soldi per l'albergo e questo difese la politica da piú d'un vizio. Dai compagni capivi molto, anche dal non detto – bisognava distinguere la realtà dalle speranze o dal risentimento, anche se contavo sull'una e sull'altro. L'Italia era
un patchwork. Nel ravennate repubblicano, dove fui spedita per una campagna elettorale, non esisteva la maggioranza silenziosa nella quale si inciampava nell'intera penisola, tutti sapevano tutto di politica e avevano idee ben ra-
dicate, casalinghe e fruttivendoli inclusi, e facendo la spesa
anche le donne si strappavano voto per voto. Nel palermi-
tano sentii per ore una vettura gracidare su e giú per Mon-
reale il mio nome come «eminente marxista», venni ascoltata cupamente mentre i compagni guardavano in giro con
occhi fulminanti. I comunisti praticavano una triplice morale, puritanesimo a uso stampa, familismo a uso cattolico,
maschilismo e cazzeggio a uso privato, ma la compagna era
protetta strenuamente e al sud con piglio settecentesco.
    Ero però incerta fuori dal mio terreno, le zone operaie
dove la questione era ormai la crescita e non il supersfruttamento, o nelle risaie e filande della Lombardia fra donne
gagliarde, o nella bassa lodigiana, dove neppur si sapeva che
cosa fosse un repubblicano o il disimpegno delle masse meridionali. Il quale disimpegno era il solo sul quale andavo sicura, perché poi là c'era un bel salto fra Palermo e Napoli o
la concettosa Bari, per non dire delle relative campagne. E
se l'Italia era un patchwork, lo era anche il Partito comunista, proprio perché aveva qualche propaggine dappertutto,
e si intricava con il suo territorio. A chi stavo parlando, che
cosa mi faceva capire il giovane compagno insegnante o l'i-
scritto al Pci dalla fondazione, pietoso o vendicativo? E io
che cosa gli dicevo, da me che cosa si aspettavano? Dai miei
andavo a dire ma anche a discutere, aggiornare e aggiornar-
mi, altrove mi sentivo mandata a rassicurare, dare coraggio,
qualche argomento. Non si è comunisti di passaggio. A Milano era politica, altrove propaganda.

Era un'esperienza piena. Restai interdetta quando un paio di giovani storici, durante una commemorazione di Cesare Luporini, descrissero afflitti la nostra generazione come quella costretta a tagliare le proprie ali. Come far capire che per noi il partito fu una marcia in piú? Ci dette la chiave di rapporti illimitati, quelli cui da soli non si arriva mai, di mondi diversi, di legami fra gente che cercava di essere uguale, mai seriale, mai dipendente, mai mercificata, mai utilitaria. Sarà stata un'illusione, un abbaglio come ebbe a dire qualche tempo fa una mia amica. Ma una corposa illusione e un solido abbaglio, assai poco distinguibili da un'umana realtà.

A me almeno è andata cosí. Se mai ero piú avvertita a quello che avveniva da fuori o dentro il partito, che di quel che accadeva ai margini – ai bordi del partito socialista, e da alcuni che ci avevano lasciato. Avevo risposto con le armi delle citazioni leniniste alle *Tesi sul controllo operaio* che erano apparse su «Problemi del socialismo» invece di intuire quel che cominciava a muoversi in un territorio di frontiera operaio-intellettuale. Non avevamo noi il monopolio della condizione proletaria? Non vi avevamo lavorato negli anni piú duri, dieci, dodici? Fa spavento, e non manca d'una certa comicità, la corrusca buona fede dei comunisti. Non vorrei non averla conosciuta. Sentirsi tassello intelligente di un mosaico mobile, intrisi nelle esistenze e nei bisogni altrui, disinteressati e convinti di usare il proprio briciolo di gerarchia per il bene comune, è un'esperienza forte.

E con le sue ambiguità. Quanto ne fossi cosciente non so, ma del tutto ignara non ne ero. Ero antipatica, eterna sorella maggiore che ne sa di piú, incita a questo e quello, si addolora che non venga fatto. Qualche volta sentii un ringhiar di denti – ma che si crede quella? Quella si credeva moltissimo. Schiattava di buona fede. Dava non ordini ma direttive. Si considerava una giusta. E giuro che, pur abbastanza attenta a me stessa, cadevo dalle nuvole quando una, piuttosto che uno, scoppiava in una protesta. Il dubbio non mi venne insinuato da qualche evento mondiale, ma vent'anni dopo dal femminismo, facendomi rizzare il pelo come un gatto. Avevo già una bella età.

In quel tempo era assai confortante per un comunista italiano aggirarsi all'estero, dove andavo sempre piú spesso. Non del tutto a torto Régis Debray scrive che eravamo i *globetrotters* della rivoluzione, anche se è piú vero per gli anni settanta. Nei sessanta eravamo il meglio della sinistra, il sale della terra, ed essendo il Pci considerato azzardoso, si trattava principalmente di eludere il filtro del partito fratello invitante.

In Francia cominciai a muovermi per conto mio, con ira di quella segreteria che non poteva sorvegliare le mie frequentazioni. Scendevo in albergo, chi vedevo, dove andavo? Fecero tutto un dossier, vedevo Sartre, vedevo Friedmann, vedevo Simone Signoret, avevo un flirt con K. S. Karol, e lo mandarono alle Botteghe oscure, dove Pajetta me lo mostrò ridendo. Altrove facevo esperienza dei congressi e del loro assai relativo peso. Me ne resta qualche flash e poco altro. In che anno sono andata a Stoccolma per un congresso della pace? Dev'essere stato nel 1958, ma di quell'assise non ricordo assolutamente niente, neanche la sala dove si teneva. Ricordo di essere stata rifiutata da un certo albergo Strand con la sorprendente dichiarazione: «Quelli della pace no» – e di essermi trovata con Mario Melloni e Amerigo Terenzi in una foresta fra isole e laghi, dove riconobbi i colori del lunghissimo crepuscolo d'estate come fossero d'una mia vita precedente. E quel piovigginare, e il mare scuro e i tetti aguzzi sul profilo della città – il nord del mio nord. E la chiesa dei Cavalieri, dove i re giacciono fra mura spoglie e bandiere stinte delle battaglie, sotto una scritta vendicativa: «Haec sunt fuerunt eruntque» questi sono, sono stati e saranno i vizi dei Reali di Svezia, avidità, tradimento, codardia – apostrofe inimma-

ginabile nelle nostre doviziose sepolture. Ancora pioggia
e grigio in Uppsala tutta rossa, odore di biscotti appena
sfornati e di vecchi libri. Insomma invece di occuparmi
della pace sono andata scorrazzando. Le fotografie dell'a-
mico Carlo Leidi contro un cielo smorto e severi palazzi
mi mostrano giovane, vestita come una penna stilografi-
ca, grifagna. Dovevo avere smesso di essere umile, se mai
lo sono stata.

Stento a collocare un viaggio piú impegnato a Berlino
con Cesare Luporini e Ernesto Ragionieri, Mario Alighiero Manacorda e Franco Ferri; nella memoria si ostina a scivolare nel 1965 assieme a Budapest e a Praga e a Belgrado.
Ma dev'essere stato nel 1960, aprile e maggio – perché a
un certo punto Luporini dovette tornare di corsa a Roma
per via del governo Tambroni, e non c'era ancora il Muro,
e gli altoparlanti gracchiavano contro Willy Brandt su una
strada che da una parte era Berlino est dall'altra ovest. Chi
arrivava da uno degli aeroporti alleati passava ancora da
una zona all'altra con l'U-Bahn, scendendo all'ovest in un
sottopassaggio sfavillante di gigantografie di Marlene e sbu-
cando in un tetro corridoio sulla Friedrichstrasse, fra case
diroccate o giallastre della sabbia del Brandeburgo.

Nelle quali, si diceva, erano impastati i cadaveri che i
bulldozer si erano trovati fra i denti spostando le macerie.
Era stato cosí anche all'ovest, ma l'ovest già luccicava tutto mentre nulla splendeva all'est salvo i grifoni e i leopardi
d'oro sulle mura blu di Babilonia ricostruite al Pergamon.
Erano stati, tedeschi e inglesi, ladri matricolati, e se i marmi di lord Elgin sono appesi come quarti di bue al British
Museum, al Pergamon un tetto trasparente veste di luce
giallina il Laocoonte e il tempio di Efeso tutto intero. Mi ci
aggirai senza trovare un catalogo nella calma dei luoghi deserti.

La Ddr ci ospitava in un vetusto albergo, ed era palpabile che la città era divisa in zone anche se nessun segno visibile divideva una zona dall'altra. Dall'ovest venivano la

sera al Berliner Ensemble («Brecht va bene per la borghesia, ma non ha capito il socialismo» mi assestò senza batter ciglio Alfred Kurella, responsabile della Sed per la cultura) ma *Kabale und Liebe* andava in scena a distanza di tre
fermate di metro con due finali diversi, all'est piú progressista, mi disse scuotendo il capo il grande attore Mi-
netti. Perché con il Pci ci si confidava, e noi del Pci scuo-
tevamo con comprensione la testa. Finimmo con il restare
all'est, perché la Sed non gradiva che ci aggirassimo troppo, ma non ne potevo piú degli accompagnatori e un giorno, svignandomela per quelle grigie strade, mi trovai davanti a un giardino. Che si rivelò un cimitero, e a pochi passi dal cancello sbattei su una lapide con su scritto Hegel,
non ci potevo credere, proprio Georg Wilhelm Friedrich, e
vicino Schelling, e andando oltre, in fondo a destra, sotto
le finestre della casa che, come poi seppi, aveva abitato, trovai Brecht. Allora non inciampavo spesso nella tomba di chi
avevo conosciuto vivente, Brecht lo avevo portato in giro
quattro anni prima a Milano, divertito dall'*Opera da tre soldi* di Strehler, tanto piú colorita della sua. E stupito di non
poter raggiungere Arcetri in mezz'ora, voleva andarci per
via di Galileo. Anche lui era stato tutto grigio, con una casacca chiusa al collo, lo sguardo acuto dietro gli occhiali ro-
tondi e non molte parole. Adesso era là sotto il muschio, e
Hans Eisler poco lontano, e io come una scema davanti.

Il cimitero delle Dorotee è il solo luogo acquietante che
ricordi di Berlino est, dove avemmo incontri tediosi e sentii Ulbricht tacciare di ignoranza in loro presenza i filosofi
della università Humboldt in confronto alla sapienza dei
contadini e degli operai, invitati in quell'anno a tenere un
diario per far emergere nuovi talenti. Fra noi italiani, un po'
codardi e un po' perplessi, scendevano lunghi silenzi. Luporini mi indicò con un sorriso le tesi su Feuerbach sulla
facciata di non so che cosa, ora non è piú tempo di conoscere il mondo ma di cambiarlo.

Quel primo maggio nevicò, un ufficiale mi salvò dalla

polmonite passandomi silenziosamente sulle spalle il suo
cappottone mentre sfilava davanti a noi una folla, anche He-
lene Weigel e quelli del Berliner Ensemble, sotto lo slogan
«Von ich nach uns», dall'io al noi; esortazione ad andare al
cinema con il caseggiato invece che da soli. Alla fine fummo presi d'assalto dai ragazzini che volevano il nostro fazzoletto rosso – avevamo rifiutato di metter al collo le spighe e gli ingranaggi della Ddr, ma era stato necessario farci tagliare e cucire un pezzo di stoffa, perché di fazzoletti
rossi nella Ddr non se ne trovavano. Con la medesima stoffa avvolgemmo i fiori per Rosa Luxemburg, al cui simula-
cro di tomba nessuno della Sed ci accompagnò, soltanto
l'interprete che mi cantò sottovoce una canzone per Rosa
che aveva sentito da sua madre.

Ci comportavamo molto da Pci, senza il coraggio di attaccare frontalmente il partito fratello ma negandoci ora a
questo ora a quello per scarico di coscienza. Non ammet-
temmo che soltanto a chi di noi apparteneva al comitato
centrale fosse permesso di contemplare a Weimar i pericolosi disegni e appunti di Goethe sulla Urpflanz: o tutti o
niente, e fu niente. A Berlino discutemmo di brutto con
Alfred Kurella e rifiutammo di stendere un comunicato comune, neanche con la formula «franca discussione» che no-
toriamente stava per «d'accordo su niente». Il Pci andava
forte nel 1960, qualcuno ci guardava con invidia. Avremmo dovuto gridare «Dannazione, che roba è?» ma dubitavamo sia di quel che ci mostravano sia di noi stessi. Dal
1956 avevamo percorso senza dircelo un lungo cammino,
sull'est posavamo uno sguardo disincantato.

Di Lipsia, di Dresda in ricostruzione, di Erfurt ricordo
squarci monumentali e la primavera sassone, mentre da Buchenwald venni via con la febbre, e non era un campo di
sterminio. La sera dopo ci fu una discussione burrascosa
con il responsabile della Sed che si doleva di Eisenhower,
il quale, arrivato per primo a Weimar con la V armata aveva fatto svegliare i padri e le madri di coloro che mi parla-

vano obbligandoli a salire sulla collina accanto e seppellire
i morti. Poveri padri, povere madri, loro non sapevano nulla, non avevano visto il fumo degli inceneritori, non avevano notato i vagoni che arrivavano piombati alla non grande stazione. Con gli operai di Bitterfeld che ci dicemmo?
Mi sono rimaste delle fotografie, stiamo discutendo, uno
mi sta parlando, gli operai si somigliano dappertutto, gli altri lo guardano, chissà se credeva a quel che andava dicendo all'oca occidentale. Mi è rimasto in mente lo stupore
davanti alla casacca ricamata di Goethe, sottovetro nella
squisita casa di Weimar am Frauenplatz. Era stato dunque
un uomo cosí piccolo? E io che lo pensavo maestoso e sfolgorante, un dio, come lo aveva descritto Eckermann con-
templandolo sul letto di morte.

Molti anni dopo, nel 1976, sarei tornata a Berlino ovest
per Rudolph Bahro e volli rivedere l'est. C'era il Muro, un
gran verme di cemento che strisciava fra una casa e l'altra.
Bisognava passare dal checkpoint Charlie, baracche di polizia, soldati, mitra spianati, fari che dardeggiavano da tutte e due le parti e in mezzo una breve terra di nessuno da
percorrere uno per volta, e pareva eterna, la testa piena di
Vopos e di spie che venivano dal freddo. E poi ancora grigia la Friedrichstrasse e appena un po' meno l'Alexander-
platz. Sarebbero passati altri tredici anni e a Berlino, dove
doveva sempre scoppiare la guerra, sarebbe scoppiata la pace con l'unificazione tedesca. Ma non si riabbracciarono est
e ovest, la divisione negli animi sarebbe covata per altri venti anni, piú acre dei confini. Sono imprevedibili i movimenti
che disegna la storia, in superficie e sotto la superficie. Ho
camminato per molte strade che hanno cambiato nome e appartenenza.

Insomma negli anni sessanta a me e a molti miei compagni successe come alla lucertola cui il gatto ha morso via
la coda: ricresce. Lucertola mi pare un termine appropria-
to. Non sono stata un animale della foresta, neanche un

gatto selvatico, e spero non una gallina. Una cosa è come si è, un'altra è come ci vedono e una terza come ci si pensa, rispettiamo le proporzioni. Per una lucertola che metteva la testa fuori, nell'Italia del 1960 faceva piú tiepido che nel 1949. Il crinale fu l'estate di quell'anno, che si aprí col sollevamento di Genova infuriata per il primo congresso ostentato del Msi. Fu un evento perché l'antifascismo era da un pezzo sonnolento, e non è vero che non si facesse che parlare di Resistenza. Se l'avessimo fatto non ci avrebbero badato.

Nel 1960 saltarono fuori i giovanissimi, e chi li aveva piú visti i ragazzi salvo che nei cortei fascisti per Trieste? Forse il parroco con il suo campetto di calcio, il cinema di periferia sabato o domenica, qualche balera. Non venivano nelle sezioni comuniste, e nelle case del popolo gli anziani con le carte e un bicchiere di vino ai tavolini gli mettevano voglia di andare altrove. Quel luglio invece schizzarono come cavallette, agili alleati dei portuali genovesi simili ad armadi, ragazzini in scarpe di tela e maglietta, versione mediterranea del *teddy boy*, figura rimasta esotica perché da noi giubbotti ed eskimo, quando arrivarono, vestirono tutt'altre creature. Le correnti si distinguono a distanza, a Londra erano i Beatles e da noi i fan di Adriano Celentano che gli si affollavano attorno alle Feste dell'Unità al parco Lambro perdendo per l'entusiasmo una montagnola di scarpe. La musica cambiava, è il caso di dirlo.

Anche l'antifascismo di chi il fascismo non l'aveva visto fu diverso da quello di prima. E diverso sarebbe stato nel 1968, che dette del fascista a gente cui noi non ci saremmo mai sognati. Una marea si affollò nell'autunno del 1960 alle dieci lezioni sul fascismo che proponemmo, e si dovette chiedere al Comune il teatro piú grande della città, e i giovani si spingevano dalle platee zeppe fin sotto il palcoscenico per ascoltare Foa e Amendola, non come chi ricorda ma come chi scopre.

Poco prima il paese aveva scricchiolato, la polizia sparò

sul corteo di protesta a Reggio Emilia, per terra rimasero cinque morti ammazzati e ogni manifestazione fu proibita. Ero nella segreteria della federazione milanese quando discutemmo se fare il corteo lo stesso. L'esercito aveva ordine di impedirlo. C'era un pericolo? C'era. I morti di Reggio avrebbero trattenuto i soldati? Forse. Dovevo decidere di qualcosa che non era obbligato come in guerra, e poteva anche volgere nella morte di qualcuno. Decidere in prima persona, perché tutti eravamo traversati dallo stesso dubbio. Eravamo in cinque o sei, e di colpo ebbi voglia di sottrarmi. Alla testa del corteo sarei sicuramente andata, ma che di esso decidessero altri. Mi venne in gola un ancestrale: non tocca a me, ero una donna, quella cui è piú naturale raccogliere i morti che impedirli, e tanto meno deciderne l'eventualità. Essere seconda è una amata interdizione, inconfessabile. Non se ne accorsero i compagni. In questi momenti si è alla pari. Dissi che sí, si doveva fare. E cosí fu.

Era una giornata di sole e di totale silenzio. Sfilammo in testa a una marea di gente, i soldati grigi armati fittissimi ci aspettavano a destra e a sinistra di corso di Porta Vittoria, le facce chiuse, immobili, pronti. Un compagno mi avvicinò e togliendo le mani dallo spolverino mi mostrò due bottiglie molotov. Sei matto! Metti via subito! Si scostò accigliato. Mi guardai attorno, forse ce n'erano altri. Non era piú il tempo di motociclette della Volante rossa. Via via che avanzavamo capimmo che, salvo un incidente, i soldati non avrebbero sparato. Alla fine del corteo respirai, mi sentivo stanca morta. Poco dopo cadeva il governo.

Molte cose mi sarebbero successe negli anni seguenti, ma di quella estate due mi hanno segnata. Due messe in guardia. Una la capii non molto dopo: quella fu l'ultima vittoria dell'antifascismo, perché era un fascismo nostalgico quello che tentava un ritorno ed era sconfitto da un no che veniva ancora dalle viscere. Avevo interpretato due anni prima De Gaulle nello schema della mia generazione – pur avendolo rispettato come un faro della Resistenza – e cioè che una destra autoritaria non poteva che essere fascista. Invece il suo non era fascismo affatto, non era neppure in senso stretto reazione, era quella che in Italia sognano i moderati, una destra «ammodernatrice», con principî, che mette dei freni alla instabilità e al gioco politico, e per questo era stato in grado di imporre ai suoi una pace onorevole con l'Algeria. Ma io lo intesi soltanto due anni dopo, nella Spagna del 1962, dove fui mandata in missione clandestina per mettere assieme un fronte antifascista da manuale contro un franchismo-fascismo da manuale. Ma non c'erano né l'uno né l'altro. Del franchismo si sbarazzavano le nuove classi dominanti, l'Europa, il capitale, tutto insomma salvo che una lotta di popolo. Mi vennero meno di colpo alcune coordinate che portavo con me dal 1943, come quando avanzando nel mare manca d'improvviso il piede.

La seconda fu la scoperta che non sfuggivo al femminile. E non sul terreno dei sentimenti, dove tutte ci muoviamo con millenni di desideri e frustrazioni addosso, ma su quello del razionale e del pubblico, dove mi dicevo che non c'è differenza fra un uomo e una donna. Non era cosí. Quell'impulso di fuggire davanti alla decisione del fare o no il corteo proibito fu un avviso che non mi ha impedito di fare scelte drastiche, ma si ripete ogni volta che non sono in gioco io sola – sento uno scarto, un esitare, un ritirarmi. Non credo che succeda a un maschio, il decidere per gli altri sta nel suo Dna. Da allora quando si tratta di scelte forti nella sfera pubblica riconosco l'impulso a far un passo indietro. E non mi pare una virtú pacifista, ma il riflesso di chi è stato per secoli fuori dalla storia. La materia di cui sono fatta ha questa grana. Combattiva ma seconda. Non decidere in prima o ultima istanza.

Non che le donne non amino il potere, lo esercitano senza pietà nel privato e l'una contro l'altra. Ma fuori del privato siamo tentate di seguire, a costo di romperci in due, la strada decisa da altri. Ci sentiamo estranee, e come Virginia Woolf lo rivendichiamo non senza subirne le conseguenze con lacrime e strida. Ma raramente lo mettiamo in discussione, perché implica meno violenza, e sarebbe una virtú, ma anche meno responsabilità, e dubito che lo sia. Diffido dei saperi detti femminili – la cura per il vivente ma se è prossimo, la predilezione per l'orizzonte privato, la scarsa attrazione per i sogni della ragione, assieme a un'utile ironia, celata per affetto, per le grandezze esibite dai nostri uomini. Non sono sicura che sia una sapienza, è l'eredità d'una condizione subita. Le femministe me lo hanno rimproverato. Io ai miei poveri poteri pubblici non avrei rinunciato, mentre mi pareva un po' losco usare di quelli privati.

«Ma noi abbiano la seduzione!» mi sorrise un giorno un'architetta in tailleur blu ma con scarpette cangianti che la dicevano lunga. Se la tenesse, quella sua seduzione, arma di prossimità. Perché io mi preoccupavo del mondo ed ero diventata una dirigente. La piú giovane fra gli uomini del Pci. E non c'è dirigenza che si senta piú innocente di quella d'un comunista. Dirigente senza privilegi, dirigente senza soldi, dirigente che impiega la vita per inseguire il giusto. Insomma, la coscienza tranquilla. E poi il potere è una passione e la sua piú tremenda tentazione è il poter fare. Temo che questa sia la radice delle vessazioni dei leader, borghesi e comunisti, piú che la smania di calpestare gli altri – questa riflette la nostra paura primaria, mentre quella è il biblico serpente che sussurra: se a quel posto ci fossi io, rimetterei le cose nel verso giusto, gioverebbe a tutti, vedi mai se ne viene un uomo nuovo. Divino. Feci un salto, appena iniziata la deriva post Sessantotto, quando lessi che nell'occuparsi degli altri c'è il basso bisogno di metterci le mani sopra. E poi quando in una rivista femminista inciampai su alcune notevoli donne che s'erano date da fare per le altre ma narravano come un bel momento avessero deciso di non fare piú che per se stesse, e tolta, per cosí dire, l'insegna su strada si trovavano felicemente assieme. Una di esse se la prendeva con Simone Weil: ma chi glielo aveva chiesto di immischiarsi, chi l'aveva chiamata? Fremetti di collera. E di dubbio. Chi aveva chiamato me, che non ero neanche Simone Weil? Nessuno. L'imperativo categorico che brilla come il firmamento sopra di noi? A rispondere cosí mi sarei tirata gli schiaffi.

Ero infuriata perché c'è una punta di vero in quel che le mie amiche chiamano, dandomi grandissimo fastidio, delirio di onnipotenza, come se fra senso di colpa per non fare abbastanza contro un mondo inaccettabile e volontà di dominarlo il margine fosse sottilissimo. È vero che il far politica come l'ho fatta io è folle di appropriazione, anche se gravido di sconfitte. Ho invidiato chi faceva un libro o un film, lasciando qualcosa di suo e compiuto; quel che io perseguivo, se funzionava, sarebbe stato di molti, e se non diventava di molti, voleva dire che non aveva funzionato. Come è infatti accaduto. A quel punto non resta che ripiegare – dal fare all'essere, dall'essere allo scrivere. Poca cosa. Intanto so che nel fare con e per altri, se non è per amore di dio, c'è una immensa gratificazione. Quando alcune donne, passando dall'accusa di prepotenza al suo opposto, mi hanno rimproverato di aver sacrificato me stessa, mi domandai quali tesori interni avessi mai dissipato, che cosa avessi perduto, in che cosa non mi fossi voluta bene. Non trovo granché. Sacrificata? Ma via. Di una stanza tutta per me non ho sentito la mancanza avendo per me il mondo e potendo perfino recederne. Mai ci si realizza come assieme agli altri, cui con naturalezza si spiega come fare – dev'essere il temibile materno, fabbricare le creature, nutrirle, insegnargli a camminare, svezzarle malvolentieri. Mai si è meno sacrificati che in un collettivo che hai scelto e cui ti credi necessaria. Galoppi come madre Teresa, sulla cui santità nutro molti dubbi, e muori di fatica tutta contenta. Ho scarsa pazienza con chi se ne lamenta.

Andavo e venivo ormai fra Milano e Roma, soddisfatta della mia Lombardia in un'effervescenza che percepivo
anche a Torino, in parte a Genova e meno altrove. Non
dismettevo la diffidenza verso Roma. Milano era l'Italia
che mutava crescendo, ne conoscevo gli anfratti, a Roma
venivo per la Commissione culturale, per «Rinascita» e
per il comitato centrale con la fretta di finire e di tornare
su. Anche qui la memoria si confonde. Tra il congresso
straordinario milanese, coda dell'VIII congresso nazionale, e il X, che ho ben chiaro, ce ne fu sicuramente un altro, certo vi ero delegata e membro di qualche commissione, ma non me ne ricordo. Era il IX, a stare ai numeri.
E forse proprio allora fui nominata al comitato centrale.
    Ma che anno era? Black-out della memoria. Ne ricor-
do una immensa commissione elettorale in seduta riservata, all'Eur, dove venivamo proposti al comitato centrale
anche Bruno Trentin e io. Bruno, che era nel mio cuore,
giovanissimo, coltissimo, quello che aveva impresso con la
sua Fiom lo sapevano anche i sassi. Al comitato centrale
si veniva non eletti ma cooptati, la rosa dei candidati si
formava su base cittadina, intersecava quella regionale e
doveva combinarsi con quella nazionale: del resto, come
avrebbe potuto una federazione eleggere di suo uno che
magari era un personaggio nazionale ma non si vedeva mai
in sezione? E viceversa come avrebbe potuto il centro eleggere la stella nascente a Novara o a Lecce, della quale nulla sapeva? La democrazia delegata è siffatta. La rappresentanza è una macchina complicata o non è, inutile gi-
rarci attorno. Perfino il dissidente, appena si intuirono i
vantaggi della tolleranza repressiva, fruí nel Pci d'una sorta di delega, parlava con la benedizione dei vertici e poi
usciva di scena: successe a Bertini, un operaio intelligente, all'VIII congresso. Si brillava per venti minuti e poi si
spariva come una cometa nel buio.
    Torniamo al ricordo allo stato grezzo. In quella seduta

di non so quale congresso, una delegata della Sicilia sostenne che non ci si poteva fidare di uno giovane come Bruno Trentin e perdipiú cresciuto in Francia. Parlava con passione e in pura perdita, perché se la segreteria lo voleva Trentin sarebbe passato anche contro tutto il mezzogiorno unito. Me ne venne una gran furia, non so se perché ero giovane anche io o per quel non morire d'un militantismo mummificato.

È vero che fummo con Bruno i piú giovani, meno di quarant'anni, in quella specie di senato che era il comitato centrale. La mia prima entrata nel quale non ricordo e la mia prima presa di parola neppure. Ci si riuniva una volta ogni due mesi e pian piano cominciammo a scrivere da soli il resoconto dei nostri interventi su «l'Unità», fino ad allora stesi dal compagno addetto, il che, sommato alla abbondante autocensura, li rendeva indecifrabili. Ma ho bene in mente una seduta del comitato centrale sui giovani, poco dopo il luglio del 1960 (dunque devo esservi entrata al IX congresso). Togliatti parlò di un riemergere della rivoluzione italiana, tema gramsciano. Decisivo. Dunque anche la segreteria vedeva aprirsi una breccia, maturavano le condizioni non solo per resistere ma per intervenire sulla struttura della proprietà e dello stato.

Furono effettivamente gli anni delle grandi nazionalizzazioni, dello schiudersi del sindacato in basso, del colpo inferto alla gerarchia sociale dalla scuola media unica, dell'incrinarsi della granitica magistratura. Si profilava la programmazione, alimentando l'avvento del centrosinistra dal quale sarebbe stata affogata. Intanto il paese pareva esprimersi in una conflittualità ricca, dentro una trasformazione che moltiplicava energie, l'esatto opposto di quel che avviene ora che scrivo. E di quel che chiamano consociativismo, che fino agli anni settanta non ci fu affatto. Fu invece il periodo di vera egemonia delle nostre idee. E durò poco; l'avrebbe abbattuta da sinistra il 1968, e la reazione al 1968 avrebbe spazzato via noi e lui. E io ero diventata una dei dirigenti d'una grossa federazione operaia e cominciavo a frequentare il terreno delle decisioni. Che ovviamente non era a Milano, ma a Roma, e a Roma il giro della segreteria. Togliatti lo conoscevo appena quando mi chiamò alla redazione di «Rinascita», giardino privato cui teneva moltissimo. L'aveva cambiata tutta, la redazione, eravamo pochi e nuovi – c'erano Trentin e Ledda e Natoli, e si discuteva, rispettosamente, per tre ore. Senza saltare un solo mese.

Non esiste piú da un pezzo – credo da prima che il Pds lasciasse via Botteghe oscure – il lungo tavolo con la scrivania a mo' di barra superiore d'una T, dove sedeva Togliatti su una orribile sedia dall'alto schienale e zampe di leone, il partito essendo ancora arredato da fondi di magazzino prebellici. Noi ci disponevamo vicino a lui, da una parte e l'altra del tavolo, mentre all'altro capo, lontano e solo, si insediava Mauro Scoccimarro, presidente della Commissione di controllo, per tener d'occhio quel capriccio del capo. Il quale non nascondeva la noia per la sua presenza: appena Scoccimarro prendeva la parola, apriva il cassetto davanti a sé e tirava fuori uno dei cataloghi di antiquariato librario sul quale lo trovavamo immerso entrando, facendomi pensare che avesse una gran biblioteca, cosa che risultò non vera – forse era un sogno mattutino, una ricreazione. Spuntava i titoli con la matita e soltanto quando Scoccimarro taceva rialzava gli occhi: Hai finito? e rimetteva il catalogo nel cassetto.

Noi ci divertivamo. Quanto rilevante fosse la discussione che seguiva non saprei, certo era uno scorrere liberamente il mese passato e quello che avevamo davanti, e ne uscivano i criteri di precedenza del segretario. Togliatti era cortese, conversevole e lontano, con voce uguale e sorriso breve, lo sguardo acuto. Se un pezzo gli era piaciuto prendeva la penna e mandava due righe in inchiostro verde e la scrittura chiara. Quanto lo avrei criticato negli anni settanta lo rivaluto oggi, una volta accettato che il suo obiettivo non fu di rovesciare lo stato di cose esistenti ma garantire la legittimità del conflitto. Non so se fosse arrivato a pensare che era la condizione in assoluto migliore in occidente, o se al presente non si potesse fare altro. Propendo per la prima ipotesi, il nostro avanzare e mutare il paesaggio politico senza lacerazione e tragedie a lui, a cavallo fra l'Urss degli anni trenta e l'Italia del dopoguerra, non doveva parere una disgrazia. Meglio trovarsi nel 1945 segretario del Pci che segretario del Partito operaio unificato polacco. C'era il tempo per crescere e elaborare avanzando passo per passo, passi gramsciani, i caduti delle guerre di posizione essendo comunque meno di quelli delle guerre di movimento.

A condizione di non cessarle, le guerre di posizione, e credo che egli non le cessasse. Ma questo è un sapere del dopo. Era evidente che non nutriva troppi ottimismi, anzi per pessimismo dava molta attenzione a quel che nel campo avverso sembrava piú problematico – e credo che da qui siano venute le sue riflessioni su De Gasperi e Giolitti. Era curiosissimo di quel che cambiava, sola ragione nel chiamare noi a «Rinascita», doveva ritenerci piú recettivi alle nuove generazioni, oltre che estranei alle guerre del vecchio gruppo dirigente. Che non si affacciava mai e raramente era chiamato a scrivere. E io ero curiosissima di quell'uomo che aveva traversato tutte le tragedie e se ne era sporcato le mani. Non so se fosse in pace con se stesso, in ogni caso non lo avrebbe dato a vedere. Piú tardi avrei cercato di capire come la mettesse fra necessità e coscienza, cosa non cosí semplice come si dice virtuosamente ora.

Allora aveva un'idea molto classica d'un mensile politico – interni, esteri, società e qualche incursione nella cultura ma senza le acerbità del dopoguerra – delle quali nessuno gli chiedeva neanche urbanamente conto («Ma non pensi che fosse sbagliato questo o quello?»), forse perché avremmo dovuto chiederlo anche alla nostra remissività. Ne veniva una rivista piú tranquilla, la cui parte migliore era

l'informazione sul mese passato in Italia e fuori, rivelando
forza e debolezze dell'interpretazione. Il vasto papiro che
stesi sull'avvento di De Gaulle ebbe le sue righe verdi di
ringraziamento, anche se era sbagliato – sbagliò a interpre-
tare De Gaulle anche lui. Era dunque il 1958, devo essere
entrata in «Rinascita» prima che nel comitato centrale. A
quelle riunioni la memoria dà piú spazio che alla sacra assise del comitato centrale. O che una donna abbia una percezione piú aguzza del potente, e Togliatti veniva da molto lontano, o che il potere personale (saremmo maestre nel-
l'arte di influenzare) le interessi piú che le sue forme
istituite. Basta, a me è andata cosí.

In quel tempo morí mia madre. Era giovane, oggi mi pare giovanissima, non aveva ancora sessant'anni, era bella e
vivace e curiosa, aveva il piglio d'una ragazza, ci rubava-
mo ridendo abiti e scarpe, lavorava con le sue due o tre lingue, era facile agli entusiasmi e alle commozioni, arrossiva
ancora di piacere o di collera. Era un vero rapporto filiale
e parentale? Non so. Andò su tutte le furie quando rientrando d'improvviso scoprí mia sorella armeggiare sul tavolo di cucina su un cuore, ottenuto tramite mancia dal
bidello per poterlo studiare dato che le strutture universitarie erano a zero. Mimma dovette andarsene col cuore in
borsa. Ma un'altra volta dovette ritirarsi lei con un giovane serpente che aveva visto alla mostra dei rettili e l'a-
veva guardata, sostenne, con grande malinconia. Lo aveva preso senz'altro e chiamato, per strada, Zeffirino. Era
una argentata biscia d'acqua, cui negammo diritto d'asi-
lo. Mamma si portò tutta rannuvolata Zeffirino in ufficio,
dove le si rivelò utile per sgomberare l'eccesso di visitatori arrotolandosi attorno al filo del telefono. Per nutrirlo le
guardie della Fiera furono spedite a catturare delle rane,
ancora fitte in periferia, ma Zeffirino le rifiutò con spavento, gradiva i pavesini. Finí l'esistenza un'estate in una
grande fontana.

Cosí era la mamma. Eravamo come tre ragazze, una piú importante e facilmente risentita dalle nostre scelte personali, forse bisognosa d'una esistenza piú leggera da portare: aveva tirato senza respiro dalla crisi del '29 negli anni trenta e quaranta, che corrispondevano alla sua età. Una mattina, come mio padre, eravamo ancora tutti a casa quando fu atterrata da un infarto polmonare, come se tutti e due non avessero la forza di affrontare un'altra giornata, e ancora oggi non sappiamo perché, era stata visitata pochi giorni prima da un grande clinico, professore di mia sorella, che l'aveva trovata sana come un pesce. Avevamo appena passato le vacanze assieme su una troppo affollata riviera romagnola, facendola un poco arrabbiare per la nostra insofferenza. Mia sorella riuscí a farla ricoverare subito, ma pochi giorni dopo la colpí un altro ictus, rimase paralizzata a metà. La sua bella mano nervosa risaliva dalla parte sana a esplorare di continuo quella sua parte che non rispondeva piú, ed emetteva un gemito come di stupore. Eravamo sole il giorno prima e pareva che fosse finito il peggio quando mi disse con voce quieta e distante: Sono cosí stanca. Le risposi stupidamente: Ma certo, come potrebbe non essere cosí, le sciocchezze che si dicono a un malato. Dopo un momento replicò con la voce sempre piú quieta: No, non è questo.

Un altro insulto, non sapemmo mai che cosa nel suo organismo la prendesse a fucilate, la mandò in coma e mia sorella s'impose di massacrarsi operandole lei stessa quel taglio alla gola che le permetteva di respirare. E infatti respirava, ma sussultando come se a ogni esalazione il corpo fosse strappato dalla macchina. Quando togliemmo il respiratore – Mimma atterrata di dolore e fatica – i suoi lineamenti si distesero, il bel viso si pacificò e scivolò via dalla vita come in un sonno.

Seppellimmo anche lei tra fango e nevischio in dicembre, anche lei a Musocco. Quando dovemmo esumarla perché il cimitero di Milano non tollera le salme troppo a lungo, trovammo un cranio perfetto, aggraziato, avrei voluto prenderlo con me per sempre, e perfette le falangi delle belle mani composte, che si sbriciolarono all'aria. Ma il torso era intero, come di cartapesta, mummificato dal nylon e dall'umidità di quella terra. Ci riprendemmo quando il becchino alzò la vanga per spezzarlo. Lo rompemmo noi con le mani, era leggero come un pane, una bambola o larva. Se la incontrassi sarebbe tanto piú giovane di me. In sogno la ritrovo spesso, ma sempre io sono senza età e lei ha vent'anni piú di me. Ora che ogni strazio è spento, vorrei ritrovarla come l'ho lasciata prima che perdesse coscienza, ci sederemmo vicine, saremmo stanche tutte e due e avremmo molte domande da farci. Una madre e una figlia sanno poco l'una dell'altra, per difesa e affetto e pena.

Ora sarei piú grande, potrei prenderla in braccio, averla partorita.

Capitolo dodicesimo

Alla morte della mamma seguirono molti mutamenti. Lei non aveva condizionato nessuna delle nostre decisioni, ma quando chi ci ha messo al mondo dice «Va' da sola» il suo occhio inquieto ci resta dentro. E poi mamma era una ragazza che andava protetta. Io ero sposata, mia sorella stava ancora con lei, prima brillante studentessa poi brillante medico, dunque eravamo a posto, mamma era tranquilla e tale doveva restare. Era inteso che non ci si scaraventasse addosso le reciproche pene. Verso i trent'anni avevo capito, contrariamente alla mia amata Hedda Gabler, che una misurata non comunicazione è il cemento degli affetti. Ogni volta che ho detto tutto, qualcuno è stramazzato.

Ma con la sua morte cessavo di sentire su di me quell'occhio tenero e esigente, nessuno era piú alle mie spalle – da chiamare, a ogni pena, oh mamma. Fu anche il periodo in cui noi sorelle fummo piú lontane, si dividevano le nostre strade e ciascuna dovette tenere le inquietudini per sé. Io ero stata richiamata alle urgenze oggettive ogni volta che avevo pensato di spartire alcune malinconie con il mio compagno, e mi ero persuasa che avesse ragione. Ma anche noi stavamo logorandoci a forza di amicizia indefessa, un'amicizia che non sarebbe mai cessata ma che ci stava inducendo con inconfessate tristezze a separare prima i giorni, poi le residenze, poi il legame giuridico cui non avevamo mai tenuto. Cominciavo a interrogarmi se essere la donna che avevo voluto non comportasse qual-

che perdita da qualche parte. E sopravvenivano altri dubbi. Molti, tanti quanto il cambiare della scena che ci vedevamo davanti.

Dubbi su quel che stavamo facendo, noi del Pci. Non
sul socialismo o sull'Unione Sovietica, sui quali m'ero fatta una disillusa idea; anche nel 1956 avevo dato la precedenza a quel che era il mio partito qui e ora e a certi paradigmi che gli erano intrinseci e mi pareva funzionasse-
ro. Nel 1960 mi colpí ma non mi indusse a cambiare
giudizio la rottura con la Cina: che l'Urss sbagliasse era sicuro, ma gli strali che i cinesi ci lanciavano erano frusti.
Erano situazioni distanti. L'unità del movimento comunista era incrinata, ma non era detto che fosse una disgrazia, per noi che il problema del potere non avevamo
né davanti né vicino, ma quello di una lotta intelligente al
padronato e alla Guerra fredda sí, eccome. I dubbi venivano tutti dall'interno del nostro orizzonte. E per molti
anni furono di quelli che non deprimono – non sentivo il
bisogno di venerare l'autorità – e mettono in moto il cervello.

Il primo dubbio riguardò lo schema antifascista. All'i-
nizio del 1962 fui mandata in Spagna per prendere contatti
con le sparse membra dell'opposizione e in quel viaggio se
ne andarono alcune categorie delle quali ero stata sicura.
Tenevo per ovvio che il fascismo fosse la forma piú brutale del capitale produttivo e finanziario, e chi l'avrebbe
spiantato, il vecchio dittatore malvagio e paralizzante, se
non le forze e le masse antifranchiste riemergenti dalla lunga oppressione? Andavo a vederle, portando solidarietà ed
esperienza. Nulla fu come me lo aspettavo. Il nostro fascismo era stato fragoroso fino all'ultimo, quello manco si vedeva, il paese addormentato o azzittito. Non potei capire
se la polizia mi individuava, dovevo evitarlo perché i miei
passi avrebbero suggerito o confermato qualcosa. Gli antifranchisti erano stanchissimi, divisi e ben poco fiduciosi in
qualche aiuto dal mondo. I molti che raggiunsi non mi ri-

cevettero in casa, soltanto una volta a Barcellona e una al paese basco, manifestamente due sfide.

A Barcellona un signore molto serio, dirigente della Esquerra de Catalunya, mi disse con amarezza: Voi avete avuto la fortuna di avere la guerra e ci avete dimenticati. La fortuna! Nessuno degli spagnoli che avrei incontrato mi risparmiò quel messaggio. Non sapevano che cosa era stata quella guerra, mi dicevo, e nel medesimo tempo mi resi conto che noi non realizzavamo piú che cosa fosse stata quella guerra civile che aveva diviso fratelli e padri e figli in un mare di sangue. E aveva lasciato una coda minuziosa di schedature che ancora scattavano in questo o quell'arresto. Era finita dal 1939, buon dio, quando tenevamo lo sguardo fisso sulla guerra senza aggettivi che incombeva su di noi, ma per coloro che incontravo pareva finita la settimana prima. Noi l'avevamo allontanata. Chi si era occupato piú della Spagna dopo il 1939, se non quelli che vi avevano cercato un passaggio per andare piú lontano, traversando i Pirenei, sperando in un imbarco, qualche volta morendo o uccidendosi prima di trovarlo? Di quella solitudine era morto Walter Benjamin. E non era molto glorioso per il resto d'Europa che qualche ebreo fosse potuto fuggire attraverso quel paese. Non sapemmo neanche della guerriglia residua che continuò fino al 1949. Né della repressione che non mollava in un paese tenuto minuziosamente sott'occhio. Nel dopoguerra avevamo altro da pensare, loro lo avevano ben chiaro in testa. E ormai l'Italia fanfaniana aveva cominciato a collaborare con il governo di Franco, anche alcuni specchiati economisti e sociologi. Non mi era chiaro neppure di che cosa il regime si inquietasse, nessuno all'inizio mi disse altro che d'una sua vecchiezza torpida. Certo non si prospettava alcun tipo di insurrezione, e non solo perché il paese era governato da una polizia di ferro ma perché nessuno piú avrebbe tentato una sollevazione, neanche nell'assoluta certezza di vittoria. Questo lo potei capire solo allora. Se qualcuno parlava non era il popolo, era tempo di silenzio, come aveva titolato un suo libro Luis Martín-Santos, medico e scrittore che essendo già al confino nel paese basco poteva permettersi di scrivere e perfino pubblicare.

Quanto ai comunisti, alcuni erano appena fuori di prigione e tutti fuori di sé perché lo sciopero generale, la *huelga general* pacifica che era stata a lungo preparata e doveva essere un grande evento, non era riuscito per niente, un fallimento completo. La direzione del partito all'estero non lo ammetteva, mentiva. Erano divisi su tutto, i comunisti, soli, dentro o fuori delle galere. Il comunismo era lontanissimo, anche nella versione che preferivo, come orizzonte del movimento presente. Non c'era nessun movimento presente. E il Partito comunista spagnolo a Mosca aveva perduto il polso del suo paese.

Trovavo, tramite oculati contatti, piccoli gruppi antifranchisti dappertutto, residui o eredi degli anni trenta, e non capivo se la gente normale li vedesse o anche solo se ne ricordasse. Erano nascosti, scollegati, diffidenti l'uno verso l'altro e tutti verso i comunisti – per cui, presentandomi qua e là, omisi moltissimo di quel che ero. Mi davano appuntamenti indiretti, all'angolo d'una strada o in un caffè discosto, non mi chiamavano all'albergo né dall'albergo potevo chiamarli io, uscivo con la *Guida blu* ed era imperativo che passassi da turista, che la polizia non mi chiedesse i documenti. Di quel che mi dissero mi sorprese ogni cosa, la memoria del passato, il quadro che si facevano del presente, il buio davanti a sé. Salvo alcuni democristiani, dei quali non potei saggiare la consistenza, anch'essi divisi fra una destra e una specie di fanfanismo, fiduciosi che lo sviluppo del mercato comune avrebbe portato alla caduta del regime. A condizione che i comunisti fossero fuori campo. Me lo affermò con calma e sicurezza nel suo elegante studio di avvocato il vecchio José María Gil-Robles, residuo della Ceda.

Certo il paese non era sull'orlo né di un'esplosione né

di una calamitosa rovina. Aveva un'aria polverosa. Uno mi diceva che l'economia stava risalendo, un altro lo negava. Che risalissero i consumi suggeriva una pubblicità dal linguaggio diverso da quello soporifero dell'ufficialità e della chiesa (una lavapanni era presentata con lo slogan sgarzorino *Más tiempo para el amor!*) Via via che mi ci inoltravo, era evidente che non sarebbe stato quello stracciato arcobaleno antifascista a scrostarsi di dosso Franco e il blocco di militari e chiesa e latifondi e proprietari e cavalieri di industria che lo avevano accompagnato e ne erano stati nutriti. Era dal suo stesso interno che si percepiva un muoversi con cautela di Manuel Fraga Iribarne e si lanciava qualche filo all'estero.

Mi riuscí sorprendente che fosse la base sociale del franchismo a decidere di mutare il regime in tempi lentissimi e per passi quasi inavvertiti. Oggi mi chiedo perché la cosa mi paresse cosí ostica, pur sapendo che ad abbattere fascismo e nazismo avevano concorso le grandi potenze capitaliste. Ma la Germania di Hitler era espansionista e la Spagna del 1962 non lo era di certo. Franco era stato una volpe a tenersi fuori dal conflitto, aveva massacrato soltanto gli spagnoli. I quali mi guardavano, in quanto rappresentante dell'Europa antifranchista, senza amenità. Non è che si lascia da parte un paese per venti anni e lo si ritrova tale e quale quando ci si risolve a cercarlo di nuovo.

Sta di fatto che in capo a un mese tornai in Italia e dissi a Pajetta, tutto eccitato, che avevo incontrato, sí, gli antifranchisti, anarchici inclusi, ma che non sarebbe successo niente – niente di quel che pensavamo come un remake di quel che avevamo vissuto. Mi guardò di traverso, senza obiettare – Giancarlo non mancava certo di intelligenza. Ma pochi giorni dopo, nell'aprile 1962, scoppiava lo sciopero delle Asturie e mi telefonò canzonandomi: Vedi che non hai capito niente. Invece non successe nulla. Non in campo nostro.

Quel che sarebbe avvenuto sarebbe avvenuto in colloqui calmi e calcolati fra banche e stati maggiori. E ci avrebbe messo altri tredici o quattordici anni. Occorse che Franco si spegnesse nel suo letto dopo avere nominato lui stesso l'erede – un re, figuriamoci. Impossibile che quel re allevato in casa facilitasse *el cambio*. E invece fu proprio con lui, Juan Carlos di Borbone, che vennero le *Cortes*, le elezioni, la libera stampa e tutto, i comunisti uscirono di galera e il loro partito divenne legale, ancorché ogni notte la porta della loro sede fosse costellata di molteplici *asesinos*. E tutto avvenne senza strepito, senza che si possa metterci una data precisa. «No hubo un día de fiesta», non ci fu un giorno di festa, mi dicono gli amici, precisando che non a caso in Spagna non è stata mai tagliata la testa a un re, si sono scannati fra loro i sudditi.

E ora sono passati altri trent'anni. Tutto dimenticato? Non tanto, se appena due anni fa mi trovavo a Madrid e al parco del Retiro era stata allestita senza troppa pubblicità una prima e non grandissima mostra fotografica dei fatali anni trenta, e i madrileni si stupivano nel trovarsi in lunghe code per vederla. Mentre il film di Ken Loach, *Terra e libertà*, sul quale nel resto d'Europa s'era pianto copiosamente, era durato pochi giorni sugli schermi davanti a un pubblico muto. Tornando mi angustiavo sul tema: se il fascismo può trasmigrare senza traumi in democrazia, può succedere anche il contrario. E questo era piú intrigante del fatto che un popolo, che s'era dissanguato nella generazione precedente, avesse in orrore un altro scontro civile. Implicava varianti che non erano nella mia organizzazione mentale.

Quello sbiadire di parametri già considerati sicuri trovava un'eco nelle domande che ci facevamo sull'Italia. Una sopra le altre: è vero che restavamo un paese arretrato e tale saremmo rimasti per la fatale indigenza della nostra classe dominante? Sulla capacità di mutar di pelle delle classi dominanti, la Spagna mi aveva suggerito qualcosa. E aveva senso dirci che in Italia soltanto «il movimento operaio democratico e progressista» sarebbe stato capace di dare uno sviluppo al paese? Alleandosi con un capitale progressista o pubblico o almeno non monopolista? Era questa la «via italiana», l'epifania della classe operaia come classe generale attraverso il suo partito e le sue alleanze? E se non lo avessimo fatto noi, niente sviluppo e fascismo sempre alle porte? Era la tesi dominante del Pci, tanto da essere data per ovvia. Non ci persuadeva tutti.

Negli anni della Guerra fredda, di Scelba e della schedatura nelle fabbriche, piacesse o no, si era ristrutturata un'economia fra lacrime e sangue, licenziamenti e scrematura delle avanguardie politiche e sindacali. La produzione era manifestamente ripartita alla metà degli anni cinquanta. Il nostro capitalismo era crudele ma non cosí obsoleto quanto si sosteneva a Botteghe oscure. Del resto un certo sviluppo l'Italia l'aveva avuto anche con il fascismo. Gli anni trenta non si potevano leggere soltanto sotto il profilo della repressione e delle avventure belliche. Bisognava guardare anche all'Iri di Leopoldo Piccardi, che era stato poi nel Cln, e riflettere sulle lezioni di Foa alla folla che si era assiepata al Lirico nel 1961. Neanche sul fascismo tutto era ovvio. Ma che la produzione crescesse Roma negava, continuando a sottolineare supersfruttamento e povertà, che pure c'erano. Invece l'occupazione cresceva tanto da aver assorbito la manodopera lasciata fuori dalla dismissione dell'industria di guerra e poi le masse che arrivavano dal sud e dalle Venezie. I sindacati lo avevano capito.

Eravamo anche noi nell'espansione seguita alla guerra. In Italia c'era una delle piú importanti fabbriche d'automobili d'Europa, la Fiat, si dilatava la siderurgia che era già pubblica, moltiplicando treni e forni che sarebbero stati messi fuori campo, prima ancora di attivarsi, dalla Commissione del carbone e dell'acciaio; avevamo una estesa chimica, una notevole produzione di energia, gli elettrodomestici del Veneto invadevano il mercato europeo, la Olivetti era all'avanguardia dell'elettronica. E nel design avevamo raggiunto e sorpassato il focolaio scandinavo; architettura, design e grafica, anch'essi con radici nel Bauhaus degli anni trenta, ci rendevano piú attraenti di paesi economicamente forti che ancora cincischiavano con le forme dell'Ottocento.

Soprattutto c'era nella gente, nei comportamenti e nei consumi la percezione che si stava cambiando. Almeno nel centro e nel nord, che era poi l'America sul piede di casa. Nella cultura economica, d'improvviso attenta al sociale, si affacciava la tribú dei programmatori, nata da minoranze intellettuali nella Democrazia cristiana e nel Partito socialista. Allora nessuno metteva in causa il principio – adesso diventato nefando – che la cosa pubblica, governo o comune, si dovesse dare degli obiettivi di politica economica e quindi sociale: si confliggeva ma su uno spartito dal registro condiviso. Il libero mercato non era soltanto egoistico ma di vista corta; alla mano invisibile non si richiamava piú nessuno non perché Von Hayek e Von Mises fossero ignoti, ma perché comunemente considerati all'origine delle tremende vicende del secolo, prima di tutte il 1929. Come al Comune di Milano s'era cominciato a pensare quali infrastrutture pubbliche e quali spazi si dovessero allestire per la marea che veniva dal sud, cosí i programmatori pensavano che il governo dovesse fare sul terreno nazionale. Erano economisti e sociologi, antifascisti e riformisti nel senso che la parola aveva allora. Come gli urbanisti proponevano di ordinare il territorio «a misura d'uomo» – era lo slogan delle Triennali e delle riviste di punta – il governo doveva ordinare la crescita. Si tessé allora un dialogo fra alcuni socialisti, alcuni cattolici, alcuni di noi, dentro e fuori della politica, piú fuori che dentro, piú a Milano e Torino che a Roma. I programmatori – i Vanoni e i Pasquale Saraceno – costeggiavano il governo centrista proponendosi come non richiesto *think tank*. Ma lavoravano anche con la Cgil e la Cisl in mutazione, gli Ires del Piemonte e della Lombardia di Siro Lombardini e Angelo Pagani, o Giuseppe De Rita e Gino Martinoli prima Svimez e poi Censis. Era, credo, la prima volta che un movimento di modernità culturale nasceva indipendentemente da noi – se non si vuole vederne senz'altro l'origine nei bisogni espressi dalla domanda operaia in fabbrica e fuori, nella quale restavamo determinanti. E comunque non apparteneva al quadro consueto delle alleanze che il Pci sollecitava, e riguardavano la laicità e una realizzazione piena della Costituzione. I programmatori puntavano sul sistema politico e produttivo, la loro era una autonomia bell'e buona, non anticomunista ma se mai «acomunista» come ebbe a dirmi una volta Riccardo Lombardi. C'era poco da discutere. L'Italia cresceva e cambiava.

Ma se il sistema ripartiva senza che fossimo stati noi ad afferrare la bandiera dello sviluppo, si poneva un problema: finora avevamo spinto per piú occupazione e avevamo difeso i salari; adesso il lavoro c'era. E si affacciavano le questioni da sempre covate nei movimenti operai e comunisti, che la crisi del primo dopoguerra e poi la necessità di liberarsi dal fascismo e poi la crisi dell'unità antifascista e la Guerra fredda avevano messo in ombra. Ma non si resta in ombra senza sbiadire o covare come una brace. In Italia covava, come si sarebbe veduto nello sbocco del decennio sessanta – e quello che sarebbe stato decisivo non era già il tema, caro agli storici, della «doppia fedeltà» ma quello degli obiettivi che si ponevano i comunisti italiani a situazioni di emergenza concluse.

Uno riguardava la proprietà ma, parrà strano, non era oggetto di scontri tremendi: era diffusa nelle democrazie europee di allora la convinzione che andassero nazionalizzati i settori strategici e quelli che avevano la natura di bene pubblico. In Italia la proprietà pubblica era già vasta, ma restavano fuori energia e trasporti. Sull'energia era in seno alla Dc che si era prodotto il caso Mattei, con la sua campagna contro le sette sorelle americane che guardava anche a paesi terzi: nasceva l'Eni, leva dell'industria di stato. Ma anche elettricità e gas furono nazionalizzati o municipalizzati, tanto piú che la privata proprietà dei medesimi gestiva scandalosamente dei fondi neri, come nel caso milanese della Edison. Dall'opposizione la sinistra condizionava la costituzione materiale del paese piú che non avrebbe fatto quando riuscí a inerpicarsi al governo. Il privato come tale non lo difendeva nessuno; soltanto negli anni novanta furono aggredite l'industria di stato e le partecipazioni statali come terreno privilegiato della corruzione e del clientelismo. È un fatto che le leve di comando erano sempre state in mano al governo, prima la Democrazia cristiana («razza padrona» ebbe a definire Scalfari gli eredi di Enrico Mattei) e negli anni ottanta i voraci socialisti di Craxi, ma è ugualmente un fatto che il Pci non pose mai la questione delle regole di una gestione «pubblica», assicurando la nettezza nell'accesso ai beni che era destinata a garantire e nella loro gestione. E quando scoppiò lo scandalo di Tangentopoli nel 1992, destra e sinistra erano cotte a puntino per buttare il bambino con l'acqua sporca – tutti giurarono sulla supremazia del privato in castità e trasparenza.

Qualche sindacalista afferma ora che la Cgil non fu mai per le nazionalizzazioni. Non mi pare. Certo le giovò che ci fosse una forte proprietà di stato, l'Intersind era la prima a mollare sui contratti, specie quando ne furono dirigenti i cattolici di sinistra, i Glisenti. E per diverso tempo si pensò che l'industria di stato – uno stato nel quale il Pci fosse piú forte o condizionante – avrebbe avuto un ruolo di sostegno allo sviluppo, nonché alla cooperazione e all'impresa non monopolista. Al monopolio di stato non si oppose nessuno fino agli anni settanta. E allora fu una sinistra radicale che non seppe proporre se non un'alternativa autogestionaria, facilmente sbaragliata negli anni novanta dalla commissione dell'Unione europea.

Piú avvertita e bruciante fu la questione dell'autonomia

del sindacato. Negli anni cinquanta era stato difficile – lo sapevamo bene a Milano, a Torino, a Genova e nel polo industriale di Venezia – distinguere in fabbrica sindacato e partito. Ora il sindacato cominciava a scrollarsi il partito di dosso premendo la leva dell'unità dal basso con i lavoratori, si modificavano le rappresentanze e il loro modo di elezione e avanzavano esigenze salariali e normative. Parve che l'espansione rendesse accettabili le conquiste operaie, anzi era persuasione degli economisti democratici, penso a Paolo Sylos Labini, che la domanda di occupazione e salari fungesse da frustata, da acceleratore. Lo schema keynesiano era implicito. Per lungo tempo capitale e lavoro parvero poter correre insieme; se esplodeva un contrasto era attribuito all'eccesso di avidità del padronato. Il conflitto sarebbe diventato incandescente nel 1969, nel famoso autunno caldo, e non certo a causa d'una recessione. Si era affacciato già nei primissimi sessanta nella sua valenza politica, seppur confusa. Ma stentava a farsi strada nella discussione del partito, che si riservava di decidere fin dove la richiesta operaia potesse spingersi, valutando la capacità del padronato di reggere a una radicalizzazione della lotta. Un partito nazionale – era sottinteso alle Botteghe oscure, anche se non ancora esplicitato – doveva porsi la difesa d'una produzione che, messa alle strette, sarebbe potuta politicamente degenerare. Per cui, contrariamente alla vulgata corrente, il Partito comunista andò frenando il sindacato piuttosto che spingerlo, come si vide nel decennio successivo e in tutta la vicenda di Luciano Lama. Ma non era questo il vero dilemma fra «questione nazionale» e «rivoluzione italiana» quale si era affacciata nel comitato centrale dopo l'estate del 1960?

La domanda restò strisciante. Prese la veste d'un convegno sulla natura del capitalismo italiano che si svolse nel 1962, dove fu evidente il disaccordo fra i «settentrionali» e la direzione del partito. In quale fase eravamo entrati? Il nostro primo compito restava o no perseguire la crescita come aveva proposto Di Vittorio con il Piano del lavoro, peraltro non accettato, o la crescita era già presa in mano da altri, l'avversario storico che il Pci si ostinava a definire un rottame? E se sí, non comportava un mutamento di strategia, una stretta sul come e a che condizioni, un'accentuazione del conflitto? L'Istituto Gramsci non era il comitato centrale e su un territorio «di studi» si poteva contestare la segreteria senza che paresse un parricidio. In quel convegno, che io ricordi, Togliatti non intervenne, Ingrao neppure. In teoria la questione rimase irrisolta, in pratica quella parte del gruppo dirigente che era di Amendola intervenne, non lo dimenticò e avrebbe tratto le sue vendette qualche anno dopo.

Non che la vicenda sia stata lineare. Quelli di noi che non ne potevano piú delle lamentazioni sul supersfruttamento d'un padronato incapace e sugli operai come una massa di umiliati e offesi – giudizio che ci impediva di capire dove si spostava la trincea e in quali figure si esprimesse ormai la manodopera – esagerammo nel definire la tendenza, come se a forza di innovazioni già stessimo diventando una Germania. Non fu detto in questi termini ma tale sembrò, e in politica conta quel che sembra. Ci beccarono precisamente perché pensammo che la crescita avrebbe unificato il paese in una modernizzazione che poteva chiudere, per esempio, con la questione meridionale. La mafia, il latifondo: la segreteria non aveva altro in bocca, e in Sicilia si tentavano strani esperimenti compromissori. Come il latifondo, la mafia l'avrebbe liquidata il capitale. Non fu cosí, perché era un fenomeno non meno proteiforme. E del resto qualche decennio dopo il capitale con l'economia criminale se la sarebbe vista bene. Si era posta una questione di fondo e la discussione che seguí dilagò informalmente in tutto il partito e si irrigidí subito.

Come in un esercito in guerra, ogni dubbio sembrò alle due parti, o almeno alla nostra, una resa. Questo, oltre

che la volontà di non apparire una frazione, rendeva impossibile nel Pci fare un passo avanti nella elaborazione.
Non ci fu mai altro modo di discutere che non fosse con-
fliggere.

Con conseguenti morti e feriti. Quel convegno tuttavia segnò una tappa: all'ordine del giorno della segreteria
restò la questione classica, come garantire la democrazia
in un paese strutturalmente fragile. Questa inclinazione
sarebbe stata sempre prevalente, fino al Berlinguer del
compromesso storico. Lo attribuivamo a una sensibilità
meridionalista del gruppo dirigente, il suo guardare all'I-
talia per dir cosí da sotto in su, oltre che a una coda degli
anni trenta, l'esito infausto della linea del 1929, muro contro muro. Ma non lo discutemmo allora, né mi pare sia stato al centro d'una ricerca, se non indirettamente nell'interpretazione di Gramsci – e quale Gramsci? – che per breve tempo sarebbe seguita.

Certamente non fu l'oggetto centrale del X congresso
che dovette avere luogo in quel periodo e del quale ricordo
soltanto, a mia vergogna, che fu un buon congresso perché
le tesi ne furono discusse con largo anticipo e in bozze di
documenti diversi; debbono essere archiviate da qualche
parte. Me ne sono rimasti in mente soltanto due passaggi;
uno che introduceva una «sofferta coscienza religiosa» nel
blocco storico ideale della rivoluzione italiana, cosa in passato impensabile; credo che lo avesse presentato Magri e ri-
fletteva lo spostamento d'una sinistra cattolica, quella del
Vaticano II, molto piú sensibile alla questione sociale di certe ali socialiste. L'altro era un sillogismo di Alicata, secondo il quale essendo la guerra connaturata al capitalismo, ed
essendo la guerra non piú possibile, anche il capitalismo stava finendo di esistere. Questo volo pindarico fu liquidato
discretamente.

Come che sia, molto di piú di quel congresso, che fluttua sul mio oblio come un benevolo ectoplasma, fu il Con-

vegno sulle tendenze del capitalismo italiano a lasciare uno
strascico, antesignano del conflitto nel gruppo dirigente due
anni dopo, dopo la morte di Togliatti. Era la prefigurazio-
ne del dualismo Amendola-Ingrao. Ma differentemente da
Amendola, sempre invasivo, Ingrao non dirigeva una corrente, né il movimento di idee che si delineava informalmente facendo riferimento a lui, il solo fra i dirigenti che
dal 1958 si interrogava pubblicamente sulla crisi del centrismo. Ingrao non coprí esplicitamente il Convegno. Forse non ne condivise alcune sottolineature meno difendibi-
li. Quel che premeva sotto traccia nel Convegno sul capitalismo, al quale non partecipai di persona, era che il Pci
uscisse da una posizione difensiva. Fra compromissione e
insurrezione c'era una lotta intelligente da fare. Lo aveva
inteso la Fiom di Trentin e il Pci non afferrò. Lo scarto stava diventando grande fra una base che stava spietatamen-
te andando al riconoscimento delle sue ragioni e un sistema di accordi, politici e sindacali, trattato fuori di essa.
Questo lo avevo capito.

Capivo però anche che non solo avevo detto addio ai saperi che mi avevano attratto da ragazza, ma ero del tutto
impreparata su quel terreno economico che veniva appa-
rendomi decisivo. Perché poi, al di qua o al di là della teoria, in quegli anni le lotte tendevano ad assumere una radi-
calità che dal volgere dei cinquanta non avevano piú avuto.
Allora avevamo preso una sberla solenne. Ma adesso tempo e soggetti erano diversi. Subito dopo l'estate dei ragazzi delle magliette, partí a Milano una lunga vertenza nel settore elettromeccanico. La città ne fu coinvolta non perché
sapesse bene di che si trattava ma perché in alcune grandi
fabbriche del settore, come la Brown Boveri, si decise di
condurre uno sciopero strano, metà giornata tutti i giorni e
per molte settimane, in modo da limitare le conseguenze sul
salario e da disturbare grandemente il ciclo produttivo. Fu,
credo, un anticipo di quella che negli anni settanta si sarebbe chiamata «guerriglia rivendicativa». L'ostinazione di

tutte quelle creature che ogni giorno entravano nel loro reparto e ogni giorno sospendevano il lavoro a mezzogiorno nel furore dei capi per ripresentarsi l'indomani mattina colpí tutta Milano. Durò un paio di mesi, allora una serrata era inconcepibile, per il padronato certi limiti erano invalicabili. Si arrivò a Natale con la vertenza ancora aperta e sotto il grande abete davanti al Duomo affluí una montagna di regali per gli operai in lotta. Non credo che fosse mai avvenuto, né avvenisse dopo. La città si scoperse solidale, calorosa. Amavo pensare alla frase di Salvemini: «Quel che oggi avviene a Milano, domani avviene in Italia». Il che, a riflession fatta, dev'essere vero soltanto per il peggio; allora, brevemente, potei sperare nel contrario.

Non era il solo caso. I lavoratori si battevano da tutte le parti, conseguenza del sentirsi piú forti nella crescita economica e dunque in presenza di consistenti profitti del padrone. Non so quando capii che, dopo la resistenza alla ristrutturazione postbellica disastrosamente fallita, i salariati non si battevano piú per disperazione ma per speranza. L'operaio è solo, questa è la verità, se perde non ha dove ripiegare, le ha provate e pagate tutte – annusa l'aria per capire quando può. E allora va anche oltre la propria organizzazione.

Successe in quel tempo a Trentin di sentirsi contestare, stupefatto, un contratto brillante che aveva spuntato ma prevedeva il lavoro di sabato. Del lavoro di sabato la manodopera piú giovane non ne voleva sapere, non era piú disposta allo straordinario a ogni costo. Avevano ormai alle spalle famiglie con piú d'un salario. Non ne avevano lo stesso bisogno o avevano altri bisogni; il venerdí alla fine del turno quei ragazzi saltavano sulla motocicletta e arrivederci. Da quella assemblea in poi Trentin mi insegnò molte cose – perché fu, a mia conoscenza, il primo sindacalista che guardava a quel che mutava nel lavoro. Che allora tutti vedevano nella sua verità, non esser «economia» ma rapporto fra capitale e uomini, a contendersi metro per metro di libertà. Gli stessi messaggi venivano da Sergio Garavini che organizzava i tessili, sempre meno simili alle mie lavoratrici delle filande lombarde di soli dieci anni prima.

Insomma la crescita e salari migliori e vertenze vincenti testimoniavano anche di quell'ammodernamento del padronato che opponevamo alla dirigenza romana, e diversamente da essa temevamo che una politica audace della proprietà potesse, con una redistribuzione meno miope, integrare quelle masse in una socialdemocrazia. Come in altri paesi europei. Di grandi eserciti comunisti non ce n'erano che in Francia e in Italia. Ragion per cui ci confortava assai che il sangue giovane della manodopera espulsa verso il nord apparisse tutt'altro che docile e grato verso chi gli dava lavoro, tutto fuorché rassegnato. Afferravano con energia diritti che non avevano mai avuto. Differentemente dal partito il sindacato lo capiva e prendeva radici. Avevamo di fronte un'altra epoca; una leva operaia meno professionalizzata e piú radicale, per la quale lavoro significava salario e nient'altro, niente cui dedicare una fedeltà, come era stato per la seconda generazione delle grandi fabbriche. Ne venne uno scambio con alcuni francesi, come André Gorz e Serge Mallet, cui davano spazio soprattutto «Les Temps Modernes» – cosa che ricadeva con plauso anche sul Pci, che però restava scettico, mentre la Cgil non lo era. Si formava una sinistra a sinistra della sinistra. Drizzavamo le orecchie ascoltando Trentin e Foa e Garavini e Cominotti.

C'erano anche dei segnali insoliti, lotte sporadiche che il sindacato non aveva sollecitato né guidato, di un'asprezza che mirava prima che al risultato contrattuale a una affermazione di sé contro un dominio che non si contentava di controbattere passo per passo. Volavano sassi e qualche auto bruciava. Erano senz'altro tacciate di estremismo. Non si diceva ancora: provocatori, parola che non venne usata prima del 1969-70. Un silenzio circondò i fatti di piazza Statuto a Torino, neppure io capii e quel che capii mi lasciò perplessa. La memoria non mi inganna al punto da farmi scordare che ero una comunista fatta e finita, e dubitavo di tutto quel che partito o sindacato non avevano previsto e voluto. È una limitata giustificazione che per anni non avevamo fatto che spingere e precedere, per cui perdevamo l'equilibrio ogni volta che incontravamo, invece che resistenze, una spinta. Eravamo formati a sapere dove volevamo arrivare e calcolare le risposte, che significava diffidare di ogni spontaneismo. Avrei cambiato idea quando cominciai a pensare che invece che precedere frenavamo, ma per me non era ancora il momento. Ero sempre quella che qualche anno prima aveva criticato le tesi non ortodosse sui consigli operai opponendovi l'argomentazione leninista. Che non era affatto infondata, ma della soggettività immediata coglieva il limite e perdeva l'impatto. E cosí piú tardi le *Tesi sul partito di classe* di Panzieri e Libertini. Non criticai ma leggevo con perplessità, unita a un vago senso di colpevolezza, il sorgere di riviste che tutte, in un modo o nell'altro, afferravano il conflitto sociale dalla parte opposta a quella della guida politica del partito, che sarebbe diventata invece poco dopo il cavallo di battaglia degli «operaisti». Ma se soffiavo come un gatto davanti alle licenze interpretative non soffiai mai davanti allo scendere per strada di operai e non. Potevo essere sorpresa, anche dubbiosa, ma quel passaggio all'atto di persone, corpi, vite diverse dal militante professionale, che si mettevano per strada, scontando di essere schedati dall'azienda e dalla polizia, per troppa collera e per un momento di libertà, avevano ragione su ogni ragionamento. Non so come la mettessi, anche in una funzionaria c'erano emozioni irriflesse.

Nello stesso 1962, era novembre, scoppiò la crisi dei missili a Cuba. A Milano ebbe un'eco come in nessun posto altrove. Cuba non era stata festeggiata e amata come la Cina, perché non era stato il Partito comunista cubano ad aver condotto la lotta contro Batista e essere salito sulla Sierra. Ma se l'arrivo dei *barbudos* all'Avana era sta-

to appena annotato da «l'Unità», Cuba era cresciuta di
suo nell'opinione di sinistra – Fidel alle Nazioni unite,
quel «Che» cosí diverso da un dirigente come i nostri, la
sfida della piccola isola al mostro imperialista. Come fosse andata davvero con i missili poco importava – gli Usa
non ne mettevano da tutte le parti? La critica cinese, non
infondata, all'avventurismo di Chruščëv non ci turbò,
adesso c'era la minaccia americana su Cuba e i famosi tredici giorni furono seguiti con ansia crescente e da una mobilitazione insospettata. Non solo gli Stati Uniti volevano abbattere un potere rivoluzionario ma rischiavano la
guerra mondiale imponendo alle navi russe di invertire la
rotta verso L'Avana pena il sequestro. Furono a Milano
giorni frenetici. In una manifestazione indetta dalla Federazione giovanile, allora diretta dalla figuretta esile
quanto decisa di Lia Cigarini, ora femminista storica, molte migliaia di persone che neanche sapevano che cosa fosse la Fgci invasero il centro confluendo verso piazza del
Duomo, e la polizia sperimentò i caroselli delle jeep appena arrivate del Terzo Padova, che si buttavano in mezzo ai manifestanti per disperderli fin risalendo sui mar-
ciapiedi. Una di esse perse il controllo e schiacciò contro
una saracinesca un ragazzo, Giovanni Ardizzone, spap-
polandogli il fegato. Mi trovavo a meno di cinquanta metri, vidi la jeep arretrare di colpo, corsi verso il punto dove la folla si addensava, saranno stati pochi secondi e fu
tutto un raccogliere i pezzi di porfido e di strumenti e
stanghe di acciaio a lato della strada, era un cantiere della metropolitana, e scagliarli contro le jeep che sparirono.
Via i celerini, via le jeep, il centro fu occupato dai manifestanti che si aprirono per l'ambulanza e qualcuno le corse dietro – il ragazzo morí. Forse chi guidava i caroselli
dette l'ordine di tirarsi indietro, certo il Comune chiese
alla Prefettura di togliere di mezzo la polizia, deciso ad
assicurare l'ordine in città coi soli vigili urbani, sta di fatto che né facce né mezzi di celerini si videro per quattro

giorni. La città era come presidiata da una folla severa e in lutto. Sulla saracinesca dove il ragazzo era stato schiacciato crebbero fiori e bandiere rosse e vidi sventolare le bandiere nere dell'anarchia.

Parlai con Roma, non erano contenti, avevano in testa la presa della Prefettura molti anni prima. Dovete smettere, fu la direttiva. Nessuno smise, del resto c'era un ordine composto e triste. Chi non c'era non poté capire né quella collera né quella severità senza comando. Che non andarono oltre la messa in fuga della polizia e i presidî frementi attorno alla galleria e alla piazza. Non ci furono altri incidenti, quando la polizia non interviene non ce ne sono mai. Non ricordo che ci sia stato nessun arresto anche se piú di un celerino ne era uscito assai pestato. Degli stati maggiori, governo e opposizione, nessuno volle insistere. Sapevo da un pezzo che una manifestazione di folla è una cosa, quel che può avvenirvi un'altra e quel che vuol farne il governo una terza. Allora Comune e governo decisero che era meglio tacere, e lasciare che il tempo – nelle cose pubbliche il tempo sono pochi giorni – scendesse sul ragazzo ormai sepolto, i fiori appassissero e qualcuno togliesse le bandiere. Il centrosinistra non c'era ancora, ma stava alle porte.

La Democrazia cristiana stava intuendo che la versione interna della Guerra fredda era logora. Era stata repressione, schedature, attacco al sindacato, restrizione dei diritti civili e aveva funzionato per un suo tempo. Ma non aveva impedito né al Pci né al sindacato di crescere. E perdipiú adesso c'erano nel partito cattolico una intellettualità, i programmatori, e una corrente di sinistra, e il sindacato cattolico, la Cisl, cambiava pelle. Fuori, la chiesa era in fermento nel papato giovanneo. Già si sussurrava che per governare bisognava uscire dalla formula centrista, nella quale la Dc dominava affiancata da presenze transitorie del Partito liberale o dei socialdemocratici di

Saragat, oltre ai pochi repubblicani che però contavano
piú di tutti gli altri assieme.

Uscirne significava aprire al Partito socialista. Il quale
dopo il 1956 aveva scelto la rottura, prudente ma definiti-
va, con i comunisti. Tuttavia il partito di Nenni non era il
partito di Saragat, e la Democrazia cristiana non sarebbe
arrivata senza tenaci scontri ad allargare su scala nazionale
quel centrosinistra che sperimentava al Comune di Milano.
À Milano aveva pesato la forte sinistra interna, i Granelli
e i Rivolta. Roma era altra cosa e il fatale passo restò sospeso a lungo fra andate e ritorni, Fanfani e Moro. Nella
Dc la discussione fu speculare a quella che agitò le viscere
del Pci: la fine della chiusura democristiana significava uno
spostamento dell'asse del governo a sinistra o un assorbi-
mento dei socialisti in una linea centrista – spaccando il filo che ancora legava la sinistra, l'unità sindacale. Nelle domande sulla natura e sulle intenzioni del capitale italiano
nel boom c'era la questione del governo e dell'egemonia: la
divisione stava fra chi sosteneva che crescita, ammodernamento, programmazione e apertura ai socialisti configuravano una strategia mirante a isolare noi e la Cgil, dove comunisti e socialisti erano ancora insieme, e chi riteneva che
l'apertura ai socialisti fosse il segno della debolezza democristiana che avrebbe aperto la strada a un processo nel quale prima o poi sarebbe entrato il Pci – passano loro e poi
passeremo noi. Non per fare la repubblica dei soviet ma un
governo dei e con i lavoratori, del quale i confini sociali erano imprecisi. Dico questo perché meno che mai in quel passaggio il Pci pensò a «prendere il potere» ma al piú a «essere nel potere», inteso come governo, obiettivo dal quale
non si sarebbe piú del tutto separato.

Le elezioni del 1963 ebbero questa posta. Le atten-
demmo con sentimenti contrastanti. Il governo aveva dalla sua l'espansione e la persuasione diffusa che fossimo ormai a cavallo della modernità. La televisione e i non nascosti ammiccamenti ai socialisti, perfino la fine dello

scelbismo e la scelta del 1960 contro Tambroni, avvantaggiavano la Democrazia cristiana, che non arrivava a mani vuote a quella scadenza. Invece in quel 1963 la Dc prese una botta solenne, di dimensioni inattese, e il Pci fece
un salto in avanti inaspettato. Lo scenario politico entrava in movimento, e ne sarebbe stato segnato per i successivi dieci anni.

E deve essersi formato presto uno iato fra l'attesa di
qualche grande, anche se impreciso, svoltare verso sinistra
e l'avviarsi, subito frenato, del governo con i socialisti, fino all'oscuro tentativo di colpo di stato che spaventò Nenni nel 1964. La scossa era stata profonda e la non realizzazione d'un vero cambiamento gettò fuori dalla sinistra
le prime frange di chi non le credette piú. Furono anni inquieti fino al 1967. Il Pci non avrebbe colto quella maturazione, né l'avrebbe rappresentata. Non si accorse che
come mai prima si delineava in Italia e sul piano internazionale la possibilità che mutassero i rapporti di forza e gli
scenari, coda impensata della coesistenza. Dubitò di quella spinta ancora inarticolata, aperta a un possibile prima
non immaginato. O prese tempo, come se una fase di squilibrio potesse restare aperta in eterno. Invece non si sarebbe piú presentata e meno di dieci anni dopo era chiusa un'epoca. Lo si vede piú adesso di quanto lo vedessimo
allora.

Pochi giorni dopo le elezioni andai a Roma con Lucio
Magri nella sua scassatissima macchina verde che perdeva
acqua dal radiatore, per cui bisognava fermarsi ad abbeverarla ogni ora. Non c'era ancora l'autostrada Firenze-Roma e si raggiungeva la capitale attraverso un susseguirsi di
colline e di crete, un percorso lungo e faticoso. Ma in quel
maggio del 1963 fu elettrizzante, tutto il paese era nelle
piazze e colorato di rosso. È vero che attraversavamo l'Emilia e la Toscana, ma qualcosa di quella festa dev'essere
stato ovunque. Le strade dei paesi erano dense di gente che
parlava animatamente, allegramente. Nei borghi toscani si

affacciavano verso di noi scorgendo dai finestrini «l'Unità»
e sorridendo ai nostri volti e noi ai loro. San Gimignano
era tutta un garofano rosso – ancora il fiore di tutta la sinistra. A Roma il partito fibrillava per quello strepitoso balzo in avanti. Sí, con la crescita eravamo cresciuti, la Democrazia cristiana aveva perduto e ne cominciava il declino. Tutto era aperto.

Fu una svolta anche per la mia vita personale. Alla fine del 1962 fui chiamata a Roma a dirigere gli intellettuali
o la sezione culturale o come si chiamava. Ero richiesta dal
centro o proposta da una federazione che mi vedeva con
favore fuori dalle scatole? Non lo so. A Milano stavo bene pur azzuffandomi qua e là, la differenza maggiore restava con i romani – nell'aria lombarda c'è quella fronda
che si iscrive da sempre fra nord e centro, riflettendo una
società rimasta a lungo diversa. Industrializzata da tempo, Milano coltivò gli umori di «capitale morale» fino ai
primi novanta e Tangentopoli, irritata che le sfuggisse sempre di essere la capitale vera e propria, questa essendo passata dalla sabauda Torino, al cui fascino s'era di regola sot-
tratta, a Firenze e poi a Roma. Sarà fra poco un secolo e
mezzo, ci sono state due guerre, il fascismo, la Resistenza,
il 1989, il crollo del socialismo e il volgere del mondo, e fra
Milano e Roma la diffidenza non s'è mai spenta. Ora se ne
è capovolto il segno. Milano cova anche qualcosa di torvo
che la può sganciare da quella cultura europea che aveva
scoperto per prima.

Ma torniamo alla vicenda personale. Qualche dubbio
deve esserci stato nell'affidarmi il lavoro culturale; io non
venivo dalla scuola dei Sereni, Alicata, in parte Natta e non
lo avevo mai nascosto. Deve essere stata una messa in prova della milanese, pianta estranea nel classico orto meridionale. Avevo una quantità di rapporti, al partito questo
giovava, poi si sarebbe visto. Io mi offuscai molto senten-
domelo proporre. Avevo appena preso la responsabilità de-

gli enti locali, voleva dire occuparmi dei molti comuni della provincia che erano nostri e dei moltissimi non nostri,
tutti sfondati dalla crescita della metropoli. Della Lombardia e specie del milanese sapevo tutto, o mi pareva; sulle autonomie i comuni erano molto piú decisi, sulle orme
dei costituenti, dell'attuale fraseggiare leghista, seguito alla omogeneizzazione governo-giunte voluta da Craxi. L'e-
sperienza fatta al Comune di Milano, quando il consiglio
non era una pura forma, mi serviva; attraverso i comuni si
coglieva il muoversi della popolazione e dei suoi bisogni
meglio che attraverso griglie piú larghe.

E poi a una donna piace mettere ordine, far funzionare,
distingue i litigi dalle contraddizioni, punta ad aggiustare –
insomma benché mi occupassi ancora un poco della Casa
della cultura, diventata un cardine della discussione cittadina, il partito era al centro dei miei pensieri. E piú che mai
di fronte a una prospettiva di centrosinistra avanzante. La
federazione di Milano era quel che era, ma c'erano oramai
dei giovani piú giovani, quelli che non venivano dalla ga-
vetta postbellica, e con Lucio Magri, Michelangelo Notarianni, Achille Occhetto si legavano intese interessanti e al-
legre. Insomma non avevo voglia di ficcarmi nella capitale.
Sicché quando insisterono, e Alicata non mancò di sottolineare con enfasi che avrei preso nientemeno che il suo posto, nicchiai. Dopo qualche giorno Longo venne a Milano
e mi invitò a cena, andammo in una modesta trattoria e mi
espose, con voce calma e gli occhi lontani, come fosse sempre un po' al di là del mondo, che la direzione mi voleva eccetera. Io mi diffusi lungamente sulle urgenze che avevamo
a Milano e le molte ragioni per declinare l'offerta, ragioni
che mi parevano molto militanti e persuasive. Lui aspettò
che finissi poi proferí: Ascoltate. Io non invito a cena nessuno, sono avaro. Ho invitato voi perché i vostri compagni
mi hanno detto che facevate delle obiezioni all'incarico. Vi
ho spiegato perché la direzione ha deciso che veniate a Roma. Non fatemelo ripetere. Trovatevi a Roma a dicem-

bre. Non aggiunse: è un ordine, non fece alcun numero speciale, era chiaro che non avrebbe ascoltato piú nulla, era bell'e stufo. Io rimasi a bocca aperta. Potevo dire di no, e non sarebbe successa una catastrofe. Ma dicevo no a una proposta della direzione, alla segreteria, al partito. Ci pensai ancora due giorni e dissi sí. Come tutti si attendevano.

A dicembre del 1963 andavo a Roma. Mi avrebbero subito dopo fatta deputata per ragioni di rappresentanza e per pagare uno stipendio di meno. Io ero corsa in tutte le elezioni possibili e immaginabili, comune, provincia e politiche come si usava allora, non in testa di lista dove stavano quelli che si volevano eleggere, ma dopo di essi e in ordine alfabetico, per far sapere ad amici e conoscenti: Ci sono anche io, votate il mio partito. Non faceva nessuna impressione non venire eletti, non ci si sentiva come si dice adesso «trombato», rischio che oggi nessuno vuol correre come eminentemente indegno. Se qualcuno si azzardava a organizzarsi da sé le preferenze veniva duramente ripreso. Resto convinta che era un sistema piú pulito correre per la propria causa invece che per sé. Inoltre essere deputato per il Pci o il Partito socialista era ben poco remunerativo: il partito si prendeva, quando non c'erano familiari a carico, la metà dell'appannaggio e a quel tempo ciò che restava corrispondeva al compenso di un funzionario del centro, qualcosa come un operaio specializzato – nessuno si capacita, oggi, che i deputati fossero compensati cosí poco e i consiglieri comunali niente. È da quando la politica si disprezza che le cariche elettive sono retribuite con cifre mirabolanti. Avrei scoperto che essere deputato era però qualche cosa. Fare scattare sull'attenti le sentinelle quando correvo su all'ingresso di piazza Montecitorio, saltare gratis sui treni e tram e perfino i cinema di Roma dava una inconfessabile soddisfazione – per cui il popolo aveva qualche ragione di pensare che i deputati grondassero di privilegi che il volgo non aveva.

Insomma ero andata a Roma qualche mese prima, tornando a Milano per la campagna elettorale, della quale nulla ricordo. Delle altre qualcosa mi è rimasto, un flash, una situazione interessante o ridicola. Quella l'ho cancellata, forse per il disagio di chiedere voti anche per me. Il solo a farmi le feste e occuparsi di come mi sarei sistemata a Roma fu Giancarlo Pajetta. Mi suggerí una stanza in affitto da Moravia che lasciava Giulia Mafai. Mi comprai una sedia e un letto – l'armadio a muro c'era. «Come farai a stare a Roma con niente tu che sei abituata a una casa come questa?» mi aveva provocato a Milano, mirando il caminetto dell'alloggio bellissimo e un poco giansenista che avevo.

Giancarlo viveva davvero da povero, a quel tempo nei pressi d'una marrana alla periferia di Roma. Non credo che sia mai stato in vacanza se non invitato dai partiti fratelli. Veniva spesso a Milano dov'era quel che gli restava come famiglia, i figli – prima di incontrare Miriam Mafai credo che non si sia mai sentito in coppia, accudito e un poco ridimensionato come succede quando non si è soli. Che cosa fosse la solitudine Giancarlo Pajetta deve averlo molto saputo. Non che gli mancassero amori e seduzioni, prendeva in giro i fedeli Amendola e Ingrao, era un gallo come la maggior parte degli uomini a quel tempo, ma dopo la morte della amata mamma Elvira era un randagio.

Lo trovai la sera del 24 dicembre a Milano, mentre rientravo a casa in fretta dalle spese natalizie, quell'anno o quello prima, vagante per le strade semideserte della vigilia. Dove vai? Cerco una trattoria. Come, una trattoria? Perché no? Tu sei una che fa il Natale come vuole la chiesa? Giancarlo era caustico, piú era malandato piú frecciate scoccava. Lo conoscevo abbastanza da non farmi provocare. Aspetta un momento. Telefonai a Rodolfo: C'è Pajetta che è solo come un cane, lo porto su? Be', rise, portalo. Fu davvero uno strano Natale, perché dopo le solite conversazioni su questo e quello Giancarlo, che s'era come lasciato andare nell'atmosfera tiepida di noi tre, uscí con le sue visioni piú distruttive delle cose. Questo non andava, quell'altro era un cretino, e in ogni caso l'essenziale del partito era perduto. Mi ero stufata di sentire dire cose simili dai dirigenti, magari amichevoli sul piano personale, che usavano tutto il loro potere per frenare noi, giovani leoni. «Se la pensi cosí perché non lasci, non ti togli di mezzo? Perché difendi sempre quel che è, e impedisci a noi di cambiare?» Il noi era inequivocabile, i giovani di Milano, i sindacalisti di Torino e sullo sfondo, a Roma, Ingrao. «Perché rovinereste il poco che resta». E dopo aggiunse con amarezza, come faceva sempre piú spesso, che vivere aveva ben poco senso. «Dovrei finirla. Ormai è andata». Mi alzai, avevo le finestre alte sul giardino del Poldi Pezzoli, ne aprii una e gli dissi: «Buttati. O ti butti adesso o non farmi mai piú questo numero». Stupí per un attimo: «Tu non me lo impediresti?» «No. Va' o finiscila». Devo aver aggiunto con malvagità che era un bellissimo giardino per sfracellarvisi. Incassò e non ne facemmo un dramma.

Ma l'anno seguente lasciare quella casa, mio marito, quel giardino, Milano non fu cosa da poco. Era metà della vita che finiva.

Capitolo tredicesimo

Niente mi tratteneva a Milano. Non vivevano piú i miei, mia sorella lavorava in ospedale a Palermo, mio marito e io ci stavamo lasciando non senza dolore. Dovevo avere sbagliato da qualche parte. Avevo pensato alla coppia come a una somma dei due che eravamo, ma non è cosí, ciascuno vi porta bisogni e turbolenze, se ne attende un acquietamento e piú patisce quanto meno c'è da rimproverare l'altro.

Né avevo messo in conto che sarei entrata in una rete di rapporti preesistenti – era ovvio che sarebbe continuato il rapporto con Antonio Banfi, mio amato professore, e neppure mi posi quello con la madre di mio marito, la piccola contessa dalla capigliatura e dal carattere fiammeggianti, abituata a pianificare l'esistenza del nucleo nel quale distrattamente entravo. Una sordità che l'aveva colpita presto la assolveva dal badare troppo al prossimo. Ho ancora in mente una sua stanza squisita, nella quale aveva appeso fra due Rosalba Carriera e un Hubert Hubert una orrenda carta della Cina, sulla quale segnava con bandierine rosse l'avanzata di Mao. Mi par di vederla mentre vi conduce, un calice di champagne in mano, Raffaele Mattioli o Balladore Pallieri, allora mi pare prefetto, invitandoli a brindare alla Lunga marcia. Era sicura di sé e loro brindavano. Si chiamava come la madre di Lodovico Ariosto, Daria Malaguzzi Valeri, ne discendeva con tutti i trentadue quarti a posto, avrebbe volentieri distrutto la borghesia e a questo fine contava sul proletariato frequentandone alcuni esemplari fra stupiti e asserviti. Avrebbe desiderato per suo figlio una mo-

glie piú simile a lei e mi insegnò molte cose – come far da
mangiare, come ricevere, come traversare Milano con il naso in aria e un secchio in mano perché una signora può permettersi tutto, anche il linguaggio da carrettiere che non era
il meno stupefacente dei suoi vezzi. Il marito e il figlio, pe-
rennemente sotto la minaccia d'un suo malore, la assecon-
davano con la codardia degli uomini di fronte a una moglie
e madre tenera e stravagante – per cui mi pareva di avere
un rapporto vagamente clandestino con tutti e due. Neppure mi accorsi che aveva fatto su di me progetti cui mi sot-
traevo per noncuranza. Daria finí col rinunciarvi e tutte e
due scegliemmo, fin troppo in pace io e troppo in collera lei,
la libertà. Ero giovane e stupida, non sentii né interesse né
pietà per quella donna insolita che aveva sperato di essere
meno sola.

Tutto chiuso dunque, ma andavo a Roma con la coda
bassa. Come si è donna senza danno per sé e per gli altri?
Esser donna non era davvero un granché, e siccome non mi
parevano un granché neanche gli uomini, mi andavo con-
vincendo che ai nostri giorni la vita interiore non poteva
che essere irrisolta. Non sapevo bene di che pasta fossi fatta, stupisco quando sento dire a un ragazzo: Sii te stesso.
Appunto, come si è se stessi? Quel che perseguivo come comunista mi era essenziale, e per il resto mi ero data una certa disciplina e una certa libertà, ma come il pensiero va fra
sfavillii e oscurità, tensioni e oblii, anche il vivere mi pareva tutto rifratto e confuso. Ogni tanto mi risuonava dentro
una nostalgia di essere protetta che confliggeva vigorosamente con la scelta che finivo col fare. In fondo restavo una
donnetta – ero emancipata in un mondo di relazioni, ero
consigliere comunale, ero deputato, ero colta e pensante (la
modestia non è la mia virtú principale) ma se mi arrivavano d'improvviso all'orecchio le note di *Sophysticated Lady*
o *The Man I Love*, ecco affiorare le fantasie inconfessate da
ragazza – avanzavo fasciata di lamé in sale improbabili, in
una mano una sigaretta nell'altra il *Tractatus* di Wittgen-

stein, in mente l'agenda delle riunioni mondiali, circonfusa dall'amore dei popoli. Se è vero che siamo della materia dei sogni, quelli dell'adolescenza sono i piú tenaci. Il dubbio di essere fuggita dal diventare grande, cioè moglie e madre, si affacciava e me ne ritraevo. In fin dei conti era piú semplice stare sulla scena pubblica. Ormai le donne entravano dappertutto, e quelle che non vi entravano non le vedevo.

Saltavamo sui treni passando da questa a quella città e riunione, in seconda classe, dritte su gonna, golf e scarpette scollate con tacco di cinque centimetri. Il modello non era piú Greta Garbo, era Jeanne Moreau, che a Milano aveva appena girato *La notte* con Antonioni, tubino nero e lunga sciarpa di chiffon, incantando tutti i miei amici con quegli occhi infiniti e la bocca imbronciata. Andando a Roma non mi usciva di testa il refrain della sua canzone sul passare delle cose, «dans le tourbillon de la vie». Passavano anche su di me, a Milano non restava nulla e da Milano di mio non portavo con me nulla, la casa l'avevamo fatta insieme con mio marito girando nei mercatini ancora pieni di quel che una guerra si lascia dietro, vestigia di luoghi finiti e esistenze interrotte. A Roma non avevo niente, neanche la voglia di comprarmi un tavolo.

Restavo fino a tardi nell'ufficio al quinto piano di via Botteghe oscure, dalla finestra vedevo tramonti infiammati – ma Roma mi sfuggiva. Informe, impiegatizia, giornalisti, cinema e il farfallume che svolazza attorno alla politica. Neppure afferravo la forma della città, Milano semplice si estendeva semplicemente a stella, si allargava sulla cerchia dei Navigli, e le periferie della seconda circonvallazione, sfondate dalle migrazioni, dilagavano nei comuni adiacenti per strade ancora incomplete. Roma doveva avere piú d'un centro o forse nessuno, i quartieri umbertini erano fastidiosi, le antichità fascinose ma separate, attorno a via Botteghe oscure correvano stradine nerastre con improvvisi splendori cinquecenteschi. Era ancora la Roma di Mafai, nera e ocra e cremisi, adeguata a papati crudeli, che adesso è tornata color pastello. Non era ancora di moda ammirare l'Altare della patria che nasconde l'Ara Coeli e il Campidoglio, mentre dal fatale balcone volgevo lo sguardo e i passi verso la loggia del Laurana, nascosta anche quella, e nascostissima la chiesa di San Marco che sprofonda ai suoi piedi. Mi pareva una città ostile. C'era una canzone che mi andava: «I hate scirocco, I hate barocco, I hate Rome».

All'inizio avevo cercato le sezioni comuniste – colpita dalle lingue sciolte e pronte alla battuta quanto i lombardi erano musoni e laconici. Vi si discuteva piú del governo che del lavoro, erano quartieri senza uno scheletro produttivo, se c'era un'urgenza riguardava gli affitti e come trovare un impiego nello stato. Le borgate erano invece drammatiche, assai meno colorite che nei film, ma io non sapevo parlare alla miseria se non a quella del lavoro. Quella gente era povera e ribelle, un popolo strano, piú indocile che proletario. Mi fermavano le donne, quanti figli avevo? E aggiungevano: «Io ne ho avuto undici ma la crocetta mi ha aiutato». Quale crocetta? Quella al cimitero: «Ma me ne sono rimasti sei». E mi scrutavano, quali diavolerie nordiche mi avevano salvato da quelle *corvées*? Va' a spiegare che il diaframma fatto venire dalla Svizzera era scoraggiante, vada come vada – ma non andò mai, e pochi mesi prima m'ero svegliata in un pozzetto di sangue in tempo indebito, ospedale, laparatomia e addio. Non mi era doluto che la maternità mi fosse preclusa, soltanto il subcosciente impazzò per qualche notte facendomi sognare incinta da capo a piedi, il bambino di una amica che stava per partorire nasceva morto e io esultavo – la ferocia mi svegliò. Tremendo. A Milano nessuna delle operaie con le quali mi intrattenevo all'ora della mensa aveva avuto undici figli. Erano meno vaste e espansive delle romane, viso grigio e capelli secchi, e nelle ginocchia le molte scale fatte sanguinando dal ventre dolente dopo veloci aborti. Che pagavano prima di stendersi su un tavolo perché subito dopo venivano buttate fuori per timore di una incursione della polizia. Chilometri di percorsi femminili solitari. Chi poteva conservare il lavoro con undici gravidanze? Angoli di strada girati in fretta e scale scese da sole. Ci si dava una mano ma le parole che le donne si scambiano su questo sono poche.

Le sezioni romane raramente decidevano qualcosa che non fosse una manifestazione e una raccolta di soldi. Era un altro partito, incombevano via Botteghe oscure e «l'Unità», tutti centrali; alla base brillava ogni tanto qualche grande sezione – l'Italia, la Mazzini – quando uno della direzione vi calava. Non mi chiamarono mai dalla federazione romana, non conobbi «il popolare Edo» né lo cercai. Sapevo di quella federazione attraverso Aldo Natoli che avevo incontrato al comitato centrale, un bellissimo uomo elegante e scattante che poteva essere un medico, poteva essere un germanista, poteva essere tutto ed era l'altra federazione. Con lui sarebbe cominciata una lunga amicizia.

Ma in poco tempo scivolai anch'io in quella diversa scansione delle giornate. Mi abituai a cenare la sera con i compagni da Nino o in piazza de' Ricci e alle infinite discussioni davanti agli spaghetti aglio, olio e peperoncino. Al quinto piano eravamo tutti nuovi, c'erano Romagnoli e Occhetto, Curzi e Ledda, e con me Beppe Chiarante. E ci si trovava con Lucio Magri e calavano Michelangelo Notarianni e Baduel dell'«Unità», e la splendente Luciana Castellina, e qualcuno che arrivava da fuori, Reichlin da Bari, Garavini da Torino. A quell'ultimo piano salivano soltanto Amendola e Pajetta, un giro di controllo, nessun altro. Il secondo piano era quello dei dirigenti, dove si andava per appuntamento. Insomma, mi trovai a girare nei ritmi di Botteghe oscure. La sola canzone che non mi sedusse mai fu quella della Camera, dove per un deputato qualsiasi dell'opposizione stare o non stare, parlare o tacere era lo stesso. Neanche chi ti aveva eletto si aspettava altro che gli accelerassi la pratica della pensione o simili. Vi andavo fra un impegno e l'altro, e a fine settimana prendevo il treno per Milano, ma non era come prima.

Il partito-partito lo avrei reincontrato non a Roma ma nelle città e nei borghi che ormai percorrevo da sud a nord. Era il mio partito, aggregato di persone, donne, uomini, storie aggrappate a una denuncia e a una speranza, che dal centro attendevano tutto e insieme diffidavano. Vi confluivano molte storie, molte e molto diverse. Alcune con code nel passato altre sporgenti su nuove inquietudini, Gramsci sí e Gramsci no, specie il meridione nervoso e orgoglioso cui si dava corda con Salvemini, Guido Dorso e Tommaso Fiore senza risolverne mai le questioni. Non ho piú avuto modo di conoscere l'Italia come allora, arrivando da una comunità politica ed entrando in una comunità politica, ascoltando pesanti e confuse verità e promettendo – ma a me riusciva malissimo – qualche riscatto. Doveva pur esserci un riscatto. Non lo esigeva la modernità stessa, quella capitalistica, ché altre non ce n'erano? Ma gli intellettuali comunisti del mezzogiorno parevano considerarla un incidente di percorso, un vuoto rispetto alle magnifiche sorti che avrebbero saldato direttamente un nobile passato a un libero futuro. Di Gramsci nessuno leggeva *Americanismo e fordismo* e moltissimi *Il Risorgimento* e il Machiavelli. «Questo è il punto», dicevamo scettici noi ex del nord, da Roma in giú si divagava su un'autonomia del politico che appena uscito da uno schema positivista perdeva di vista i rapporti di produzione, la sua base materiale. E qual era la base in quel passare da un sottosviluppo rancoroso alla modernità dei consumi e alle infinite attività mediatorie, senza una educativa tappa nella fabbrica dove tutto è piú chiaro?

All'autonomia del politico Roma era piú attenta che Torino o Milano. A Roma si ruotava attorno alla direzione e questa ruotava attorno alle scelte del governo e alle questioni internazionali. E il come quel centro stabilisse le priorità mi sedusse presto. Anche perché il vertice del partito, che da lontano avevo percepito come una sorta di super Io, a Roma erano individui che a stento celavano le loro complicatezze. Dovette essere ben forte il cemento che legò a lungo persone cosí diverse come quelle che mi successe per due o tre anni di frequentare a dovuta distanza, Togliatti, Longo, Amendola, Ingrao, Pajetta e Luciano Lama, e D'Alema padre, e poi Berlinguer. Erano tutto fuorché un gruppo di amici. Suppongo che l'avere fra le mani uno strumento poderoso e delicato – quello che Occhetto e D'Alema avrebbero sepolto prima che spirasse – li inducesse a una disciplina e li difendesse da accenti troppo singolari. Togliatti e Longo, i soli che venissero dagli anni trenta e da Mosca, erano fra i vecchi ma a parte, era palpabile la distanza fra loro e i Roasio o Secchia o il solitario Terracini. Gli altri erano piú giovani e l'occhio che gettavano sul partito era diverso. E anche le speranze e l'investimento privato, interiore – Togliatti aveva già fatto il piú di quel che gli premeva, transitare una continuità simbolica in uno sganciamento dall'Urss nelle scelte interne, il metodo, il registro. I primi anni sessanta accelerarono tutto, anche quelle che gli parvero possibilità e urgenze. Quanto a Pajetta, dubitava e si avvinghiava alla «macchina», Amendola puntava tenace a spostarla, Ingrao in direzione opposta ma con scrupolo. Molto di questo avrei capito strada facendo. Non credo che si parlassero fuori delle riunioni e dubito che andassero mai a cena assieme.

Nel 1963 gli scricchiolii si sentirono da tutte le parti, come quando si rompono a primavera le lastre di ghiaccio sui grandi fiumi. Il Pci si era battuto da vent'anni per un cambiamento della scena politica ed eccola arrivare. Moro era scoppiato in pianto al convegno della Democrazia cristiana a San Pellegrino. Era quella nostra avanzata che lo faceva piangere, e non perché temesse l'arrivo di Mosca – era un uomo intelligente; piangeva sulla fine della Democrazia cristiana come partito demiurgico, quello che prevedeva, decideva e mediava, quello che aveva fatto l'I-

talia postbellica. Per molti versi il capolavoro politico dei
cattolici. Adesso la Dc non ce la faceva piú da sola, sarebbe
stato un partito come gli altri in Europa. E doveva aprire, con moderazione e astuzia, il gioco del governo. Aprire a chi? Ai socialisti evidentemente, e qui cominciavano
i dubbi e le varianti. Per noi e per loro.

Gran parte del Pci puntava sull'anomalia italiana –
amiamo vederci anomali – costituita dall'essere ancora uniti, solo da noi e in Giappone, comunisti e socialisti. O almeno non nemici. Altrove s'erano dilaniati negli anni venti e trenta, in Italia il fascismo, interdicendoli, gli aveva
risparmiato di farsi reciprocamente a pezzi. Quelli che s'e-
rano trovati socialisti o comunisti nella Resistenza non sapevano granché del passato, e quelli che sapevano si erano compattati per forza. Neppure il 1956 aveva spaccato
tutto; né del tutto compagni né del tutto avversari, socialisti e comunisti erano ancora assieme nella grossa Cgil e
restavano i rapporti, le storie comuni dei piú giovani.

Il Pci dunque si divise per qualche anno sulle previsioni. Che il suo centrismo fosse in crisi scrisse per primo Pietro Ingrao, in pieno governo Fanfani, assieme ad Alfredo
Reichlin, su «Rinascita». Ma la crisi in che direzione sarebbe andata? Non poteva piegare a destra dopo il luglio
del 1960. Ma se si fosse aperta a sinistra, la Dc avrebbe
transitato il Psi dalla sua parte o il Psi l'avrebbe spinta su
un terreno di frontiera? Sarebbe stato un governo piú a
sinistra, e come, e quale per rapporto a quel governo, se
non «dei» almeno «con» i lavoratori, che non avevamo
mai smesso di agitare? Molta acqua era passata sotto i ponti dal 1947, erano stati anni tumultuosi. Le due possibilità erano incerte. E non separarono solo noi.

Per la Democrazia cristiana si incrinava uno dei due
spalti sui quali s'era tenuta salda: nessuna indulgenza a destra, nessun varco che permettesse un avanzare del comunismo. Il primo spalto aveva mostrato la sua solidità con
il rapido crollo di Tambroni, mentre il secondo andava

perpetuamente difeso – per comunismo avanzante inten-
dendosi l'Urss, il Pci, il sindacato di classe, il terremotarsi
del costume, gli spiriti del Vaticano II, il dilagare d'un il-
luminismo che in Italia non era mai stato maggioritario, tutta roba da esorcizzare. De Gasperi aveva gestito il dopoguerra sul filo della medietà costituzionale, spuntandone le
audacie; sull'essenziale, la proprietà, i comunisti avevano
concesso il principio con alcune raccomandazioni. Se i diritti politici erano normati, quelli sociali non lo erano affatto, quindi mentre i primi, bene o male, prima o poi, si
dovevano attivare, i secondi restavano per aria. In piú quella di De Gasperi era stata una democrazia limitata dagli alleati occidentali, che si fidavano soltanto della Dc la quale
si fidava soltanto di se stessa, elargendo e togliendo ai tran-
sitori alleati qualche transitorio pezzo di governo. Adesso
la Dc doveva aprire a sinistra. È vero che apriva soltanto ai
socialisti, e su quel soltanto scommetteva, ma a costringer-
la a questo passo era stata l'impennata elettorale nostra, il
Psi essendo rimasto dove era. Erano i fatali comunisti la
causa di quel pianto di Moro, erano loro a coagulare quel-
l'aria elettrica che tirava da tutte le parti. Aprire ai socialisti non significava per i cattolici perdere il timone d'una
rotta sicura? Esitarono sempre, concessero il meno possibile, una svolta radicale non ci fu mai.

I diari di Nenni raccontano con dovizia di quei mesi e
di come Moro fosse maestro nell'avanzare e sottrarsi. Quanto l'esitazione fosse dovuta al suo carattere d'ombra – lo
conobbi presidente del Consiglio nella IV legislatura, veniva di rado, sempre con aspetto sfinito, parlava pochissimo
e con circonlocuzioni stupefacenti – e quanto a resistenze
del suo partito, non so. Dal modo in cui la Democrazia cristiana si comportò quando, quindici anni dopo, avrebbe potuto tentare di salvargli la vita, fu evidente che non era amato. Nel 1963 a piazza del Gesú la discussione se aprire o no
ai socialisti, e quanto, e in quali ministeri, dovette essere
estenuante.

Quando infine si arrivò al primo governo di centrosinistra, si divisero i socialisti. I miei amici milanesi, Lelio Basso e Riccardo Lombardi, in un tumultuoso comitato centrale tentarono di frenare: a quale progetto di società Nenni stava portando il partito? Ma ne avrebbero tratto conseguenze diverse. Basso – dopo una dichiarazione di voto alla Camera che ebbe grande eco – si divideva dal Psi e avrebbe accettato di presiedere il Psiup, una scissione composta, piú che dai suoi, dai morandiani ma che trascinava con sé un grande sindacalista eterodosso come Vittorio Foa e molti giovani della nascente protesta universitaria. Era una curiosa mescolanza e Basso non vi sarebbe rimasto a lungo; nel giro di due anni si ritirava da mezzo secolo di politica militante. Lombardi restava invece nel Psi e sarebbe diventato anche ministro, assieme a non pochi altri dei piú pensosi e perplessi, come Fernando Santi e Giorgio Ruffolo. Bisognava stare al governo per portarvi le ragioni dei lavoratori, o almeno quelle dei programmatori.

Ci volle meno d'un anno perché questi propositi fossero ridimensionati. Dalla Dc, da Ugo La Malfa, alleato laico ma sicuro e, sullo sfondo, dalla Banca d'Italia di Guido Carli. Il negoziato con il Psi su margini sempre piú stretti rimase piú o meno riservato, ma la tendenza era visibile. Ci furono due eventi – uno pubblico, la lettera di intenti di Ugo La Malfa, e uno segreto, il complotto dell'Arma dei carabinieri, il «piano Solo» del generale Di Lorenzo, coltivato con l'accordo del presidente della Repubblica Segni. Il piano Solo sarebbe venuto alla luce soltanto qualche anno dopo con la strenua battaglia della stampa di terza forza – «Il Mondo», «L'espresso» – per togliere il segreto di stato, i famosi *omissis*; rivelazione che inaugurava i complotti e la presenza del doppio stato, sulla cui consistenza non saprei pronunciarmi, persuasa come sono che decisivo è quel che si vede piú di quello che è nascosto. Allora se ne vide molto: Nenni percepí un «tintinnare di sciabole», non lo nascose e tolse il piede dall'acceleratore. Dubito assai che un colpo di stato dei carabinieri sarebbe stato digerito in Italia e sulla scena internazionale. Se ci fu un momento di pressione non minoritaria per una democrazia piú avanzata fu quello. Il governo mutò tre volte linea e ministri, la programmazione passò al flebile Pieraccini e languí. La Malfa avrebbe accettato come massimo dei massimi una «politica dei redditi», che voleva dire un limite messo al conflitto fra le parti sociali e agli squilibri che ne potevano derivare. Squilibri economici o politici? Si sottintendeva che fossero i primi, in realtà erano i secondi – come sempre, non fosse che per la difficoltà di definire quale sia un «equilibrio» nel conflitto sociale.

Sulla vicenda del primo, secondo e terzo governo di centrosinistra s'è talmente scritto che posso solamente ricordare come noi la vivemmo: con animo e sentimenti cosí diversi che il voto contrario dato dal Pci al governo fu percepito dal paese come una astensione. Nelle intenzioni era appunto uno «stiamo a vedere». Per la prima volta un voto del Pci suonò altro da quello che istituzionalmente era stato, la seconda sarà nel 1976, quando l'astensione di Berlinguer al governo Andreotti fu letta come un voto positivo – senza di essa il governo non si sarebbe potuto fare – e mandò fuori di sé, in senso stretto e per alcuni fatale, tutta la sinistra non comunista.

Nel 1963 una sinistra non comunista non c'era se non nel Psiup, guardato dal Pci con sospetto. Sarebbe stato meglio, non mandavano a dire le Botteghe oscure, se la sinistra socialista fosse rimasta nel partito per far pesare le sue (e nostre) buone ragioni. Benché criticassimo la battuta di Nenni sulla necessità di stare nella stanza dei bottoni (di comando), il ragionamento non era dissimile. Se si vide presto quel che il centrosinistra diventava, la constatazione non comportò affatto un riorientamento della discussione nel Pci: chi lo aveva temuto come una manovra che avrebbe disinnescato il Psi, rimase in minoranza e sotto sterzo (una uscita su «Rinascita» in polemica con Amendola mi attirò una severa risposta di Togliatti), mentre la maggioranza ne conclusie che le forze del moderatismo erano cosí grandi che non bisognava tirare la corda. Il *leitmotiv* dei comunisti nel dopoguerra era e restava quello. Il Pci non avvertí le modifiche della costituzione materiale del paese o temette di esserne incalzato, né il mutamento nella soggettività sociale – penso che Aldo Moro lo abbia capito piú che le Botteghe oscure.

Ero venuta a dirigere la sezione cultura a via Botteghe oscure con due ferme idee in testa. Mi parevano ovvie. Era fuori discussione che bisognava chiudere con quel che aveva da quindici anni sollevato la protesta e fin l'angoscia degli intellettuali migliori, e che era persistito in modo insopportabile in Emilio Sereni e in Alicata: gli interventi del partito sulla cultura, l'arte, la letteratura, la scienza eccetera. Il partito – ragionavo – era una grande quantità di uomini collegati dal rifiuto di questa società e da un progetto di cambiamento; non erano idee da poco né indiscusse né indiscutibili, si limitasse ad aggiornare e approfondire quelle, non era certo funestato da un eccesso di storia e teoria su di sé. Era urgente una lettura marxista di quel che avevamo davanti, e un bilancio degli strumenti, perché che cosa era poi il marxismo italiano? La distanza presa nei fatti piú che enunciata dal marxismo-leninismo (e anche quello andava guardato da vicino, e non lo fu mai, né durante né dopo) lasciava nel vago quale fosse questa nostra cultura. Ed erano tutti aperti e doloranti gli interrogativi del 1956. Pensavo che saremmo stati felici di sollevare molti coperchi e riprendere l'iniziativa in un mondo intellettuale che si stava o disilludendo o orientando verso diverse sirene, prima delle quali l'«industria culturale», che non chiamavamo ancora «il mercato».

Non che considerassi l'arte e le scienze come pure e fuori dal mondo, ma avevano i loro tempi e modi sui quali era inutile, se non sciagurato, sconfinare. Una cosa era che

Amendola trovasse insulsa la pittura moderna e Togliatti amasse piú Flora Volpini che James Joyce, altra che questa fosse la «linea» del partito. Intanto il partito ero anche io, e adesso con un piede sul ponte di comando. Potevo rimediare alla perdita dei molti artisti o critici delusi e infuriati per gli infausti interventi del Pci fin dal 1948-49. Lo avrei fatto.

Non mi aspettavo che filasse liscia: bisognava che la direzione e i suoi rami nell'apparato e nella stampa si togliessero dalla testa che arte e scienza si potevano utilizzare come leva di educazione proletaria, volgarizzandole a un gusto medio e rapidi risultati. Avevamo sbagliato tutti, e piú quelli di noi che l'avevano ritenuto una necessità transitoria. C'è una miseria interiore negli spossessati che non va lusingata, stava scritto anche nell'*Ideologia tedesca* che per la verità nessuno leggeva. Non era vero che passando dal piú appetibile realismo si sarebbe arrivati all'avanguardia, con questo sistema l'avanguardia nell'Urss era stata fatta fuori. E ci si era preclusi di capire le avventure formali del secolo, restando ingabbiati in forme che non avevano piú senso, ammesso che in passato l'avessero avuto. Quando mai i rivoluzionari erano stati «realisti»? C'era, sí, una difficoltà – la produzione artistica aveva mutato forme e linguaggi, e questo la rendeva meno accessibile – ma chi aveva detto che capire l'arte era facile? Forse un giorno le folle si erano davvero riconosciute davanti alla dura crocifissione di Masaccio. Mah.

Quante stupidaggini erano state dette. Il meglio era Lukács, peraltro neanche lui letto sul serio; il Pci partiva da De Sanctis per arrivare a *L'Agnese va a morire* di Renata Viganò. Non era un gran percorso. Lo stesso per la scienza dove si era pagato uno scotto imperdonabile a Lysenko, e per la musica. Adesso basta. Volevo bene a Ernesto Treccani e a Raffaellino De Grada che si precipitavano a Melissa, ma sarebbe stato meglio se avessero dato una mano a quella rivolta senza metterla su tela. Già Gut-

tuso si era distaccato da un dipingere militante – anche se
non lo trovai esultante nella sua villa vicino a Varese, mentre lavorava su piccole tele sontuose molto lontano da quella tremenda battaglia sul ponte dell'Ammiragliato. Allora
meglio Diego Rivera, i murales avevano un senso in quella loro situazione, un Messico fra creolo e indio. Noi non
dovevamo scoprire delle forme, dovevamo capirle e senza
scorciatoie. La nostra vicenda aveva radice nella crisi della coscienza europea, scusate se è poco. Del resto da Marangoni a Wölfflin che altro avevo imparato? La sciagurata stagione dell'arte proletaria andava chiusa.

Quelli che piú imperversavano erano i critici. Perché poi
c'era il mercato dell'arte e quello, piú povero, della musica, e quello amplissimo del cinema cui «l'Unità» indirizza-
va pubblico e soldi, come le gallerie che il partito patroci-
nava. Non era tutto cristallino e, ammesso che lo fosse, l'apparato (i critici dell'apparato) proteggeva alcuni artisti,
forma ingenua e arrogante di elargire un privilegio nel nome delle masse. Per questo riconoscevo uno statuto speciale al cinema, che fra le arti è proprio un'altra, nonché un'industria dal consumo incomparabilmente piú esteso. E tutto imbricato nel fare sociale. Dallo schermo milioni di
persone assorbivano meraviglia e messaggi, interpretazione del mondo e sogni, identificazione ed evasione. Quello
sí era un linguaggio che passava come mai prima. Per questo i governi vi erano attenti. Nel dopoguerra il nostro cinema era tutto innervato dalla sinistra, rinasceva nel bisogno di riprendere la parola negata e ascoltarla, rivisitare il
passato e una Resistenza di cui ognuno conosceva appena
il proprio segmento. La gente vedeva se stessa nuda e cruda e scoppiava in pianto quando Anna Magnani correva e
cadeva sotto le raffiche tedesche – racconta Alberto Asor
Rosa, portato ragazzino dal padre nel cinema di periferia.
Era stato uno stile nuovo. Ma nel 1963 aveva già perduto
la sua carica emotiva, i piú giovani che non ricordavano la
grigia Roma occupata erano toccati piú da *L'avventura* di

Antonioni o da *A bout de souffle* di Godard, sui quali il partito continuava ad avere dubbi. In piú erano di lunga data i legami tra questo e quel dirigente (il giovane Ingrao si era destinato al Centro sperimentale di cinematografia) e uomini di cinema, De Santis, Rossellini, Visconti, meno mi pare De Sica, mentre erano piú vicini ai socialisti Rosi e Germi, e poi, a parte, Fellini; e il mondo che vi girava attorno, produttori e fotografi, con o senza tessere. Le vere zuffe erano con i critici realisti, i piú rigidi a Milano, Ugo Casiraghi e il sapientissimo Glauco Viazzi; piú appartato a Roma Umberto Barbaro. Galvano della Volpe avrebbe mandato a spasso tutti con la sua *Critica del gusto*, che suscitò un terremoto. Ma ancora negli anni sessanta il piú colto e problematico dei critici giovani, Argentieri, apostrofava *8 1/2* con un burbero: «È mezzanotte, dottor Fellini».

Che avrebbe significato liberare il cinema da influenze cosí dirette e pregnanti? Al piú si poteva liberare la critica dal suo acceso militantismo. Ma essa lo auspicava? Le implicazioni proprietarie erano forti, e la polemica con le *majors* americane scivolava volentieri nella faziosità – insomma si mescolavano ideologie, soldi, difesa del prodotto nazionale e politica. Una associazione di cinema di sinistra, l'Anac, diventava sempre piú forte e sarebbe barcollata stupefatta sotto l'urto del 1968. Insomma quando in modo soft il cinema scivolò dalla sezione culturale, poco interventista, alla sezione stampa e propaganda non me ne dolsi per niente. Per il resto come arrivai misi fine alle convocazioni dei pittori e scrittori e artisti. E senza chiedere permessi – se mi avevano chiamata a Botteghe oscure era perché sapevano chi ero. E gli intellettuali mi avrebbero amata: li liberavo, no? Abolito «il Pci e l'arte» cercai di mettere un po' d'ordine fra i nostri editori e istituti e riviste. L'Istituto Gramsci riceveva meno di venti milioni all'anno e a stento ne ottenemmo quattro di piú: Franco Ferri era un amico ma di me si fidava limitatamente e si garantí con la presidenza di Bianchi Bandinelli, gentiluomo perfetto e militante fedele. Separai il bilancio delle riviste dal pozzo senza fondo della stampa dei quotidiani sempre ai bordi della catastrofe, governato dal fatale Amerigo Terenzi. Sciolsi gli Editori Riuniti dall'obbligo di pubblicare i libri invendibili dei partiti fratelli, come le opere complete di Kim Il Sung, nonché dei compagni e delle loro consorti: Kim Il Sung almeno lo pagava la Corea del nord, mentre toccava a noi Elsa Triolet, la quale non mi perdonò di avere bloccato *Roses à credit*.

E le scuole di partito a che diavolo servivano? Che razza di insegnamento impartivano? Erano stati aboliti i corsi Ždanov e Zetkin troppo pre-1956, ma al loro posto si insegnava la stessa minestra diluita. Ero convinta che non vi si sarebbe studiato davvero finché dipendevano da una «Commissione ideologica» candidamente legata alla Organizzazione. Mi impuntai e ne ottenni il passaggio alla mia giurisdizione, che Luciano Gruppi, un compagno serio e malinconico che l'aveva diretta fino ad allora, né gradí né contestò. Ma non riuscimmo a trasformare le scuole di partito in veri istituti di formazione come per un tempo fu capace di fare il sindacato, specie quello dei metalmeccanici. Non ne ebbi il tempo né la forza, e le loro sedi e villette sarebbero andate in vendita prima ancora che arrivassero gli Attila diesse.

Insomma quel che feci fu disfare, *opus nigrum* – distruggere una creatura malefica prima di crearne un'altra. Come mai mi fu concesso senza scontri sanguinosi? All'epoca lo attribuii al fatto che la mia sezione non era piú sottoposta a un componente della segreteria (avrebbe voluto esserlo Pajetta), perché periodicamente l'apparato veniva accentrato, decentrato e viceversa, ed ero arrivata a Roma in pieno decentramento. Non rispondevo formalmente che «al comitato centrale», cioè, salvo un paio di relazioni problematiche o tranquillizzanti, a nessuno.

Senonché quella che pensai sarebbe stata salutata come una liberazione, non suscitò alcun entusiasmo. Arrivavo con almeno cinque anni di ritardo (e forse mi avevano chiamata per questo). Gli intellettuali piú critici se n'erano già andati, o con le urla e i lamenti nel 1956 o in silenzio negli anni seguenti, perlopiú dividendo dentro di sé le proprie priorità di studio da una fedeltà al partito come forza politica da tenere un poco discosta. Il «lavoro culturale», già dipinto in tinte amarognole da Luciano Bianciardi, non consistendo piú nella immissione sulla smorta scena italica di una sensibilità forte – denuncia, solidarietà, riscatto – era venuto tacitamente a fine. Restava da una parte dell'apparato un atteggiamento dirigista sempre meno convinto, e dall'altra una nostalgia per i tempi severi ma entusiasmanti, quando si era malmenati dal centro – non era privo di fascino un padre un po' rude ma eroico. Io credevo che, smettendo di incalzarle fra adulazioni e rimbrotti, avrei liberato mille energie – non si liberarono affatto.

Nessuno fu felice. Non quelli che nel 1963 trovavo ancora nel partito, per essere liberatoria la fine dell'avallo/controllo del partito si sarebbe dovuta fare nel 1956. I nostri cento esili fiori non erano stati cacciati ma stancati, e i piú se ne erano andati senza alzar polvere. In che anno lasciò Calvino? Non lo ricordo, forse non lo ricorderebbe neanche lui, forse smise di rinnovare la tessera. E poi se ne andava davvero finché rimuginava da *Il midollo del leone* al malinconico *La giornata di uno scrutatore*? E «Il Menabò» con Vittorini, iniziato con quel «mare dell'oggettività» che vedeva piú lontano del postmoderno? Non mi venne mai in mente di convocare Calvino o chiedergli conti politici, ci conoscevamo dal 1945 e continuavamo a vederci, piú di rado quando andò a Parigi come una volta le giovinette deluse facevano il viaggio in Europa. E Tronti? E Asor Rosa? *Scrittori e popolo* era stato decisivo, ma quando ero a Botteghe oscure credo che Asor Rosa si fosse allontanato dal partito. E decisivo sarebbe stato *Operai e capitale* di Mario Tronti (salvo che i soli operai che Mario conosceva erano gli scaricatori dei mercati generali all'Ostiense), ma neanche Tronti c'era. Dei grandi erano presenti Lucio Colletti e Galvano della Volpe e a Firenze Cesare Luporini. Il primo teneva all'università delle lezioni sul *Capitale* che parevano vertiginose (il Pci del *Capitale* non parlava mai) e sferrò un memorabile attacco, se non sbaglio su «Critica marxista», alla sociologia americana nella persona pervasiva di Joseph La Palombara. Né a Colletti né a Galvano né a Luporini mi sarei mai sognata di «dare una direttiva», e tanto meno a illustri compagni di strada come Eugenio Garin, cui mi rivolsi raramente e dandogli del lei. Lavoravano senza essere seccati dal partito ed erano sempre pronti a firmare appelli su questo o quello.

Finite le speranze e i timori animati da Alicata, mi arrivava un borbottio dei napoletani o dei veneti, Ricci o Zigaina, o dei critici – non cercai con loro né guerre né pace. Piú mi stupí che alcuni intellettuali, che del partito non avevano affatto bisogno per essere quel che erano, si sentissero amaramente privati di una «direzione». Altro che liberati. L'edificio che stavo finendo di demolire era antipatico, ma pur sempre una casa, una famiglia fastidiosa e rassicurante, erogatrice di carezze e sberle. Molto tardi ho letto una lettera che Bianchi Bandinelli aveva scritto a Pajetta per protestare contro di me: dove si sarebbe andati a finire con quella milanese? Doveva diffidare di me assai se non era venuto a parlarmene, ci conoscevamo da vent'anni. In verità non avevo capito che per alcuni grandi vecchi l'approdo al Pci aveva comportato una rottura con il proprio ambiente e la scelta di una nuova comunità. Avrei dovuto leggere con piú *pietas* il *Diario d'un borghese*. Ricordarmi di piú della contentezza con la quale Banfi sprofondava nei comizi nel cremonese. I rapporti con un partito, quel che ci si investe e mette, sono complicati. Per me il partito era lo strumento per cambiare o non era niente. Che un «collettivo» si tenesse assieme allo scopo di scaldarsi l'anima lo capii solo nelle derive del 1968 e mi parve sconsolante. In ogni caso nel 1963 avanzai beatamente nello sciogliere legami che, se c'erano ancora, erano desiderati. Avevo fretta di passare ad altro.

L'altro erano quelli che Louis Althusser chiamava gli apparati ideologici dello stato, terreno di scontro e intervento politico per eccellenza. Althusser lo avevo conosciuto in quegli anni, poco prima che uscissero *Lire le Capital* e *Pour Marx*. Me lo immaginavo, chissà perché, un vecchio signore e quando, passando da Milano, mi telefonò per incontrarci, mi stupí veder sulla porta un aitante sportivo in tweed, che mangiava di gusto e si sarebbe rivelato un egregio cuoco. Althusser era la sola voce del Pcf che mi interessava, non quelli che chiamavano *les italiens* - la solita solfa della democratizzazione del partito. Era il solo che dicesse, come Brecht nel congresso del 1935, «compagni, non scordiamoci del modo di produzione». E indicava l'articolarsi della famosa sovrastruttura negli apparati attraverso i quali lo stato organizzava formazione e consenso - gli stessi che avrebbero interessato prima Bourdieu e poi Foucault - aprendo una serie di campi di intervento. Intendevo che la mia sezione se ne occupasse. Tanto piú che era molto estesa allora la struttura culturale pubblica. Con Beppe Chiarante, che lavorava con me, decidemmo di prendere il toro per le corna - anzi due tori, uno abbastanza consueto, la scuola, e uno, insolito, la famiglia, cellula di base sicuramente perversa della quale neanche Althusser s'era occupato. Organizzammo due convegni che non ebbero il gradimento del gruppo dirigente.

Sulla scuola perché, ottenuta da poco tempo la media unica di otto anni, prendevamo di petto una modernizzazione che sospettavamo tutta misurata sui bisogni del capitalismo rampante - e misurata oltretutto con metri modesti, mentre i conoscitori intelligenti del sistema, come Gino Martinoli e Giuseppe de Rita, già dicevano che la scuola, ammesso che vada commisurata allo sviluppo, certo non va commisurata sul mercato. Il Pci della scuola sa-

peva molto, moltissimi insegnanti erano di sinistra dopo
una prima resistenza alla media unica (sulla quale erano partiti lancia in resta Antonio Banfi, Cesare Luporini e Mario
Alighiero Manacorda). In verità metà del corpo insegnante era legato fin dal Risorgimento al laicismo liberale, si
batteva contro il predominio della chiesa, era convinto non
meno del futuro don Milani che l'ignoranza era l'arma dei
ricchi contro i poveri. E sindaci e comuni avevano eredi-
tato questa tradizione e si facevano in quattro a cercar soldi per edificare scuole e palestre e mense, catturare i piccoli e le famiglie renitenti, portare il maestro fino all'ultima frazione di montagna. Dovevano battersi contro il
ministero sempre democristiano (tardi la Dc lo mollò soltanto al socialdemocratico Paolo Rossi e per breve tempo),
abile, ramificato, collegato con le parrocchie, e contro il piú
corporativo dei sindacati – la Cgil neppure organizzava gli
insegnanti prima degli anni sessanta inoltrati. Ma quale
scuola occorreva adesso? A chi occorreva? Il suo soggetto
era il cittadino, bambino e ragazzo da dotare di una formazione e cui aprire le porte del sapere, o la forza di lavoro da preparare per le imprese? Un qualche rapporto fra
istruzione e sviluppo andava preso in conto – e quale sviluppo? – ma l'istruzione era una potenzialità e un diritto
che non si poteva racchiudere in esso. Queste domande non
se l'erano poste i socialisti al governo, non se le poneva il
Pci e non piacque che ce le ponessimo noi. C'era il sospetto che rimettessimo in pista quelle idee sulle tendenze del
capitalismo italiano che erano state avanzate nel convegno
del 1962 e Amendola aveva energicamente contrastato.
Non aveva torto. Il convegno si fece, non fu inutile e mise le basi d'una idea della riforma universitaria che fu la
migliore elaborata in quegli anni, anche se travolta dal
1968. Politicamente fu uno zero a zero.

Tuoni e fulmini, e la *damnatio memoriae*, caddero invece sul convegno in tema di famiglia. Il gruppo dirigente
spedí Emilio Sereni, Nilde Jotti e non ricordo se anche Ma-

risa Rodanò contro noi distruttori, anzi distruttrici – eravamo soprattutto Luciana Castellina e io – della famiglia come cellula di base della società. Non era un apparato ideologico dello stato, era la griglia dalla quale tutti gli apparati passavano. Era una storia antica, l'aveva già tirata fuori Engels, che aveva assieme criticato ed eluso il rapporto fra i sessi, e gli anni venti – raccogliendo i fermenti di fine secolo, da Freud a Wedekind – ne erano stati pieni: ragione di piú per andarla a esaminare. La sinistra del dopoguerra non l'aveva riaffrontata, era tanto se aveva messo le basi d'una ripulitura del codice di famiglia e aveva dato il voto alle donne; la famiglia continuava a galleggiare eterna nella storia come cellula base della proprietà e del dominio patriarcale. Era stata aggiornata dal capitale da unità di produzione e riproduzione a unità di riproduzione e consumo, meccanismo della dipendenza femminile. Non era la cerniera di trasmissione della cultura dominante? Almeno nella nostra cultura la si doveva ridimensionare, se non si poteva distruggere, a libero contratto tra individui, almeno fuori dal dominio cattolico, e ripensare a fondo come terreno di allevamento/soggezione dei figli. Quattro anni dopo, il 1968 e l'antipsichiatria avrebbero fatto questo discorso senza complessi. Ma quando lo mettemmo sul tavolo noi, apriti cielo! Fu considerato, e forse era, la provocazione piú estrema. Il nuovo femminismo non c'era ancora, il Pci fece scudo e tutto finí in due giorni di vigoroso dissenso, cioè con una nota negativa nella nostra immateriale pagella. Del resto il 1968 avrebbe avuto lo stesso destino – un rivoluzionamento totale sarebbe rifluito in una corsa disperata alla famiglia, rifugio dell'io indolenzito dal mondo senza cuore e valvole di sicurezza del sistema; di familismo in Italia non se n'è mai visto tanto. Cosí se sulla scuola qualcosa passò, sulla famiglia non passò nulla.

L'altro punto che premeva era la storia del comunismo e, se possibile, un abbozzo di riflessione teorica sul passato e il presente. Il Pci dei primi anni s'era tenuto a una doppia agiografia, l'Urss da una parte e Gramsci dall'altra, massimo della duplicità possibile. Ma nella pratica quotidiana dominava il parlarne poco – era sul presente che si formavano le scelte e queste formavano i quadri. Per molti anni non si nominò Marx salvo nell'aggettivo marxista, con o senza la coda leninista, che stava nello statuto, e si preferirono sempre «i lavoratori» a «la classe». Ora gli Editori Riuniti cominciavano una edizione italiana della Mega, ma in ordine sparso, e non so se la pubblicazione, cui ci eravamo calorosamente prenotati, sia stata mai conclusa, cosí come non so se sia stata portata a termine una edizione minuziosa di Lenin, carteggi inclusi, cui la mancanza di un apparato decente di note assicurava una quasi totale impenetrabilità. Né la prima né la seconda erano iniziative da concludere velocemente ma intanto si poteva cominciare accanto a esse una rivisitazione dei classici, eretici inclusi. Con Roberto Bonchio, che dirigeva gli Editori Riuniti, Togliatti aveva pubblicato un saggio sulla formazione del gruppo dirigente comunista che non ebbe grande eco fuori dei nostri addetti ai lavori, e sulla quale anch'essi si guardarono dal posare un occhio critico: avevo creduto che, appena liberati, si sarebbero precipitati con acribia sulla storia del secolo sfrondandola dalle leggende e aggredendone i demoni.

Ma dovetti rendermi conto che non avevano alcuna fretta di farlo. Qualche minaccioso borbottio di Amendola nei confronti della storia del partito che Paolo Spriano andava pubblicando da Einaudi – diventò vero e proprio urlo quando Spriano affrontò la questione di Gramsci in prigionia – non li incoraggiava. Amendola scriveva, con calore e in forma di frammenti di memoria, una versione ufficiosa dei fatti dalla quale restavano naturalmente fuori gli scogli. Si aprivano insomma faglie e buchi, ma ogni passione era spenta. I piú lasciavano la storia del secolo, alla cui versione ufficiale avevano sacrificato, per indietreggiare nei secoli – fosse il bisogno di riandare alla nascita della modernità, fosse una meno onorevole fuga.

Pubblichiamo, si decise con Roberto Bonchio, qualcosa di piú bollente? I verbali delle prime sedute del Partito comunista bolscevico dopo la rivoluzione? Un po' di Trockij e di Zinov'ev? Non ne rispondevo a nessuno ma era consigliabile disporre di una copertura. Fu allora che cominciai a scendere al primo piano a cercare Togliatti – veniva la mattina presto, prima che cominciassero le riunioni, e se mettevo la testa nel suo studio potevo entrare sempre. Era rimasta dalle riunioni di «Rinascita» una consuetudine curiosa, allora non ero che una dirigente federale e adesso non appartenevo né alla segreteria né alla direzione (misura cautelare saggiamente presa nei miei confronti), ero di un'altra generazione e formazione, ero «la compagna del nord», e il nord in quel passaggio dai cinquanta ai primi sessanta doveva apparirgli interessante – lo aveva lasciato negli anni venti. E lo incuriosiva il mutamento del costume; si era divertito, nello scandalo generale, a essere preso in giro da una canzone di Rita Pavone alla Festa dell'Unità. Non so che pensasse delle ballate di Giorgio Gaber e delle canzoni di Ornella Vanoni sulla mala, una Milano sottopopolare e accesa (credo che la Rai non abbia mai piú trasmesso *Ma mi...* della Vanoni, contro la delazione). Quanto a me, Togliatti era proprio l'«altro» – un uomo non giovane ma che pareva avere piú anni che non avesse, una coda lunghissima di passato. Mi interessava piú che non gli interessassi io. Sta di fatto che senza formalizzarmi bussavo e mi sedevo davanti alla sua scrivania.

E cosí una volta gli dissi che non si potevano piú nascondere alcuni testi e feci i nomi. «Fai, fai», annuí con un mezzo sorriso forse indirizzato ai suoi vecchi compagni – chissà che avrebbero detto. Quando poi gli portai un bel Trockij rilegato e verdolino sussultò un attimo. «Non mi avevi detto di procedere?» «Be', sí. Va' avanti, va' avanti».

Lui medesimo aveva cominciato a scrivere su «Rinascita», diventata settimanale con il restyling di Albe Steiner,

qualche lembo di storia passata – se ricordo bene cominciò
da Bucharin. E forse fu stupito anche lui dell'assoluta mancanza di agitazione che seguí. Ma era storia vecchia, di altri e altrove. Quando mai il Pci ne aveva saputo qualcosa?
Un giorno mi disse: «Sai che cosa mi ha portato Secchia da
Mosca? La risposta che diedi a Gramsci alla sua lettera del
'26, e i biglietti di replica che ci scambiammo». «Ma la lettera del 1926 dov'è?» Ricordavo bene che quando era intervenuto nel convegno su Gramsci del 1958 e qualcuno
aveva chiesto: «Ma la lettera pubblicata da Silone è autentica o no?» egli aveva risposto con perfetta impronti-
tudine: «Mah. Bisognerebbe chiederlo a qualche storico».
Allora nessuno aveva ululato: Ma andiamo! Be', quel giorno rispose senza scomporsi: «È quella pubblicata da Silone. Per come la ricordo deve essere quella». Ah, cosí. «Allora Gramsci aveva ragione». «No, aveva torto. In quel
momento l'Urss era Stalin. Non c'era nessun altro riferimento» (non usò questa parola, credo intendesse che l'Urss
era la sola realtà rimasta dallo scacco della rivoluzione in
occidente). «Ma Gramsci vedeva giusto su quel che sarebbe successo». Scosse la testa: «In quel momento la lettera
era un errore». «Ma come? Quale momento sarebbe stato
giusto?» Credo che trovasse oziosa la domanda. In ogni caso continuò: «Ma Gramsci avrebbe tenuto fermo alla riunione di Genova (dove Manuilskij andava a nome dell'e-
secutivo dell'Internazionale a rimettere al passo il partito
italiano). Se invece di Grieco avesse potuto esserci lui, non
avrebbe mollato». La certezza e, mi parve, una qualche fierezza sul carattere di Gramsci, unite alla asserzione che
però la lettera del 1926 era sbagliata, e l'ombra di disprezzo che mi parve di cogliere per Grieco, mi lasciarono a bocca aperta. Togliatti quella mattina parlava con me tranquillo, separando morale e politica senza enfasi né commenti né giudizi né protervia. E continuò: «Sai, io non
sapevo dove fosse finita la mia replica. Ho anche il biglietto
che Gramsci mi lasciò in risposta. Pubblichiamo tutto su

"Rinascita", con una nota che posso aggiungere». Dunque la lettera di Gramsci all'esecutivo dell'Internazionale pubblicata da Silone e smentita dall'«Unità» era sempre stata vera, e la risposta di Togliatti, di cui Silone non sapeva, dimostrava che Togliatti non aveva intercettato Gramsci come si era sospettato, l'aveva passata all'esecutivo e aveva rampognato personalmente Gramsci. Non ne usciva certo bene. Quanto al biglietto furibondo che Gramsci gli aveva lasciato presso l'ambasciata – e diceva in forma appena piú educata: «Sei un verme» – credo che nessuno ne avesse mai saputo nulla. Ero tutta eccitata, sarà una folgore, un terremoto. Uscí tutto e non successe niente. Il partito venerava Gramsci e amava Togliatti e di quella terribile rottura non si interessò affatto. O la rimosse subito. Non arrivarono dozzine di lettere. Non ci furono scoop su altri giornali. Non uscí un numero speciale di «Studi storici». Malgrado occupasse tre o quattro pagine del settimanale piú diffuso del partito, scivolò via come la pioggia sulle piume di un'anitra.

Capitolo quattordicesimo

Togliatti morí un anno dopo, nell'agosto del 1964. Ero tra la folla che aspettava la salma a Ciampino. Quando vidi spuntare da nord un apparecchio dell'Aeroflot mi venne una stretta al cuore – l'involucro sovietico lo portava anche nella morte. Era stata questa l'accusa piú acerba, che fosse uomo del Pcus, servo di Mosca.

Ed è vero che per la sua generazione l'internazionalismo fu il primo valore, ma non l'avevano inventato loro. Stava in tutta la formazione culturale fra fine e inizio del secolo, mi pare la meno nazionalista che ci sia mai stata. La convinzione che mi ero fatta, e mantengo, è che fino alla Seconda guerra mondiale Togliatti abbia considerato l'Unione Sovietica la sola àncora dopo la sconfitta delle rivoluzioni in occidente, come mi aveva detto a proposito della lettera di Gramsci del 1926. E negli sviluppi della guerra e nel trattato di Yalta abbia visto il modo di avvantaggiarsi dell'esistenza dell'Urss e sottrarvisi, e soltanto in Italia. Errori o successi di questo tentativo erano stati suoi, compresa la condanna della Iugoslavia e l'incapacità di scrivere nel 1956 quel che avrebbe scritto otto anni dopo. Al funerale venne una folla immensa, camminando per ore e ore sui petali fradici delle corone sfogliate via via che il corteo procedeva fino a San Giovanni. Non c'era soltanto il partito, c'era di tutto, molti che dicevano addio a una stagione che era stata anche in loro un orizzonte dell'esistenza – lo spettro di Marx, avrebbe detto Derrida. Li accompagnava non l'*Internazionale* ma la marcia funebre di Chopin.

Quando il corteo arrivò all'altezza di San Giovanni, salí dal fondo un'ondata. La folla, temendo di restare fuori dalla piazza, spinse di colpo in avanti. Mi trovai schiacciata sulle transenne che deviavano il percorso: «Indietro, compagni, compagni, non premete, compagni, attenti ai partiti fratelli», si spolmonava il servizio d'ordine, ma a quella massa turbata dei partiti fratelli non poteva importar di meno. Due braccia poderose mi sfilarono dalla morsa, era Garavini. Proprio dietro di noi stava con faccia di pietra uno mai visto prima, Brežnev, che poco dopo avrebbe parlato dal palco, e mi sorprese che attaccasse condolendosi non con il proletariato ma con Nilde Jotti. Lei era marmorea, senza storie, un velo nero sui capelli. Parlò anche la Pasionaria, ancora tumultuosa, il profilo aquilino e la crocchia dei capelli raccolta dalla rete di velluto – la vedevo per la prima volta. Non ricordo una parola di quei congedi. Il rappresentante del mio partito fratello (mi era stata assegnata la Iugoslavia), Kardelj, era stato colpito due ore prima da un infarto. Non ci mancava altro, per fortuna ne uscí. Era un uomo intelligente, colto e dai modi normali propri dei dirigenti iugoslavi. In quei tempi non sospetti era già preoccupato del nazionalismo serbo.

Togliatti non si aspettava di morire a Yalta, era stanco ma non malato, mentre aveva temuto un tumore l'anno precedente. I nostri storici volevano pubblicare i suoi discorsi all'esecutivo dell'Internazionale, ma aveva scosso la testa, erano suoi per modo di dire, mi replicò, perché quando l'esecutivo metteva un tema all'ordine del giorno prima ne discutevano tutti, poi si incaricava un compagno di stendere una bozza, poi la bozza veniva ridiscussa e corretta da ciascuno, per cui la redazione finale era tutto fuorché un prodotto personale. «Sarebbe interessante che cercassero a Mosca le prime bozze, – suggerí, – quelle almeno sono mie». Lo riferii a Ernesto Ragionieri, ma o la ricerca non venne fatta o le bozze non si trovarono, i discorsi uscirono come vennero pronunciati. Era una strana scelta, pensai. Non sono il meglio, se lui stesso li definiva una compilazione finale – chissà se ce n'è uno sullo scioglimento del partito polacco, iniquità che proprio a Togliatti era stata affidata. Non li ho letti, né lui li vide stampati. Non dubito che avrebbe difeso tutto, con l'uso assai elastico – che era il suo in ogni cosa – della storicizzazione, rimettere nel contesto.

Negli ultimi anni era persuaso che sul movimento comunista incombesse una nuova crisi. Non aveva alcuna fiducia nel gruppo dirigente sovietico che riteneva incapace di governare il presente, massima colpa ai suoi occhi. E voleva aprire a suo modo il dossier dell'Urss e dell'Internazionale – a suo modo voleva dire non tempestosamente, non alla Chruščëv – perché si capisse la dimensione del progetto e degli errori, per salvare il salvabile di una impresa giusta, deviata ma giusta, una grande impresa. Non per salvare se stesso, ammesso che si sia mai fatto dei rimproveri. In quegli anni sperava ancora. Quanto? Che cosa pensava del passato, del perduto, del possibile? Non so. Le note preparate per l'incontro con Chruščëv, che non ci fu, dicevano che cosí non si poteva andare avanti. Che cosa se ne proponeva? Non di persuadere Chruščëv. Prendeva delle distanze. Pochi mesi prima nel comitato centrale aveva respinto la proposta sovietica della conferenza internazionale dei partiti comunisti che doveva condannare la Cina. Era arrivata sotto forma d'un rapporto di Suslov e Togliatti la rimandava «fraternamente» al mittente: non era tempo di tribunali, meglio procedere a una serie di incontri bilaterali e poi vedere – insomma un rinvio *sine die*. Mi aveva detto con un sorrisetto: «I cinesi hanno ragione. Pubblichiamo su "Rinascita" lo scambio di lettere fra il Pcus e loro». Ragione, intendeva, non sulla linea ma sul metodo – l'Urss non poteva espellere dal movimento comunista nessuno, e tanto meno la Cina che era un mondo. Lo divertiva mettere i bastoni fra le ruote al Pcus di Chruščëv. Era un pezzo, dal 1957 come Mao, che non andava piú ai congressi convocati da Mosca, e l'ultima volta, quando si erano interrotti gli aiuti alla Cina, aveva mandato Longo. Ma era lui a decidere le distanze da prendere, come e quando. Nessun altro si azzardasse. In quel comitato centrale avevo detto sul rapporto di Suslov qualcosa che Togliatti non aveva gradito, e nella replica mi scoccò una delle sue cattiverie: «Quel che ha detto la compagna... come si chiama? La compagna di Milano», come se non mi avesse mai visto.

Un po' di tempo prima Chruščëv aveva tenuto un discorso di una stupidità sconfortante sugli intellettuali. Togliatti mi chiese di scriverne per «Rinascita». Obiettai: «Guarda che è un brutto discorso». «Appunto». L'indomani era in direzione e gli feci portar dentro il mio pezzo che cominciava: «Non siamo d'accordo con il compagno Chruščëv». Me lo restituí con l'*incipit* cambiato: «L'interessante rapporto del compagno Chruščëv pone alcuni problemi». Glielo rimandai dentro: «No che non è interessante». Tornarono altre due righe verdi: «Il discorso del compagno Chruščëv suscita in noi alcuni problemi». «Ma quali problemi. Per favore». «Suscita problemi e perplessità». «Ma quale perplessità?» Risposta verde: «Chi è il segretario del Pci? Tu o io?» Il pezzo uscí con i problemi e le perplessità. Era cosí, non ebbi crisi di coscienza, ero di un'altra, molto altra generazione, e conoscevo i limiti del contratto.

C'era stata una punta di gioco nel nostro rapporto, io non contavo nulla e potevo permettermi qualche intemperanza. In segreteria o in direzione non mi sarebbe andata liscia. Ma non è vero che fosse impossibile parlare. Ero nel comitato centrale quando Robotti, che aveva scritto imbarazzanti apologie sulla società sovietica, esplose con confusa emozione su come erano stati trattati i comunisti italiani approdati a Mosca negli anni trenta. Il Pc d'Italia non li aveva difesi né ne difendeva la memoria. Il povero Robotti fu rimbrottato duramente dal segretario: non era tempo per «mozioni degli affetti». Robotti ingoiò e tacque. Anche noi presenti tacemmo, Robotti non ci piaceva ma quel silenzio non fu glorioso. Quando Amendola, che non era Robotti, era stato ripreso per avere detto «Dobbiamo toglierci di dosso l'ipoteca sovietica», che cosa gli aveva impedito di replicare: «Mio segretario, ti rispetto ma non mi persuadi?» Non rischiava la pelle né la galera, e neppure l'espulsione dal partito – non Giorgio Amendola. Al piú una temporanea perdita di peso, ma era uomo che sapeva aspettare e alla fine trarne vantaggio; si dà il caso che quella volta avesse ragione. Non la paura di Togliatti ma il dubbio interno ci frenava. E a Togliatti non avrebbe fatto male se i piú giovani gli avessero detto ogni tanto che non erano d'accordo. I vecchi staliniani lo facevano. Noi eravamo piú ecclesiastici di loro. Quel che è sicuro è che nell'estate del 1964 Togliatti non aveva voglia di andare nell'Urss, né di incontrare Chruščëv. Né Chruščëv aveva voglia di incontrare lui. Ero scesa nel suo ufficio una o due mattine prima che partisse e mi ripeté che avrebbe preferito di gran lunga andarsene in montagna a Cogne, ma la segreteria aveva insistito perché accomodasse le cose con il Pcus dopo il no alla Conferenza internazionale. Sperava di incontrare Chruščëv subito e tornare per passare qualche giorno sulle Alpi.

Voleva mandare avanti quella rivisitazione dell'Urss e del movimento comunista che nessun altro aveva voglia o autorità sufficiente per fare. Evitando convulsioni eccessive nel partito. Si faceva delle illusioni. Fosse stato il 1956, fosse quel che si veniva a sapere, i comunisti italiani avevano spostato in modo soft il passato nel passato. Cosí, quando Togliatti aveva pubblicato su «Rinascita» il testo di Bucharin, fino ad allora mai nominato, le convulsioni erano state zero. E cosí con il dissidio con Gramsci, lo scoop della doppia lettera, nessuna emozione. Adesso aveva steso una mite cronologia dell'Internazionale comunista: me la fece leggere, che ne pensavo? «È del tutto reticente», risposi, senza turbarlo affatto. Forse pensava che non sapevo niente, che altri avrebbero invece sussultato, o comunque bisognava cominciare in questo modo e poi si sarebbe visto. Invece non si sarebbe visto niente, il suo tempo era scaduto, ed eccolo di ritorno in quella bara sovietica coperta di bandiere – era proprio finita.

Poteva non essere una perdita rovinosa. Il partito pareva piú forte che mai. Togliatti era stato a cavallo fra due storie e due mondi, derivandone anzitutto molta prudenza. Dopo l'errore fatale del 1929, che forse doveva cercar di evitare – cosí si dice oggi – era stato uomo del frontismo, come Dimitrov, poi ingabbiato dalla Guerra fredda. Per il male ma anche per il bene. Si aspettava piú il peggio che il meglio, «teniamoci sul sicuro» doveva essere stato il suo motto. Almeno cosí mi pare. Ma c'era stata in lui una attenzione vigile, una curiosità autentica del reale e mutante, insolita in una persona cosí aspramente strutturata dall'esistenza. Era stato piú guicciardiano che machiavellico. Tenne fermi fino all'inciviltà dei paletti politici – per esempio nella polemica con la terza forza democratica ma anticomunista, e i Rossi o i Salvemini gli avevano reso pan per focaccia – ma si era concesso una problematicità di fronte a realtà che lo stupivano (i giovani, il rock) o a certe correnti di pensiero. A proposito di Eco e dello strutturalismo sul quale aveva inarcato il ciglio suggerí di fare attenzione, avevamo contratto «troppi debiti con la cultura». Molto tardi avrebbe affidato a Michele Rago, che era stato un coltissimo inviato a Parigi e un fautore del «Politecnico», direzione e restyling di «Il Contemporaneo». «Be', – fece dopo aver visto il primo numero, – è come il caffè Hag. Non fa male al cuore e vi lascerà dormire». Era ingiusto, fu un bel settimanale di breve durata, la sua battuta tradiva una coda di paglia. Mai piú si era messo fra arte e letteratura. Si era attenuto alla politica concedendosi poi un riesame in sede storica, come fece per Giovanni Giolitti e poi

per De Gasperi. E per interrogarsi sul fascismo come piú
che un episodio dell'italianità. Rimase curioso, anzi lo diventò maggiormente con il tempo, malgrado l'arroganza che
gli era propria, come di tutti noi del Pc – sotto sterzo ma
convinti di essere i piú forti e i piú intelligenti, cosa che non
aiuta a capire. Egli non capí che i socialisti non sarebbero
stati mai piú una nostra proiezione, nulla li avrebbe piú costretti a esserlo. Per questo si illuse come Amendola sul centrosinistra. Per le viscere profonde del Pci i socialisti non
fecero mai problema. E fu un errore fatale.

Che avrebbe fatto il suo successore? E prima di tutto chi
sarebbe stato? Longo aveva sostituito Togliatti perché era
già vicesegretario, era manifestamente un *interim*. E nulla
era stato preparato: per la prima volta il Pci postbellico si
trovava a decidere dell'uomo che lo avrebbe diretto. Togliatti se lo era già trovato. Longo decise subito un «non si
torna indietro» sul rapporto con l'Urss; fece avere le note
di Togliatti per Chruščëv, tramite K. S. Karol, a «Le Monde». Chruščëv non le aveva viste perché l'incontro non c'e-
ra stato e dunque si sarebbero potute far sparire nel silenzio. Non so se Longo ne avesse discusso la pubblicazione in
segreteria, certo non con Mosca. E infatti il Pcus non apprezzò e i comunisti francesi andarono su tutte le furie. Karol era un amico di Bevan e aveva propiziato i rapporti tra
il Pci e il Labour, aveva intervistato Togliatti l'anno prima.
Era un polacco che aveva fatto sette anni di guerra in Russia e aveva lasciato la Polonia nel 1947, *rara avis* antistali-
nista e non anticomunista, dirigeva un mensile, «La tribu-
ne des peuples», ed era stato reporter all'«Express» nella
breve stagione democratica di Servan-Schreiber. Era entrato nella mia vita da qualche mese, con mia somma sorpresa dato che mi consideravo fuori combattimento, e c'è
rimasto. Amendola aveva alzato il sopracciglio: «Ti sei messa con Karol? Peccato, una cosí brava persona», mentre io
ero già un serpente ingraiano. Ma non anticipiamo.

Il memoriale, che i francesi chiamano *Le testament de*

Yalta, uscí dunque su «Le Monde» e fece un gran clamore. Un paio di mesi dopo ebbi un lungo colloquio con Aragon – l'uomo di piú sublime vanità che abbia mai incontrato – e mi chiese per prima cosa con voce severa e un gesto doloroso della mano perché non lo avessimo proposto all'«Humanité» invece che mandarlo a «quel giornale». «Perché il Pcf non lo avrebbe fatto uscire». «Vero, – replicò serenamente, – ma questo avrebbe permesso a me e ad altri di dar battaglia nel Bureau Politique». Il Pcf, indispettito, non ne fece neppur cenno. Il Pci invece ne fu contento, o almeno lo furono quelli che aprirono bocca. Nessuno andò oltre, neppure riprendendo – dall'originale riportato in Italia da Nilde e in lettura all'Istituto Gramsci – le formulazioni piú secche scritte di getto e poi sbarrate con un tratto di penna.

Un mese prima, in quello stesso agosto, c'era stato l'incidente nel Golfo del Tonchino che avrebbe infiammato la guerra nel Vietnam, e una parte del Pci – ricordo Alicata – dubitava che fosse stata una provocazione vietnamita, posizione che ci divideva e ci avrebbe diviso ancor piú negli anni seguenti. Erano piú realisti del re, piú «coesistenziali» dell'Urss. Ma il problema principale era l'Italia. Si era delineata la differenza di posizioni fra Ingrao e Amendola; noi piú giovani, quelli dell'ultimo piano, tenevamo appassionatamente per Ingrao. Ma un conto era che avanzasse una discussione abbastanza franca con Togliatti vivo, rete di sicurezza sopra la quale si poteva volteggiare senza che nessuno si facesse troppo male, un'altra senza di lui e senza rete. Benché sulla prospettiva del centrosinistra Togliatti propendesse per Amendola (ma come suo successore eventuale avrebbe considerato piú affidabile Ingrao, mi si è detto; a me del gruppo dirigente non parlò mai), la sua mediazione teneva tutti in campo. E adesso?

Una sera, in piazza Navona, ne discutevamo in una trattoria ancora accessibile ai poveri diavoli – eravamo certamente Chiarante, Ledda, forse Occhetto, Reichlin e io – e

ci eravamo cosí accalorati che all'improvviso Alfredo, che
dirigeva la Puglia e quando veniva a Roma dormiva da me,
alzò il capo dal piatto e scoppiò in una scandalizzata reprimenda. Ma come, Togliatti era appena sepolto, e noi, invece di cogliere la dimensione della perdita e piangere con
il partito, stavamo elucubrando sulla successione? Mi parve cosí sorprendente quel perbenismo che risposi malamente e me ne andai, o fu lui ad andarsene. Era uno scre-
zio fra amici, segno però del clima. Qualche giorno dopo
arrivò su al mio ufficio Amendola che come al solito propose di prendere un caffè giú in via dell'Ara Coeli. Appena infilati nell'ascensorino dove Giorgio entrava appena,
perfetto elefante di seta grigia, mi chiese a bruciapelo: «Secondo te chi deve succedere a Togliatti?» Secondo te voleva dire i giovani dell'ultimo piano. «Be', tu o Ingrao. La
partita è tra voi». Scosse la testa: «No. Dividerebbe il partito. Non ce lo possiamo permettere. Occorre una figura
unitaria». Fece una breve pausa, poi, mentre l'ascensore at-
terrava, mi guardò fissamente: «Tutti stretti attorno a Enrico». Non capii subito. Quale Enrico? Di Enrico non c'e-
ra che Berlinguer e non era una figura centrale nel gruppo
dirigente. Era un uomo riservato, aveva diretto la Fgci e
credo a Mosca l'Internazionale dei giovani, adesso stava al-
l'Organizzazione, terreno delicato perché decideva dell'in-
quadramento e nessuno ne parlava male. Interveniva di rado al comitato centrale e non si esponeva mai, con lui si avevano colloqui radi e precisi. Era tutto fuorché uno che si
mettesse in avanti, non per calcolo ma per stile – i comunisti furono gli ultimi a conservare uno stile.

Credo che fino a quel momento non fosse venuto in mente a nessuno che Berlinguer potesse prendere il ruolo di Togliatti, se non proprio ai dirigenti fra i quali era aperta la
partita. Mandavano la palla in corner puntando su un terzo. Cosí in ogni caso pensava Amendola con il gruppo dei
suoi. Forse non Ingrao per quella sua virtú di non intriga-
re, che a volte era anche un limite. Piú tardi anche nel Psi

sarebbe avvenuto che al momento di scontrarsi, Mancini e De Martino deviassero la palla su Craxi. Ma né Berlinguer né Craxi, personaggi opposti, furono un rinvio – tutt'altro. Quanto a Berlinguer, non so se ad accettare quella investitura lo abbia persuaso l'argomento «non dividiamo il partito» o il senso della disciplina.

In ogni caso mai una figura venne costruita come la sua. Parrà strano di questi tempi, ma contro ogni personalizzazione il Pci era molto rigido: di regola tutte le immagini degli individui si evitavano. Il primo manifesto con il volto di Togliatti uscí nel 1963 quando la sera avrebbe parlato in televisione. Non era questione che un comizio di Terracini o nessun altro fosse annunciato da manifesti con la relativa faccia, e quando le facce furono tirate fuori di forza dalla Tv, si alternarono molto – ognuno era il partito. Si distinguevano sul video Pajetta e Luigi Pintor per la capacità di battuta folgorante. Nelle campagne elettorali nessuno faceva per sé, chi lo avesse tentato sarebbe stato rampognato e fin buttato fuori. Questo mettere in avanti soltanto il partito, il simbolo, appare oggi un fare burocratico e astratto, ma fu il solo in grado di risparmiare intrighi, vanità e delusioni. Chiunque avesse un minimo di ascolto andava in una lista elettorale sapendo di non essere eletto, e non gli faceva né caldo né freddo. Allora il *cursus honorum* era diverso, fra selezione e cooptazione, aveva un suo tempo pubblico, non si affidava all'immagine, non sorprendeva, maturava. Come a scuola, dovevi aver passato gli esami.

Per fare di Berlinguer «il» segretario bisognò invece modificare la trafila – furono lanciati su tutta la rete del partito il suo bel volto scavato, il suo sorriso timido. Il suo riserbo divenne un *atout*, come il parlare senza svolazzi retorici, il leggero accento sardo, l'essere un poco chiuso e molto giovane. Gli vollero bene presto, e se divenne formalmente segretario soltanto nel 1971, di fatto lo fu ben prima, anche prima che Longo nel 1968 si ammalasse. Sarebbe stato il segretario del compromesso storico, la vera svolta. Dopo non furono svolte ma liquidazioni.

Nell'autunno del 1964 le cose precipitarono – o almeno parvero precipitare. Amendola giocò d'improvviso su «Rinascita» la sua carta: il congresso di Livorno del 1921 con la divisione del Partito socialista e l'uscita del Pci era stato un errore. Quella pagina andava chiusa riunificando i due partiti. Fu un fulmine.

Nulla di quel che aveva fatto il Psi in quei pochi anni di governo aveva avvicinato le posizioni, anzi. Una riunificazione significava non un suo cammino verso di noi, e nemmeno un incontro a mezza strada; significava che il Pci correggeva lo sbaglio della Terza Internazionale. Non so da quando ne fosse convinto, certo il suo obiettivo era di allargare al massimo il fronte democratico per impedire alla destra di portarci di nuovo alla rovina – pericolo cui la nostra classe dirigente, di angusta mente, sarebbe stata sempre tentata. Ma disarmare il Pci era un modo di esorcizzarla? La proposta suonò orribilmente socialdemocratica. Ignoro se Amendola ne avesse parlato in segreteria. Certo Pajetta, che dirigeva «Rinascita», lesse il pezzo prima di pubblicarlo e non lo fermò. O a qualcuno non dispiaceva che lanciasse quel *ballon d'essai*? Non so neanche se ne avesse discusso con il Partito socialista e se da quella parte l'unificazione si desiderasse. Tutto il partito alla base e fra i quadri ebbe una reazione emotiva, la prese come una proposta fuori dal mondo, un colpo di stato dopo la morte di Togliatti. Per primo Ledda obiettò energicamente su «Rinascita». Nessuno del comitato centrale appoggiò Amendola. In breve, la sua uscita fu un *plof* totale. Mai proposta d'un dirigente era caduta come quella, mai Amendola ne pagò il prezzo.

Restò quello che era, un leader in senso pieno, dotato di una libertà e volontà di movimento che non celava affatto – il partito era il partito, ma lui era lui. Nei suoi modi urbani c'era una passione, poteva essere molto aspro e, se non pungente come Pajetta, piú minaccioso. Come aveva incassato la reprimenda sull'Urss (e da allora era divenuto un pretoriano della tesi «abbiamo l'Urss alle spalle come superpotenza amica, non si tocca»), incassò il no all'unificazione con i socialisti senza esserne persuaso; non nascose mai, pur cessando di avanzarla, che quella sarebbe stata la strada giusta, la salvezza della sinistra. Era stata quella divisione a impedire alla sinistra di diventare maggioranza nel paese – riecheggiava la tesi di Norberto Bobbio. E forse era vero, il che non significa che fosse giusto. Intanto rientrava e diventava un molosso contro tutto quello, ed era molto, che gli pareva «estremismo» di sinistra. E questo spiega, credo, la sua appartata adesione al compromesso storico di Berlinguer. Ma allora non ero già piú nel partito.

Lo scandalo Amendola finí in nulla ma sottotraccia cambiò tutto. Per la prima volta era stato detto da uno dei grandi che l'esistenza del Partito comunista non era sacra. Aveva ricevuto un inorridito no, ma intanto era stato detto. La segreteria non convocò il comitato centrale, nominò una commissione sul problema del «partito unico», senza fingere che il tema posto fosse lo stesso degli anni trenta (con le famose condizioni dell'Internazionale) e mai in Italia. In altre parole la questione era legittimata. Ma la vicenda della Commissione fu surrealista. Era presieduta da Longo, vi fummo nominati Ingrao, Trentin, la sottoscritta, Alicata, Secchia e non ricordo chi altro. Fin dagli inizi qualcuno mancò, altri si presentarono una sola volta, come a dire che era un espediente per insabbiare una questione, peraltro già risolta negativamente. Chi si sarebbe esposto? Ingrao si espose. Non prese l'atteggiamento «che scandalo, che scandalo». Si poteva discutere della struttura della sinistra, perché no? Le cose cambiavano. Eravamo alla metà degli anni sessanta, stagione di tumultuosi mutamenti, Kennedy era stato ucciso ma il movimento dei diritti civili dilagava negli Stati Uniti, Chruščëv era stato destituito a metà ottobre del 1964 e la situazione del Pcus era sempre meno chiara, il movimento comunista era diviso fra Cina e Urss, in Italia la sinistra si espandeva per rivoli inediti – lotte operaie e di strada che il Pci non dirigeva, un movimento giovanile che aveva un riferimento nel Psiup ma andava oltre, una vivacità di discussione nel sindacato dove brillavano tre stelle: Trentin, Garavini, Foa. Vittorio Foa era uno dei segretari, mai stato comunista, carismatico, ironico e pugnace.

Due questioni vennero enunciate in quella commissione per la prima e l'ultima volta, che io sappia. La prima investiva il centralismo democratico. Con stupore sentii Longo ammettere una possibile utilità delle correnti (non c'erano state al tempo di Lenin?) L'altra fu sollevata da Ingrao, Trentin e me: eravamo di fronte a spinte operaie e giovanili da noi non sollecitate né guidate, che suggerivano assieme di radicalizzare il partito e allargarlo. Era chiaro a chi ci riferivamo – la sinistra sindacale, la Fiom, i tessili, i giovani del Psiup, le prime lotte di strada dopo gli anni cinquanta. Alicata scattò: la questione da discutere era se il Pci doveva rientrare nell'alveo socialista, e noi invece miravano a un partito piú classista, marxista! (battuta che la dice lunga su che cosa era il marxismo del Pci). A quel punto la commissione andò a picco. Con Ingrao avemmo l'ingenuità di tentare un documento che, fra detto e non detto, non fu capito affatto e dal comitato centrale ci votarono contro i piú vicini, Natoli, Pintor, Occhetto. Nulla sapevano di come erano andate le cose in commissione e la sola idea di rivedere confini e identità del Pci era altamente sospetta. Risultato: da allora e nei due anni che seguirono Amendola e i suoi si mossero in piena disinvoltura come una corrente maggioritaria, cosa che con Togliatti non era stata possibile, intervenendo nella scelta dei quadri, nell'iniziativa e nell'attacco, espandendosi e facendocela pressappoco ogni volta. Berlinguer non era dei loro, veniva appena lanciato, non era comunque in grado di impedirlo checché ne pensasse e maturava un suo orientamento nel quale pesarono, piuttosto che gli amendoliani, Bufalini e Rodano.

Quanto a Ingrao non si mosse mai come un capo corrente. Non calcolò le mosse, non piazzò le sue pedine, neppure le difese quando venivano mangiate. Ingraiani furono i moltissimi che a lui si riferivano, per i suoi interventi nei quali c'era sempre la tenuta d'un principio e il riconoscimento della complessità, la percezione acuta e interrogativa del cambiamento che ci stava attorno, l'altra parte che non avrebbe mai flirtato con i socialisti e non si sarebbe arroccata sul passato. Ma Ingrao non muoveva un suo drappello, non interveniva sui quadri, parlava al partito e nelle sedi regolari. Forse lo voleva tutto o niente. Certo non si risolse mai a dividerlo. Non l'avrebbe fatto neanche quando la sorte del Pci era ormai segnata dalla svolta di Occhetto e dalla Guerra del Golfo e una massa di iscritti non attendeva che una sua parola. Arretrò sempre al momento di rompere, finché nel partito non ci poté piú stare, e allora ne uscí da solo, nel 1994. Molti gli rimproverarono di non avere preso la testa della divisione che sarebbe approdata in Rifondazione comunista, leader Cossutta, che a petto di Ingrao sarebbe contato poco.

Forse era già tardi. Trent'anni prima, i giochi non essendo ancora fatti, un suo intervento avrebbe cambiato probabilmente il corso delle cose. Ma per far tacere quella sua fondamentale fedeltà a un'idea del partito, occorreva capire che si stava delineando, subito dopo Togliatti, uno scontro per la vita o la morte di quel che era stato e avrebbe potuto essere il Pci. Non lo pensò. Da parte mia, non lo pensavo. Quando cominciai a dubitarne? Riandando con la mente mi sono convinta che quando ci si è detti: sono comunista senza aspettare una rivoluzione domani, si è compiuto un passo dal quale non è una delusione che farà recedere. Io ero diventata comunista nell'ottobre del 1943, quando mi scoprivo un fuscello nel precipitare del mondo, e Marx e Laski e Lenin, per diversi che fossero, mi avevano ugualmente mostrato che quel precipitare era stato determinato da forze nelle quali nulla c'era di fatale. E che se non se ne fosse cambiato il dispositivo non ci sarebbe stata alternativa all'imbarbarimento. E cambiare si poteva ma sarebbe stato – la guerra lo mostrava – terribilmente faticoso.

È una scelta di ragione. Può darsi che l'aver patito sulla mia propria infanzia quell'essere travolti dei miei genitori dal terremoto del 1929, abbia determinato una intolleranza per l'eterodirezione delle esistenze che non ho mai dismesso. Non è una teoria, è una parte di me. Come sopportare che i piú fra coloro che nascono non abbiano neanche la possibilità di pensare a chi sono, che faranno di sé, l'avventura umana bruciata in partenza? O c'è un Dio tremendo che ti mette alla prova e compensa nell'aldilà, o non si può accettare. Non ho fede e non posso che cercare di cambiare – anche ridurre, lenire (non sono una fantastica) – uno stato delle cose al quale non posso stare. Non è una scelta, è una condizione. Me ne dicono di tutte, perché è vero che significa vivere assillati dall'incompiutezza – non hai il senso del limite, hai un delirio di onnipotenza, oppure la sciocchezza di moda, è tutta ideologia. Non me la prendo. Da tempo ho smesso di gridare alle persone cui voglio bene: «Ma guarda, ma non vedi?» Però è vero che mi appaiono tanti struzzi, amabili struzzi, che cacciano la testa sotto la sabbia per sopravvivere. Chi ha sbattuto il muso nella tragedia non se la scorda. È piú facile scordare la speranza. Del resto il mio scacco come persona politica è totale soltanto da una ventina di anni. Nei tempi d'una vita non è poi un granché.

Per questo non avevo lasciato il Pci né nel 1948 né nel 1956. I comunisti erano i soli a negare l'inevitabilità del non umano. Anche se ne avevano fatte di tutti i colori era

perché credevano in questo, erano su piazza per questo
principio ed erano abominati non per i loro vizi ma per
questa loro virtú. Mi contentavo di poco: finché l'Urss è
stata un segno di contraddizione, perfino suo malgrado,
sulla scena internazionale mi sono detta che bisognava tener fermo e aspettare. Finché il Pci organizzò ed espresse
i senza mezzi di produzione, i suoi limiti e rozzezze e settarismi o prudenze furono sopportabili. E poi tutto ciò che
vive cambia, e negli anni sessanta l'Urss e il Pci erano ancora verdeggianti.

Nel 1965 prese forma un dubbio. Prima la libertà di movimento dei comunisti era stata limitata. Negli anni sessanta il rapporto fra Stati Uniti e Urss oscillò – ci fu uno
spazio sospeso. Dietro alle due parti in conflitto, le classi
dominanti si interrogarono, non sul fatto che l'altro avesse ragione, ma sul limite delle ragioni proprie. Soltanto nel
1977 si sarebbe risposto, in una riunione della Trilaterale:
No, guerra totale. Da noi a metà dei sessanta cambiava l'as-
setto del capitalismo, fu il suo periodo ruggente, tentava
qualche ambizione che andasse oltre la miseria dei pochi
salari, pochi consumi, repressione quanto serve. Cambiava la fisionomia delle leve giovanili: gli studenti erano una
massa crescente e non sfilavano piú per l'italianità di Trieste, stava finendo la loro secolare visione di sé come classe
dirigente borghese di ricambio. Come i giovani operai non
erano piú quelli che avevano difeso le fabbriche in guerra,
era finita la fedeltà all'azienda, perdurata anche durante le
lotte piú acute a Torino; un tempo si entrava nella Cgil perché comunisti o socialisti, adesso i ragazzi ci entravano senza tramiti, reinventavano il sindacato e le vertenze. Quanto alla protesta meridionalista, era fluita nell'emigrazione
al nord, fabbriche o università. Insomma i rapporti di forza oscillarono verso la nostra parte.

Il Pci non si mosse piú di quanto si fosse mosso fino ad
allora. Anzitutto guardò con sospetto l'incrinarsi dei «va-
lori» borghesi – il mutare di atteggiamenti, il logorarsi del-

la famiglia, le rotture nei comportamenti. Mi era parso ovvio il rifiuto degli ideali domestici e tranquillizzanti; non
l'aveva scoperto il 1917, da un secolo erano stati minati
dai «maestri del sospetto», Marx e Freud, sia l'establishment vittoriano sia l'ammaestramento cattolico, . E mi pareva che questo rifiuto andasse da sé assieme alla denuncia
della società borghese, l'esigenza di libertà e uguaglianza.

Certo nel 1945 il Pci s'era presentato con accenti assai
piú ragionevoli e dimessi, ma si potevano attribuire a un
certo tatticismo, al fatto che non ci dovevano isolare, che
sull'amore era meglio rifarsi a Lenin che alla Kollontaj, che
si era anticlericali sí antireligiosi no. Come l'articolo 7, duro da digerire, ma che evitava una guerra di religione. E
poi un arretrare in secondo piano della persona in nome
delle priorità collettive pareva d'obbligo, l'autocontempla-
zione della coscienza europea essendo sempre incombente.
E passi; ero fin troppo avvezza all'idea dei due, tre, quattro tempi. Ma il coincidere fra un accelerarsi delle trasfor-
mazioni del paese e la morte di Togliatti, dava tutt'altro ri-
lievo a ogni nostro accento identitario: veniva meno quel
vivo cordone ombelicale che eravamo stati con un passato
esaltante e terribile, riscatto e caduta.

Si era liberi e assieme costretti a ripensarsi. Chi eravamo? Chi era il ragazzo malizioso venuto da lontano, o la gi-
raffa, come Togliatti aveva definito una volta i curiosi co-
munisti italiani? Era bell'e spenta la leggenda d'un uomo
nuovo e semplificato, era con l'uomo complesso che avevamo a che fare. Ne ero convinta e contenta. Ma ogni tanto mi sfiorava il sospetto che quell'essere diversi venisse
evocato piú che per affondare la critica sul presente, per
giustificarlo.

Oggi so che era proprio cosí, che la rinuncia al «marxismo-leninismo», formula sciagurata, non era un ritorno
(anzi per il Pci una andata) a Marx, al fine di verificare lui
sull'oggi e l'oggi su di lui; era un'inconfessata attrazione
per la borghesia come capace di creare un suo mondo, non

fatto tutto e solo di sfruttamento. Lo sviluppo delle forze produttive ha il suo fascino, perché non dovrebbe averlo? Non era ancora di moda contemplare le società precapitalistiche come gemme dell'autenticità – è negli anni settanta che si sarebbe oscillati fra la loro condanna e la loro esaltazione, *cuius regio, eius religio*. Eravamo abituati a pensare che non c'è rivoluzione senza oppressione, e là dove l'oppressione non era cosí brutale – ma era «soltanto» l'alienazione dell'uomo da se stesso, la sua reificazione, la sua mercificazione, insomma quel che avevo imparato da Marx – non saltava ai nostri occhi popolar-nazionali l'intollerabilità delle cose esistenti. Se all'estraneità al marxismo si aggiungeva l'esperienza sconcertante del «socialismo reale» (che non era ancora stato definito cosí, ci volle lo svergognato Brežnev), si poteva concludere – ma io non lo conclusi né facilmente né subito – che Amendola diceva quel che gran parte del Pci pensava.

La brutalità del fascismo aveva semplificato il quadro, facendoci assumere la democrazia borghese come una conquista, cui mancava solo liberarsi dalla povertà. Adesso, finito il fascismo, in declino la Guerra fredda, quel che si proponevano i comunisti avrebbe dovuto venire riesplicitato. Ma non lo era affatto. A cominciare dal guardare in faccia, in tanto chiacchierare su Gramsci, su quale fosse negli anni sessanta del xx secolo il famoso «blocco storico della rivoluzione italiana», i ceti anelanti a liberarsi. Certo non li simboleggiavano piú l'operaio e la kolchoziana che, al posto del leone della Metro, avanzavano radiosi nel logo della Sovexportfilm – la contadina volgeva ormai alla coltivatrice diretta anelante ad avere non piú che il bilancio in pareggio. C'erano invece gli intellettuali, c'era la perdita del modesto privilegio dei ceti medi, c'erano le ambigue figure degli apparati ideologici dello stato, c'erano gli sconosciuti giovani.

È dalla risposta a questo interrogativo che passava o non passava la questione della rivoluzione in occidente, e se e quale e come. Non si cominciava a sussurrare attorno a Botteghe oscure che era stata data troppa importanza alla proprietà dei mezzi di produzione, la famosa base, rispetto alla sovrastruttura (non si diceva ancora «economicismo»), cioè all'ordine simbolico (anche questo termine sconosciuto)? Avevo alzato il sopracciglio leggendo un testo di Gramsci – Togliatti era ancora vivo – *La rivoluzione contro il Capitale*, che sottolineava come il 1917 fosse avvenuto nella parte del mondo dove, Marx alla mano, meno si sarebbe potuto attenderlo. Nei primi anni venti poteva essere una buona polemica contro un certo positivismo dei primi socialisti, ma quel positivismo era bell'e spento. Quel che il testo suggeriva era la natura «politica», assai prima che sociale, della rivoluzione.

Non se ne discusse se non nella polemica su Althusser, il cui libro collettivo *Leggere il Capitale* agitò le acque piú in Italia che in Francia. Ancora oggi vedo presentare da noi come un agitatore quell'uomo inquieto e malato che non sollevò mai il sedere dal suo incarico alla Scuola normale di via d'Ulm, perché riportava l'accento sulla famosa base, il modo di produzione, fino a negare ogni soggettività delle politiche, insorgenze comprese: il marxismo non era un «umanesimo». Credeva cosí di salvare il Pcf, che non lasciò fin dopo la personale tragedia, dall'influsso pernicioso degli «italiani», per i quali – contrariamente a quel che si pensa oggi sulla scia di Popper – lo «storicismo» significò tutt'altro che un determinismo per cui la rivoluzione sarebbe arrivata necessariamente, significò il primato delle forme storiche nel loro mutare, quella capitalistica inclusa. Storicizzato, non era piú «il» capitalismo, erano «i» capitalismi.

Altro che base e sovrastruttura, per cui la seconda sarebbe necessariamente mutata una volta intaccata la prima: da noi l'attenzione alla sovrastruttura, con la copertura di Gramsci, stava mettendo fra parentesi la base. Nel dibattito non entrò il gruppo dirigente, si svolse a mezza costa su «Rinascita». E non tutti i filosofi vi parteciparono, Althus-

ser essendo tanto piú rigido nelle sue asserzioni quanto piú
tormentato da un dubbio intellettuale ed esistenziale che ne
minava l'equilibrio.

Ma al suo approccio io ero grandemente interessata. Il
marxismo era, sicuro, una filosofia e se si vuole un umanesimo, ma non si poteva tirare in tutte le direzioni, fin fuori dalla sua origine, nella crudele estraniazione del modo
di vivere e di produrre nel capitale. Né si poteva giocare
allegramente Gramsci contro Marx, o addirittura Vico
contro Gramsci. Eravamo sempre là, al crocianesimo di ritorno nella formazione del gruppo dirigente comunista.
Molti di noi, avvertendo la frizione con una società che
andava in fretta, scalpitavano. Ma pensammo a lungo a
una lentezza, un ritardo, non a una sorta di mutazione ge-
netica avvenuta. Quel corpaccione si sarebbe mosso, non
fosse che per quel senso della realtà che non gli mancava.

A rassicurarci su quel che eravamo c'era il confronto con
i partiti fratelli, rispetto ai quali giganteggiavamo. A parte
il Pcf, dal quale non avremmo accettato lezioni e iniziava
a declinare mentre noi tiravamo forte, in Europa partiti comunisti d'un qualche peso non ce n'erano. In Spagna, Grecia e Portogallo e anche in Germania erano fuori legge. La
Spd tedesca s'era lavata da ogni residua traccia di marxismo a Bad Godesberg. Quanto alle conquiste delle socialdemocrazie scandinave, le attribuivamo alla ricchezza di
quei paesi. Insomma i partiti fratelli erano perlopiú nella
zona orientale e non c'era di che stare allegri.

Arrivavano inviti ogni giorno, e nel 1965 dovetti condurre una delegazione italiana di intellettuali comunisti a
Budapest e una di scrittori a Praga. Feci anche un salto a
Belgrado e a Novi Sadr, del quale ricordo molto meno che
della giornata passata con Veliko Vlahović in Montenegro
nel 1964, a cuocere il pesce sulla brace all'aperto discor-
rendo dei *Grundrisse*. O dell'albergo autogestito, l'Excelsior di Dubrovnik, dove il personale scompariva di fre-

quente in assemblea, i bagnanti dovevano scansare le pie-
tre che schizzavano dalla collina per via dei lavori con la
dinamite, e affluivano tutte le vespe della Dalmazia a morire felici nelle ciotole di miele posate su ogni finestra nel
tentativo incongruo di tenerle lontane.

Da Budapest, accanto a episodi surrealisti propri dei sog-
giorni in tutti i paesi fratelli, riportai anche bizzarre im-
pressioni. Il partito ungherese risultò problematico e sofferente, pareva sentire ancora il fischio delle pallottole del
1956, visibili sui muri. Avevamo messo come condizione di
incontrare György Lukács (io) e Andras Hegedus, uomo
d'apparato che, fulminato da quell'evento, era diventato un
sociologo e lavorava con Agnes Heller (Luporini). Senz'altro. Passammo quindi tra incontri formali e informali, tra-
duttore incluso, e il mio *vis-à-vis* della cultura mi sorprese
per la finezza: stavano pubblicando oltre all'*opera omnia* di
Lukács – che poteva essere un omaggio obbligato – tutta la
letteratura europea altrove sotto chiave, da Proust a Kafka.
E circolavano alcune riviste, comprese quella di Hegedus e
la Heller, che dovevano essere interessanti, anche se per noi
sigillate dalla lingua.

A Berlino non se n'era neanche potuto parlare. Era un
paese malinconico con un partito malinconico. Ancora trau-
matizzato o anche sfiduciato? Con la segreteria il colloquio
fu cortese, non ci azzuffammo e non ci mettemmo a stendere comunicati. Fui costretta a visitare musei (splendidi)
e scuole e biblioteche (interessanti) ma anche a un viaggio
con il ministro dell'Agricoltura (dal quale generosamente
esentai i miei uomini) che andava a premiare una contadina inventrice o ibridatrice o non so come si dica della patata a cornetto. Di quel tubero non so altro. Ma quel viaggio per campagne con poca luce fu strano, sia per l'ospita-
lità con la quale fummo ricevuti nelle capanne dai tetti
spioventi di erbe e i caldi interni dipinti attorno alla stufa,
sia per la ostentata freddezza con cui venivano squadrate
le macchine nere e solitarie nelle quali ci spostavamo. Una

volta ci tirarono giú la saracinesca in faccia quando cercammo verso sera di accedere a qualcosa di caldo. Il mio ministro non alzava la voce e si scusava con me. Quando ne parlammo con la delegazione ungherese ospitante non negarono – le cose erano molto difficili perché le colpe (del partito) erano state grandi. Ammesso cosí crudamente che non avemmo l'animo di frugare piú da vicino se fossero le stesse che erano apparse a noi. Il regista Zoltán Fábri ci proiettò un suo film in attesa del visto di censura. Erano due comunisti venuti su assieme, Resistenza assieme, edificazione socialista assieme, che si sparavano l'un l'altro nel 1956. Se c'era una ragione l'aveva quello che stava dalla parte degli insorti, ma era soprattutto una meditazione sull'incapacità umana di costruire una convivenza non feroce. Il funzionario che naturalmente ci accompagnava chiese se secondo noi il film era utile. «Sí, sí, anche se...» dicemmo, lui tacque, finí là. Quando restammo soli Luporini commentò: «Siamo un po' puttane».

Credo che lo fossimo davvero, fra superiorità, liberalismo facile, un po' di pilatismo, un po' di caciara all'italiana. All'arrivo ci avevano messi in una villa del partito, sullo stesso piano ma assegnando a me una suite in barocchetto e velluti, con finestre e tendaggi e balconi verso un'altra villa dal giardino innevato, dove non vedevo entrare né uscire anima viva e risultò essere l'ambasciata cinese. Per Luporini c'era una sola stanza ma ugualmente ornata, per gli altri, due a due, grigie stanze spoglie da collegio. C'erano, oltre a Luporini e me, Franco Ferri che dirigeva l'Istituto Gramsci, lo storico Ernesto Ragionieri e se non sbaglio Roberto Bonchio (Editori Riuniti) e Mario Alighiero Manacorda (scuola). Appena messo il naso nei rispettivi alloggi ci reincontrammo in corridoio, furibondi, che modo sfacciato di gerarchizzarci. Risultato: il mio, diciamo cosí, appartamento, venne usato come base da tutti e Ragionieri si esibí in un repertorio di canzoni anarchiche, e «se ci ascoltate tanto meglio».

Non so se ascoltassero, decidemmo di dargli una lezione. Invece di spendere i pengö che ci avevano consegnato in una busta (la mia risultò la piú nutrita, seguiva Luporini e via scendendo) in qualche tesoretto di art déco che allora occhieggiava dalle vetrine, li avremmo conservati per offrire ai nostri ospiti una sontuosa cena finale e restituire il resto. La confusione nella quale li mettemmo ci ricompensò largamente – impiegarono tre giorni e una consultazione in segreteria per accettare – e la sera di addio all'elegante Fortuna, con violini tzigani e tutto, fu memorabile. Per lo sciogliersi di quelle bocche in depressione e perché, un po' su di giri, Luporini protestò vivacemente: non gli avevano fatto incontrare il suo Hegedus per assai sospettabili ragioni. Io il mio Lukács l'avevo avuto un intero pomeriggio, ingufito in un appartamentino in alto davanti al fiume e al Gellert, e senza piú Gertrude né nessuno; lo ritrovavo dopo molti anni, lucido e disincantato, il vecchio moscovita come mi si definí, sopravvissuto a troppo sangue, contento soltanto che uscissero i suoi libri, e al lavoro sull'*Ontologia*. Scosse anche la testa sul mio amato *Storia e coscienza di classe*, maledizione. Vite che finivano, proprio il crepuscolo e nessuna alba in vista. In breve, Luporini fu trasportato a mezzanotte da Hegedus, si parlarono una notte intera e l'indomani partí con noi tutto insonnolito.

A Praga fu diverso. Eravamo inviati dall'Unione scrittori al castello di Dobris, e con me c'erano Pier Paolo Pasolini e Carlo Levi e una giovane letterata. Il castello sotto la neve risultò glaciale, ancorché sontuoso: le enormi stanze erano scaldate da imponenti camini, alimentati nottetempo da qualcuno che si intrufolava nei cunicoli ricavati nelle pareti fra l'una e l'altra, per cui la prima notte presi un gran spavento vedendo agitarsi e scintillare le braci. Ma l'incontro fu stupefacente, era evidente che una glaciazione si stava incrinando – avevo davanti Karel Kosík e Antonín Liehm e lo slovacco Novomeský e il gigante Kundera, giovane e timidissimo, e le mie tesi sulle politiche culturali apparivano loro fulgenti. Ne sono nate amicizie, alcune delle quali durano ancora. Carlo Levi si muoveva abile e affabile, ma Pasolini era interdetto che si discutesse tanto della libertà d'espressione mentre il mondo era pieno di miseria e orrori – non so se lo scambiassero per un ortodosso, erano intelligenti e lui era lui, non diventava diverso a Praga da quel che era a Roma, e gli faceva angoscia quella detestabile modernità cui gli pareva che tutti tendessero. Ne parlammo qualche sera dopo quando andammo tutti e due a vedere il primo night che veniva aperto, nominato *Viola*, e dove un ragazzo cantava con dolcezza cose incomprensibili alla chitarra e qualcuno ballò. Pasolini era la creatura piú gentile che abbia mai conosciuto, non credo di averlo persuaso né ci tenevo: se ce l'aveva con il presente occidentale perché dovevo fargli assolutamente cambiare idea? Cosí per tutto il soggiorno a Dobris rimase inquieto e perplesso, mentre giubilava Carlo Levi, simile a un *marron glacé* sulla panna nel salone tutto biancore e merletti che gli avevano assegnato.

Non ricordo di aver incontrato il partito, non eravamo una delegazione di comunisti e le forme erano le forme. Mi trattenni un paio d'ore con il mio *vis-à-vis* cecoslovacco, un uomo elegante, era stato ambasciatore, disincantato e freddo, con la casa piena di Braque. Ma incontrammo tutti la redazione della rivista «Per una pace stabile e per una democrazia (credo) progressiva» i cui soporiferi numeri ingombravano gli scaffali delle federazioni. La redazione essendo composta da tutti i partiti comunisti che all'epoca erano ottantuno, e talvolta da piú di due redattori per ciascuno, era un esercito rotto a tutte le reticenze e obbedienze del sistema. Era diretta da un russo incline ai beveraggi, che smaltiva correndo in mutande ogni mattina nella neve attorno all'ambasciata. Si chiamava Rumiantsev e fra una bevuta e l'altra ebbe anche lui un attacco di sincerità. Il peggior intervento fu di un francese. Perché poi? Nel 1965 tutta Praga scricchiolava – non capisco come non si capisse nei

partiti comunisti e nelle cancellerie occidentali. Io non ero
dentro le segrete cose ma nulla di quel che si sarebbe visto
poco dopo, dalle dimissioni di Novotný alla primavera di
Praga, mi stupí.

Si dà il caso che mentre eravamo là, i B-52 sganciassero
una volata di bombe su Hanoi, primo attacco americano diretto a un paese socialista, e proprio mentre vi si trovava in
visita Kossighin. L'escalation era evidente. Moretti (come
si faceva chiamare Moranino, il partigiano fuggito nel 1945
per evitare la galera) si occupava di Radio Praga e mi disse
che né i sovietici né alcun paese dell'est ne davano notizia.
E noi che facciamo? Noi la diamo, decidemmo. Per chi stava all'est fu la sola fonte di quel che era accaduto, e la cosa
non andò del tutto liscia, ma rientrò un paio di giorni dopo
perché tutto il mondo si mise a parlarne e l'est si allineò.

Insomma, ogni volta che si andava nell'Europa orientale il Pci pareva brillare. Vi si andava ormai senza aspettar-
si nulla di buono se non qualche traccia di tolleranza, la con-
sueta espansione di scuole e libri e concerti, una istruzione
assai piú diffusa che da noi ma castrata nelle scienze umane. Spiavamo l'aprirsi cauteloso di porte fino ad allora segrete – i «decadenti» quasi dovunque, Rosa Luxemburg in
Polonia, Karl Korsch in qualche parte, Trockij da nessuna.
La polizia non si vedeva, le città erano affaccendate, le vetture poche, i negozi non vuoti, qualche traccia di attività libera, antiquari, caffè, tutto senza gaiezza ma apparentemente senza terrore. Non è certo a una delegazione ufficiale
che qualcuno sarebbe ricorso per lamentarsi, per italiana che
fosse – tuttavia mi parve che nel 1965 la repressione avesse ben poco da fare fra gente disillusa o sfinita. Stava per
succedere qualcosa in Cecoslovacchia e chissà che i comunisti italiani non fungessero da lievito? A noi le minoranze
– ma erano poi tali? – guardavano con speranza, erano ancora socialiste, comuniste, qualcosa di diverso dall'orto-
dossia e dall'anticomunismo; durarono pochi anni e il Pci si
guardò bene dal coltivarle, e non fu l'ultima delle sue stu-

pidità. In quegli spostamenti facevamo la ruota con poca spesa, noi in generale come intellettuali e i miei compagni di viaggio anche come uomini italiani. Era inteso che alle ventuno andavo io ai concerti e loro scorrazzavano in città con l'interprete o senza, qualche filo era già stato tirato. Il maschio italiano, anche il piú colto, è irrefrenabile nel dispiegamento dei suoi vezzi. Non so che cosa combinassero e non lo volevo sapere. Ma alla partenza qualche fanciulla piú o meno in età ci salutava con gli occhi rossi.

Capitolo quindicesimo

Nell'agosto del 1965 cadeva un anno dalla morte di Togliatti, «Rinascita» vi dedicò un numero speciale e mi chiese un articolo sulla cultura del segretario. Era stata, come per tutta la sua generazione, ottocentesca nel gusto, e nel metodo si atteneva al discutibile rapporto De Sanctis-Croce-Gramsci. Negli ultimi tempi Togliatti era stato piú cauto e aveva avuto molti dubbi e curiosità. Questo scrissi e non c'era granché di altro da dire, essendo implicito che per cultura non si intendeva, anzi si escludeva, l'itinerario politico – salvo forse una ricerca filologica che non avevo i mezzi per fare e non era quel che «Rinascita» voleva. Nel pezzo riandai all'appoggio dato al realismo. Che era poi un verismo di modesto spessore e aveva entusiasmato diversi scrittori e pittori e gente di cinema perché si sentivano al «servizio degli oppressi» e nel medesimo tempo liberati dalle fastidiose avanguardie, o semplicemente da una modernità cui inviavano frecciate plurime – il museo di Burri a Città di Castello ne aveva appena ricevuta una volata. Insomma era la mia solita riflessione sulle politiche del nazional-popolare e il rapporto con lo ždanovismo, c'erano un paio di reticenze (tipo «non gli ho chiesto» e invece gli avevo chiesto) ma la maturità del segretario non ne usciva affatto male. Per tre quarti lo firmerei anche oggi. Invece cadde il mondo. Si levarono gli strepiti: «Ma come si permette quella, davanti a Togliatti non ha che da inchinarsi» (anzi, «togliersi il cappello», sbottò Amendola con qualche confusione). Capivo che diversi vecchi e meno vecchi si sentivano toccati, ma non che ne avrebbero fatto il pretesto per liquidare il piccolo avversario che ero.

Invece avrei dovuto. A novembre Ševeliaghin mi aveva proposto di fare un viaggio per un mese nell'Urss scegliendone itinerario, incontri e interprete: «Lei non crede nel nostro paese, lei diffida, venga a vedere e mi faccia sapere le sue condizioni. Mi impegno a farle rispettare». Pareva sincero, pensai che un colpo di sonda servisse anche a loro com'era stato, credo, il colloquio di Praga; e nell'Urss non ero tornata dal 1949. Dissi sí ma non subito, nel 1965 mi ero spostata come una trottola. Non feci mai quel viaggio. Una mattina alla Camera Alessandro Natta mi prese da parte e su uno dei divani rossi del Transatlantico, davanti al quale passano e ripassano potenti e non potenti distinguibili dall'aria nullafacente o cospiratizia, mi disse che fra gli intellettuali c'erano molte critiche al mio lavoro, sulla cui giustezza non si esprimeva ma che potevo capire, e che l'incarico di dirigere la sezione culturale non mi sarebbe stato rinnovato. Natta era un latinista, persona di grande cortesia, assolutamente fedele alla dirigenza, specie a Pajetta che lo aveva tirato fuori a forza dall'insegnamento. Da lui non sentii mai una parola offensiva, ma divenne da quel momento il mio Pubblico ministero per conto della segreteria. Meno di venti anni dopo sarebbe stato deposto dalla carica di segretario del partito con minor correttezza di quanto aveva messo nella requisitoria contro me e quelli del «manifesto». Lo ritrovai molto malato e solitario e amareggiato negli ultimissimi anni a Imperia; la giovane guardia che seguí all'89 non guardava in faccia a nessuno.

Quella mattina nel Transatlantico non caddi dalle nuvole. Sapevo di essere un corpo estraneo al piú degli intellettuali comunisti, specie letterati e pittori e cinematografari, specie romani, ero venuta a Roma per prendere una strada opposta a quella di Sereni e Alicata. La decisione di abbandonare a se stesse le belle arti aveva irritato non pochi, mentre la proposta di gettarsi invece su teoria, storia e analisi della società nonché apparati dello stato non aveva sollevato alcun entusiasmo. Mi aveva colpito soprattutto l'inerzia degli studi storici, che parevano essersi sciolti dal giuramento non per prendere per le corna il toro dell'Urss, come in quel tempo si sarebbe potuto cominciare a fare, ma per ripiegare sul Seicento e dintorni. Con Cesare Luporini e Galvano della Volpe eravamo invece in ottimi rapporti, e cosí con Lucio Colletti, ma erano battitori liberi, il primo faceva ogni tanto buoni interventi al comitato centrale e tutti scrivevano cose interessanti su «Rinascita». In quel periodo non dovevano essere nel partito, e comunque non incontrai né Tronti né Asor Rosa.

Ho un curioso buco nella memoria: il mio allontanamento dalla direzione degli intellettuali precedette di qualche tempo il congresso? Mi pare di sí ma non sono certa. L'incertezza testimonia che non fu un trauma – anche se con l'inconscio non si sa mai. Piú probabile che avessi «staccato» fra me e me prima del congresso, anche in vista del quale avevo scritto il fatale pezzo su «Rinascita», sapevo di non avercela fatta. Oggi penso che a Botteghe oscure mi riuscí soltanto quell'*opus nigrum* del quale ho detto e che non si sarebbe piú recuperato, perché da quando il partito aveva dismesso le fiammate per l'arte popolare, i corsi e ricorsi storici di Vico e un'abbastanza fantasticata cultura meridionale, una sezione culturale non aveva gran senso; dopo di me la gestione di Giorgio Napolitano e altri sarebbe dolcemente scivolata verso il non essere. Afferrare l'analisi della società e guardare senza troppe prudenze la storia del secolo andava a cozzare subito con l'area riservata della politica e della linea. Restavano l'Istituto Gramsci, le edizioni e le riviste piú o meno in bilico, gli interventi in sede parlamentare.

Alla Camera stava appunto approdando la 2314, la riforma dell'università preparata da Gui, le leggi sull'istruzione sono immancabilmente chiamate per numero come ai tempi del *Maestro di Vigevano*. Le associazioni degli assistenti erano in subbuglio – mi buttai su quello. A pensarci adesso, con i Ds cosí freddolosi, fa specie che quasi tutta l'università italiana, anche fra non iscritti, accorresse a Roma quando chiamavamo a discutere e della invisa 2314 e d'una legge diversa che stavo preparando con Luigi Berlinguer (e difenderei anche oggi, fu un bel lavoro). Il Pci era visto come la sola forza politica sicuramente avversa alle tesi democristiane, perché il bravo Tristano Codignola aveva cominciato a mollare. La società cambiava, i ruoli anche, si imponeva la domanda: un'università per chi, per che cosa? La nostra risposta era meno demolitoria di quella che due anni dopo avrebbe dato Guido Viale, vi rispondevamo collegandola a uno sviluppo orientato, a molta piú e molto diversa acculturazione, a una ristrutturazione democratica dell'istituzione, a una difesa severa dell'autonomia dalle incursioni dell'industria e del governo. La nostra legge non ebbe neanche il tempo di diventare un numero. Il movimento che sarebbe esploso dal 1967 non voleva una legge diversa, voleva riconoscersi e crescere e abbattere quella del governo. E piú tardi nessuno l'avrebbe ripescata. Men che mai il governo di centrosinistra, trent'anni dopo, con il medesimo compagno e amico con il quale m'ero trovata a lavorarvi, Luigi Berlinguer.

Le scarse tracce lasciate nella mente dall'essere esclusa dalla responsabilità della sezione culturale dovevano dipendere dall'essermi accorta da un pezzo che nessuna delle mie idee aveva funzionato, troppo presto o troppo tardi che fosse. Ero stata battuta da quel che restava dell'ala che avevo sempre avversato, quella sulle orme di Sereni e Alicata. Non era un dramma. E soprattutto avevo la testa altrove, il 1966 era un anno congressuale. Sarebbe stato il primo congresso dopo la morte di Togliatti, i nodi della successione sarebbero venuti al pettine, si sentiva l'elettricità nell'aria. Circolava una lettera clandestina – cosa mai successa dopo le prime incursioni da ex partigiani nel dopoguerra, che peraltro avevano un foglio di cui ho scordato il nome e si incrociavano con un'operazione sospetta di tale Cavallo, e se la prendevano con qualche mestissima villetta borghese del gruppo dirigente, cosa da non impressionare un sasso. La lettera parlava di frazioni in vista, non so chi la stilasse ma doveva far comodo alla parte del gruppo dirigente che avrebbe voluto ridurre il dibattito al minimo.

Per il dopo Longo il giovane Berlinguer era già stato scelto, ma si andava a decidere su quale linea si sarebbe mosso, quella di Amendola e dintorni o quella di Ingrao. Stavo dalla parte di Ingrao, compagno rispettato e riservato, che non metteva il naso in campo altrui – della sezione culturale e della mia condanna non si era occupato affatto – e che era venuto di rado a Milano ma con un discorso sempre giusto per i miei operai, senza facilità e senza circonlocuzioni, e in piú una malinconia non ostentata, un raro ascolto interno. Una volta con mio marito lo avevamo portato nella ancora sconosciuta Lombardia e il suo sguardo e la sua voce parevano perdersi sul solitario lago di Montorfano al tramonto.

Non era mai banale, ed era proprio un compagno, quello che interrogava e ascoltava, attento ai cambiamenti, ai sussulti che, all'inizio intermittenti, si moltiplicavano e pareva invitarci tutti, come il titolo di un libro inglese di breve celebrità, a «uscire dall'apatia». Ingrao non aveva dismesso – ci dicevamo – l'orizzonte d'una rivoluzione italiana, senza nulla concedere alle nostalgie e legando a una fermezza di principio la percezione che le condizioni erano cambiate, se c'erano mai state, e andavano tutte rilevate e affrontate. Insomma era il piú comunista e quindi il piú revisionista, nel senso poco frequentato ma proprio ed eccitante della parola.

I movimenti sotterranei che percepivamo erano ben diversi da quelli del dopoguerra, dal quale l'Italia si sentiva del tutto uscita – ed era vero. C'era una crescita evidente, uno spostamento dei gruppi industriali, la percezione che il tentativo di programmazione era fallito non per caso ma perché terreno di scontro politico, e che le istituzioni erano vecchie e incarognite, scuola, ospedali, tutti gli istituti di soccorso-controllo sociale. Verso la metà del decennio andavano invece a zig zag le lotte operaie che erano state impetuose nei primi anni: Bruno Trentin, che incontravo spesso, era preoccupato, anche se di una preoccupazione diversa da quella di dieci anni prima. E poi era spalancata quella scena internazionale, il colonialismo si ritirava, e credemmo che tosto sarebbero spuntati i fiori delle libertà, una specie di socialismo diffuso, la rivoluzione degli oppressi trova le sue scorciatoie. E c'era una verità, una potenzialità sventagliata, ma non studiammo né il terreno che lasciava la crudele mareggiata europea, né le forze che ne avrebbero preso il posto, e non solo nell'Africa o in India, ma nel Medioriente – approssimativi come eravamo. O forse assorbiti dal fragore interno?

A Botteghe oscure c'era un'aria da temporale, quando i gabbiani volano bassi strepitando. Con Vittorio Foa e Cesare Luporini e Sergio Garavini e Bruno Trentin discutevamo in lunghe serate nelle mie due stanze in via dei Leutari, a due passi dalla direzione. Non ci lamentavamo di quel che non veniva fatto, si discuteva di quel che si poteva fare, ore calorose in cui il cervello va avanti e ci si sente assieme. Le mie due stanze erano state ricavate in uno stabile venerando (a un certo punto si dovette sgomberarlo di corsa), eravamo tutti abbastanza giovani da arrampicarci per la vecchia scala e convivevo con un piccolo topo che mi si metteva fin davanti alla macchina da scrivere. Una volta quello sfacciato si azzardò fra noi e salí di repente sulle scarpe di Vittorio, che era miopissimo – portava allora degli occhiali ad alette rialzate come un curioso insetto – e non se ne accorse. Dirglielo o non dirglielo? E se avesse fatto un salto? Vittorio era ammaliante di intelligenza e cattiveria.

Penso al calore di quelle serate – fuori una Roma dolce ed estiva, le notti chiare, piazza Navona a pochi passi e le nostre teste in movimento; fu l'ultima stagione nella quale la storia parve andare con noi. E l'avversario era ancora uno, i borghesi, i signori, la Dc, il capitale. Sono stati gli anni settanta e ottanta a separarci. E ora ci siamo perduti di vista, qualcuno è morto troppo presto, Sergio, Cesare. Altri hanno preso una diversa strada. «Que sont mes amis devenus, que j'avais de si près tenus, et tant aimés? Je crois le vent les a ôtés» – mi torna sovente la malinconica *complainte* di Léo Ferré, *Pauvre Rutebeuf*. Dove sono finiti gli amici piú amati, quelli che mi tenevo cosí vicini? Forse è il vento che li ha portati via. Perché «il ventait devant ma porte...» Eccome, se soffiava, turbinava. Sono del Medioevo morente le parole della malinconia.

A volte c'era anche Alfredo Reichlin che allora dirigeva la Puglia, e dev'essere stata la sua stagione migliore fra gli ultimi sprazzi del bracciantato, una federazione intelligente a Bari e una università dove veniva su, attorno a Beppe Vacca e Franco Cassano, quella che con qualche ironia (non tanta) si sarebbe autodefinita *l'école barisienne*. Fecero un interessante convegno sugli intellettuali del mezzogiorno, sulla linea di Grasmci piú che su quella, cui inclinavo, di Althusser, e tanto meno dei giovani Bourdieu e Passeron. Erano innamorati della loro terra e della sua storia, i miei baresi, e persuasi d'una virtú del mezzogiorno ancora intatta per grazia mediterranea. Era una regione splendida nelle antiche cittadine di mare e nelle candide masserie. Non era ancora spenta la memoria dei contadini che davano fuoco al portone del palazzo dei signori. L'estate vi arrivava con un trionfo di trifoglio cremisi e grano bruno dorato, fra i muretti bianchi e cespugliosi di rosmarino. Non vedevo terre perse, non aveva l'aria fra abbandonata e risentita della Sicilia, dove tutto pareva sul punto di andare in pezzi. Mi piaceva moltissimo. Alicata aveva messo di moda la cucina della tradizione, e dopo

averne virtuosamente dubitato pensando alle meste ga-
melle dei miei milanesi, cedetti alla tentazione. Non so come andassero assieme il mio nord e quel sud, se non che
in Puglia come in Lombardia c'era qualcosa di vitalmente
produttivó, che era la condizione, per me, del liberarsi dei
lavoratori, braccia e testa.

Non ho mai creduto a un comunismo premoderno,
neanche quando la protesta del terzomondismo salí dal sud
del mondo e parve bruciare i tempi del lento e opaco movimento operaio. Ebbe una grande risonanza, fu una vera rivolta, ma non poteva essere una rivoluzione. Cosí oggi le sue derive barbariche non mi stupiscono – sono terribili, ce le siamo cercate. Continuo ad appartenere al
tempo in cui la rivoluzione è stata pensata come un capovolgimento della borghesia al suo culmine. Sta di fatto che
piú giravo l'Italia piú ero – eravamo – all'ascolto del rombo dello sviluppo, che mutava campagne, villaggi e città,
e prometteva e dava lavoro. E poi c'era il mutare degli
equilibri internazionali, e il senso di sicurezza che veniva
ai singoli dal sentirsi un soggetto con dei diritti da far valere, non soltanto dei dipendenti. Quanti anni sono che
non sento piú quel che allora disse un operaio: «Sai, stiamo ogni anno un poco meglio»? Almeno quaranta. I sindacalisti conoscono ormai solo accordi al ribasso, la riduzione del danno. È il crescere che dà coraggio. Se c'era un
momento di afferrare per il ciuffo, era quello.

Allora il Pci arretrò. Non dal suonare la carica sull'ora
x, ma dal passare, come avrebbero detto i miei gramsciani, da una guerra di posizione a una accorta guerra di movimento. Batteva il passo e, cominciavo oramai a pensare
sempre piú spesso, per un dubbio sul suo proprio fine, non
confessato e maturato negli anni difficili. Dev'esserci stato un momento, e dovette essere presto, nel quale il gruppo dirigente comunista aveva deciso che a conti fatti era
da assumere il meglio della borghesia – diciamo l'ordine

costruttivo del console Buddenbrook – sposato con la democrazia parlamentare, garantirla e non arrischiare oltre.
Le cautele dei comunisti alla Costituente erano diventa-
te stabili. O che Togliatti e i suoi si fossero convinti che
ogni tentativo di chiudere con proprietà e mercato avrebbe portato inevitabilmente al regime dell'Urss, ma in questo caso perché erano cosí reticenti e lasciavano il partito nell'illusione? O che il keynesismo imperante, cioè il
riconoscimento della dualità degli interessi fra capitale e
lavoro paresse tutto sommato soddisfacente, sta di fatto
che mentre la società pareva tutta in gestazione, l'orizzonte del comunismo, anche il piú vago ed escatologico,
usciva di scena – e con esso quella sua approssimativa crisalide che chiamavamo socialismo. O l'ipotesi d'una rivoluzione, la piú moderna, la meno simile all'attacco al
Palazzo d'inverno, la piú matura nei fini e nei mezzi, ne
era uscita già da un pezzo? Era stata sempre un simbolo
e non altro?

Non so quale sia stato l'animo profondo del gruppo dirigente comunista nel dopoguerra, e se fossi uno storico,
dei documenti politici non mi fiderei affatto, perché sono reticenti o mentono. Ma se l'idea d'un rivoluzionamento – e lasciamo andare in quale modo – del sistema
produttivo era già perduta, certo non era ancora cosa con-
fessabile. Non so quanto di non detto ci sia stato nella costruzione del partito nuovo – aperto, non militarizzato,
una struttura incontrollabile in confronto con quella, per
esempio, del Pcf, certo non da guerriglia. So che al nord
mise radici come partito di classe e non soltanto per la
composizione operaia – che non fu mai totale, né superiore a quella delle grandi socialdemocrazie. Non so bene
che cosa abbia inteso Togliatti quando parlò, nel 1960 o
1961, a un comitato centrale sui giovani, di un tornare al-
l'ordine del giorno della rivoluzione italiana, che allora ci
entusiasmò. Non so che volesse dirmi Reichlin quando mi
sussurrava: Non siamo soltanto un partito di lotta ma an-

che di governo – lo avevo inteso come capace di gettare uno sguardo su tutti i soggetti del paese, vedere noi stessi e l'avversario, governare il conflitto, spostare le forze metro per metro, ma forse era già un'altra cosa. Non so neanche fino a quando rimase salda una coscienza classista torinese o milanese, forse non oltre la metà degli anni settanta, e quale sia stata la storia interiore dei proletari senza rivoluzione e a un bel momento anche senza partito. E cosa furono i sussulti degli anni sessanta prima del 1968, e che cosa sarebbero stati dopo se non fossero stati abbattuti dall'estremismo armato e dal Pci.

Non so. E neanche se queste domande si potessero porre, anche fra pochi, prima dei *Sixties*. È certo che piú d'una traccia ne emerse nelle conferenze operaie. Quella di Genova rompeva con la continuità di assemblee fedeli, le meno problematiche in un partito che si diceva per natura operaio. Vi si affacciavano domande che in fabbrica correvano da qualche tempo, che cosa doveva essere il partito in azienda, una volta smessa la parte del sindacato che la faceva meglio da solo? Si limitava alla propaganda, portando in periferia i risultati del comitato centrale, e a raccogliere i bolli del tesseramento? Dalla seminagione delle lotte e dai gruppi della sinistra socialista era venuto un interrogarsi sulla proprietà e la natura della fabbrica e l'organizzazione del produrre.

Paradossalmente il linguaggio del dopoguerra era stato piú acceso, ma alimentato piú dalla collera che dalla speranza; ora la base strillava di meno ma diventava piú esigente – sapeva di avere un partito grosso e rispettato che dall'opposizione stava spuntando non poco. Le nazionalizzazioni dimostravano che ai padroni si potevano tagliare le unghie, l'occupazione era quasi piena e il salario a ogni contratto piú decente. Se mancò in Italia fino al 1968 una sinistra a sinistra del Pci era per la convinzione che il Pci aveva messo saldamente un rampino negli equilibri dello stato e una conflittualità sociale diffu-

sa poteva trarne risultati consistenti. I comunisti, quindi; allora i lavoratori non erano eludibili. E voglie e bisogni, che nel dopoguerra erano stati tenuti sotto controllo,
rispuntavano. Sarebbero andati molto avanti negli anni seguenti. Una sola stagione ci separava dal 1968 e due da quel
1969 durante il quale il Consiglione di Mirafiori gestí la
Fiat, e cosí le maestranze della Montedison di Castellanza,
del Petrolchimico a Marghera e molte altre. L'icona della
fabbrica si sarebbe generalizzata, colorando di sé ogni movimento almeno fino al 1977. Che il modello fordista fosse in Italia limitato ad alcuni grandi complessi, non impediva che il suo schema circolasse nelle teste come griglia in-
terpretativa. È certo che quei fermenti, che erano andati
covando con la fine delle commissioni interne, cioè da quasi un decennio, a Botteghe oscure non furono capiti salvo
da pochi – capirono Luciano Barca e alcuni della commissione «lavoro di massa», capimmo noi avvertiti dai compagni piú attenti del sindacato, vi fece attenzione Ingrao,
se ne preoccupò Amendola. Si toccava un punto nevralgi-
co, ci si avvicinava alle colonne d'Ercole. E il partito fece
un passo indietro. Si sarebbe visto clamorosamente nella
conferenza operaia del dicembre 1967, negli stessi giorni
in cui palazzo Campana veniva occupato dagli studenti; la
facoltà di sociologia di Trento era occupata da due mesi.
Mi preparavo ad andarci – ero una deputata – quando
Amendola me lo interdisse: «E perché? Non è compito vostro». «Vostro», cioè dei sospetti di ingraismo. Fu una conferenza surrealista: era assediata dal frastuono degli studenti ma non ci fu una voce che lo evocasse. La platea dei
delegati, scremati dal «lavoro di massa» che dirigeva Ferdinando di Giulio (o era già il padre di D'Alema?) ripeteva stancamente che non c'era niente di nuovo, la fabbrica
non cambiava, chi lo diceva aveva torto, cresceva soltanto
il supersfruttamento. Ingrao parlò disciplinatamente del legame fra le lotte e le proposte di riforma alle Camere. Il solo Amendola, che annusava l'aria, concluse con un discor-

so appassionato. Si chinò con calore sugli intervenuti, ne
nominò piú d'uno (riconoscimento che dava coraggio) e terminò rispondendo alla domanda che nessuno aveva osato
formulare: «C'è chi parla di andar piú forte, di rompere con
i padroni, di ribaltare il rapporto di forza. Ebbene, che ci
vadano, che ci trascinino, noi ci saremo, siamo noi il partito degli operai, noi che ci siamo battuti sempre, lo scontro
non ci fa paura. Se ci sarà da esserci, ci saremo».

Invece non ci furono. Quando, meno di due anni dopo,
gli operai occuparono le fabbriche il Pci si defilò lasciando
che i suoi se la cavassero come potevano. Sarebbe utile fare il conto di quanti militanti perse o disorientò. Ma da qualche anno si era cominciato a parlare di «leggi dell'economia» che non si potevano violare, di leggi di mercato che
si sarebbero vendicate – loro, non la proprietà – se le vertenze avessero varcato certi limiti. Non ci fu nessuna conferenza operaia nel corso dell'autunno caldo del 1969. Se
ne sarebbe tenuta una dopo, nel febbraio del 1970, e nel-
l'assenza di quelli che ne erano stati a volte i leader di base. Anche allora Amendola concluse con passione, come chi
tiene le redini d'un animale nervoso. Fu un bel discorso,
quando lo lessi. Ero già da due mesi fuori dal partito.

Nel 1977 Eugenio Scalfari avrebbe fatto un'intervista a
Guido Carli, governatore della Banca d'Italia, nella quale
trovai molte risposte agli interrogativi sui quali mi avvolge-
vo negli anni sessanta. Quell'uomo intelligente e cinico
avrebbe confermato che dai comunisti non aveva mai avuto problemi. Né li avevano avuti quelli venuti prima di lui.
Nel 1946 il Pci era al governo ma forse non poteva porli, e
in ogni caso non tentò, criticando Riccardo Lombardi per la
proposta della cedolare secca sul mercato azionario e Rodolfo Morandi per i consigli di gestione. Prendeva suggeri-
menti da Raffaele Mattioli – il banchiere delfino di Toeplitz,
colto, spregiudicato, antifascista, amico di Piero Sraffa – il
quale da parte sua reputava il Pci un partito intelligente che,
non potendo perseguire se non un allargamento dell'occu-

pazione e una sua retribuzione meno iniqua, era utile allo svecchiamento del paese. Mattioli non teneva in gran concetto la nostra borghesia, politicamente compromissoria e imprenditorialmente tutt'altro che geniale, e non aveva ragione di pensare che l'Iri già di Beneduce e ora di Leopoldo Piccardi (che era stato nel Cln) fosse meno capace di un privato. Ma ormai, nel 1966, la ricostruzione era finita da un pezzo. Il problema era l'orientamento della sfera politica nei confronti dei poteri economici in una fase nella quale lo stato aveva molti mezzi da far valere. E dall'opposizione il Pci pesava come non sarebbe mai pesato (neanche quando assunse altro nome e veste di governo). Il gruppo dirigente continuò a non pensare ad altro che a difendere l'occupazione e una distribuzione più equa del reddito, senza metter becco nelle strategie di politica economica. Non si propose mutamenti radicali né praticò un keynesismo accorto. La politica economica la fece Guido Carli con alcuni poteri forti, che allora esistevano ancora e alcuni dei quali si stavano formando. E al Pci e alla Cgil, ma non solo a essi, fu dato in cambio lo sfondamento della spesa pubblica.

Cosí dev'essere andata. Dubito che il Pci ne abbia mai discusso a fondo, abbandonando lo schema prediletto d'un capitalismo italiano inetto e tendenzialmente fascista; certo non si discusse in un comitato centrale. Sicché l'economia pareva cosa degli altri, non nostra, nostre erano le lotte – e indirettamente la crescita. Noi ci occupavamo del lavoro – parola che nella nostra lingua confonde *travail* e *emploi*, *work* e *job*, scrivere un libro e trovare un posto, fine e mezzo, valore e disvalore. Pci e Psi intervenivano dove il lavoro mancava o era «troppo» vessato. Attaccavano la proprietà solo se arcaica – il latifondo – o, per un breve tempo, «monopolistica»: contro il monopolio volle dire prima «per le nazionalizzazioni», poi, su suggerimento di Longo, per le medie imprese.

Eravamo nell'espansione, e difendere il lavoro, anzi dargli maggiore forza contrattuale, si poté a lungo. Ma fu una

patente rimozione delle domande su che cosa si sarebbe potuto opporre alle scelte della proprietà e ai meccanismi del
capitale e non per altro che reggerne l'urto – abbatterlo non
fu mai un'idea ventilata. Le riforme di struttura furono piú
interessanti che non si dica oggi ma non toccarono la proprietà, se non in quanto spinsero per alcuni beni collettivi,
sanità, istruzione. Insomma né direzione né segreteria du-
bitarono che si potesse fare piú che un'azione parasinda-
cale, persuasi come restavano che il sindacato meglio avrebbe fatto a operare come «cinghia di trasmissione» del partito che ne sapeva di piú, anche se virtuosamente lo negava.
La diffidenza originaria dei comunisti per il sindacato in
quanto incapace di pensare politicamente la classe si sarebbe rovesciata in diffidenza verso il sindacato perché incline a premere il pedale sulle lotte senza pensare alle conseguenze «politiche». La politica doveva restare tutta alla
sfera del «politico».

   Cosí si andò per tutto il 1966 verso l'XI congresso del
partito. Preceduto da burrasche interne delle quali la figura innocente, arcangelesca, fu Pietro Ingrao. Era lui che
all'ascolto di una società complessa si rendeva conto della povertà dell'immaginario e della pratica della sinistra
com'era stata concepita fino ad allora, un Pci con delega
in bianco ma prudente e un Psi da riportare all'ovile. Non
solo fra le due sigle ma dentro a esse passavano differenze di fondo, quelle che ora sono definite come riformismo
e radicalismo, per riformismo intendendo una modifica del
sistema politico, da rendere piú sensibile alle leggi del mercato, e per radicalismo un'accelerazione del mutamento
sociale. Quale accelerazione? Era, pensavamo, uno spostamento degli equilibri esistenti, niente a che vedere con
l'alternanza – parola che allora neppure entrava nel linguaggio comune. Ingrao era quello che sentiva la distanza
delle formule di cui finora si era discusso – con i socialisti
o no? – dall'ancora incerto subbuglio del paese. All'XI

congresso proponeva di uscire dalla trappola in cui s'era infilato il centrosinistra facendo leva sulle lotte che si ripercuotevano all'interno di tutte le sinistre e nel rompersi dell'unità dei cattolici. Quella doveva essere la nuova trincea, e la definí con qualche cautela «un modello di sviluppo» costruito su una sorta di programma comune fra le ali piú moderne e radicali del partito, dei socialisti, del sindacato piú che accentuarne gli aspetti di discontinuità e fin rottura. Discontinuità anche del partito cattolico, una parte del quale, liberata dal Vaticano II, inclinava a una critica non solo del governo ma della società capitalista e consumista – i Granelli e i Gozzini, i Galloni e i Malfatti, allora teste pensanti irrequiete. Il primato passava dagli incontri-scontri delle sigle storiche a una riformulazione dei soggetti e dei bisogni, che dalla società premevano dentro e in qualche misura oltre ciascuna di esse.

Le tesi di Ingrao, avanzate in articoli e in interventi, insospettirono gran parte del gruppo dirigente. Vi resisteva la destra – cosí ormai la definivo – che con Amendola, Giorgio Napolitano, Gerardo Chiaromonte e altri non cessava di puntare alla fusione di comunisti e socialisti o niente. Vi resisteva un'altra posizione, piú nebulosa, che puntava su un'unità democratica in qualche misura prefigurante il compromesso storico (non con l'ala sinistra del partito cattolico ma con tutta la Dc) includendovi però i socialisti – in verità una forma rivisitata di frontismo. La divergenza era seria, comportava molti non detti, il congresso l'avrebbe sciolta modificando in un senso o nell'altro l'asse della segreteria.

Non so come – ma deve esserne rintracciabile qualche traccia nell'archivio dell'Istituto Gramsci – si sia svolta la discussione al vertice, nelle sedi formali e negli scontri fra i singoli. So che ci furono, e aspri. Certo furono contenuti nelle sedi piú chiuse per non spaventare o dividere il partito. Da fuori non capivamo bene a quale punto si fosse, neanche i piú scafati nel leggere fra le righe degli interventi precongressuali che si aprivano di regola con un «Sono d'accordo con le Tesi» cui seguivano però consistenti distinguo. Il primo incidente visibile nella marcia verso il congresso – visibile quanto poteva esserlo in un partito che allora non era leaderistico come oggi, ma retto da un inflessibile centralismo, per cui gli organismi superiori decidevano che cosa filtrare in quelli inferiori – si sarebbe avuto con il congresso della Federazione giovanile comunista. Esso si teneva sempre prima del congresso, diciamo, degli adulti. Quell'anno si convocò nella tarda primavera.

Occhetto, che ne era il segretario, era fra quelli che avevano sentito il mutar del vento fra i giovani. E capito che non somigliava alle solite e transitorie buriane degli studenti con relative competizioni per i posti nell'Ugi in concorrenza con la cattolica Fuci – che stava anch'essa peraltro con le orecchie dritte e in fronda con la direzione. Per la seconda volta dopo l'estate del 1960 un mutamento carsico veniva allo scoperto nella generazione giovane: era un trascolorare di idee, un passaggio di paradigmi. La Fgci aveva inteso che non vi si sarebbe confrontata, e tantomeno lo avrebbe cavalcato, senza uscire, piú che da un marxismo pochissimo praticato (ma richiamava una gran folla alle lezioni di Lucio Colletti sul *Capitale*) da quel che restava di nazional-popolare nella sbiadita versione italica del marxismo-leninismo. «La Città futura», il giornale della Fgci, era stato il primo a cambiare – aveva scoperto un linguaggio piú leggero e irrispettoso, moltiplicato le inchieste, s'era avventurato su Rosa Luxemburg e il consiliarismo che il Pci non nominava mai. Riscopriva la democrazia diretta, fino allo spontaneismo, parola maledetta sulla quale soltanto qualche giovane del Psiup l'aveva preceduto, e mutava totalmente il quadro della critica alle politiche. A seguire il congresso della Fgci, il Pci mandò Bruno Trentin. Il quale era giovane, aveva fama di innovatore, si supponeva gradito a quell'inizio di turbolenza. Ma Trentin doveva avere altro per la testa o non fu affatto convinto dalle tesi occhettiane; nutriva scarsa simpatia per le spinte dal basso, nel sindacato temeva che deviassero in qualche forma di corporativismo e fuori di esso dovettero apparirgli insufficienti e rozze, nonché dannose per la discussione che si disegnava nel partito, elefante da spostare con delicatezza. Certo prese per goliardismo una percezione tutt'altro che futile, lo sforzo della generazione piú giovane di inserirsi nelle coscienze dei nati nel dopoguerra proponendo una ascendenza piú seducente di quella ufficiale. In breve sermoneggiò la Fgci e la criticò, cosa che esponeva Occhetto ai maneggi della segreteria. E infatti sarebbe stato spostato e assegnato d'imperio alla Sicilia, regione torbida, a farsi le ossa con quel che era considerato il partito vero. Occhetto non glielo perdonò, né perdonò a Ingrao di non avergli dato una mano in quel primo e credo ultimo tentativo della Fgci di darsi un'autonomia effettiva. E non aveva torto. Ingrao e gli ingraiani erano stati distanti e distratti, oltre che ossequenti alla regola di non invadere il campo altrui – se della Fgci era stato incaricato Bruno Trentin, altri non ci doveva mettere becco. Occhetto uscí dal suo congresso con la bava alla bocca, per dir cosí, ripromettendosi di farcela pagare.

Quanto a Ingrao stava andando all'XI congresso nel modo piú sciagurato. Penso che si sapesse in minoranza nel gruppo dirigente ma s'era guardato bene dal cercare consensi in questa o quella federazione o nella Cgil o da qualunque parte, anche sciogliendo quel che poteva esserci di non evidente nella sua proposta. E soprattutto guardandosi dal presentarla «contro» un'altra. Il suo interlocutore era il partito tutto, quello doveva persuadere e senza essere percepito come un pericolo per la sua coesione. Non era nel suo stile né nella sua coscienza muoversi fuori dalle regole. Inoltre deve aver pensato che se la sua proposta non fosse passata, si sarebbe restati allo *statu quo*, come era successo ad Amendola dopo la sua sfortunata uscita. Il partito maturava lentamente ma bisognava maturare con lui. Quanto a lui come persona, avrebbe pazientemente e lealmente ritentato. C'era in questo una ingenuità e una virtú che ce lo rendevano caro: non intrigava, mirava alto, non a operazioni di potere. Che in quella transizione si sarebbe invece scelta una opzione senza ritorno non deve esserselo detto. E questa non era una virtú, ma lo pensai molto dopo.

Si preparò dunque a tenere una relazione che non andasse troppo oltre i venti minuti concessi a qualunque delegato, altro omaggio allo stile, per illustrare una tesi che sapeva contrariare Amendola e i suoi, ma sperava convincesse i delegati e aprisse una breccia in Longo e Berlinguer. A quelli fra noi che eravamo andati timidamente a dirgli: «Diamo battaglia» – non accettava il termine «ingraiani» anche per un suo solitario orgoglio – intimò di non darne nessuna. Intendeva esporsi e non voleva che altri si esponesse, a rischio di confusione. A me raccomandò di mostrare quanto ero brava e innocua illustrando il lavoro fatto nella scuola, sicché feci a quel congresso l'intervento piú stupido della mia vita. Insomma gli «ingraiani» arrivarono all'appuntamento in ordine sparso, senza alcun collegamento, senza un vero scambio di idee, sottovalutando la preparazione di quella che poi avremmo chiamato «la frazione di maggioranza». Era in verità piú che una frazione, una maggioranza in segreteria che poteva contare sul naturale collocarsi nella conservazione dell'immenso apparato.

Ingrao parlò presto a una sala anelante di un po' piú di radicalismo ma di non meno unità. Non so se fosse anche messa in guardia dal centro. Dubito che la linea che Pietro veniva proponendo nel suo linguaggio sobrio e raziocinante fosse capita, mentre fu perfettamente capito che chiedeva a Longo che il dissenso fosse legittimato. Non ricordo la quantità di applausi che lo accolse dalla sala – ce ne furono – perché miravo stupefatta la presidenza che si comportava come non aveva mai fatto, ostentando la contrarietà, musi lunghi e nessun applauso, nemmeno quello distratto che si concedeva a tutti.

Poco dopo prese la parola Occhetto: quella del «modello di sviluppo» era una linea di destra rispetto alla relazione del segretario e il diritto al dissenso significava aprire un varco alle abominate correnti. Ingrao ascoltò con volto chiuso il susseguirsi degli interventi di base, che scombussolati si guardarono dall'entrare nel merito, e il grandinare di quelli della direzione, appena cortesemente contrari su tutto. Fra manovre e reticenze, restò isolato e perdipiú sospettato di frazionismo. E nessuno gli aveva dato una mano. Perdere per perdere, non era stata una grande idea quella di tenerci sul basso profilo. Neanche la stampa capí che cosa era venuto in ballo.

Seguí lo sterminio. Ingrao e tutti i sospetti di pur vaga inclinazione verso le sue idee furono rimossi dalle loro funzioni. Egli stesso ebbe un incarico onorevole – credo che fosse nominato allora capogruppo alla Camera, alla presidenza della quale nel decennio successivo lo avrebbe destinato un altro *promoveatur ut amoveatur,* ma all'epoca il gruppo parlamentare contava assai poco. Luigi Pintor fu allontanato dopo vent'anni dall'«Unità» e spedito nella sua Sardegna, regione non propriamente di primaria importanza, Reichlin fu richiamato dalla Puglia che invece era importante, e altri, in centro e periferia, furono variamente retrocessi, Lucio Magri dalla commissione lavoro di massa di Botteghe oscure e Luciana Castellina dalla «Città futura». Quanto a me, fui messa fuori da qualsiasi incarico nell'apparato centrale o periferico. Rimanevo deputato fino al 1968 e poi si sarebbe visto.

Il fatto che né a Magri né a me fosse proposta una collocazione differente fu un colpo. Avevo immaginato una retrocessione ma nel lavoro che facevo da sempre, a pieno tempo e sul corpo del partito. E se io almeno ricadevo sulla Camera al momento della battaglia sulla legge universitaria, Lucio cadeva nel nulla, come licenziato. Neppure nella federazione di Bergamo, tenuta sott'occhio, poteva rientrare. Si rintanò un anno in una stanza gelida che un'amica

gli prestò su un mare deserto. Fu la prima delle botte che
quell'uomo, di intelligenza rara e caparbiamente solitario,
avrebbe preso. Ma non era soltanto una dura lezione. Diceva che il pendolo di Longo e di Berlinguer si era spostato con decisione verso Amendola. Non dovevano essere arrivati incerti al congresso – non ignoravano nulla e l'atteggiamento verso Ingrao doveva essere stato concordato. La
base del partito in gran parte non capí, e comunque non
reagí: c'è del patetico nel suo marciare verso ogni disastro
pur di non indebolire il segretario in carica, simbolo della
sua forza. Aveva inteso soltanto la richiesta di legittimare
il dissenso, e la ebbe in sospetto perché insomma la democrazia era un'arma della destra. Quanto ai quadri di periferia che avrebbero voluto una vittoria ingraiana finirono
con il rimproverargli troppa cautela ma tennero perlopiú la
bocca chiusa – del resto erano stati tutti ridimensionati. Il
sistema aveva funzionato perfettamente.

Non riuscii a darmi pace di questo scacco. Era stata perduta un'occasione e chissà se si sarebbe ripresentata. Altro
che adeguare al presente una moderna posizione di classe,
la tendenza era svincolarsene. Nella supremazia di Amendola non c'era soltanto la passione ostinata nell'inseguire
al meglio lo schema delle socialdemocrazie europee, non solo la spregiudicatezza sua e dei suoi nel manovrare l'apparato: egli interpretava una forza trascinante maggiore della nostra, sedimentata nella tradizione del dopoguerra, era
l'esito finale dell'VIII congresso in un partito non piú me-
diato da Togliatti. Quanto alla base, è sempre in preda al-
l'invincibile pulsione di aggrapparsi al meno audace e al piú
forte. Non avevamo capito, noi cosiddetti ingraiani, il meccanismo profondo del consenso, non avevamo capito che
sarebbe stato difficile a quella massa fiduciosa abbandonare la segreteria per seguire un percorso piú radicale. Non
eravamo stati capaci né di convincere né di contrastare.
L'errore era stato grande, forse non lo misurammo tutto
né tutti.

A me bruciò intollerabilmente che in capo a tanti anni mi si mettesse fuori da ogni incarico. Ero stata nella segreteria di una grande federazione, avevo diretto una commissione nazionale, ero stata consigliere comunale e, sia pure senza entusiasmo, ero stata alla Camera. Avevo messo nel conto una retrocessione da qualche parte. Non di essere messa fuori come un'appestata.

Mi suonò insopportabile. Vent'anni prima avevo scelto di lavorare nel partito, non di fare il deputato. Stavo bene in quell'organismo rigido ma vivente, dove arrivavo in questa o quella sezione o federazione e mi sedevo attorno a un tavolo o mi arrampicavo su un palco, a ragionare con facce vere davanti, cercandovi speranza e protesta, e quando me ne andavo ero accompagnata da un «ritorna». Avevo lasciato Milano, il mio nord, la mia gente per un incarico che non avevo voluto e dal quale avevo rischiato consapevolmente di essere estromessa, certa com'ero di avere la ragione dalla mia parte. Avrei lavorato altrove, non mancavano i luoghi dove avrei potuto restare all'interno di quel corpo che era diventato il mio. E invece mi trovavo deputato, cioè nulla. Ero offesa e furibonda.

Non mi sarei lasciata congelare a Montecitorio. Avevo poco piú di quarant'anni, sapevo molte cose della politica, e di che cosa fosse un partito sapevo tutto – e non solo dei meccanismi che mi avevano cosí gentilmente stritolato. Non sarei andata a mendicare una rielezione, il Parlamento era quanto mi aveva interessato di meno. Non sarei rimasta a Roma, tornavo nel mio nord. Avrei cercato un lavoro e lo avrei trovato perché insomma io ero io. La prima cosa che mi venne in mente fu Einaudi, a Torino. Scrissi brevemente a Giulio, sono libera da altri impegni, vengo da voi. Ero a Parigi da Karol quando arrivò la risposta, altrettanto breve; siamo spiacenti di informarla che in questo momento la Casa non ha bisogno di lei.

Rimasi fulminata. Quando si dice ferita narcisistica. Ero sempre stata sicura di poter scegliere, sapevo fare, sapevo

organizzare, conoscevo la sinistra di mezzo mondo, mi era
riuscito sempre tutto – anche nel Pci finché non mi ero scon-
trata sulla linea politica. Invece no. Nel partito ero niente
e fuori del partito non contavo affatto. La collera divenne
furore. Afferrai il bicchiere che avevo in mano e lo scara-
ventai sul muro. Un istante dopo mi vidi. Vidi Karol stupefatto, me stessa stupefatta. Sbollii di colpo. Andai a cercare uno strofinaccio per pulire il filo di liquido giallo che
scendeva sulla parete. Mi sentivo scema.

Capitolo sedicesimo

Invece l'occasione che pensavo perduta si ripresentò prestissimo. I sussulti che si erano percepiti anticipavano l'eruzione del 1968. Ma chi ne prevedeva l'ampiezza? Nessuno, neppure coloro che ne sarebbero stati i protagonisti.

E in Italia il 1968 si estese piú che altrove e non durò un solo maggio; cominciò di fatto nel 1967 nelle facoltà di architettura a Torino e Venezia, nell'autunno dello stesso anno esplose a Trento con l'occupazione di sociologia, e sarebbe dilagato dovunque dal dicembre 1967 a tutto l'anno seguente. Nel 1969, come se non reggesse tutto il rifiuto e non riuscisse a rispondere a tutte le domande che aveva sollevato, il movimento universitario languí, ma nell'autunno di quell'anno alla ripresa del lavoro gli operai occuparono i grandi complessi industriali del nord, gestendoli attraverso le assemblee in forme e contenuti inusuali al movimento operaio. Di là quella specie di riappropriazione di sé sarebbe penetrata per diversi anni in radio, giornali, ospedali e perfino in parte dell'esercito. A distanza quelli che l'avevano lusingata ne dànno oggi una lettura trucida, tanto il padronato e l'establishment presero paura, e la tesi corrente è diventata: si comincia con il contestare la scuola e si finisce con l'afferrare un revolver.

Non tenterò di delineare quella vicenda, sulla quale è stato scritto molto, né la *damnatio memoriae* che oggi sembra d'obbligo. Qui registro come ne fu investito il Pci e noi, minoranza, in esso. A me, nel 1967, era successo che dopo aver preso brevemente sul tragico l'esser messa fuori dell'apparato, mi ero ripresa senza un'idea chiara su dove sarei approdata. Ero ancora deputato e mi parve che c'era da fare anche alla Camera – Ingrao era il nostro capogruppo e con lui ci si intendeva benissimo – sulla legge universitaria che veniva in discussione, per infausta proposta del governo, proprio quando il movimento degli studenti cominciava a salire. Fu la sola volta che, a mia esperienza, Montecitorio dovette arretrare. Mi ci tuffai. Tanto piú che l'essere stata maltrattata dal Pci mi rendeva piú simpatica al movimento degli studenti.

Nello stesso tempo la scena internazionale era in tumulto. Parve la stessa onda. Hanoi non solo resisteva all'*escalation* ma contrattaccava, ed era chiaro che l'Urss la sosteneva materialmente ma avrebbe preferito che si moderasse, mentre la Cina spingeva assieme con la radicalizzazione della rivoluzione culturale, della quale avevamo notizie scarne e impressionanti. Il Pci, che stava sulla posizione sovietica in tema di Vietnam e dal 1960 criticava la Cina (ricambiato con virulenza), nella rivoluzione culturale non vide che una lotta per il potere nel gruppo dirigente del Pcc, cioè nulla. Invece, piacesse o no, essa riproponeva con violenza la domanda su che cosa fosse una rivoluzione, e una post-rivoluzione, domanda che da tempo era matura nella sinistra occidentale. La registrarono piú i film di Godard e Bellocchio che i comitati centrali.

Era essa a innervare le manifestazioni sul Vietnam, sempre meno controllabili: lo slogan con il quale partivano i cortei, «Pace al Vietnam», diventava subito «Fuori gli americani dal Vietnam»; i cortei iniziavano composti e si rompevano in improvvisi cambi di itinerario che puntavano sull'ambasciata degli Usa. Ci furono i primi scontri con i cordoni degli agenti, non ancora blindati, davanti ai quali sciami di giovanissimi avanzavano e arretravano per le strade del centro di Roma, disperdendosi e riaggregandosi in tumultuose apparizioni e sparizioni. L'ambasciata degli Stati Uniti era la piú appetitosa per quel ribollire fra giocoso e beffardo che rompeva con le manifestazioni fino ad allora. Sentii la differenza fra l'avere quarant'anni invece di diciotto mentre cercavo di tener dietro ai ragazzi che scattavano sulle scarpette di gomma, allora inabituali in città, perfette per dileguarsi e riapparire sui sampietrini romani mentre la Celere doveva arrancare sui pesanti scarponi che intenerirono Pasolini: non ce la facevano a stare dietro a quei ragazzi neanche i nostri piú ragionevoli piedi. Nulla ti fa sentire meno dirigente che fermarti senza fiato in un portone per sfilare dalla scarpa una zampa indolenzita. I compagni avvezzi a stare in testa ai cortei classici cominciarono a disertare quelle manifestazioni di una irridente giovinezza.

La quale si interessava invece assai poco di quel che avveniva nello stesso tempo in Cecoslovacchia, e che agitava gli animi comunisti. Era cosa da piú vecchi, quel che era piú vecchio non poteva appartenergli – fu il segno di tutto il primo Sessantotto, ed è quanto gli viene meno perdonato. Ma restiamo sul 1967. L'anno prima c'era stato uno scontro all'Università di Roma, ancora con i fascisti, e mi ero sorpresa a calare con energia la borsa pesante di libri e scartoffie su un celerino, del quale ricordo lo sconcerto, per impedirgli di dare una manganellata, se ricordo bene, a Marisa Rodano. Devo aver avuto sempre l'aria di una signora a modo se non sono stata mai fermata, neanche quella volta.

Tirava un vento speranzoso e ribelle, che non sapevamo foriero di un ribollire senza precedenti. Il Vietnam s'era d'un balzo avvicinato, come una Cina immaginaria e presente, e sulle magliette appariva il volto del Che, cosí diverso dallo zio Ho e cosí simile a noi, quando fui invitata a Cuba.

Era Carlos Franqui che ci invitava, Karol e me, al *Salon de mayo*, una esposizione e un convegno di intellettuali che si supponevano amici di quella rivoluzione. Franqui conosceva bene l'Europa, sapeva che i suddetti intellettuali erano tutto fuorché realisti socialisti, e benché consci dell'uso che si faceva di loro erano curiosi di quella Cuba che sfidava il gigante americano e quello sovietico, con in piú il fascino dell'esotismo. Quanto a lui, Carlos, era stato una delle anime della guerriglia in città, ne rivendicava il ruolo rispetto a quello della Sierra Maestra, aveva fatto Radio Rebelde, ora dirigeva «El lunes de la Revolución», un foglio di avanguardia politico-culturale; lo sguardo acuto e un po' ironico del *guajiro* supercolto, non dubitava ancora del *caudillismo* di Castro, che lo avrebbe indotto a lasciare l'isola pochi anni dopo. Pochissimi, perché la storia si metteva a precipitare.

All'Avana Franqui ci presentava a questo o quel comandante che passava al *Salon*. Il quale esibiva all'ingresso una giovane mucca di razza F2, il pelo lucente e i grandi occhi sorpresi di trovarsi là; firmato: Castro. Questo è un capolavoro, mandava a dire. Era il primo incrocio fra gli zebú che ai Tropici prosperano ma non dànno latte e le vacche che dei Caraibi non sopportano il caldo e la povertà del foraggio. Un biologo inglese, Preston, noto per chiudere la porta in faccia al *líder máximo* se arrivava senza preavviso, lavorava a quel riottoso incrocio. La prima F2 si esibiva mansueta al *Salon de mayo*, ma si sarebbe riprodotta a sufficienza? Cuba già si buttava su un oscuro botanico francese, ricevendolo come un eroe all'aeroporto, nella speranza che riuscisse a ibridare la nostra nutriente erba alfa con le ingannevoli erbe indigene, tutte colore e acqua. Il suo libro, sobriamente intitolato *Yerbas* era in tutte le vetrine accanto al volto del Che. Dubito che ci sia riuscito in quell'atmosfera dolce e umida e senza stagioni, dove vengono su come niente soltanto le palme reali, scuotendo le chiome al vento, e le grandi *seibas* simili alla quercia che cambiano di posto, dicono i contadini, ogni notte.

Quando chiesi a Castro perché invece di correre dietro alle vacche non provava a allevare pecore, che in Sardegna crescono nutrendosi di niente, mi guardò di sbieco.

Forse era una scemenza. L'Avana era tutta un paradosso, irragionevole e allegra, si sentiva sul collo il fiato degli Stati Uniti – aveva subito il peggio dai fratelli Kennedy – ma li sfidava, «Provateci e vedremo!» Era seducente di vecchi fascini e nuovo fervore, dalla cattedrale barocca intrisa di conchiglie fossili alla modernità seriale del Malecon, dai ventagli di vetro colorato sopra i portoni del centro alle scuole bianche di periferia, dalle scritte rivoluzionarie agli intatti Floridita e Sloppy Joe amati da Hemingway. E per le strade una folla di tutti i colori, bianchi e neri e gialli e d'argento brunito, le creature di triplice meticciato sono le piú belle che io abbia mai visto, maschi e femmine alti e flessuosi, andanti come gatti, le donne con grandi fiocchi sul sedere. Quasi che il machismo imperasse ma il razzismo non fosse mai esistito e la sensualità convivesse senza problemi con il puritanesimo del partito – che, con la scusa che Cuba era stato il bordello di lusso degli Stati Uniti, tempestava contro i gay e la minigonna.

Il tutto nel piú gran disordine e scarsità, trasporti approssimativi, vetture americane cadenti, negozi vuoti e ristoranti in dollari dove trovavi l'aragosta alla brace con il cioccolato amaro, cinema e arti di prim'ordine ma l'unico quotidiano, il «Granma», illeggibile. Dibattito politico zero. Se ne scusava il sorriso di Retamar, direttore della Casa de las Américas, il solo che non si aggirasse in leopardo e revolver come se si aspettasse uno sbarco ogni dieci minuti. Karol e io eravamo, assieme a Jorge Semprún e Colette, trasportati a destra e sinistra a contemplare le conquiste della rivoluzione; e ce ne salvava l'aspetto surrealista delle spedizioni, come le tre ore di motovedetta armata per raggiungere il primo banano della baia di Cienfuegos strappato col bulldozer alla vegetazione ostile. Cuba prediligeva le imprese impossibili, la temperatura era torrida, l'umidità al cento per cento, il banano un qualsiasi banano, le noci di cocco infrangibili; soltanto il rhum bloccava di colpo il sudore.

Quanto ai vari comandanti non si sentivano ancora dei veterani, non parlavano del passato ma del presente – bisognava fare d'urgenza questo e quello, occorreva risolvere questo e quel problema. Tuttavia secondo Carlos quel che importava era parlare con Fidel, che sapeva di noi e voleva vederci. Che cosa sapesse lo ignoro, se non che Karol aveva scritto sulla Cina e la Cina gli interessava perché con l'Urss i rapporti erano tesi. Lo avremmo incontrato il 26 di luglio, anniversario dell'attacco al Moncada e per quell'evento dovevamo andare a Santiago, nella provincia di Oriente dove era sbarcato, anzi naufragato, il Granma.

Cosí facemmo e ascoltammo dalla tribuna un discorso fluviale, del quale ci colpí l'esaltazione del Movimento 26 luglio, erede di Simón Bolívar e di José Martí, in polemica con gli smorti comunismi e l'Urss, incline al compromesso e avara di petrolio. I partiti comunisti non erano invitati o non erano venuti, non c'ero che io di quella razza, per quanto capii. Dunque era vero che Cuba si prefiggeva una terza via, assieme al Vietnam, fra prepotenza americana e timidezza sovietica, era il tempo dei David contro Golia? La gente si accalcava intenta fin al palco di Fidel, e proprio sotto Fidel, appoggiato con le spalle alla tribuna, c'era Giangiacomo Feltrinelli in *guayabera* e cappellaccio sfondato.

Alla fine ci dissero gaiamente che Fidel andava a inaugurare un villaggio alla Gran Piedra ed eravamo suoi ospiti tutti. Dov'era la Gran Piedra? Vicino. Le *guaguas* sarebbero venute a prenderci di lí a mezz'ora. Le *guaguas* vennero a prenderci dopo tre o quattro ore e per arrivare alla Gran Piedra ce ne vollero altrettante, era un altipiano sopra Santiago a picco sulla fossa atlantica. Le *guaguas* arrancavano e si spegnevano, le sopravvissute si fermavano a caricare i passeggeri appiedati, la polvere rossa della strada sterrata faceva di Marguerite Duras e Michel Leiris, seduti accanto a noi, delle maschere d'argilla. Nella *guagua* accanto, delle ragazze cantavano con fervore una canzone il cui ritornello era «Los hombres son malos». La Gran Piedra si rivelò una serie di baracche con lettini a castello, docce centralizzate, e tavoli sul prato dove avremmo cenato con il comandante. In capo a due ore di attesa – la doccia l'avevo già fatta ruscellando di rosso – andai a stendermi su uno dei lettini del baraccamento. Alle tre, cioè subito, mi sveglia Karol: Fidel vuole parlarci adesso. Neanche lo Spirito santo, sono morta. Invece mi tirò giú ridendo ed eccoci seduti sui gradini d'una casetta isolata, sotto la quale rombava l'oceano e sopra il cielo era pieno di stelle tremanti dai vapori.

Parlammo per ore. Castro era assai polemico con l'Urss: i missili disse, non li aveva chiesti, gli erano stati imposti da Chruščëv mettendo l'isola a rischio per giungere poi a quell'inglorioso ritiro. E poi l'Urss mandava aiuti a vanvera, battelli di cibo deperibile senza frigoriferi, consiglieri insipienti, una macchina per tagliare la canna buona per la pianura mentre Cuba è tutta un avvallamento. La Cina non era generosa di riso ma ascoltava i popoli. Il Che lo aveva detto chiaro ad Algeri.

Appunto, Guevara, dov'era? Come se si confidasse, Castro ammise che era in Bolivia e che tutto stava andando benissimo, alla fine anche il grosso Pc di Mario Monge si sarebbe convinto. Mentre non andava bene a Douglas Bravo e a Turcios Lima, che era sceso in città e si era fatto incastrare. In città si era perduti. Un paio di mesi dopo ci sarebbero arrivate le fotografie del corpo del Che su un tavolaccio, i piedi in avanti come il Cristo del Mantegna, il petto trapassato dalle pallottole, gli occhi spenti fissi in alto. I ranger lo avevano catturato e ucciso. Dai diari suoi e dei due che si erano salvati risulta che il 26 di luglio già era stato individuato e stava correndo ammalato in cerca di un qualche riparo, la radio guasta e le carte topografiche inaffidabili. Né i minatori né i contadini, dei quali non parlava la lingua, lo avevano appoggiato. Poteva non saperlo, quel 26 di luglio, Fidel Castro? Ma perché ci avrebbe mentito? E se non mentiva, un'altra domanda si aggiunge alle molte che quella spedizione solleva. Parlava con convin-

zione, a bassa voce, non c'era attorno nessuno, si difendeva con calore dalle obiezioni, cercando di venire a capo d'u-
na arancia dalla buccia coriacea. Si poteva fare di Cuba una
seconda Israele, vincere l'inconsistenza del Tropico, c'erano dei microclima che producevano di tutto e i frangiven-
to avrebbero protetto ettari ed ettari dal Norte, la loro tra-
montana. Perché non venivamo a vedere con i nostri occhi?
Stava appunto ispezionando quegli esperimenti, saremmo
rimasti in giro in jeep tre o quattro giorni. Partenza fra tre
ore. Pareva che non dormisse mai. Non avevamo che lo
spazzolino da denti? Non ci preoccupassimo, tutto quel che
avevamo lasciato a Santiago sarebbe stato mandato all'A-
vana, cosa che non avvenne e mi parve un'equa misura di
redistribuzione. All'alba salimmo nella sua jeep con Stokely
Carmichael, che mi guardò di sbieco, disse che tutti gli italiani sono mafiosi e non aprí piú bocca. Credo che desse for-
fait il giorno dopo, stufo di contemplare tisiche vigne e col-
tivazioni renitenti. Il mio amico Saverio Tutino, corrispondente dell'«Unità», non vedendoci rientrare con gli
altri da Santiago, temette che fossimo stati arrestati come
trockisti.

Invece noi scorrazzavamo per le sierre e cinque o sei jeep
con personaggi del governo seguivano quella guidata dal
comandante. Se qualcuno avesse voluto sparargli avrebbe
potuto farlo fra quelle montagne semideserte o nella folla
in cui ci perdemmo a Guantánamo per ripararci da un ac-
quazzone. Non dico che ne sarebbe uscito indenne, dico
che Castro viaggiava scoperto e riconoscibile. Qualche contadino a cavallo che incontrammo gli parlava senza im-
pressionarsi e salutava con dignità toccandosi l'ala del cappello. È certo che nel 1967 Castro non era odiato dalla gente comune. Anzi. Gli si addensavano attorno e facevano
fretta, qui l'elettricità non c'era ancora, là mancava il pozzo, che cosa aspettavano all'Avana? Ci fermavamo quando cadeva la sera e i soldati montavano le tende. In giro
non si trovava niente, un ospedale si privò per noi di due

limoni, quindi il convoglio delle jeep si portava dietro di
che nutrirsi. Come italiana dovetti fare gli spaghetti al po-
modoro, stentando a spiegare che la pasta non va cotta due
ore prima e cacciando il *líder máximo* che pretendeva di in-
segnarmi a tirare la salsa. Seguivano conversazioni nottur-
ne infinite cui ministri e capitani presenziavano in silenzio, e al nostro incalzare Fidel ammetteva: «Hay proble-
mas, hay contradicciónes». Ho trovato fra le mie carte i
foglietti in cui scriveva parlando, come a convincersi rical-
colando le cifre. Sí, i contadini non volevano mollare la terra. Che fare? *Hay que fusilarlos*? No, naturalmente. La rivoluzione si scontrava su tutto, l'eredità del colonialismo,
l'arretratezza, l'embargo, *el bloqueo*.

Era anche vero. Il silenzio nel quale gli astanti seguivano la partita fra il capo e noi due diceva che noi ce lo potevamo permettere perché saremmo andati via, mentre loro sarebbero rimasti. Ma nessun dirigente comunista, salvo qualche iugoslavo, parlava con quella semplicità e
accettava quelle obiezioni. Celia Sánchez, segretario di stato, la mitica Aly che aveva organizzato l'arrivo del Granma a Oriente, anche lei in leopardo, il viso stanco e i capelli neri raccolti da un anello d'argento su una spalla, era
raggiunta ogni giorno da un elicottero per gli affari urgen-
ti. Perché diavolo Castro si portava dietro mezzo governo?

La prima sera, dopo un paio di notti in bianco, mi congedai verso le due mentre la discussione fremeva fra lui e
Karol, e mi buttai su una branda della tenda piú vicina.
Stavo tirandomi addosso la coperta militare quando fece
capolino Castro: «Perdoni, non preferirebbe dormire nella tenda delle donne?» «Non importa, comandante». «Ma
qui verranno una trentina di soldati». «Be', allora sono di-
fesissima». «La prego, a Cuba non si usa». Pareva scusar-
sene. Raggiunsi le *damas*, fredde ma gentili e munite di
creme e altre femminili comodità.

Quando ci lasciò all'Avana gli archivi ci erano aperti.
Storia, documenti, lettere – non posso sapere se c'era tut-

to ma c'era molto. Anche i verbali stenografici delle riunioni settimanali del Che e dei suoi collaboratori al ministero dell'Industria, tutto un dibattersi contro il *subdesarrollo* e tensioni sulla monocoltura dello zucchero. Castro ci teneva per assicurarsi un'entrata dai paesi socialisti, Guevara voleva piú colture e altri dubitavano – forse quell'Alberto Mora di cui avrei saputo piú tardi che era un genio uscito di scena non si diceva come. Carlos me ne accennò scuotendo la testa.

Qualche giorno dopo Fidel ci invitò, assieme al fisico comunista Jean-Pierre Vigier, al suo compleanno all'Isola dei Pini, che sarebbe diventata l'isola dei giovani e della quale elogiava il fascino. Che non colsi fra le file e file di pompelmi e aranci d'acciaio, mentre fluttuava alla brezza un mare di ibischi multicolori, chiamati ostilmente *malpacificos*. Ai nostri occhi Cuba pare benedetta perché vi crescono come alberi quelle che da noi sono piccole e preziose piante d'appartamento, fiori carnosi e foglie screziate. Ma né là né qua portano frutto alcuno. Quel giorno eravamo una ventina a una tavolata modesta – da nababbi non si trattavano di certo. Il discorso andò sull'Urss. Non ne sapevano nulla, ma proprio niente di niente, neanche il piú vecchio e saggio medico Vallejo, che tutti rispettavano. Ascoltarono con stupore quando, sentendo troppe sciocchezze, parlammo del gruppo leninista, degli anni venti, e trenta, i processi, la guerra.

Riportandoci all'albergo, Castro ancora ruminava, possibile che Stalin avesse fatto ammazzare Trockij, gli pareva un'enormità. Non l'aveva mai saputo pur avendo vissuto diversi anni in Messico. La capacità di non sapere nulla di quel che succede fuori del proprio orizzonte non cessa di meravigliarmi. E i comunisti? Per lui erano quelli che non avevano appoggiato l'insorgenza contro Batista, soltanto uno di loro, Carlo Rafael Rodríguez l'aveva raggiunta, sia pure tardi. Parlai piú tardi con Carlos Rafael, intelligente e cauto. «Ma i comunisti pretesero di coman-

dare a vittoria raggiunta. Si erano organizzati in frazione», diceva Fidel. «E allora?» Allora li avevano scoperti
e fatti fuori dal governo. Quando lessi i verbali del processo non simpatizzai per Escalante, ma il sistema mi al-
libí. Alla fine della giornata all'Isola dei Pini, Castro chiese a Karol di scrivere un libro su Cuba, gli sarebbe stato
messo tutto a disposizione. Karol obiettò che quanto scriveva in genere non era gradito ai governi. Come sulla Cina. «Ma è quel che vogliamo, scriva quel che vede, critichi,
questo ci aiuta» e simili. Quando due anni dopo sarebbe
uscito *La guerriglia al potere* vennero dall'Avana alte lamentazioni.

Se rivedessi Castro, cosa assai improbabile, gli chiederei
perché nel 1967 non riuscisse a credere all'assassinio di
Trockij, lui che ha fatto fucilare Ochoa e i fratelli La Guardia. Mi risponderebbe che ci sono tradimenti oggettivi e necessità oggettive. Non credo che gli verrebbe in mente che
anche Stalin deve avere pensato cosí, e in genere pensa cosí ogni ragion di stato – compresi coloro che si scandalizza-
no per i diritti umani. Quando aveva condannato a morte
un giovane del Direttorio – si chiamava anche lui Rodríguez
– Castro era andato piú volte in carcere per convincerlo che
era giusto venire fucilato. L'isolamento, le difficoltà, *el bloqueo*, la umana natura, i bisogni di tutto e di tutti, la paura di non farcela – Castro non pretendeva, almeno allora,
che tutto fosse giusto. Ma necessario sí, fatale. Da parte mia
non credo, come altri, che l'errore fosse inscritto in quelle
divise militari. Non erano che il simbolo della vittoria ottenuta. Si sarebbe potuta ottenere diversamente? O si cambia con la persuasione o va a finire male, dunque il piú delle volte sarebbe meglio non cambiare nulla? A ogni modo
Cuba non era una caserma. E gli Stati Uniti non le misero
il blocco finché non attentò alla proprietà. Senza il blocco
forse non sarebbe finita cosí.

All'Avana incontrai anche il poeta dissidente Heberto
Padilla, era stato appena scarcerato assieme alla sua com-

pagna Belkis. Non mi parlò che dell'illibertà dell'intellettuale, era sicuramente vero quel che diceva, era la sola lente attraverso la quale vedeva Cuba e lo potevo capire. Non accettò nessuna obiezione che gli avanzavo su quella impresa giovane di giovani impreparati, pesante e disperante ma mossa da un'intenzione giusta. Mi lasciò, credo, con delusione e diffidenza, e quando uscí il libro che Karol aveva finito con lo scrivere, Padilla arrestato fece un'autocritica pubblica nella quale diceva di essere stato lui a informare due agenti della Cia, K. S. Karol e l'economista francese René Dumont. Fidel colse l'occasione per denunciare gli «ultrarivoluzionari che vivono comodamente a Parigi o a Roma». Padilla ci fece sapere di aver detto questa enormità per far capire al mondo a che cosa si era costretti. Poi ha lasciato il paese.

Non conosco rivoluzioni innocenti. Non conosco l'innocenza di non tentarle. Le letture giovanili sul tragico – non tanto il dolore quanto l'irrisolvibilità – mi sono state confermate sempre dal corso delle cose. Non so dire oggi a quale grado di consapevolezza fossi giunta allora. Da Cuba tornavo con sentimenti contrastanti – forse avevano ragione di tentare, forse Cuba avrebbe maturato quel che era ancora un fare approssimativo, materia bruta ma lucente, forse del proletariato si poteva fare a meno – «Se no che cosa, aspettarlo?» chiedeva scherzando, ma non tanto, Castro su un marxismo *tropical*. Quello non tropicale non era arrivato a esiti molto piú confortanti. Ed erano giovani, entusiasti, non burocrati – sí, c'era una speranza. Una scommessa.

Non avevo detto al partito che andavo in un paese dove esso non andava e Armando Cossutta me lo rimproverò; Pajetta invece mi chiese un pezzo per «Rinascita» e lo pubblicò ancorché gli paresse troppo positivo e Marcella Ferrara dubitasse dell'opportunità di scrivere a chiare lettere il ritornello che tutti canticchiavano allora «Que tiene, que tiene, que tiene Fidel | que los americanos no pueden con el?», la risposta essendo *cojones*. Scrissi con simpatia e l'articolo mi lasciò addosso un sospetto, un aroma cubano, come disse polemico Renato Guttuso. Che pure era un amico. Tornammo a Cuba pochi mesi dopo, a dicembre, per il congresso dell'Olas – sigla per Organizzazione latino-americana di solidarietà, ma anche «onde». Dall'Europa, oltre che dagli studenti dei campus americani, veniva un'onda e Castro parlò d'un sollevarsi del mondo che metteva in causa molte categorie. Ma il Che era morto, i *focos guerrilleros* si sarebbero spenti in poco tempo e molto sangue, e le Olas vissero vita breve, o soltanto quella apparizione. La mattina del primo gennaio 1968, dopo una festa al Tropicana con ballerine e beveraggi che non avevo gradito, mi vidi tuffarmi nella piscina dell'Hilton come i magnati di dieci anni prima. Mah. Ci avevano lasciato in ogni camera una piantina di caffè con l'invito di metterla in terra assieme al popolo alla periferia dell'Avana. Come sarebbe cresciuto il caffè di montagna alla periferia dell'Avana, obiettava Paul Sweezy? Rifiutai, mentre Karol, deciso a conoscere Cuba oltre per oltre – vi sarebbe rimasto diversi mesi – ci andò con un certo buonumore. Intanto venne la notizia che a Torino gli studenti avevano occupato palazzo Campana, e partii.

Il mese prima mi avevano chiamato a Trento gli occupanti di sociologia. Pochi comunisti avevano accesso a quei recinti dove gli studenti si autogestivano dal cibo alle lezioni, e chi era, raramente, invitato sapeva che sarebbe stato messo sotto tiro. Non ricordo di che cosa parlassimo la mattina in un'aula e il resto del giorno ovunque, ricordo che a un certo punto un ragazzo appollaiato vicino a Rostagno nell'anfiteatro mi fulminò con un «Acción antes, conciencia después» – prima l'azione poi la coscienza. Era un battuta del Che, che giaceva seppellito metri e metri sotto un'autostrada, come se temessero che da una tomba normale potesse risorgere. Il Che, l'icona piú ama-

ta. Ma quell'espressione era una cazzata (non dovetti dir
cosí, allora non si usava), ribattei. Le rivoluzioni non avevano sofferto di un eccesso di pensiero, e quella sua fine
in Bolivia ne era una prova in piú. A meno che, mi dissi
ma non comunicai a quei giovani volti, avesse deciso di incontrare la morte perché ben poco avrebbe potuto fare a
Cuba, e gli altri paesi di socialismo reale li aveva visti. Con
Fidel – aveva scritto – né matrimonio né divorzio.

Qualche anno dopo avrebbero fatto la scelta di togliersi
la vita, senza tentare imprese impossibili e senza coinvolgere che se stessi, piú d'uno di quelli che avevo conosciuto. Il presidente Dorticós – che essendo mancato a un appuntamento era sbarcato nel nostro albergo senza preavviso – si sarebbe sparato alla tempia. Beatriz Allende si
appoggiò in piedi sul fucile e premette il grilletto sotto il
cuore. Le donne facevano cosí. Anche Haydée Santamaría.
Alle domande ansiose che qualcuno di noi fece – la stampa internazionale non se ne preoccupò affatto – da Cuba
risposero che non aveva sopportato di esser lasciata dal marito Armando Hart. Haydée, che aveva partecipato all'assalto al Moncada, cui avevano fucilato sotto gli occhi il fratello e l'uomo che amava, cui avevano portato in cella per
dileggio gli occhi dell'uno e i testicoli dell'altro, che aveva
retto a tutto quel sangue e dolore temendo non per la propria vita ma che la gente li prendesse per pazzi – non ho
mai creduto che Haydée si ammazzasse per un amore deluso. Non Haydée. Che era venerata al punto da poter proteggere la liberale Casa de las Américas e della quale mi
avevano colpito il volto chiuso e gli occhi lontani mentre
cuocevamo gli inevitabili spaghetti nella sua casa sull'o-
ceano, piena di bambini non suoi. Haydée, la piú aperta,
forse la piú dubbiosa. Avevamo parlato poco. Che cosa
avrebbe potuto o voluto dire a me, che riceveva come ospi-
te privilegiata di Castro?

Queste morti mi accompagnano ancora. Celia Sánchez
sarebbe finita poco dopo per cancro in un ospedale ameri-

cano dove Castro riuscí a farla accogliere. Ma il cancro non
è anche un venir meno delle difese del corpo quando la stanchezza della mente è illimitata? Non l'avevo mai vista sorridere. Una sola volta, nel palazzo presidenziale dove faceva crescere le orchidee selvagge, vidi passare in fondo a
un corridoio una figuretta in abito da sera, corto e vapo-
roso e multicolore. Bizzarra e fuggevole, come per se stessa. Ma era lei.

Non sarei piú tornata a Cuba. Nell'inverno del 1968 il
movimento degli studenti dilagava e dilagavano le tesi di
Pisa e di Trento e di Torino – meno fascinose degli slogan
fulminanti che a maggio avrebbero coperto i muri di Parigi. Gli atenei vomitavano chilometri di ciclostilati, ardenti e scritti per l'eternità, senza indicazione di luogo e
di data, difficili da situare quando mi vengono in mano
nel mio peregrinare di casa in casa. Non polemizzavano
con il Pci, e quanto alla Democrazia cristiana non gli veniva neanche in mente. Il nemico era il «sistema», miravano alto.

Avevano qualche idea di Marx, ignoravano Gramsci o
Korsch o Lukács, le loro icone erano Lenin e Mao, ma soprattutto Ho Chi Minh e Guevara. Ma parevano aver suc-
chiato il latte dei francofortesi per la critica radicale della
società omologante e dei consumi – nel nostro 1968 Marcuse fu il piú letto, mentre nell'aprile di quello stesso anno, un mese prima dell'esplosione, nella Parigi intellettuale
non se ne aveva ancora idea. A un mio suggerimento fu ri-
posto: «Noi non pubblichiamo opere di giornalismo». Del
resto in Francia non conoscevano neanche Adorno, strana Europa. Comunque Marcuse spostava il soggetto rivoluzionario dalla classe operaia, in nome della quale continuavano a parlare i tiepidi partiti della sinistra, a un soggetto non piú proletario e progressista ma marginalizzato
e antisviluppista; gli studenti se ne sentivano fratelli, massa acculturata e deprezzata che non poteva né desiderava
diventare la nuova leva dirigente dell'ordine dato.

Cosí stupefacente apparve quella rivolta dei figli – figli in senso proprio, quelli che erano stati mandati a studiare – che governo e media restarono sulle prime imbambolati. Ci sarebbe voluto oltre un anno per mandare la polizia a sgombrare un'università. Anche i poteri forti tacquero, mentre la prima controparte, il corpo docente, l'accademia si sentí presa di mezzo e latitò. A Torino un professore si uccise. Questa lava si rovesciò sul Pci come fosse Pompei. Dapprima non apparve devastante, le aprirono le porte delle federazioni e misero a disposizione ciclostili e telefoni, poi cominciò a inquietare. Non che il Pci si sentisse insultato, non lo era, era ignorato, cosa che lo infastidiva assai. Non che scendesse al punto di definire teppaglia – come il Pcf, la *pègre à la rue* – quelle masse giovanili per le strade. Le università erano effervescenti, la riforma universitaria del ministro Gui ne veniva affondata e nell'inverno ci fu anche la prima occupazione d'una fabbrica-villaggio che era un patriarcato, la Marzotto. Forse sarebbe successo anche alla Olivetti, se Adriano ci fosse stato ancora.

A febbraio le sezioni universitarie comuniste, abituate a essere le prime e perlopiú le sole a battersi con i fascisti, si sentirono ridicolizzate, gli studenti partivano senza di loro e prima di loro. Il partito le convocò alle Frattocchie, sotto il brutto affresco di Guttuso – non so dove sia finito, la scuola di partito è stata venduta come tutto il resto – per una giornata di discussione. Dirigeva Alessandro Natta. In capo a molte ore di interventi febbrili nei quali il *leitmotiv* era stato «Diamoci una mossa, cambiamo musica, ci stanno scavalcando», Natta prese tempo: «Abbiamo sentito, la segreteria rifletterà. Sarete riconvocati, la riunione è chiusa». «Tu non chiudi niente», suonò una voce dal fondo. Nel Pci non si era mai sentito nulla di simile. Natta restò interdetto, la sala si sentí espressa ma si limitò a rumoreggiare e dopo qualche schermaglia di metodo l'assemblea finí senza, che io ricordi, riconvocarsi. Una riunione poteva finire ma tutto restava aperto, e piú di uno fra quelli che vi avevano preso parte ne uscí decidendo di lasciar perdere la sezione universitaria e mettersi con gli altri.

Nemmeno un mese dopo la direzione del Pci si divideva sia su una proposta di lotta sulle pensioni, avanzata da Lama, che parve ad Amendola eccessiva, sia sugli studenti che Emilio Sereni accusò di guevarismo, esprimendo per la prima volta un giudizio severo sul Che. Furono le prime visibili ostilità nel vertice. La segreteria doveva essere divisa anche sul Vietnam e sulla Cecoslovacchia, dove procedeva il nuovo corso sotto lo sguardo corrucciato del Pcus. Tutti i fronti bruciavano, dovunque si aprivano brecce, e non senza confusione, perché la primavera di Praga, come fu chiamata dopo, aveva accenti libertari e socialisti ma anche riformisti e socialdemocratici, che sconcertavano gli studenti e la sinistra comunista. Non certo a causa di questi si divideva il vertice del Pci ma, come per il Vietnam, sulla posizione sovietica – l'Urss poteva essere già poco amata, ma era lo stato «dalla parte nostra».

Eppure non stava avvenendo all'est quel che Togliatti aveva previsto nel memoriale di Yalta? Luigi Longo forzò una prima volta in aprile andando a Praga per portare a Dubček l'appoggio dei comunisti italiani – cosa che, pensava, avrebbe fatto riflettere i sovietici mettendoli in guardia dal contrariare il piú grande partito d'occidente. Non so se ci fossero stati dissensi espliciti in segreteria su quel viaggio, che fu un successo e finí con l'elettrizzare tutti. Tanto piú che il 19 maggio si sarebbe votato per le legislative e dal simpatizzare con il nuovo corso il Pci non poteva che trarre vantaggio.

Tutto si era messo a correre, il Vietnam, la Cecoslovacchia, la Cina che andava, ma non lo sapevamo, alla fine della rivoluzione culturale: l'Europa guardava stupefatta la sua propria gioventú che diceva cose mai sentite e aveva una forza d'urto irresistibile. Ai primi di maggio esplose l'Università di Nanterre e, dilagando su Parigi, sarebbe diventata un simbolo per tutto il mondo. La protesta andò oltre le università. In pochi giorni la Francia si fermò sotto lo sciopero generale e il potere vacillò. Il potere che era Charles de Gaulle, niente di meno. Anch'egli fece le sue prove, prima scomparve per qualche giorno lasciando un impressionante vuoto (dove era andato e con chi? Con il generale Massu, torturatore d'Algeria?) e poi riapparve, solo e con l'abituale alterigia, per finirla con quel disordine. Aveva capito, o scommise, che quell'ondata giovanile sarebbe arretrata dall'infilarsi nella sfera della politica, per sostituire il suo governo con quello di Pierre Mendès-France, che aveva sfilato con gli studenti fino alla simbolica piazza Denfert Rochereau.

De Gaulle era il sistema, Mendès-France un riformatore del sistema. Gli studenti preferirono che *le pouvoir* restasse indefinitamente alla *rue*, e non ebbero neanche il tempo di discutere d'un eventuale leader, cui peraltro non delegavano niente. Ma un vuoto di potere non dura a lungo. De Gaulle riprese le redini. I sindacati trattarono per la fine dello sciopero generale – ottennero qualche cosa, che altro potevano fare? Ma ad accordo fatto, piú d'un operaio e operaia rientrarono in fabbrica piangendo. Alla Renault di Billancourt il comitato di sciopero aveva chiuso i cancelli quando un enorme corteo degli studenti era venuto a portare «alla classe operaia la bandiera rossa che sventolava sulla Sorbona perché la prendesse dalle loro fragili mani» – cosí stava scritto sullo striscione di testa. Restarono fuori e nessuno del comitato di sciopero uscí neanche a parlargli, a notte si dispersero. Mi parve terribile.

Da noi le elezioni arrivavano a metà maggio. La federazione di Milano mi chiamò per propormi la rielezione a deputato a condizione che fossi piú disciplinata. Ma sapevo che si andava a una divergenza e non volevo privilegi – perché essere deputato lo era, un privilegio, sul piano simbolico molto di piú e su quello materiale assai meno di ora. La mia sezione a Milano protestò perché non mi trovarono in lista, ma non era del tutto giusto – se avessi accettato una vaga disciplina mi avrebbero eletta volentieri. Avrei portato qualche voto e sapevo lavorare. In verità non ci tenevo affatto, eravamo presi da ben di piú, era profondissima la speranza che quel che stava accadendo modificasse il Pci, se non da cima a fondo, abbastanza da spostarlo a sinistra – era un corpo vivente, non era il Pcf, quel che succedeva lo attraversava di dentro, avrebbe reagito. Le elezioni del 19 maggio andarono bene – l'agitazione degli studenti ci portò molti voti.

Non che gliene importasse granché delle elezioni, agli studenti, c'era piú indifferenza che antipolitica, davano una mano ai deboli padri. Anche da movimenti assai piú polemici, come quelli degli anni settanta, il Pci avrebbe capitalizzato a lungo i voti. Mai ritenne di dovere qualcosa in cambio. Piú a sinistra di se stesso chi mai c'era? Votai in fretta, non so chi prese il mio posto alla Camera, e corsi a Parigi a vedere la rivoluzione.

Del maggio francese si dovrebbe parlare con serietà, quasi solennemente, perché sia chi lo apprezza sia chi lo detesta non nega che abbia costituito una cesura storica. Quel che in Italia s'era affacciato da un anno e in varie città sfavillò da Parigi nel mondo, divenne un simbolo e produsse i suoi simboli, mentre sui muri fiorivano le parole d'ordine che restano ancora oggi nella mente come da nessun altro movimento del secolo – la lingua, la tradizione intellettuale, contarono non poco in quell'esprimersi fusionale. Negli anni settanta, o nei primi ottanta, la municipalità di Parigi cancellò dai muri quella geniale storia scritta. L'ultima battuta che vidi, a muri tutti imbiancati, fu un patetico: «Bon dieu, mais dites quelque chose!» Ma questo sarebbe venuto dopo.

Intanto Lucio Magri, Filippo Maone e io, come molti altri, andavamo a veder le barricate. Quella incursione non mancò di risvolti comici. Il primo dei quali stava nel tempo: in Italia s'era votato il 19 maggio e avevamo bell'e perso i giorni della marea crescente. Quando partimmo, in Francia c'era ancora lo sciopero dei trasporti, treni fermi, aerei fermi, benzina e pompe tutto chiuso. Riempimmo di taniche di benzina la Giulia che l'amico editore Diego De Donato avventurosamente ci prestava e sperammo di non avere incidenti, sarebbe stata una gran fiammata. Lucio Magri guidava benissimo ma era tornato dal suo confino dispettosamente privo di patente, per cui appena vedevamo profilarsi la Stradale Filippo Maone doveva sostituirlo in un lampo al volante. Maone invece non aveva il passaporto, confessione che ci fece solo alle soglie del tunnel del Monte Bianco, passata Entrèves, per non essere escluso dalla spedizione. A due metri dalla Francia in ebollizione non mi restò che balbettare qualche idiozia alla guardia di frontiera – sono un deputato (ma non lo ero già piú), sono attesa a Parigi (non ricordo da chi), questo (Maone) è il mio segretario. Non credo che la bevessero, ma ci lasciarono passare perché il caos è il caos, e dall'altra parte la guardia di frontiera francese latitava per sciopero. Poco dopo scoprimmo che le pompe di benzina dell'esagono erano riaperte, facendo del nostro carico di combustibile solo una noia: dovemmo versarlo nel motore tanica per tanica e ci bastò fino al ritorno.

Ci accampammo nella casa di Karol e ci precipitammo nel quartiere latino, sospeso e per niente terrorizzato. Tutti parlavano con tutti. C'erano ancora scontri con la polizia, ma non sanguinosi come nel nostro decennio seguente, e volò qualche pavé. Ma nessuna rivolta fu meno sinistra del 1968, piú decisa e ridente, come se ogni cosa fosse a portata di mano, anzi già conquistata. La prima sera la passammo all'Odéon, schiacciati come sardine, commossi da quel prendere la parola di tutti, non solo dei gruppi in formazione ma di singoli, gente che non lo aveva mai fatto, che per la prima volta parlava di sé al mondo, spesso con fatica. «Lasciatelo parlare» era il grido quando qualcuno si dilungava o inciampava in se stesso, affannato nel dire la sua fatica e solitudine. Dolore di essere solo, e stupore felice di essere finalmente con altri, anzi con tutti. La serata non ebbe un filo se non questo dirsi e sentirsi, e quando al microfono arrivava un volto noto (non senza avere fatto la coda) non riceveva né minore né maggiore attenzione: le proposte della manifestazione stavano nel manifestare, nell'avanzarle erano già raggiunte, il sistema, l'autorità, la norma erano già fuori gioco. Al di là di ogni interdizione. Accolte con impazienza le citazioni. Non c'erano maestri, non ne sentiva bisogno quella folla di giovani e meno giovani – perché all'Odéon entravano tutti, anche il passante o l'ultimo marginale. La Francia o tace o grida, o dorme o sta sulle barricate – il movimento che si produsse nel 1996, trent'anni dopo, avrebbe ritrovato per molte settimane questa fraternità che in Italia non ho conosciuto.

Nei giorni seguenti vedemmo l'inizio d'un deflusso, non dichiarato, le strade erano piene ancora, ma l'aria era diversa. Non solo perché gli operai erano rientrati, finito lo sciopero, ma perché gli studenti non erano preparati alla lunga durata – al bisogno, che veniva rifiutato al primo presentarsi, di darsi un obiettivo comune, non fosse che chiedersi assieme come si sarebbe andati avanti dal punto in cui già si era. Ogni organizzazione era temuta come un sostituto dell'autorità. Cosí il paese aveva ricominciato a funzionare senza espellere ma spingendo di lato quella fiumana, che pure avrebbe cambiato dovunque il senso delle relazioni. Nei luoghi di lavoro, nei giornali, nel sistema radiotelevisivo, in molti caseggiati fiorivano i comitati di base. Il governo aspettò il riflusso accettando una sorta di rivoluzione passiva nell'istruzione superiore.

Anche il Pcf aspettava il calo della marea, andai un paio di giorni dopo alla *Bourse du travail* a Billancourt ma non mi lasciarono entrare in fabbrica, nessuno studente piú sperava di parlare con i lavoratori e tanto meno con i leader sindacali. Fu tanto che dalla *Bourse*, la Camera del lavoro adiacente alla Renault, non respingessero anche me, che pure appartenevo al comitato centrale di un partito fratello, e rispondessero a qualche domanda, freddissimi. Qualche fiammata sarebbe rimasta accesa, a Flins la lotta fu piú lunga ed ebbe la sua vittima, l'autogestione alla Lip durò per anni, ma il maggio francese finí con la rapidità con la quale era cominciato. Lasciava le sue code nei gruppi extraparlamentari, ma anch'essi avrebbero avuto una vita piú breve che da noi.

A giugno prendemmo la via del ritorno. La Francia, scesa dalle barricate (fuori di Parigi non c'era stato granché) dispiegava le sue campagne dolci e tranquille. Ci fermammo di colpo vedendo scendere dei paracadute, ma era una manovra sportiva. Aggrappati alla rete di protezione del campo, Lucio Magri e io tacevamo, la testa piena di riflessioni e domande inquietanti, ci voltammo e tornammo in silenzio alla vettura, cosí meditabondi da non accorgerci che Filippo Maone non si era infilato nel solito sedile posteriore. Soltanto dopo un bel po' di chilometri, avendo ripreso a parlare, ci accorgemmo che nessuno interloquiva alle nostre spalle, e facemmo dietrofront per una buona mezz'ora prima di ritrovarlo furibondo sull'orlo della strada. Alla sera, Maone muto dalla collera e l'auto impestata dai formaggi che avevamo pensato di comperare per Diego De Donato, eravamo a Milano.

L'indomani avremmo partecipato al primo raduno dei movimenti studenteschi italiani a Venezia. Non ricordo chi lo avesse organizzato, tentando un raccordo che fino ad allora era stato rifiutato. L'aula magna della facoltà di architettura era strapiena, mi parve grandissima, e dovevo parlare. Ero impaurita. Che cosa avrei dovuto dire, che cosa era serio dire, che cosa avrebbe accettato quella sala bollente e certo meno fraterna delle assemblee di Parigi? Dovetti trattenermi dal tagliare la corda davanti all'applauso che mi accolse. Va', va', mi incitavano i compagni. Io ho paura sempre e vado sempre. E apparentemente raccolgo. Anche quella volta apparentemente raccolsi. Ma nulla mi resta in mano, me ne avvedo dopo mesi o anni. Dubito di aver saputo prendere le redini di qualcosa, non fosse che un'assemblea del giugno 1968.

Arrivammo a quell'estate sicuri che nessuno avrebbe potuto piú chiudere quella pagina ormai spalancata e che potevamo farla assumere almeno in parte dal Pci, legittimarne le domande, modificando gli equilibri interni. Tutto era in sospeso, Longo aveva ricevuto gli studenti romani con Oreste Scalzone e «Rinascita» ne aveva dato un resoconto che pur con prudenza suonava come una assoluta novità. Il Vietnam andava avanti ma Praga era sospesa, la preoccupazione era percepibile a Botteghe oscure. Cambiava l'aria, l'atmosfera, il modo di essere. Almeno mi pareva. Come poteva non esserne interpellato il piú grande e articolato partito comunista dell'ovest? Bene o male avesse deciso in quegli anni il Pci, un punto pareva acquisito: mai dare torto al reale, mai non interrogarlo, mai limitarsi ad aspettare. Non c'era movimento della società che non fosse anche nostro, non c'erano nemici a sinistra – cosí eravamo venuti su. E adesso si apriva quella frattura nella formazione borghese, investiva il nodo dell'istruzione come discriminazione sociale, della trasmissione di cultura come dominio della classe dirigente – con quali altri argomenti ci eravamo battuti per ottenere la scuola media unica? Era un fragoroso darci ragione e chiederci ragione. Avevo sentito qualcuno ritrarsene perplesso, freddo, sospettoso – a Milano sentii dire d'una manifestazione un poco spinta «sarà una provocazione», lo pubblicò l'edizione milanese dell'«Unità», protestammo. Mi chiedevo che cosa avrebbe scritto Gramsci, che cosa avrebbe fatto Togliatti che era stato incuriosito dai ragazzi che impazzivano per Celentano e il rock and roll. Non avrebbe colto prima di ogni altra cosa quello spezzarsi della filiera ereditaria borghese? Non era quello che ci premeva? Non avevamo passato gli anni a darci da fare perché i giovani si muovessero? Adesso si muovevano e li scrutavamo diffidenti per coglierne il probabile errore? Mai, mai era successo nell'Italia del dopoguerra – neanche con la Resistenza rossa, con alcune frange estreme al nord, ed erano inesorabilmente minoritarie. Questa era tutto fuorché minoritario. Sapevo che il gruppo dirigente era diviso – la divisione era emersa nella riunione di marzo. Ma da allora c'era stato il viaggio di Longo a Praga, e poi era scoppiato il maggio. Tutto era in bilico, bastava leggere la stampa, osservare l'imbarazzo dei poteri.

Una sera di giugno, o ai primi di luglio, Ingrao mi riaccompagnò a casa con la sua auto dopo una riunione finita tardi. Eravamo alla vigilia di un comitato centrale che non poteva non porsi le grandi domande squadernate dalla situazione, e avrebbe dovuto scegliere in che modo rispondere. Sembrava logico e nell'ordine delle cose che con l'offensiva del Têt si dovesse prendere posizione rispetto alle prudenze dell'Urss, alla stessa stregua ragionare sulla rottura cecoslovacca e dopo Parigi stabilire un rapporto diverso con gli studenti. Con Ingrao avevamo parlato a lungo, ci aveva fatto molte domande su Parigi, ci ponevamo assieme molti interrogativi, condivideva il nostro giudizio sul Pcf, pensava come Longo di quel che accadeva in Cecoslovacchia. Fra lui e me c'era affetto e rispetto, anche se non proprio confidenza – per cui non sapevo come intendesse muoversi in quel vicino comitato centrale. Che pensava? Che avremmo ottenuto dal dibattito? Poco, mi rispose. La direzione aveva fatto blocco nel rinviare decisioni che l'avrebbero vista divisa, il partito non le avrebbe sopportate. Come, rinviare? Rinviare, non andare fino in fondo per ora. Questo avevano deciso.

Andammo su e giú piú volte per il pendio della strada dove abitavo allora. Non mi raccapezzavo. Mi confermò che il partito non dava un giudizio univoco sugli studenti ed era assai preoccupato della situazione ceca – era prudente non dividersi esplicitamente, avremmo pagato un prezzo troppo alto. Ma se non si interveniva adesso con gli studenti e per l'autonomia della Cecoslovacchia il pericolo era maggiore, balbettai: i giovani li avremmo perduti, ammesso che in essi ci fosse una deriva estremista si sarebbe alimentata. E se mai l'Urss fosse intervenuta come in Ungheria che sarebbe stato di noi, del comunismo, e magari di Berlino, di Cuba? Chi avrebbe potuto fermare una crisi? Le cose ci stavano dando ragione, come tacerne? «Il partito non è pronto. Non è maturo. Né per arrivare a una svolta né per dividersi». Discutemmo a lungo.

Che potevo obiettare sulla immaturità del partito? Che a forza di tenerlo all'oscuro di ogni questione difficile sarebbe rimasto immaturo sempre. E non era scritto che, per essere cosí grosso, restasse inattaccabile. Non che immaginassi quanto sarebbe stato facile demolire venti anni dopo quel corpo elefantiaco, sarebbe bastata una pensata di Achille Occhetto. Quella sera insistei, se Ingrao aveva ragione nel giudicarlo impreparato a certe scadenze, quelle scadenze non aspettavano, erano là. Non era prendersi una responsabilità pesante il prolungare esitazione e silenzi?

Forse, ammetteva con quella sua voce seria, ma nulla si sarebbe concluso se il partito non si fosse mosso assieme. Una cosa era testimoniare, altra fare politica. In ogni caso non era in quel comitato centrale che ci sarebbe stata una svolta. Nelle sue parole c'era l'esperienza del passato e dell'ultimo congresso, di come si sarebbe mossa la maggioranza se voleva metterti fuori gioco. Non era il momento, non era l'opportunità. Non avrebbe aperto l'offensiva. Non pensava che qualcuno la potesse aprire. Quando ci lasciammo sapevo che non avrebbe approvato un intervento mio né dei compagni piú vicini, Natoli, Pintor con i quali mi sentivo di continuo. Ma noi avremmo parlato, ci andasse bene o ci andasse male. Una cosa era il grado di ricezione del partito, un'altra l'ordine minaccioso dei problemi. Non so se gli dicessi le parole dei Taiping che mi ballavano in testa: «Se combattiamo periremo. Se non combattiamo periremo. Dunque combattiamo». Pochi di noi, pochissimi, pensavano che non ci fosse scelta. Lui tentava ancora.

Capitolo diciassettesimo

Nel comitato centrale dove tutto doveva venire sul tappeto, sul tappeto non venne niente. Come aveva previsto Ingrao. Le tensioni al vertice non furono visibili. Non ricordo se presi la parola, se lo feci non rischiai la sparatoria – ormai ero preda dell'ansia se parlavo, della vergogna se tacevo. La tenaglia della famiglia di appartenenza mi stringeva fra due errori, e io che credevo di esserne immune.

La sessione del comitato centrale si tenne in un momento di apparente tregua. La pressione studentesca si era allentata per via dell'estate, sciami di giovani svolazzarono fra una città e l'altra, in Italia e in Europa, cercandosi per il mondo, fu una curiosa Internazionale. Si passavano indirizzi e contatti, bussavano agli alloggi reciproci – i genitori dandosi alla fuga in villeggiatura. Erano sicuri di volere la cosa giusta, non c'era in essi ancora nulla di vendicativo, salvo gli Uccelli a Roma, che credo saltassero fuori allora, peraltro miti. Quei ragazzi erano distratti e allegri, avevano spesso una chitarra e se ne andavano senza rifarsi il letto. Non cercavano il Pci e questo era sollevato di non averli fra i piedi. Pensava che era stato un temporale ed era finito. Era contento che fosse finito. In Francia era finito.

Parve sospesa anche la minaccia sovietica. Due locomotive surrealiste che tiravano ciascuna soltanto un vagone di dirigenti, una ceca e una sovietica, si annusarono alla frontiera fra i due paesi, si parlarono senza spostarsi ognuno dal proprio territorio e si rassicurarono: io non esco dal campo socialista, io non ti invado. Lo prendemmo come un segnale positivo, tanta era la voglia di allontanare e rimandare. Ma era una tregua, anche se i documenti si volevano ottimisti. Ci interrogavamo non soltanto su quel che avrebbe fatto l'Urss ma su quel che stavamo diventando a forza di eludere le scadenze. Avevamo lavorato tanto perché il paese non si rassegnasse e sperato che l'est si scongelasse. Ma appena quegli obiettivi prendevano qualche corpo, eccoci paralizzati. Il Pci era capace di reazione solo quando si sentiva minacciato da destra, se veniva interpellato dalla sua propria parte metteva le mani in avanti, cercava di frenare, allontanare. Che cosa poteva essere piú grave che quel sottrarsi? Conoscevo il riflesso comunista di autoconservazione, ma fino ad allora mi ero voluta persuadere che se ripiegavamo era in vista d'una azione piú efficace, *reculer pour mieux sauter*. Adesso, a forza di rinculare non eravamo piú in grado di saltare.

I giovani erano già perduti. Era troppo facile vedere quanto fosse fragile quel sollevarsi di una generazione che non si opponeva, come noi, alla «reazione» ma all'intera architettura del sistema capitalistico – noi dicevamo diritto allo studio, loro davano l'assalto alla scuola come formatrice del consenso, noi dicevamo diritto al lavoro, loro volevano la fine del salariato, noi volevamo piú giustizia distributiva e loro se ne fregavano dei consumi. Il mondo gli era parso di colpo come era, come chi aveva appena annusato Marx sapeva che fosse. Era la prima ondata che contestava il progressismo.

Avremmo dovuto esserne felici. Certo poco sapevano delle passate lotte di classe, e fin dove sarebbero potuti andare prima che si rovesciassero contro di loro i rapporti di forza. Ma se non glielo dicevamo noi che avevamo fin troppa esperienza della lunga durata, chi glielo avrebbe detto? Ci avrebbero ascoltato se stavamo con loro, accanto a loro, dalla loro parte. La nostra presenza o assenza modificava la scena. Questo lo sapevo per certo, non occorreva cercar lontano, bastava leggere quel Gramsci evocato soltanto quando faceva comodo.

La verità contro la quale ancora colluttavo era che non intendevamo piú le domande che erano state anche le nostre, avevamo introiettato un paralizzante riflesso d'ordine dopo gli anni cinquanta e in quello stare né dentro né fuori il centrosinistra. Si scendeva in lotta per un obiettivo chiaro e limitato (ne eravamo capaci ancora) o niente, si stava alle regole non solo per non spaventare il prossimo, ma perché i comunisti erano i cittadini piú specchiati, studio, lavoro e famiglia. Altro che gli slogan del 1968 che dell'ordine dato denunciavano il ruolo di regolatore. Fin qui e non oltre. Lo aveva detto nel 1960 Amendola, ma perché addossarne la responsabilità a lui solo? Lui era stato il piú sincero. Se i comunisti avessero guardato alla parabola dell'Urss nella sua crudezza avrebbero colto lo stesso ripiegamento, ma o lo consideravano inevitabile o avevano imparato a distogliere lo sguardo. Erano diventati i piú onesti fra i socialisti, i meno audaci fra i riformatori. Erano perbene. Qualcosa deve esserne restato, se nell'età della corruzione sono stati fra i rari a non essere corrotti e corruttori. Da un Gramsci *light* avevamo assunto l'idea d'una società regolata, senza badare troppo a quale, via via scivolando nel timore del disordine. E tutto quel che non stava nelle nostre previsioni era disordine. D'altra parte far cagnara solo per sentirsi insieme non era cosa da noi, avvezzi a metterci insieme per conseguire uno scopo preciso. Chi avrebbe parlato allora d'un primato della relazione per la relazione, scendere assieme in strada soltanto per non essere piú soli? Nessuno. Certo non io, né allora né adesso. Ma a forza di essere ragionevoli avevamo perduto perfino la curiosità per quella insorgenza giovanile senza precedenti, figlia nostra e ribelle. Non soltanto quei bacucchi del Pcf se ne erano ritratti ma anche noi, i comunisti piú intelligenti d'Europa.

Pochi giorni dopo quello smorto comitato centrale le nuvole su Praga si addensarono. Luigi Longo fece un gesto in-

solito: mandò al Pcus una lettera nella quale avvertiva che
se l'Urss avesse fatto un gesto di forza sulla Cecoslovacchia, lui, Longo, lo avrebbe condannato, a prescindere dalla posizione che avrebbe preso la direzione. Non l'avrebbe
messo nero su bianco se non fosse stato estremamente preoccupato e non avesse saputo incerta la direzione. Non so di
chi si aspettasse un dubbio, certo Secchia, Sereni, forse
Pajetta, forse Amendola. In ogni caso lui, Longo, si esponeva e lo faceva sapere: sono uno dell'Internazionale, vi conosco, mi conoscete. Vi condannerò senza mezzi termini.
Pensateci.

Se ci pensarono, al Pcus dovettero concludere che un dissenso del Pci, già sospetto, non avrebbe prodotto gran danno. Forse qualche nostro esponente suggerí, e qualcuno di
loro particolarmente ottuso credette, che i comunisti italiani si sarebbero divisi tra fedeli e infedeli all'Urss, e gli infedeli avrebbero avuto la peggio. Tentativi del genere furono fatti in Spagna ma fallirono tutti. Come che sia, Longo dovette ricevere delle assicurazioni, non sarebbe successo
niente; se no non sarebbe partito per Mosca, invitato a una
di quelle vacanze medicalizzate che erano un residuo di fraternità fra partiti. Là, che io sappia, non ebbe contatti con
Brežnev. Da Botteghe oscure tutti erano partiti lasciando
qualcuno di guardia a ogni livello. Per la segreteria era rimasto Reichlin. Karol e io eravamo a Roma, che lasciammo
soltanto qualche giorno per incontrare Ralph Miliband al-
l'Elba, un amico incantevole, un compagno socialista del
Labour. Mi rimproverò troppa indulgenza con gli studenti:
«Vous tissez du mauvais coton», ripeteva a Karol e a me,
interessati alla rivoluzione culturale in Cina non perché
ignorassimo quanto grezzo fosse quel cotone ma perché
quello buono dei comunismi e delle socialdemocrazie non
aveva portato molto in là.

Verso la mezzanotte del 21 agosto Alfredo Reichlin mi
telefonò: i tank sovietici stanno entrando a Praga. La segreteria era richiamata d'urgenza. Karol e io corremmo al-

l'ambasciata cubana, Castro aveva tempestato contro l'incapacità dell'Urss di capire fratelli e alleati. L'ambasciatore aspettava da un momento all'altro la condanna dell'Avana. Il momento si prolungò tutta la notte. La mattina dopo Reichlin mi ritelefonò: il tuo amico Castro non condanna l'invasione.

Seguirono giorni febbrili. A Praga i carri sovietici erano stati accolti con stupefazione, diversamente da Budapest non c'era resistenza, la gente apostrofava i soldati russi che mettevano la testa fuori dalle torrette: «Ma perché siete qui? Che cosa venite a fare?» e quelli non sapevano che rispondere. Dubček era stato arrestato e portato a Mosca. Una parte del Pcc, guidata da tale Bilak – del quale non sapevo prima né ho saputo dopo – avrebbe chiamato l'Urss a difendere il socialismo dal nuovo corso che portava il paese dritto in grembo alla Germania. Non ci credette nessuno. I compagni che piú stimavamo, gli Smrkonský e gli Hájek, avevano convocato un congresso straordinario in una fabbrica di Vysocany alla periferia di Praga. Non scorreva il sangue ma la tensione era al massimo. Il presidente Svoboda era volato a Mosca a riprendersi Dubček, glielo avevano portato davanti in manette, e aveva rifiutato di parlare finché non gliele avessero tolte.

Il comitato centrale fu convocato qualche giorno dopo. Svoboda aveva appena riportato Dubček a casa, ma il governo era passato a Gustav Husák; chi poteva dubitare d'una figura della Resistenza cosí eminente e appartata? Pajetta ci aspettava al varco del salone dove campeggiavano i ritratti di Gramsci e Marx – appesi dopo il 1956 in modo da tenersi sul sicuro. A Praga era finita bene, no? ci chiedeva con aria confidenziale, la situazione era normalizzata. Sentii per la prima volta quella parola. Come bene? Siamo matti? Ma molti sembravano sollevati. Alcuni perché tutto si ingoia purché non scorra sangue e altri perché il nuovo corso aveva degli accenti socialdemocratici, gli Ota Sik e i Richta, che l'Urss aveva giustamente represso. In quei giorni

mi chiamò Gigi Nono – mi chiamava sempre la notte, spa-
ventando una zia che considerava messaggere di sciagura
tutte le telefonate oltre una certa ora – per protestare che
non attaccavamo abbastanza (Ma che fa Pietro, che aspetta
Pietro?) – e restò di stucco quando gli dissi che l'invasione
era inammissibile. Lo era stata anche quella del 1956. Che
idea aveva del socialismo? Ma come, mi replicò smarrito,
Fidel, il Vietnam. Gigi era una persona seria ma semplifi-
cante, detestava Ždanov e il realismo, ma sperava ancora
che fosse un'incrostazione passeggera. Come avevamo sperato noi, tutti, in passato. Non era il solo.

Non ho mai saputo chi fosse l'autore d'un telegramma
firmato «movimento studentesco romano», suonava qualcosa come «davanti ai carri armati sovietici, non dietro».
Poi tutti lo smentirono ma lo ricordo bene. È vero che
chiunque poteva mandare messaggi incontrollati. Fuori c'e-
ra una campagna contro l'Urss ma nulla a che vedere con il
1956 – come se le cancellerie dessero per scontato che ognuno facesse quel che voleva nel campo suo. Qualche giorno
prima Luigi Longo, che non era uno con cui si andasse a
prendere un caffè, mi aveva fermata in corridoio, il volto
teso e gli occhi grigi pieni di collera: «Sapete, non mi hanno neanche informato». Aveva trovato sul vassoio della colazione, la mattina seguente, assieme agli inviti a questo o
quel concerto, due righe del Pcus per informarlo che erano
entrati a Praga. Era furibondamente composto, se lo si può
dire d'un uomo cosí trattenuto.

Ma quella collera dovette essere reingoiata in qualche
modo se anche la relazione al comitato centrale fu tratte-
nuta. Biasimò il «tragico errore». Che diavolo voleva dire
errore, ancorché tragico? Un equivoco? Una colpa preter-
intenzionale? Una svista in un corretto percorso? Ad alcuni di noi parve insopportabilmente ipocrita, o forse non
ne potevamo piú di un understatement che confinava con
il silenzio. E per la prima volta partimmo davvero in piú
d'uno. Ma quale errore, stava nella logica di quel che ormai

era il campo socialista – blocco di stati che non si scioglieva soltanto perché a sovranità limitata. Avrebbero potuto risponderci: ma è stato cosí sempre. Avremmo potuto ribattere che non era stato cosí fino al 1949, e non avremmo dovuto tollerarlo già da allora. Se c'era errore era stato il non discuterne. E non si tirasse in ballo la Guerra fredda, che le accuse di tradimento e le impiccagioni avevano soltanto aggravato. E nel 1956 avevamo digerito l'Ungheria. Tacere era stato e continuava a essere una colpa.

Non ricordo se riuscissimo a dire tutto questo dalla tribuna, so che fu la prima uscita clamorosa di Pintor, di Natoli, non ricordo se anche mia – ci eravamo sentiti febbrilmente in quei giorni. Qualcuno cautamente ci seguí. Non la direzione. Non posso escludere che si fossero scannati all'interno della segreteria, ma poi avevano raggiunto un compromesso sul «tragico errore». Forse per il solito «ne pas désespérer Billancourt». Ci replicarono accusandoci di antisovietismo – eravamo andati imperdonabilmente oltre quello che era già uno strappo. Là cominciò la nostra fine, o il pretesto di quella che sarebbe stata la nostra fine. Ripensandoci, la responsabilità piú grande del Pci non fu di avere messo fuori noi, ma di essere stato alla «normalizzazione» al di là di quel che ormai era obbligatorio. C'era stato il memorandum di Togliatti. C'era stato a Praga un congresso di comunisti, non dei poco amati dissidenti, ma di quel Partito comunista cecoslovacco che alle elezioni del dopoguerra era risultato il piú grande d'Europa con il suo trentotto per cento di suffragi, che il 21 agosto non era sparito, che non aveva preso le armi contro Mosca – e il Pci lo rinnegava. Quando continuò a vivere nella repressione, al confino, nei ritagli della società, nell'esilio, e i suoi uomini cercarono qualche contatto, Botteghe oscure non ne ricevette uno solo. Soltanto Bruno Trentin ebbe l'ardire di accogliere con amicizia alla Cgil un uomo dell'est, non ceco, il polacco Adam Michnik, che del resto comunista non era. I cechi, Reimann, Smrkonský, Hájek, Friš – i nomi affiorano con i volti – furono calati nel silenzio. Neppure gli uomini di studio e di lettere, i Goldstücker e i Liehm che a un certo punto Husák lasciò partire, entrarono mai in Botteghe oscure – li lasciava partire perché era sicuro che nessun partito comunista avrebbe dato loro una mano. Trovarono qualche accoglienza fra i socialisti, che poco potevano. E quando quei paesi caddero l'uno dopo l'altro fuori dal «socialismo reale» tutto era stato devastato, anche una tiepida socialdemocrazia. L'esilio degli uomini dell'est – non solo cecoslovacchi ma molti polacchi e qualche ungherese – fu disperante.

Il movimento del 1968 non ne fu coinvolto. Aveva già lasciato alle spalle l'universo comunista, stati e partiti. Non gli interessava, non ne sapeva niente, gli bastava la condotta del Pcf nel maggio a Parigi e la difesa dell'estremismo contro Lenin che oggi Daniel Cohn-Bendit non scriverebbe piú. Le notizie di sciagura che ogni tanto arrivavano dall'est classificavano quelle società come caserme. I sessantottini erano libertari, antiborghesi, antisistema, anticapitalisti e antimperialisti. Ogni tanto acclamavano Lenin, Rosa Luxemburg (pochi), Ho Chi Mihn e Mao (di piú), ma non erano che simpatici simboli. Si trattava di battere il potere, anzi i poteri esistenti da noi, e gli parve a portata di mano, sarebbe seguito alla presa di coscienza, stava già nella presa di coscienza – che cosa era stato, o sarebbe stato, il tentare una società diversa non si domandavano. Le loro passioni e le loro condanne erano ardenti e approssimative, e salvo una simpatia per gli anarchici, le forze politiche non entrarono mai nelle loro riflessioni.

Nell'autunno del 1968 gli studenti si ritrovarono nelle loro sedi, decisi a logorare le università piú che a riempire le strade. Non avevano torto. Misero in causa i modi e tempi dell'insegnamento e i docenti non seppero come farvi fronte. Non tutti si sarebbero vantati come Claude Lévi-Strauss di essersi limitato, all'esplodere del maggio, a far rimuovere i tappeti dal suo studio. I piú erano colpiti, offesi, stravolti e si difesero malamente. Né li incoraggiava ad andare almeno a vedere da vicino l'essere stigmatizzati come odiosa e comunque defunta autorità accademica. I corsi erano tenuti a fatica dai pochi assolti dall'accusa di connivenza, ma anch'essi regolarmente interrotti da apostrofi.

Le autogestioni erano diffuse e confuse. Il saggio di Guido Viale *Contro l'università* sui «Quaderni Piacentini», che aveva dato fuoco alle polveri, è convincente tuttora, ma la domanda in che potrebbe consistere una diversa trasmissione dei saperi, quali saperi, e perché e come, restò senza risposta per incapacità delle parti. Piú tardi il 30 per tutti entusiasmò i ragazzi, terrorizzò i professori e non cambiò nulla. Nell'inverno del 1969 cominciarono a organizzarsi i gruppi che si definirono extraparlamentari. Erano nati dal sensato bisogno di darsi un'analisi, una tesi e una linea di azione non limitate alle manifestazioni. Ma la scuola essendo un tassello del sistema, subito la sua riforma o il suo rivoluzionamento – era questione di linguaggio – passarono in secondo piano. I gruppi furono politici a tutto campo, Avanguardia operaia era il piú riflessivo, Potere operaio il piú colto, Lotta continua il piú diffuso portatore del rifiuto, del «tutto e subito», i marxisti-leninisti filocinesi si divisero rapidamente in due, linea rossa e linea nera. In quel ribollire di proposte moltissimi transitarono da un gruppo all'altro e molti, che non si sentivano espressi o consideravano fatale ogni sorta di organizzazione, si dibatterono nell'autogestione dei controcorsi. *Contro* era il denominatore comune, e aveva le sue ragioni.

I gruppi extraparlamentari non riuscivano a darsi una pratica molto diversa dai partiti, salvo rieleggersi un capo carismatico su una base fluttuante. I controcorsi sbatterono sullo scoglio di quel che andava preso e quel che andava rifiutato della cultura passata: mai il problema fu piú appassionatamente posto e se ne disegnò cosí poco una traccia di soluzione. Le relazioni fra un gruppo e l'altro, e tutti i gruppi e le assemblee, in breve tempo divennero acerbamente concorrenziali. Nulla sarebbe stato piú come prima per quella generazione finché non si trovò fuori dalle aule: e fuori nutrí piú il rancore della sconfitta che il tentativo di raddrizzare una rotta perduta. La riflessione su quel totale cambiare di segno del mondo restò sospesa salvo in pochi, e in altri restò come una qualità umana diversa nella professione o nel volontariato, piú attenta all'altro, e del tutto separata dalla politica. Ma la continuità con il Novecento rimase spezzata per sempre, nel suo raffreddarsi la lava bollente diventò pietra, ed è ancora oggi piú maledetta che esplorata.

Finche durò l'eruzione studentesca il Pci non aprí bocca. Si cacciò in un angolo inarcando il dorso come un gatto sotto il temporale. Quando qualche anno dopo ne avrebbe veduto le derive minoritarie violente non si chiese niente, non si rimproverò un'omissione, si felicitò con se stesso e passò dalla parte dell'accusa. L'assenza fu teorizzata come severamente critica, ma fu assenza e basta. Un tentativo di far muovere nell'autunno gli studenti medi durò poco tempo – erano piú giovani, piú irreggimentati nella loro classe, non avevano la libertà degli universitari. Ma nell'autunno del 1968 non li seguii da vicino. L'invasione della Cecoslovacchia pesava tanto dentro il Pci quanto poco fra gli studenti, li oscurava, ricreava la sindrome «tutti ci attaccano», schiacciava quel grosso corpo politico sulla vicenda dell'Urss.

Andavamo in tumulto verso il XII congresso del partito, le cui tesi prodotte dalla direzione erano reticenti su tutto, studenti, situazione interna, invasione di Praga. Al comitato centrale che le doveva varare, Natoli, Pintor, Caprara, Milani, altri di noi le respinsero, e non piú a mezza voce. Dovette essere un fuoco di fila che interpretava molti perché, se non mi tradisce la memoria, il testo non fu messo ai voti ma passato come una bozza ai congressi provinciali. E su di esso le federazioni si divisero, chi piú chi meno.

Se al congresso precedente la direzione aveva potuto confondere le acque insinuando che il diritto al dissenso chiesto da Ingrao era «oggettivamente di destra», nella preparazione del XII congresso non ci fu equivoco – la leadership denunciava un estremismo di sinistra. Da sinistra le votavamo contro e gettavamo sale su due piaghe, l'essersi il partito per la prima volta separato da un movimento imponente, perdendo molti giovani, e l'avere subíto un atto militare dell'Urss che non aveva neppure a giustificazione la drammaticità delle giornate ungheresi. Il nostro no alle tesi fu piú critico che propositivo, diversamente da quello che aveva cercato di essere all'XI congresso la linea di Ingrao. Noi non proponevamo che cesure di continuità, ma oramai mature, e nei congressi delle federazioni avemmo dalla nostra parte delle minoranze consistenti e una o due maggioranze.

Tanto che al momento di eleggere i delegati al congresso nazionale si mise in moto la macchina organizzativa, la quale sa bene che basta far passare una commissione elettorale sicura a inizio dei lavori – quando i piú sono distratti – per arrivare a una lista sicura di delegati. Natoli e Pintor erano popolarissimi a Roma e a Cagliari, Caprara a Napoli, Lucio Magri, Eliseo Milani e Giuseppe Chiarante a Bergamo, Luciana Castellina fra i giovani e le donne, ma nessuno di loro venne eletto delegato al congresso nazionale. A dimostrazione che se nei socialismi reali si fosse votato, la selezione avrebbe funzionato lo stesso. All'est i partiti comunisti non erano arrivati neanche alle soglie della tolleranza repressiva. Io sola venni delegata, dalla federazione di Milano, non perché vi fossi particolarmente popolare – anzi, il mio intervento fu duramente respinto da Cossutta – ma perché in alto loco s'era deciso che una voce dissenziente arrivasse con tutti i crismi al congresso. Non solo alle sedute plenarie – dove ogni membro del comitato centrale uscente aveva diritto alla parola, e avrebbero quindi potuto prenderla anche Natoli e Pintor – ma nelle sedute riservate alla Commissione politica e a quella elettorale (non essendo ubiqua, piú che a una non sarei potuta andare).

Assicuratosi il meccanismo, il Pci puntò su una gestione meno scandalosa del dissenso – dopo l'espulsione di Cucchi e Magnani era la prima volta che se lo trovava nel comitato centrale – e vi riuscí. Prima dell'assise nazionale fui addirittura mandata, per rispetto delle forme, a reggere un congresso provinciale in modo «imparziale», con imbarazzo mio e degli astanti.

Fra minoranze cercammo di collegarci ma interdicendoci perpetuamente di essere una frazione, simbolo maledetto – e non solo perché ci si poteva ritorcere contro. Cosí arrivammo, nell'inverno del 1969, alla sala bolognese dove il congresso si sarebbe tenuto, senza avere discusso se non gli interventi sicuri, quello di Natoli, quello di Pintor e il mio. Eravamo in una sorta di stadio, fuori cadeva una gran neve e faceva un freddo tremendo. Nella stanza d'albergo alla stazione rividi fino all'ultimo i foglietti che mi ero preparata per un intervento che non doveva durare piú di venti minuti, nei quali dovevo afferrare delegati e invitati, e non scordare che frotte di giornalisti erano venute ad assistere alla nostra esecuzione. Con loro stavamo sulle nostre, per l'introiettata abitudine di non parlare con gli avversari e la speranza che un contegno perfetto ci accattivasse i congressisti.

I quali ci applaudirono con fervore. Niente appassionava di piú una assemblea comunista che ascoltare una opposizione che ne esprimeva i sentimenti senza coinvolgerla ed era destinata a perdere, di modo che l'unità del gruppo dirigente era salva. A Natoli, a Pintor e a me fu data la parola uno al giorno, al mattino, dopo il primo o secondo intervento che fungevano da riscaldamento della platea. Era uno spazio corretto e assicurava una sala piena, obbligando alla presenza anche la stampa avvezza a scendere verso mezzogiorno, ora canonica dei leader.

La sinistra muore all'alba fu il titolo piú spiritoso dei quotidiani. Quei giorni non mi sono rimasti nella mente come particolarmente emozionanti – avevo patito di piú negli ultimi anni intervenendo nel comitato centrale, nell'incertezza se facevo bene o male. A Bologna tutto era compiuto, non che fossi certissima di non sbagliare, ma la segreteria sbagliava di sicuro. Il dado era stato tratto, quella era soltanto la messa in scena pubblica. Fui la prima di noi che salí al microfono ed esordii: «Siamo qui riuniti mentre l'esercito di un paese che si dice socialista sta occupando un altro paese socialista», e *zac*, tutta la delegazione sovietica, guidata da Ponomariov che aveva messo piede piú d'una volta nella mia casa di Milano, si alzò e uscí. La seguirono tutte le altre, salvo quella vietnamita – cosa cui demmo grandissimi significati finché non fu appurato che avevano un guasto alla traduzione simultanea. Dalla presidenza il silenzio fu glaciale, dalla sala venne un'ovazione. E lo stesso per Aldo Natoli, molto amato, e Luigi Pintor, amatissimo. Io avevo attaccato il legame con l'Urss, Natoli il moderatismo nelle lotte sociali e l'assenza dai movimenti, Pintor l'immobilità e l'autoritarismo del partito. Ci eravamo spartiti i compiti. Non facemmo errori. Eravamo abituati a parlare alla nostra gente. Incontrandomi dietro il palco, Berlinguer si lasciò andare per un momento: «Hai fatto male. Non sai come sono quelli. Sono dei banditi». Quelli erano i sovietici.

In capo al terzo giorno sapevamo di essere molto apprezzati ma che se avessimo presentato una mozione contro le tesi pochi l'avrebbero votata. Per non dividere il partito, per non esporsi, perché tanto saremmo rimasti minoritari e quindi inefficaci – le solite ragioni. Ero la sola ad aver voce nella commissione politica, presentai la mia mozione e fu respinta. Potevo ripresentarla in assemblea. Avvertii Ingrao che cosí avrei fatto, una fotografia scattata in quel momento ci mostra ancora giovani e sorridenti – lui non persuaso e io tutta gaia, chissà perché. Il rituale non riservava sorprese, avrei preso qualche dozzina di voti, una quantità derisoria.

Senonché in conclusione dei lavori, inaugurando la sua segreteria di fatto, parlò Enrico Berlinguer. Il quale Berlinguer raccolse di passaggio piú d'un problema che avevamo sollevato, salvo quello dell'Urss. Il congresso la prese come un'apertura, cosa che Longo, già malato e in difficoltà, non aveva lasciato intravvedere nella relazione, anzi. Mi si affollarono attorno i pochi compagni che avrebbero votato la mozione ma ora avevano una perplessità, e voglia di dare fiducia al nuovo segretario. Ricordo i visi amichevoli e inquieti. Anche Lucio Magri, che pure non si aspettava molto e aveva seguito il congresso appollaiato cupamente fra gli invitati, scese dagli spalti preso come sempre dalla speranza che si aprisse un varco, che le nostre posizioni fossero legittimate, che sarebbe cambiato qualcosa. Non mi piacque affatto non mettere ai voti la mia mozione. Non doveva parere un ritiro, ma che altro era? La illustrai e spiegai perché non ne proponevo il voto. Non fu glorioso. Accrebbero il mio disagio l'applauso e il fervore improvviso degli affetti che mi circondarono perché rinunciavo a una opposizione. Scesa dalla tribuna, presi la valigetta e partii senza votare.

Mia zia Luisa, sorella di mia madre, residuo di quel che era stata la nostra famiglia, stava morendo in una clinica a Milano. Mia sorella mi aveva telefonato alle sei del mattino. Quando arrivai non viveva piú. Si era spenta soddisfatta di aver visto sua nipote in televisione. Aveva preparato da tempo per sé il bell'abito lungo e il bel velo da indossare per la sepoltura. Voleva essere messa sottoterra in un paesello delle Dolomiti, accanto al marito che l'aveva tormentata e alla madre che aveva assistito, lontano da Venezia dove erano vissuti. Come per assumere la sua esistenza per quel che era stata, ma altrove.

Due giorni dopo salivamo, Mimma e io, per le strade in-

nevate dietro il suo furgone funebre. *Nunc dimittis* la tua
serva Luisa, aveva recitato in fretta il prete. Dubitavamo
che le sarebbe piaciuto essere chiamata serva, anche in latino e davanti a dio padre. All'arrivo trovammo vuota la
chiesa dalla guglia acuta di quelle montagne. Nel piccolo cimitero adiacente un becchino alquanto bevuto scavava la
fossa tra la neve, vociferando che la signora era fortunata
di riposare in una terra dove non era mai stato sepolto nessuno, facendosi volare alle spalle le ossa rossastre sulle quali la vanga inciampava. La terra calò nerissima sopra quel
corpo ancora elegante del quale si era presa tanta cura quanto si era lasciata maciullare nell'animo. Nella notte la macchina di Mimma gelò e non so se arrivassimo l'indomani in
valle. Non avevamo avvertito nessuno, troppe morti ci avevano mitragliato e non avevamo piú animo di dirlo agli amici né di ascoltare le condoglianze. Mia sorella, alla quale essendo medico erano toccate tutte le agonie di casa, non si
reggeva piú in piedi. Piú lontana dal congresso di Bologna
non avrei potuto essere.

Chi s'era fatto delle illusioni sul discorso di Berlinguer
dovette dismetterle. Natoli, Pintor e io fummo rieletti nel
comitato centrale – gli altri no – ed esonerati da ogni incarico. Non so che cosa avremmo accettato se ci fosse stato offerto, il dilemma non si pose. In capo a qualche settimana capimmo che, come era successo all'XI congresso,
eravamo dei notabili e basta. Luigi non contava piú a Cagliari, né Natoli a Roma, né a Bergamo Magri o Eliseo Milani.

I due mesi che seguirono furono insopportabili. La Cecoslovacchia era «normalizzata» e già nessuno ne parlava
piú; qualche emigrato, come Jirí Pelikán, cercava di ritessere un filo. Chou En-lai dichiarava conclusa la rivoluzione
culturale. L'offensiva del Têt vinceva. Le università stavano compiendo una lunga e lenta ritirata, irriconciliate. E fino a quel momento dalle fabbriche, salvo il caso della Mar-

zotto di Valdagno giusto dodici mesi prima, pareva non venire nulla. Gli ultimi due o tre anni erano stati pesanti, le lotte di inizio decennio sembrarono lontane, fiammate brevi. Io ne avevo perduto il polso, presa nel giro romano – ero diventata proprio una politica-politica e oltretutto perdente. Se fossi tornata a Milano, dove non c'era piú nulla di mio, non mi sarebbe stato affidato nessun lavoro e sapevo che sarei stata ascoltata con sospetto anche dalla base: come poteva avere del tutto torto il partito? E cosí Luigi, cosí Aldo, cosí Lucio e cosí Eliseo – tutti pesci tenuti lontano dalla loro acqua. Le migliaia di compagni che avevano sperato in noi in attesa del congresso ci guardavano ora con imbarazzo.

Quale, dove era stato l'errore? Non il nostro, che era soltanto di essere stati pochi e in ritardo. Non mi dava pace quel ripiegare del Partito comunista che non era imputabile soltanto all'Urss – del resto quale Urss, se dopo la morte di Stalin s'era soltanto divisa i poteri, incapace di aprirsi dentro di sé e tenere una rotta nel mondo? Neanche riusciva a tenere il proprio campo senza gli eserciti. Non diceva una parola sul che fare negli immensi paesi ex coloniali, si limitava ad appoggiare nel Medioriente un progressismo assai dubbio. Non era piú la fortezza assediata e tuttavia si sfiniva in una corsa al riarmo, come stesse per essere attaccata, mentre si stava minando dal di dentro. Nel 1969 nulla si poteva sperarne se non cambiava qualcosa di profondo nel gruppo dirigente, le masse erano da un pezzo anestetizzate piú che per terrore, per scetticismo.

Ma nel Pci come si era accumulato, proprio in un passaggio del mondo a mutamenti dall'esito ancora possibile, tutto quel moderatismo? Perché una speciale ottusità mi pareva recente, non era detto che al 1968 il Pci avrebbe risposto chiudendosi a testuggine, e del resto all'inizio ne era stato turbato. Quel corpo vivente cui mi ero legata dal 1943, che aveva attraversato quegli anni con me, a che punto era ormai di sofferenza o desiderio e impotenza? Ero avvezza a muovermi in esso come su una grande tastiera che rispondeva e mi lanciava messaggi. Da quella tastiera ero stata separata. E ben poco mi interessava quell'altrove della mente che mi ero sempre riservata, il mio giardino giovanile era rimasto segreto e ormai pieno di erbe matte.

E poi ero presa dalla sensazione che eravamo colpevoli, che da troppo tempo avessero chiamato da tutte le parti e non avessimo risposto a nessuno. E ora eravamo anche colpevoli di essere puniti, non avevamo ottenuto niente e indebolito Ingrao, cui eravamo attribuiti *ex origine*. Aveva ragione lui nel rimproverarci: a che serve una testimonianza? La politica è un'altra cosa. Sí, ma quale politica? Che cosa mostrava il Pci se non l'incapacità di capire, nonché far avanzare ed elaborare un bisogno che esplodeva dalle viscere della società? Anzi dal cervello, dai suoi punti alti? Quella degli studenti era tutto fuorché una *jacquerie*.

O forse era già tardi sia per testimoniare sia per far politica, ma non potevo saperlo. In ogni caso non eravamo stati capaci neanche di segnare il partito. Impossibile avere la coscienza a posto e del resto che ci importava del benessere della nostra personale coscienza? Non entrava nelle nostre menti metterci in un lavoro di frazione andando a sondare di nascosto tutti coloro che avevamo sentito vicini. Non ci saremmo infiltrati nel nostro partito come in una casa altrui – fosse superbia, fosse fastidio, fosse (ma mi viene in mente oggi) stanchezza. È probabile che ardesse ancora in noi un lumicino, avevamo perduto una battaglia ma forse non la guerra, il Pci non sarebbe andato avanti cosí per un pezzo. La crisi del socialismo reale era squadernata. Il centrosinistra era in una impasse. La società aveva mandato segnali a nostro favore. Perché non rilanciare? Mettere la febbre addosso a Botteghe oscure? Non avevamo nulla da perdere. Cosí nacque l'idea, cara a tutti gli intellettuali, di fare una rivista, un mensile esplicitamente di tendenza, qualcosa che non era contemplato dalle regole e che al Pci non sarebbe stato facile interdire ora che teneva alle forme, ci aveva lasciato parlare al congresso e perfino riconfermati al comitato centrale invece che scagliarci nella polvere.

L'idea era soprattutto di Lucio Magri, che fu quello che tirò di piú, vi mise corpo e anima. Non tutti al principio ne erano persuasi, ma certo Pintor, Natoli, Castellina, Milani e io. E altri si aggiunsero appena circolò. Valentino Parlato che lavorava a «Rinascita» la lasciava e lo stesso avrebbe fatto Lisa Foa. Dall'«Unità» venivano Luca Trevisani, che era stato della squadra di Luigi, e dai sindacati Ninetta Zandegiacomi. Quanto ai disposti a collaborare parevano un esercito. Il nostro sangue ricominciò a pulsare. Trovammo un piccolo editore a Bari, e gli fummo grati – altri, piú grossi, ci avevano mandati a spasso, o che non si fidassero di noi, le riviste avendo in Italia uno scarso *appeal*, o che non volessero contrariare il Pci. Con l'editore barese ci impegnavamo a dargli gratis ogni numero finito e impaginato in cambio di cinquemila abbonamenti che avremmo fatto noi e ci sarebbero serviti a pagare un affitto, un telefono, quel minimo che ci occorreva. Dovevamo informare il partito per correttezza.

Fui spedita io a parlarne con Berlinguer: «Stiamo preparando una rivista mensile. Non vengo a chiederti un consiglio, mi diresti di no. Vengo a informartene». Non dette in escandescenze, sia perché non perdeva facilmente il controllo sia perché, mi parve, considerava la faccenda con inquietudine ma non senza interesse. Sapeva che nel partito il dibattito era asfittico, sapeva chi eravamo, sapeva che avremmo avuto un ascolto, sapeva che non avremmo messo in pericolo il gruppo dirigente e sapeva infine che non sarebbe riuscito a impedircelo. «Spiegami che intendete fare». Glielo spiegai. Me lo sconsigliò senza eccessivo calore, capiva che eravamo decisi. Prima di uscire gli chiesi: «Pensi che ci saranno sanzioni disciplinari?» «Questo lo escludo». Mi congedai, promettendo di fargli vedere le prime bozze. Giocavamo allo scoperto, era un rapporto leale. Ingrao ci sconsigliò con energia. Non solo non ci stava a fare la rivista – lo sapevamo, come non ci aveva approvato al congresso – ma non si faceva illusioni: quando gli dissi: «Berlinguer esclude che ci siano misure disciplinari», scosse la testa: «Vi caccceranno». Non apprezzava che avanzassimo il discorso uscendo dalle regole, tendeva l'orecchio al di là di quel che accadeva da noi, pensava che era sbagliato bruciare i vascelli.

Preparammo il primo numero della rivista con buon umore. Ci vedevamo tutti i pomeriggi in un appartamento allora fatiscente dove avevamo collocato Lucio, discutevamo con ardore su che cosa scrivere e come, ci leggevamo reciprocamente i pezzi – salvo quelli di Valentino Parlato che arrivavano quando già Luca Trevisani, che sarebbe andato a impaginare (era il geniale fratello che ci aveva fatto il design), metteva il piede sul treno per Bari. È la sola vera rivista che mi pare di aver fatto, oltre un tentativo anni dopo con le mie amiche femministe, che dubitavano di me e non a torto, e che chiamammo «Orsaminore» (eravamo in sette e non ci spaventava il firmamento). Dico la sola perché quello fu davvero un lavoro collettivo, senza diplomatismi, d'un gruppo che partiva da un'analisi comune e che aveva priorità comuni – avevano scelto in comune lo spartito e ciascuno lo sviluppava nel suo registro, come in una cantata. Altre volte ho partecipato a iniziative non meno ambiziose ma meno organiche, il pensiero delle sinistre essendo diventato vieppiú opera di solisti.

Perdemmo molte ore sul nome che avremmo dato al mensile, presuntuoso come «La ragione» o equivoco come «Le armi della critica» (Marx aveva invitato «alla critica delle armi») e non ricordo che altro, finendo per logoramento su «il manifesto». Quello del 1848. Il riferimento a Marx lo volevamo. Anche se si sapeva che ogni testata, se non fallisce subito, diventa una sigla sul cui senso non si interroga nessuno. Sul primo numero scrivemmo tutti. L'editoriale di Pintor risulta piú che preveggente se nella primavera del 1969 scriveva che quello del Pci con la Democrazia cristiana era «Un dialogo senza avvenire». C'è un pezzo, credo mio, contro la conferenza internazionale dei partiti comunisti.

Mandai le bozze a Berlinguer che mi chiamò subito: «E questa sarebbe una rivista di ricerca? È tutta di intervento politico». «Sono la stessa cosa». Neanche quella volta insistette o minacciò. Mi chiese di posticiparne l'uscita di un paio di settimane, stava appunto andando a quella conferenza rimandata ormai da sei anni, aveva intenzione di attaccare l'invasione della Cecoslovacchia e non ci mancava che il Pcus avesse già la rivista sul tavolo per sventolargliela in faccia. D'accordo. Nella conferenza di Mosca non successe nulla di clamoroso. La Cina venne condannata ma era già lontana da un pezzo. I cubani erano rientrati nei ranghi. Berlinguer criticò l'intervento in Cecoslovacchia, cosa che non lo fece amare ma neppure mandare al rogo dal Pcus. Il primo numero del «manifesto» uscí a fine giugno e vendette prima trentaduemila copie, poi altrettante e piú, viaggiò su un totale, credo, di ottantamila, facendo la nostra stupefatta felicità e la fortuna dell'editore.

Rinverdimmo come un cespuglio dopo la pioggia. Qualche giorno dopo, Karol e io incontravamo Gilles Martinet – con Mitterrand sarebbe diventato anni dopo ambasciatore di Francia a Roma – che mi apostrofò giovialmente: «Allora vi cacciano dal partito? Me lo ha detto Amendola».

Noi non ne avevamo notizia. Sapevamo che si era riunita la quinta commissione del Cc, composta da vecchi gufi e gufe, della quale fino ad allora si ignorava perfino l'esistenza, una specie di Sant'Uffizio senza autorità. Ma quella volta strillò forte. Fu convocato il comitato centrale, mentre Paolo Bufalini scriveva contro di noi su «Rinascita». Il meno che si possa dire della relazione di Alessandro Natta è che fu fortemente critica e chiese, ma non in forma ultimativa, che ci ripensassimo. Seguí un dibattito nel quale nessuno ci appoggiò esplicitamente e pochi ci condannarono esplicitamente.

Nell'agosto mi chiamò due o tre volte Enrico Berlinguer. Non aveva voglia di cacciarci, questo è sicuro, e propose una serie di compromessi: la rivista poteva continuare ma mettendo qualcun altro nella redazione assieme a noi – avanzò il nome di Trentin, credo senza avergliene parlato. Bruno non era stato con noi al congressone, non era una strada percorribile. Una rivista non è un'antologia. Mi fece allora lusinghiere proposte, la piú interessante delle quali era la direzione dell'Istituto Gramsci – dubitai che anche di questo avesse parlato con gli interessati e che glielo avrebbero lasciato fare, anche se qualcuno della direzione mi consigliò di accettare. Infatti non era poco. Ma, e gli altri?

Il segretario e io parlammo sul serio, a lungo e sinceramente, in quell'agosto. Sapevamo tutti e due che cosa c'era in ballo, ed egli dubitò fino all'ultimo che fosse opportuno chiuderci d'autorità. E forse non avrebbe veduto male un paio di riviste di tendenza, stava egli stesso interrogandosi sul che fare, sarebbe arrivato alla svolta del 1973 soltanto dopo una lunga riflessione e il colpo di stato in Cile. Ma lo preoccupava che qualcuno, appoggiato dal Pcus, – forse Secchia, forse Cossutta, non fece nomi – profittasse del nostro precedente per lanciare un foglio filosovietico che poteva produrre dei guasti. Da noi non li temé mai, e non era un complimento. Quanto al pericolo d'un foglio filosovietico era ben poco, come si vide in Spagna. La presunta fedeltà della base all'Urss era piú un bisogno di riferimento che attaccamento alla Rivoluzione d'ottobre. Si sarebbe visto quando il Pci cambiò nome e orientamento. Lui, Berlinguer, s'era spento prima, e dubito che si sarebbe mosso come Occhetto. Non esitò invece a sfidare l'Urss non opponendosi piú alla Nato. Piú facile farle ingoiare la Nato che una critica al socialismo reale. Forse la questione del «manifesto» fu tutta e solo interna al gruppo dirigente. Un paio d'anni fa, visitando Natta molto malato, gli chiesi: Perché ci avete cacciato? Perché dividevate il partito, rispose. E sarebbe andata peggio di come è finita? gli obiettai. Ma ero crudele. Anche Berlinguer morí sconfitto, e Natta in solitudine e amarezza, dopo un breve ritorno agli studi – in Arcadia, come ebbe a scrivere. Il Pci degli anni ottanta e novanta massacrò piú chi gli era rimasto fedele che quelli che aveva escluso.

La nostra vicenda precipitò con il numero del «manifesto» del settembre 1969 che portava, nell'anniversario dell'invasione, un editoriale dal titolo *Praga è sola*. Non lo aveva firmato, ma lo aveva scritto Magri. E sola Praga lo era effettivamente, il nuovo corso era stato troppo per Mosca e troppo poco per Washington. Venne giú il mondo. Fu riconvocato un comitato centrale e chiese formalmente la chiusura della rivista, rimettendo alle federazioni di decidere. E cosí andò.

E qui avvenne il paradosso: partiva l'autunno caldo e il Pci invece di tuffarvisi si attorcigliò sul «manifesto» da luglio a novembre. Al centro dei suoi pensieri – o almeno di quelli pubblici – e di ben tre Comitati centrali fummo noi, invece che le grandi fabbriche che alla ripresa del lavoro dopo le ferie le maestranze occupavano inaspettatamente una per una, inclusa, anzi in testa, la Fiat. Occupazione che avrebbe dovuto porgli ben altri problemi di quelli del movimento studentesco. Se li è posti in riservata sede? Non lo so. Neppure noi, che eravamo in gran parte gli ex del nord con la fissa delle fabbriche, riuscimmo a cogliere subito l'enormità dell'evento. Perché le aziende non venivano soltanto occupate ma gestite dagli occupanti. La produzione venne diretta dal consiglione di Mirafiori invece che dal management di Agnelli; le difficoltà sarebbero venute dalla commercializzazione, che non poteva essere in mano operaia senza un rivolgimento della società, e non solo italiana – non si parlava ancora di globalizzazione ma si affacciavano le multinazionali, le prime a trapassare vistosamente i confini, e divennero innominabili per essere state poi citate, peraltro a ragione, dalle Brigate rosse.

Quella del 1969 fu la piú grande e colta lotta operaia del dopoguerra. Bisogna capire che significava per i dipendenti una insubordinazione di quella fatta: non era come sottrarsi con lo sciopero, significava entrare, prendere in mano tutto il complesso produttivo, destituire le gerarchie e farlo funzionare. Rischiando non qualche botta dai celerini o vendetta dai professori, ma il lavoro, il salario, le condizioni concrete del vivere. E non erano i coraggiosi sopravvissuti ai decenni di repressione, era una manodopera giovane, spesso non qualificata ma acculturata nell'acculturarsi caotico della società. E che aveva fatto suo, non so quanto consapevolmente, quel che la fragorosa contestazione studentesca aveva fatto dilagare l'anno prima; si discusse poi se il 1968 degli studenti fosse il frutto delle prime insubordinazioni operaie degli anni sessanta, o se il 1969 fosse il prodotto ultimo di quell'uragano giovanile. Gli anni sessanta sono tutto un richiamarsi senza dirselo.

Non so perché non c'ero – non entrai in nessuna assemblea, non ero là, ma l'ho sentito e visto negli spezzoni ripresi dalla televisione e poi in parte distrutti – se varcando i cancelli la mattina e presidiando i reparti la notte quella gente pensasse alla rivoluzione, certo rivoluzionava il comando dell'azienda. La decisione dovette correre come una scintilla da un reparto all'altro. Non erano i poveri e gli oppressi, era la «classe» che prendeva corpo in modo massiccio, dimostrava di essere in grado di garantire tutta la produzione e piú fluidamente, sconcertando il padronato e scrollandone gli equilibri. Ignoro se si chiedessero come sarebbe finita, era il loro posto di lavoro, si battevano per cambiarlo e per tenerlo, non per andarsene – pochi avevano in mente il lavoro zero, tutti si scrollavano una obbedienza di dosso. Li ho visti parlare in assemblea, dove anche il sindacato doveva chiedere il microfono come l'ultimo manovale, come all'Odéon l'anno prima; ma mi è parso con minore solitudine e dolore. Non si aggregavano per caso, non venivano dalla città atomizzata, erano nel loro luogo quotidiano, dettato e coltivato, parlavano di quel che si faceva e non si sopportava piú di fare e come si sarebbe potuto fare. Il comunismo era questo, qualcuno aveva detto la cosa semplice difficile da fare – e invece si faceva. E da quella postazione si vedeva un mondo diverso. I fogli prodotti allora, e che per rivoli durano anche dopo, sono di gente che vuole dirigere assieme, non stendersi felicemente da sola sotto un albero. Il padrone e i suoi capi non c'erano, e domani non sarebbe stato come oggi. La posta in gioco era altissima, non ci può essere per il capitale una sfida piú grande.

Se ne accorsero i media che, differentemente dalle occupazioni universitarie cui all'inizio avevano dato una simpatetica eco, coprirono l'occupazione delle fabbriche prima lieti che scavalcassero il Pci e il sindacato, poi spaventati che lo facessero. Non era l'indocilità degli amati figli, era il rifiuto del modo di produrre, del capitale, del meccanismo che nella fabbrica ha soltanto un suo passaggio e del quale non siamo capaci di immaginare un cambiamento. Impressionò che la Fiat potesse essere gestita dai suoi dipendenti, che si discutessero le bolle di produzione nei singoli reparti, e si accordassero, e il ciclo venisse mantenuto e fluidificato. Dunque di quanto poco o nulla di sapere aggiungessero gli ingegneri e i capi a quel che gli operai della manifattura già sapevano. A Ivrea Olivetti lo aveva intuito, ma altra cosa è se un mutamento di ruoli la decide la proprietà o lo decidono le maestranze. Se al 1968 non è stata perdonata la derisione, all'autunno caldo non si perdonò il disvelamento del miserabile meccanismo di potere che regge la fabbrica.

Tanto piú che le occupazioni operaie si dettero una piattaforma, non temettero di organizzarsi, non elucubrarono molto sulle deleghe, si elessero i delegati e le loro funzioni, decisero con loro e la discussione piú accesa non bloccò il produrre. In alcuni stabilimenti, come alla Montedison di Castellanza, questo stato di cose si sarebbe prolungato per anni e con un tale aumento di produttività che la proprietà dovette soffocarla in pieno rigoglio.

Fu, penso, la sola volta nel dopoguerra che le potenzialità di una lotta nel cuore del sistema produttivo parvero, e per un momento furono, illimitate negli sbocchi. L'Europa era ancora scossa dal 1968, gli Stati Uniti dal movimento contro la guerra nel Vietnam, venivano gli echi della rivoluzione culturale cinese e qualcuno conosceva anche qualche frammento dell'elaborazione operaia di Shanghai. All'altro capo del mondo, l'America latina era in tumulto fra guerriglia e giunte militari, e a Città del Messico gli studenti che avevano occupato la piazza delle Tre culture erano stati presi a fucilate. Si era a una crisi acuta, in una temperie inorganizzata e comune, in un brivido che passò da un settore della società all'altro e lasciò interdetti il padronato e gli stati – solo l'Unione Sovietica non fu attraversata né dal 1968 né dal 1969, a prova della sua catalessi.

Dell'autunno caldo non è stato misurato lo spessore né le articolazioni. Se i media a ogni buon conto si spesero meno che per gli studenti, quel gestirsi da sé elettrizzò anche i comitati di redazione, poi gli ospedali, poi parve poter penetrare tutto. I poteri economici e politici non se lo sarebbero scordato. Sulle prime cedettero piú che non avessero mai fatto. Nel 1972 firmarono contratti prima impensabili, compreso il diritto a centocinquanta ore di studio pagate come ore di lavoro, che durò alcuni anni prima di sparire. Da allora nella contrattazione vennero inserite le normative che piú del salario contrariarono l'impresa. Era evidentemente un accordo che riconsegnava alla proprietà la fabbrica – e che altro si sarebbe potuto fare in una società che già la isolava? – ma veniva dall'essere stata quella una prova di forza tale che non si osò reprimerla. I contratti del 1972 avrebbero lasciato due code opposte: la delusione dei gruppi extraparlamentari e la capitalizzazione da parte del Pci di un voto di massa, mai raggiunto in quella misura prima. Fino agli anni ottanta il Pci riuscí a mietere voti da un sollevamento di pratiche e di idee che non aveva né sollecitato né approvato. I flussi elettorali non hanno gli stessi tempi; dicono di un ritardo, diventano un simbolo e di colpo chiedono i conti, come avvenne da parte di milioni di cittadini nel 1987, sconvolgendo la carta politica d'Italia, precedendo e facilitando il *dies irae* di Tangentopoli. Il Pci in quelle occupazioni non c'era – almeno non come partito. Il sindacato sí, ma persona per persona, e ne avrebbe tratto non pochi guadagni. Ma la scena politica minimizzò, aspettò che anche gli operai passassero – era ancora piú sicuro che gli studenti, dovevano pur vivere.

Soltanto dieci anni dopo, nel 1979, Enrico Berlinguer andò a sostenere a Torino un'altra occupazione della Fiat, contro la prima enorme cassa integrazione: furono quarantacinque giorni gloriosi ma fuori tempo massimo, una resistenza eroica e solidale che si chiuse con una sconfitta. Dieci anni prima Berlinguer non vi era andato – quando nulla era ancora consolidato, non c'era stato il colpo di timone della Thatcher e poi di Reagan, e tutto fu per breve tempo in bilico. Né lui né il Pci capirono che quella straordinaria coda operaia del 1968 italiano indicava un trasmutare di generazione che andava colto o sarebbe stato perduto. Non lo capiscono neanche quelli che fanno la storia di quegli anni, nella smania di dimenticarli.

Gli studenti corsero a volantinare ai cancelli, e come l'anno prima alla Renault di Billancourt furono guardati con diffidenza, anche se le porte non gli vennero chiuse in faccia. Erano i figli dell'altra classe, quelli che ai cancelli sarebbero potuti venire o non venire senza rischiare niente. E non pretendessero di insegnare come si lotta. I gruppi extraparlamentari puntavano a radicalizzare lo scontro, molto poco ascoltavano e ancor meno capivano – la classe operaia, con quella sua sfida totale e ragionante che voleva spuntarla invece che buttarsi contro la polizia, gli restò estranea. Il piú delle avanguardie, come si definirono, dubitò che cambiare i rapporti di comando su quell'infido terreno e con una azione di massa fosse sovversivo; bisognava spingere, dividersi fra rivoluzionari veri e falsi, tutto e subito, non farsi accalappiare dai fatali obiettivi intermedi finendo preda del sindacato. E se Agnelli li avesse accettati? Ai cancelli venivano per incalzare e reclutare, gridarono «siamo tutti delegati» in polemica con chi veniva delegato. Si persuasero presto che l'americanizzazione del proletariato – del quale non conoscevano altro – fosse conclusa anche da noi. Non si poteva aprire una vertenza e poi chiuderla. Ogni sciopero concluso è una sconfitta, scrisse anche Fortini. Nel 1969 la fabbrica occupata fu sola, il Pci non la apprezzò e il radicalismo degli studenti neanche.

La società si era sollevata in quei due anni come una pasta sfoglia. Poi a fabbriche sgombrate ed erosi anche i contratti del 1972, il metalmeccanico sarebbe diventato per qualche anno l'icona di tutto il sistema, la fabbrica il modello della scuola, dell'ospedale, del carcere. Nel 1977 tutto si ribaltò di nuovo, il precariato giovanile avrebbe rimproverato con acredine le tute blu: «Bella forza, siete i garantiti». Non erano garantiti affatto, della potenza e proteiformità del capitale neanche la parte piú riflessiva del 1977 capí molto, gli operai gli parevano forti perché avevano un contratto, un sindacato e un partito che stava dentro lo stato, e pareva potente. Quel partito a sua volta guardò al 1977 con sospetto, fino a denunciarlo come diciannovismo. Visti da oggi, Pci e Cgil in quel loro penultimo decennio di indiscussa esistenza, appaiono un temibile fantasma – temibile ma fantasma. Stavano perdendo già tutto, già avvenivano le dislocazioni delle aziende, già si ristrutturavano, già sarebbe stato chiesto loro un conto impensato.

Malgrado questa solitudine delle maestranze, ci vollero alcune stagioni perché il padronato si riprendesse. Lo

fece sul terreno dove il capitale è imbattibile – la riorganizzazione del lavoro, la tecnologia che tagliava all'operaio sotto i piedi l'erba in cui finora era cresciuto, la ristrutturazione della proprietà e del mercato del lavoro –
dei quali il Pci si accorse tardi e li assunse senz'altro come
forma inevitabile dell'economia. I licenziamenti politici
sarebbero venuti a partita già perduta, e una base operaia
delusa e furiosa guardò per breve tempo, senza farsi troppo coinvolgere, alle Brigate rosse. Nessuno, salvo una parte minoritaria del sindacato e le vignette di Altan, difesero Cipputi dall'avanzare della controffensiva padronale, e
in capo a dieci anni la destra se ne sarebbe scordata e la
meglio sinistra lo avrebbe tenuto in poco conto come figura residuale d'un fordismo finito.

Quel che stava avvenendo nell'autunno del 1969 dava
ragione al «manifesto» e andava molto oltre. Il Pci non
avrebbe potuto governare quell'insorgenza – per non dire
che non era piú in grado di riflettere su quel che avveniva
nel mondo, nei paesi terzi, nella formazione delle borghe-
sie nazionali fino all'Opec e la crisi dell'energia del 1974
– senza investire in cerchi sempre piú ampi il modo di produzione. E la proprietà, toglierle potere di decisione senza far fuggire i capitali.

Sono quegli anni che spiegano l'oggi. Non era semplice, ma non fu tentato nulla, pensato nulla, neanche un passo avanti in quell'ambito keynesiano dove pure Pci e Cgil
erano cresciuti e che sarebbe stato anch'esso travolto. Forse anche negli anni sessanta, quando c'era meno ragione
di temerla, a Botteghe oscure si temette una reazione fascista. Ma questo apre un discorso assai grande, del quale
noi, «il manifesto», non fummo che una particella. Le dirigenze che ci fecero il processo a ottobre e novembre so-
stennero a piè fermo che la rivolta operaia era illusoria,
non c'era e se pure c'era non sarebbe durata: non era rapidamente finito il 1936 in Francia con gli accordi di Gre-
nelle? Con i soldi rimetti in fila gli operai, che sono al piú

discreti sindacalisti ma di politica sanno poco. Anche Togliatti me ne aveva fatto cenno una volta, dell'inguaribile
economicismo, presto soddisfatto, delle lotte del lavoro.
Il popolarismo e l'antioperaismo del Pci erano intessuti cosí intrinsecamente alla sua cultura da essere quasi innocenti.

Insomma il nostro era un inganno estremista. Cosí, paradossalmente, diventammo oggetto di distrazione, le federazioni dovevano decidere del nostro caso quando avrebbero dovuto piegarsi sulle assemblee operaie. Tuttavia l'a-
ria era cambiata rispetto al XII congresso, e molti esitarono
a chiedere la nostra esclusione. Allora Botteghe oscure in-
terruppe la consultazione.

Chi di noi s'era detto: Saremo per il Pci quello che il Vietnam è per gli Stati Uniti, si era sbagliato. Il 24 novembre
fu riconvocato il comitato centrale per radiarci. La formula radiazione implicava che non eravamo nemici o venduti
o spie. Era tutto e solo un mutamento di stile. Berlinguer
mi disse che non ci sarebbe stato limite di tempo per il mio
intervento dopo la relazione. Sulla porta della sala mi prese un attimo da parte: «Siete ancora in tempo». «A fare un
gesto di obbedienza?» «No, un gesto di fedeltà». Parlai una
quarantina di minuti. Lo stesso fece in conclusione Aldo
Natoli, e non gli perdonarono che dicesse: «Non occorre
una tessera per essere comunisti».

No, per essere comunisti non occorreva. Ma per smuo-
vere un paese occorreva un grande partito. Non era, o non
era piú, il Pci. Almeno Aldo e io non ci illudemmo mai che
ne avremmo messo in piedi un altro. Non ricordo bene il
dibattito al comitato centrale – il Pci ne fece un libro che
non ho voglia di rileggere, scrutando negli interventi i sus-
surri di appoggio o di attacco che deve rivelare. La segreteria aveva dato il tono, dovevamo essere messi fuori ma senza insultarci né accusarci di tradimento. Fuori perché eravamo un'altra cosa – nel che non aveva torto. Il comitato
centrale approvò la nostra radiazione, salvo una dozzina di

compagni che votarono contro o si astennero – Chiarante, Luporini, Garavini, Occhetto, non guardai Ingrao, Reichlin, gli amici mentre alzavano la mano per escluderci. Trentin non c'era. Non sono tornata a contare i voti. Ho imparato a ridurre i colpi. Non ero risentita e neppure, a dire la verità, turbata. Ebbi una stretta al cuore solo quando furono spalancate le porte abitualmente interdette ai fotografi e fummo, per cosí dire, dati loro in pasto. Non lo avevo previsto. Non eravamo piú dei loro, dei nostri. Ci sono ancora gli scatti di agenzia, siamo tutti e tre, Aldo, Luigi e io, seri e freddi, uno accanto all'altro.

Quel mattino uscii dalle Botteghe oscure e non vi sarei rientrata che quindici anni dopo, invitata con Pintor e Magri a un colloquio con Natta. Voleva dirci: «Con la Democrazia cristiana non torneremo». Berlinguer era stato stroncato da un malore mentre teneva un comizio a Padova contro l'abolizione della scala mobile. Stroncato, penso ancora, perché logorato – il suo tentativo era stato tutto appeso all'incerto Moro, e quando Moro fu ucciso perdette il poco e credo illusorio spazio che gli era rimasto. Non lo avevo visto piú. Non mettendo piú piede alla Camera non mi imbattei in Amendola, e quanto a Pajetta, mi aveva levato il saluto. Noi, «manifesto», non cademmo nel nulla come succedeva ai piú tra quelli che avevano lasciato il Pci. Cademmo nel pieno della crisi dell'università e delle lotte operaie. Speravamo di essere il ponte fra quelle idee giovani e la saggezza della vecchia sinistra, che aveva avuto le sue ore di gloria. Non funzionò. Ma questa è un'altra storia.

Indice

TO 003-054762
T 00028699
RAGAZZA
1^ EDIZ.
SUPERCORALL I
ROSSANDA

EINAUDI
TORINO

Stampato per conto della Casa editrice Einaudi
presso Mondadori Printing S.p.A., Stabilimento N.S.M., Cles (Trento)
nel mese di novembre 2005

C.L. 14375

Ristampa   Anno

1 2 3 4 5 6 7 8   2005 2006 2007 2008